唐代天台法華思想の研究

荊渓湛然における
天台法華経疏の注釈をめぐる
諸問題

松森秀幸

法藏館

唐代天台法華思想の研究——荊渓湛然における天台法華経疏の注釈をめぐる諸問題——＊目次

凡例

1、漢文資料の引用では、原則として、原漢文と現代語訳を示す。
2、字体は、原則として通行の字体に統一する。
3、現代語訳は筆者の補訳を［　］の中に示し、語句の簡潔な説明を（　）の中に示す。
4、原漢文、現代語訳中の「……」は、中略、後略を示す。
5、『大正新脩大蔵経』を大正蔵、『新纂大日本続蔵経』を続蔵経とする。
出典の略号は次の通りである。

T34・377a1は、『大正新脩大蔵経』第三十四巻・三七七頁上段一行目を意味する。

X27・7a24は、『新纂大日本続蔵経』第二十七巻・七頁上段二十四行目を意味する。

唐代天台法華思想の研究

――荊渓湛然における天台法華経疏の注釈をめぐる諸問題――

序章

本書の範囲と課題

本書は、筆者の学位論文「荊渓湛然における天台法華経疏の注釈に関する研究」（創価大学、二〇一三年）に修正と加筆を加えたものである。当該研究において筆者は、荊渓湛然（七一一—七八二）による天台法華経疏の注釈書を主な考察対象とし、湛然の法華思想の解明を試みた。

湛然は、唐の大暦年間（七六六—七七九）に主に江南地域を中心に活躍した「天台宗」の僧侶であり、一般的には、天台智顗（五三八—五九七）、章安灌頂（五六一—六三二）以降に勢力の振るわなかった「天台宗」を復興させた人物として「中興の祖」と評価されている。本書で言及する「天台法華経疏」とは、智顗が講説し、弟子の灌頂がまとめた法華経疏（法華経注釈書）、すなわち『法華玄義』と『法華文句』を指す。湛然は、この『法華玄義』と『法華文句』に対する現存する最古の体系的な注釈書、『法華玄義釈籤』と『法華文句記』を著している。本書はこの湛然の二つの注釈書を主な研究対象とした。

湛然の修学や講義、著作活動に関して、『宋高僧伝』や『仏祖統紀』などの諸伝記に伝えられる内容は、およそ次のようにまとめることができる(1)。

（一）晋陵郡荊渓（現在の常州宜興）の儒家に生まれた。[2] 開元十六年（七二八）十八歳の時に師を求めて求道の旅に出た。方巌玄策[3]から天台教門と『摩訶止観』などを授かった。[4] 二十歳を過ぎて左渓玄朗（六七二―七五三）から教えを受けた。[5]

（二）天宝七年（七四八）に常州君山浄楽寺で出家得度し、僧籍に名を連ねた。その後、越州の曇一律師から広く戒律を学んだ。呉郡（蘇州）開元寺で『摩訶止観』の講義を行った。[6]

（三）大暦十年（七七五）に蘇州において天台止観・法華経疏・維摩経疏などの講義を行った。その聴講者の中には華厳宗の清涼澄観（七三八―八三九）がいた。[7]

（四）大暦十二年（七七七）に、『摩訶止観』『法華玄義』『法華文句』といういわゆる天台三大部に対して自ら撰述した注釈書（『止観輔行伝弘決』『法華玄義釈籤』『法華文句記』）を蘇州開元寺の経蔵に寄贈した。[8]

また、湛然は、玄朗の示寂した翌々年の天宝十四年（七五五）から、『摩訶止観』の注釈書である『止観輔行伝弘決』の製作を開始し、「元年建巳」（七六二）の再治を経て、永泰元年（七六五）に同書を完成させている。[9] このことや諸伝記の記録から湛然が『摩訶止観』を中心とする天台止観の実践を重視していたであろうことは明らかである。ただし、『宋高僧伝』巻六「湛然伝」には、師である玄朗の死後、『止観輔行伝弘決』の撰述を開始した当時に、湛然が門下に語ったとされる言葉が次のように伝えられている。

［湛然は］門人に、「［仏］道は実行することが難しいのを、私は知っている。古来、聖人は、静によってその根本を観察し、動によって衆生に応じた。［この静と動の］二つがともにとどまらず、初めて大道を進むのである。今の人は、ある者は空を破り、ある者は有に執着する。自分で病み、他者を病ませ、［仏］道の働きは振るわない。まさに正しい［道］を取ろうと思うのなら、私（＝湛然）を捨てて、誰に帰依するというのか」

と語った。

そして、［湛然は］優れた法を大いに教え、広くあらゆる行に達し、さまざまな様相を収め尽くし、無間［三昧］に入った。文字に即して観に到達し、説法すること、沈黙（瞑想）することを導き本源［の覚り］に至って、ようやく［智顗より］伝えられた章句を祖述し、［その数は］およそ十数万の言葉に及んだ。

謂門人曰、道之難行也、我知之矣。古先至人、静以観其本、動以応乎物。二俱不住、乃蹈于大方。今之人、或蕩於空、或膠於有。自病病他、道用不振。将欲取正、捨予誰帰。於是、大啓上法、旁羅万行、尽摂諸相、入於無間。即文字以達観、導語黙以還源、乃祖述所伝章句、凡十数万言。（T50・739b28－c6）

ここには仏教の正しい道が失われた当時の仏教界を憂い、仏教の正しい道を確立しようとする湛然の強い使命観を見て取ることができる。この湛然の言葉には、『止観輔行伝弘決』の撰述に際して、自身の歩む道こそが仏教の正しい道であるとの、強烈な正統性への自覚がその背景に存在していると思われるが、このような強烈な正統性への自覚は、同時にそのことを強く自覚し、主張しなければならない湛然が置かれた当時の状況を反映しているものといえる。この自覚こそが、その後のいわゆる「天台宗」復興運動に関連した彼の思想活動全般を根底から支えていったものであったのだろう。[10]また、ここでもう一つ注目すべきは、この伝記資料の作成者が「［智顗より］伝えられた章句を祖述し、［その数は］およそ十数万の言葉に及んだ（祖述所伝章句、凡十数万言）」と述べ、正統性の確立を目指した湛然の活躍を、湛然の著述活動として認識している点である。湛然による「天台宗」の正統性の確立運動は、彼がその後、十年もの歳月をかけて完成させた[11]『止観輔行伝弘決』や天台止観の講義活動などの例をみると、天台止観の実践面を中心に展開されたと考えられる。しかし、ここに示されるように、湛然の復興運動には天台止観の実践面と同時に、もう一つ別の側面、すなわち、正統性の確立を目指した著述活動という側面が存在している。

湛然の著作は、すでに散逸してしまったものを含めると、実に三十二部に及ぶ[12]。池麗梅［二〇〇八］によって湛然の著作を分類すれば、その著作は止観関係が九部、法華経関係が九部、維摩経関係が三部、涅槃経関係が四部、華厳経関係が一部、儀軌類が六部となる。さらにこれらの著作の巻数の合計を系統別に示すと、止観関係が計三十三巻、法華経関係が計四十七巻、維摩経関係が計十九巻、涅槃経関係が計三十六巻、華厳経関係が計一巻、儀軌類が計七巻となる。このように見ると、止観関係、法華経関係、涅槃経関係の著作量が突出していることがわかる[13]。この事実から、湛然が止観関係の著作とともに、法華経関係の著作を撰述することに、いかに尽力していたのかが理解できるだろう。このように湛然が止観関係と法華経関係の著作の撰述に力を注いだことには、湛然の思想的な意図を見いだすことができるだろう。すなわち、湛然は天台教学の思想体系を構築するのに、天台止観の実践法を解明した『摩訶止観』と、『法華玄義』や『法華文句』といった天台法華経疏とを関連づけて、これらの著作が智顗の思想を代表する一連の著作群であるということを強調しようとしたのではないだろうか。言い換えれば、湛然は「天台三大部」が特別な著作であるというイメージを与えることで、止観という修行実践と『法華経』の思想との関係性を強調しようとしたといえるだろう。この意味で、天台法華経疏に対する湛然の注釈には、唐代「天台宗」復興運動の実態を探る大きな手がかりの存在を予想させるのである。

また本書で取り上げる天台法華経疏とは、すでに灌頂自らが明言しているように[14]、灌頂が智顗の『法華経』講義をもとに撰述した著作である。したがって、この意味では『摩訶止観』・『法華玄義』・『法華文句』のいわゆる「天台三大部」は、これまでも智顗の親撰の著作として認識されてきたわけではない。しかしながら、天台教学の思想研究において、「天台三大部」は最もよく智顗の思想を発揮した著作として認識されてきている。このような「天台三大部」に対する評価は、湛然が「天台三大部」に対して最初に体系的な注釈を行い、その思想的価値を宣揚したことと無関係ではないだろう。「天台三大部」に対する従来の高い評価に対して湛然がなした貢献は相当に大きいものであったといえる。

しかし、智顗の著作に対する近代の文献学的研究の発展に伴って、「天台三大部」に対するこのような評価には疑問が提出されてくるようになった[15]。その最たるものは、『法華文句』と『法華玄義』の一部分が灌頂によって吉蔵の著作、特に『法華玄論』に全面的に依拠して撰述されたとする平井俊栄［一九八五］の主張である。また平井［一九八五］は灌頂が吉蔵の著作に依拠しているという事実を認識していなかった湛然のことを厳しく非難しているが、なにより平井［一九八五］の主張そのものが、伝統的に「天台三大部」の解釈において最大の権威と見なされてきた湛然に対する厳格な批判となっている。したがって、『法華玄義釈籤』や『法華文句記』を研究する場合には、灌頂が吉蔵の著作を参照した箇所に対する湛然の注釈について、その妥当性を検討しなければならなくなった。よって、本書では、平井［一九八五］の学説に対する検証と、灌頂と吉蔵の関係、また灌頂が『法華玄論』を参照していることが明らかな箇所に対する湛然の注釈態度などについても検討を加えた。これらは、煩瑣な作業となるが、この問題を解決することによって、湛然の注釈の妥当性を確認することができるとともに、湛然ばかりではなく、唐初期から唐中期にかけての法華経疏における吉蔵の『法華玄論』に対する態度、『法華義疏』と『法華玄論』の扱いの違いなどについて新しい見解を見いだすことができると予想される。

湛然についての従来の研究

次に、これまでの湛然に関する主な研究を概観する。

島地大等［一九三三：二七〇］[16]は「天台の二祖章安の滅後より第六祖荊渓の出興に至るおよそ百年間は、実に天台教理史上における第一期の暗黒時代を劃するものなり」と指摘し、灌頂から湛然までの天台宗を「第一期暗黒時代」という名称によって規定した。島地［一九三三：二七三―二八一］は「荊渓湛然の中興」との一章を設け、天台教理史上の湛然の地位について、「けだし天台の教義を一個の宗派にまで進めたるの点にあり」と指摘している。島地［一九三三］は湛然の教学について、（一）「天台教学中における荊渓の発揮」、（二）「他宗派に対する破邪的方面」という二つの側面から分析している。（一）においては、「六祖湛然は一に祖文の規格を重んじ一語一句たりと雖もいささかもせざるをもって、その間、教義の変遷発展の跡ほとんど弁ずべからざるに似たり」という前提に立ちつつも、超八醍醐、『大乗起信論』の受容、非情仏性論、止観三種・事理二観などに言及し、「六祖湛然の教学としては、教相・観心の二門を通じて『起信論』の縁起論的思想を一家教義中に加えたる点に特に注意を払うべきにして、……湛然が議論の帰着するところは概して唯心論的傾向を帯ぶるに拘わらず、常に色心対等論の根拠をして動揺せしめざらんことに務めたるも忘るべからず」と論じている。また（二）においては、「禅に対する破」、「法相慈恩に対する破」、「華厳に対する破」を挙げ、それぞれ達磨の二十八祖相承に対する批判、『法華玄賛』に対する批判、澄観に対する批判があると指摘している。筆者は必ずしも島地［一九三三］の指摘するように、湛然が智顗の純粋な祖述者であるとは思わないが、「天台宗」の実質的な成立を湛然に帰着させている点は注目すべき指摘であると思う。しばしば湛然が初めて「天台宗」という呼称を用いたことが指摘されるが、この問題については第三章「湛然述『法華経大意』の研究」において論じる。

山川智応［一九三四：二六五―二九二］は、「妙楽大師湛然の法華経観」という章を立て湛然の法華経観を論じている。山川［一九三四］は「師の著は忠実に天台の真意を発揮したるもの、師自らの創見創説と認められるべきもの少しとせらる」として、法相・華厳・禅宗の『法華経』理解の誤りに対して、「師は天台大師法華独顕の妙を発揮すると共に、此等の諸説を論破するために努めたるは、超八醍醐の独妙論であり、また観心法門にありては、真如不変随縁の説を為し、或は非情仏性論、事理二観の分別等あるも、悉くみな天台に根拠したもので、毫も新義を挿入したることなきは師の最も特色とすべき所、殊に一般教学界にいまだ注意せられざるは、『法華経』の文義を解して、真に能く天台の幽致を光揚して『法華経』の『法華経』を闡明したるに在る」と論じ、主に『法華玄義釈籤』『法華文句記』『止観輔行伝弘決』を中心に、それらの中の教学上の重要な記述を取り上げ解説している。山川［一九三四］は湛然の三大部注釈から重要な文言を取り出し全般的にまとめており、湛然の三大部注釈書の全体像を概観するのに有益である。

上杉文秀［一九三五：八九―一〇〇、七六九―七七二］は、正編の「荊渓の著書及び発揮の学説」において湛然の思想史上の位置づけを「これ荊渓の期する所は、別に一新生面を開くにあらで、只天台を祖述して時弊を救はんとするにあるが為なり。当時は唐朝文運の勃興に際し、仏教も亦理論の一返に趨り、実行の方面は殆んど忘れられんとす。荊渓之を慨し、茲に智者の定慧双行の主義を復興せんことを企てたり。然れども已に他の華厳の開宗あり、禅那宗の流行あり、唯識法相の勃興あり、ために多少の論弁を費さざるべからず」と論じている。そして、湛然の具体的な学説については、**図1**のような関係を見いだしている。

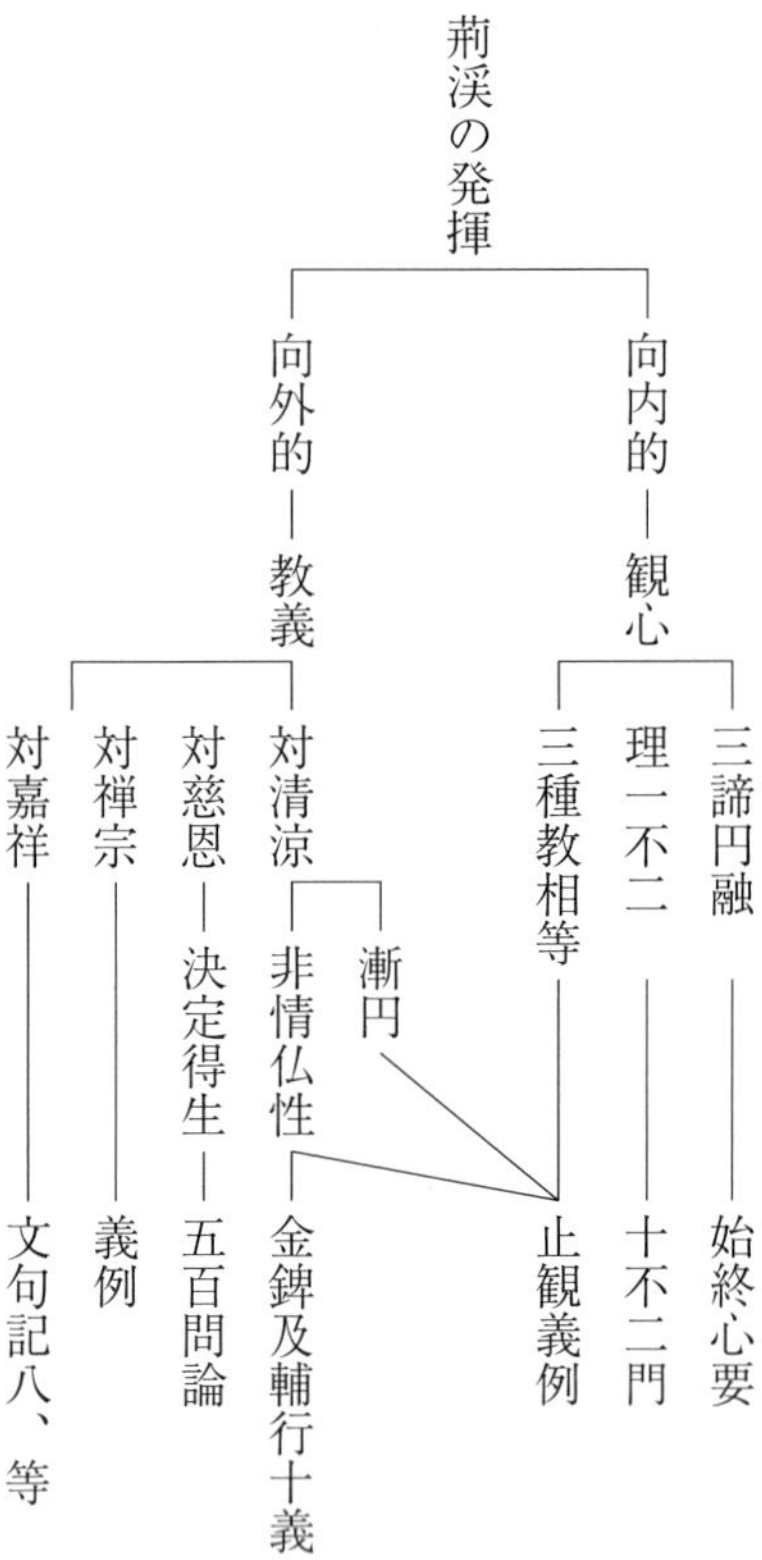

図１

この他、上杉［一九三五］は特に非情仏性説について、湛然と法蔵、澄観の学説の比較を行い、また「天台宗典籍談」において湛然の著作についても考察している（上杉［一九三五：七六九―七七一］）。

日比宣正［一九六六］は、湛然の伝記と著作、特に著作の製作年次の解明を中心課題とした研究である。日比［一九六六］以前の湛然の伝記に関する研究は、主に『宋高僧伝』によってなされてきたが、日比［一九六六］は『仏祖統紀』や『天台九祖伝』『釈門正統』などの広範な史料を用いることで湛然の伝記・著作研究を大いに進めた。その成果は、現在修正される箇所も多いが、湛然の著作の成立年次についての網羅的な検討は、なお参照する価値のある基礎的研究といえる。

日比宣正［一九七五］は、日比［一九六六］の成果を踏まえ、湛然教学を仏教思想史上に位置づけようとした思想研究である。日比［一九七五：六六―六八］は、湛然の教学の特徴を、法蔵の教学の影響を受け、「実践を主眼として叙述されていた智顗の天台教学を理論化する方向に」進めたと分析し、そのような湛然による智顗教学の理論化は、結果的には智顗の意図とは異なる方向へと進展し、「智顗教学の実践的な色彩はきわめて薄くなってしまったことを指摘せざるを得ない」と指摘している(17)。さらに、唐代天台学の問題点として、宋代の天台教学の展開を視野に入れつつ、「非情仏性に関する問題」「法華漸円に関する問題」「法相教学との関連」「禅宗に対する湛然の思考」という四項から考察している。

安藤俊雄［一九六八］は「唐代の天台学」との一章を設け湛然の思想を論じ、湛然の思想背景、法華超八の思想、性具論の確立、随縁真如、十乗観法の区分、事観と理観の六つの項目から湛然の思想を分析している。湛然の教学の特色とその時代的意味について、「湛然教学は智顗の没後興隆した諸宗の教学に対抗して、法華超八の立場を維持しようとしたところに特色がある。智顗の雄大な教判体系によって一往法華至上主義は確立したが、智顗の没後、諸宗の興隆によって、とくに法相宗や華厳宗の開創とともに、天台教判の新展開と強化が要求されることとなった」と論じている。このような安藤［一九六八］の理解は、現在、一般に考えられている湛然に対する仏教思想史上の位置づけといえるだろう。

頼永海［一九九三］は、中国大陸における最初の湛然研究書であり、湛然の伝記研究、「無情有性」論、「当体実相」論、中興天台という四つの観点から考察がなされている。中興天台については、他宗を論破することが目的であるとし、華厳宗批判、法相唯識批判、禅宗批判を取り上げている。特に華厳宗批判に関しては、湛然が澄観の二頓説を批判したものと理解している。

平井俊栄［一九八五］は『法華文句』の成立に関する研究である。平井［一九八五］は『法華文句』における

『法華玄論』の引用状況から、灌頂が『法華文句』（と『法華玄義』）の撰述に際して、吉蔵の『法華玄論』に全面的に依拠しており、『法華文句』は智顗が完全にあずかり知らない著作であると主張した。平井［一九八五］に関しては、特に重要な問題を提示しているため、本論第一章において詳細に論じた。

池田魯参［一九八六］は、湛然の『摩訶止観』に関連する著作である『止観義例』二巻と『止観大意』一巻に対する研究である。それまでの湛然研究は通史的な研究の一部か、湛然の思想全般に対する研究がほとんどであったが、池田［一九八六］は湛然の重要な著作を取り上げ集中的に論じたものであり、各著作の内容解明に大きく貢献した。

Penkower, Linda [1993] は、欧米圏で最初の湛然についての体系的な研究である。Penkower [1993] は湛然の生涯と思想に対して研究を進めると同時に、『金剛錍』の英文翻訳と詳細な注を掲載している。

朱封鰲、韦彦铎［二〇〇一］は、中国で出版された天台宗の通史的研究である。第四章第二節に「湛然の生涯とその思想（原題：湛然生平及其思想）」が掲載されている。湛然の主な思想として「理具三千」「無情有性説」「随縁不変説」を挙げて紹介している。

潘桂明、吴忠伟［二〇〇一］は、中国で出版された天台宗の通史的研究である。第六章は「天台の中興の功臣――湛然（原題：天台的「中興」功臣――湛然）」と題する。潘、吴［二〇〇一］は湛然を天台宗中興の功臣と位置づけ、「湛然の生涯と其の著作」「無情有性説」「中興の功臣としての地位の確立」という観点から論じている。

俞学明［二〇〇六］は中国で最新の湛然研究書である。特に湛然の天台宗中興の問題を取り上げ、その歴史的な背景の解明を進めた。また湛然の思想については、実相論、仏性論、法華経観、止観について論じている。この法華経観に関して、俞［二〇〇六］は「智者本人は意識的に立宗活動を行っていないが、智顗のさまざまな努力は彼を天台宗の実質的立宗者にした。教判は智者の立宗活動の中の重要な要素である。教判を通して、智顗は『法華経』の〝会三帰一〟〝開権顕実〟〝発迹顕本〟の原則を用いてあらゆる仏教経典を位置づけただけでなく、天台宗が尊重する『法華経』の優越性を強調し、『法華経』を天台宗の宗経にした。智顗が創設した体系的な判教構造と、教判と立宗の結合という思想的傾向は、唐代諸宗の教判の形式となった。湛然は智顗の法華経観を継承し、当時の諸宗、とくに華厳宗の教判上の挑戦に対して、さらに『法華経』の宗経としての地位を推し進めた。……湛然は華厳宗の〝天台を漸頓、華厳を頓頓〟とする「二頓説」を批判し、天台と華厳の教判の根本な相違は、立場の違いであり、基準の違いであって、したがって同じテキストから異なる解釈を導き出すのであると指摘した。これに基づき、湛然はさらに「超八醍醐」説を提唱し、『法華経』の超越的地位を突出させたのである[18]」と論じている。俞［二〇〇六］は中興の問題を、碑文史料などを用いて考察し、湛然の時代的背景の解明に努め、一定の成果を収めているが、上記のような法華経観はこれまで確認してきたような従来の見解を出ていない。

呉鴻燕［二〇〇七］は『法華五百問論』の解明を進めた。呉［二〇〇七］は「湛然の伝記に関する研究」「『法華五百問論』の成立と流伝に関する研究」「唐代天台学が直面した課題と湛然の教学」「『法華五百問論』よりみる『玄賛』批判の諸相」といった四つの項目から構成される。『法華五百問論』は湛然が『法華文句記』を撰述するために撰述した研究ノートであり、その内容は主に基の『法華玄賛』への批判が中心である。呉鴻燕は『法華五百問論』の中心課題を一乗と三乗の権実論争であったと指摘し、『法華五百問論』と『法華玄賛』の関係だけではなく、それらの著作と『法華文句記』との関係についても言及している。細部においては、筆者と解釈の相違する箇所が若干あるが、呉［二〇〇七］によって『法華五百問論』の研究は大いに進んだといえよう。

長倉信祐［二〇〇七］は、湛然の他宗批判を「対破思想」と呼び、その中でも特に湛然の禅宗批判に着目している。長倉［二〇〇七］は天台と禅宗の交渉に関して『大乗起信論』の受容や『金剛般若経』の流行に焦点を合わせて考察し、さらには従来は華厳宗の法蔵や澄観がその批判対象とされてきた『金剛錍』について、湛然の執筆動機と撰述目的について考察しながら、湛然が江南の禅宗に非常に強い関心を寄せていたことを指摘している。湛然の復興運動の意義については、「湛然が止観為本の国清寺系を中心とする「天台宗」の確立に際して、玉泉寺系天台とも繁く交渉を持った南宗、北宗に限らず、禅宗への対抗なくしてはあり得ないという仏法の本統を自負する意識に基づき、正統六祖として名実ともにその発揮を目指した」（長倉［二〇〇七：二四八］）と論じている。長倉［二〇〇七］の指摘するように、自身の正統性を強く自覚していた湛然にとって、同時代の禅宗の動向は非常に気になる存在であったことは確かであろう。

池麗梅［二〇〇八：一］は「湛然の教学や思想は、唐代における天台仏教復興運動の一環として現れたものである」と述べ、湛然の思想研究の中心的課題に天台仏教復興運動があることを指摘した。そして『止観輔行伝弘決』に対する考察を中心に、天台仏教復興運動とは、「天台止観の伝承の正統化」と「天台止観の実践理論の正規化」の確立を目指す運動であると論じている。また池［二〇〇八］は湛然の伝記研究に精力的に行い、日比［一九六六］の伝記研究の成果を大きく修正した。

さて、筆者は本書のもとになる博士論文の執筆に先駆けて、二〇一二年六月に中国人民大学に「湛然の法華思想の展開――『法華玄義釈籤』を中心に――（原題：湛然的法华经思想的展开――以《法华玄义释签》为中心――）」と題する博士論文を提出した。そこでは主に二つの問題に取り組んだ。第一の問題は湛然の教判思想についてである。ここでは、湛然の法華思想の特徴を明らかにするために、彼の『法華玄義釈籤』における教判思想の問題を取り上げた。湛然の教判思想は、基本的には智顗の教判に関する記述を踏まえて展開されるものである。そのため、松森秀幸［二〇一二］は智顗の教判論が詳しく展開される『法華玄義』の一巻教相と十巻教相の思想内容を検討し、そこで確認された智顗の思想と、それらの箇所に対応する『法華玄義釈籤』の注釈とを比較検討した。第二の問題は『法華玄義』の成立事情を湛然がどのように理解していたのかという問題である。第二の問題に関しては本書の第二章にその成果を取り入れて論じた。また、本書では、松森［二〇一二］の成果を踏まえ、『法華玄義釈籤』に加え、さらに『法華文句記』や『法華経大意』『止観義例』などといった著作を取り上げ、湛然の法華経観の特徴について掘り下げて検討することで、湛然の法華経観が彼の「天台宗」復興運動にどのような影響を与えたのかという問題にも取り組みたい。

本研究の構成

次に本書が取り組む問題について具体的な本書の構成に沿って述べる。

「第一章　平井俊栄『法華文句の成立に関する研究』の検証」では、平井［一九八五］の学説に対する検証を行う。『法華文句』『法華玄義』『摩訶止観』は「天台三大部」と呼ばれ、智顗の根本思想が示された主著として認められてきた。このような三大部に対する評価には、三大部の重要性を宣揚した湛然の果たした役割が大きい。

しかし、近年の文献学的研究の進展に伴い、平井［一九八五］は『法華文句』や『法華玄義』が吉蔵の『法華玄論』や『法華義疏』に全面的に依拠し、それらを下敷きにして執筆されたと主張している。平井の提示する問題は、「教観双美」という立場に立ち、教相と観心の融合を果たしたとされる智顗像に対して修正を求めるものである。また、平井説によるならば、そのような智顗像の形成に大きく貢献した湛然の智顗理解に対しても、評価を改めなければならない。そこで、本章では平井［一九八五］の学説を取り上げその意義を再検討する。

「第二章『法華玄義釈籤』の灌頂理解と吉蔵釈」では、研究対象として、『法華玄義』において灌頂が撰述した内容であることが明らかな箇所、いわゆる灌頂私記部分を取り上げる。第一章では平井［一九八五］の学説を批判したが、平井［一九八五］の文献学的な研究成果、すなわち、灌頂が書名も人名も挙げずに吉蔵の著作を参照しながら、『法華文句』や『法華玄義』を撰述したという指摘そのものは妥当なものである。そのような平井［一九八五］の説を踏まえれば、現実的に考えて、智顗の学説と灌頂の学説とを完全に区別して論じることは困難といえる。しかし、このような状況にあっても、なおはっきりと智顗と灌頂のどちらが撰述したのか明らかな箇所が存在する。すなわち、『法華玄義』における灌頂による私記部分である。第二章では、これら灌頂私記部分の内容とそれに対する湛然の注釈を比較研究し、灌頂の私記に対して湛然がどのような理解を示しているのかを明らかにする。

「第一節『法華玄義』「私録異同」部分に対する注釈」では、灌頂が『法華玄義』の末尾に付した追記部分（「私録異同」）を研究対象とした。「私録異同」はさまざまな異説が収録され、灌頂がそれらを天台教学の立場から会通している箇所であり、まず「私録異同」自体が灌頂の思想を明らかにする上で重要な資料といえる。本節では、この「私録異同」に示される灌頂の思想と湛然の注釈とを比較研究する。

「第二節『法華玄義』の灌頂私記部分に対する注釈」では、『法華玄義』において灌頂が『法華玄論』を参照して撰述したことが明らかな「宗」に関する十二の異説と、それに対する灌頂のコメントを取り上げた。実際の『法華玄義』における灌頂の私記部分とは、その多くが『法華玄論』から異説が引用された直後に付されるコメントである。したがって、灌頂のコメントの意図を理解するためには、同時に『法華玄論』における議論を踏まえなければならない。そこで本節では、初めに異説・吉蔵の批評・灌頂の批評の三者を考察して、それぞれの異説を灌頂が

『法華玄論』から採用した過程を明らかにし、次に異説と灌頂の批評に対する湛然の注釈態度を明らかにする。煩瑣な過程であるが、このような方法を用いるのは、平井［一九八五：二八七］が湛然の『法華文句記』に対して、湛然の『法華文句記』が「しばしば重大な過誤を犯しているのは、敢えてこの事実（引用者注：『法華文句』が『法華玄論』などに全面的に依拠し、下敷きにして書かれたという事実）から目を外らしていたからである」と厳しく批判していることによる。すなわち、平井［一九八五］は、湛然は『法華文句』が『法華玄論』に依拠して成立していることを知っていて、あえて誤魔化しているとしている。ここでは、初めに湛然が『法華玄論』を参照した形跡を確認する。次に、もし湛然が『法華玄論』を参照していなかったとして、そのことによって湛然の注釈に重大な「過誤」が生じているのかを検討する。

「第三章　湛然述『法華経大意』の研究」では、湛然の著作として伝えられる『法華経大意』について総合的に考察する。本文献は冒頭に「今、暫らく天台宗に帰す（今暫帰天台宗）」とあることから、「天台宗」という言葉が用いられる最初の用例とされるが、しかし一方で、本文献には古くから真偽問題が存在している。本説では本文献の思想内容を解明するとともに、その真偽問題についても考察する。

「第四章　『法華文句記』所引の「十不二門」」では、湛然の『法華玄義釈籤』の中心思想の一つである「十不二門」に関して、同じく湛然の『法華文句記』に引用・言及される「十不二門」を取り上げ、「十不二門」が引用された『法華文句記』の内容と『法華玄義釈籤』の「十不二門」との思想的関連性を検討する。

「第五章　湛然の法華思想と唐代天台宗」では、湛然の独創的な教判思想である「超八」という概念を切り口に、彼が取り組んだ天台宗復興運動の意味について、次の四節を設けて考察を進める。

「第五章第一節　湛然における「超八」の概念の主張」では、湛然の「超八」と呼ばれる教判思想を取り上げる。

天台教判においては、諸経典の価値を蔵教・通教・別教・円教の化法の四教と、頓教・漸教・不定教・秘密教の化儀の四教という八教によって判定しているが、湛然は『法華経』という経典が他の経典とは別格のものであることを示すために、『法華経』がこれら八教を超越した経典であると位置づけた。本節では、湛然が置かれた当時の思想状況を踏まえながら、『法華玄義釈籤』ならびに『法華文句記』にみられる「超八」の概念を考察する。

「第五章第二節　唐代の『法華経』受容をめぐる湛然の問題意識」では、第一節で論じた湛然の法華経観が形成されてくるようになった背景について考察する。湛然が活躍した唐中期には、法華三昧や法華道場が普及していたが、湛然は『法華文句記』巻十「釈普賢品」巻末からの一連の記述においてそれらを批判している。本節では湛然のそれらの法華信仰に対する批判的態度から、唐代の『法華経』受容に対する湛然の問題意識を明らかにする。

「第五章第三節　湛然の「超八」概念と〝華厳教学〟」では、『法華文句記』と『法華玄義釈籤』おいて「超八」概念が展開される過程にみられる他師への批判を取り上げ、そこで批判される内容と「華厳教学」との関係を考察する。さらに、湛然が華厳教学批判を展開した著作とされる『止観義例』における「華厳教学」の内容を検討する。

「第五章第四節　唐代天台宗における頓漸をめぐる論争」においては、従来は「他宗批判」として捉えられてきた湛然の言論活動についての再検討を行う。従来「他宗批判」、あるいは、他者批判として理解されてきた箇所は、正統性の確立を目指した湛然の宗教運動において彼が直面していた課題が色濃く反映していると考えられる。本節では、湛然が主に『止観義例』の中の頓漸に関する論争を取り上げ、そこで展開される湛然の他者批判の意味を考察する。

註

（1）湛然の伝記研究については、日比宣正［一九七五］、俞［二〇〇六］、呉鴻燕［二〇〇七］、池麗梅［二〇〇八］などが詳しい。特に池［二〇〇八］は伝記や著作の成立年代の研究において、緻密な研究を行い、その分野における多くの定説を訂正している。以下の論述においても多く池［二〇〇八］の成果を参照した。

（2）湛然の出身地については、池［二〇〇八：九五―九六］の註（3）、（4）に詳しい考察がある。

（3）方巌については池［二〇〇八：五七―六六］に詳しい。

（4）『天台九祖伝』巻一には、開元寺「小石碑」という唐代の石碑の内容が収録されており（池［二〇〇八：九六］）、そこには「開元十六年首、遊浙東、尋師訪道。至二十年、於東陽金華、遇方巌和尚。示以天台教門、授止観等本」（T51・103a20-22）とある。池［二〇〇八］は諸伝記が「開元十五年」とするものを、唐代史料に基づき「開元十六年」を採用した。本論でも池［二〇〇八］の説に従う。

（5）『宋高僧伝』巻六、「年二十余、受経於左渓」（T50・739b18）。

（6）『宋高僧伝』巻六、「天宝初年、解逢掖而登僧籍。遂往越州曇一律師法集、広尋持犯開制之律範焉。復於呉郡開元寺敷行止観」（T50・739b25-27）。なお湛然の出家得度については、諸伝記に異説があるが、ここでは池［二〇〇八：六六―七二］の成果によった。

（7）『宋高僧伝』巻五「澄観伝」、「［大暦］十年、就蘇州。従湛然法師習天台止観、法華・維摩等経疏」（T50・737a15-16）。

（8）『天台九祖伝』巻一、「述三部記成、師（＝湛然）親書寄姑蘇開元寺大蔵。語昇小石碑。至今存焉……今自覚衰疾、諸無所任。留此本兼玄疏両記、共三十巻。以寄此蔵」（T51・103a18-27）。

（9）『摩訶止観科文』の「序」には、「昔天宝十四年、臨安私記。元年建巳、国清再書」（X27・508 3）と湛然の『止観輔行伝弘決』の撰述過程についての考察は、日比［一九六六：一四六―一四七］、池［二〇〇八：一〇三―一一七］を参照。池［二〇〇八：一〇六］によると「元年建巳」は七六二年四月一日から十四日までの期間を指す。『止観輔行伝弘決』には永泰元年（七六五）の普門の序があるため、「元年建巳」（七六二年）の再治の後、さらに時間をおいて完成を見たと考えられる。

（10）なお、池［二〇〇八：一六六］は、東山法門の伝統説の主張を例に、湛然の時代には「自らの伝承の正統性と優越性を主張しようとする志向」が一種の時代的風潮であったことを指摘している。

（11）池［二〇〇八：一六五］は、唐代における天台仏教の復興運動は、『止観輔行伝弘決』の撰述から実質的には開始され、「この運動の究極的な目標は、天台止観伝承の正統化と天台止観実践法の正規化の実現にあった」と論じている。

（12）日比［一九六六：八二―一〇三］は散逸した著作を含め、その数を三十三部とするが、池［二〇〇八：八五―八六］は日比［一九六六］の算出法の誤りを指摘し、さらに明らかに別人の著作を除外して、これを三十二部に訂正した。また俞［二〇〇六：三四一―三四九］は「湛然著述総目録（湛然著述总目）」を製作し、散逸文献である『顕法華義抄』十巻を挙げず、その著作数を三十一部としている。ここでは池［二〇〇八］によった。

（13）このうち涅槃経関係の著作について言えば、南本『大般涅槃経』自体が三十六巻本と非常に大部であるため、その注釈書（灌頂の著作の再治）も大部になるのは当然といえる。

（14）灌頂はすでに『法華玄義』の「私記縁起」、『法華文句』の序品題下の割註において、これらの著作が智顗の講義を聴講して、後にそれを編纂したものであることを明言している。ただし、平井俊栄［一九八五］は「智顗説、灌頂撰」という問題について、これらの著作は灌頂が吉蔵の『法華玄論』などの法華経疏に全面的に依拠して撰述されたものであると指摘している。この問題については、本論第一章において詳しく論じた。

（15）たとえば、佐藤哲英［一九六一：三三九―三四〇］は『法華玄義』について「要するに法華玄義は天台三大部の随一で、智顗の教学体系を遺憾なく示した代表的撰述であるが、本書は智顗自身が筆を執った親撰の書でもなく、また灌頂の筆録本を智顗がその在世中に監修したものでもない。しかも灌頂が現行形態に本書をまとめあげる仮定には、智顗の四教義・止観・次第禅門ばかりか、吉蔵の法華玄論をも参照しており、また灌頂の私見も相当加わっていると考えられるから、本書の全文を直ちに智顗の思想研究の資料とみることは危険であり、今後精緻な本文批判が進まなくてはならぬ」と主張している。

（16）「例言」によれば本書の原稿は「明治の末年か、もしくは大正初年のもの」で、著者の死後に出版されたもののようである。

(17) 筆者は湛然が理を重視し、その概念化を進めたことについては同感であるが、それによって湛然に実践的な側面が弱まったという観点については同意しかねる。湛然における理の重視はより純粋な信仰をもたらし、結果として逆に実践化を推し進めたのではないかと考える。

(18) 「智者虽然本人并非有意识地进行着创宗活动，但他的种种努力使他成为天台宗的实际创宗者。判教是智者创宗活动中的一个重要元素。通过判教，智顗不仅使用《法华经》的『会三归一』、『开权显实』、『发迹显本』原则组织了全部佛教经典，而且突出了天台宗所崇尚的《法华经》的殊胜性，《法华经》成为天台宗的宗经。智者所创设的系统的判教结构和判教与立宗相结合的思想倾向吗，成为唐代诸宗判教的楷则。湛然继承了智者的《法华》观，应对当时诸宗尤其是华严宗在判教上的挑战，进一步了《法华经》的宗经地位……湛然批斥华严宗『二顿』说——以天台属渐顿，华严属顿顿，指出天台和华严判教的根本区别在于立场不同、标准不同，因而对同样的文体做出了不同的解释。在此基础上，湛然进一步提出了『超八醍醐』说，以突出《法华经》的超越地位」（俞［二〇〇六：二五七］）

第一章　平井俊栄『法華文句の成立に関する研究』の検証

第一節　智顗とその『法華経』注釈書

湛然は、『止観義例』において次のように述べ、「天台宗」の宗旨として『法華経』を重視することを明言している。

［天台一家の］用いるところの意義と宗旨は、『法華［経］』を根本の骨子とし、『［大］智［度］論』を指南とし、『大［般涅槃］経』を助けとし、『大品［般若経］』を観法とする。さまざまな経を引用して信心を増幅し、さまざまな論を引用して助けとする。［天台一家が］観心を縦糸とし、諸法を横糸として、書物を織りなすのは、他と同じではない。

所用義旨、以法華為宗骨、以智論為指南、以大経為扶疏、以大品為観法。引諸経以増信、引諸論以助成。観心為経、諸法為緯、織成部帙、不与他同。[1]（T46・452c28-453a2）

湛然が『法華経』を初めとする重要な大乗経典（や論書）をこのように位置づけている背景には、当時の湛然には自身の正統性の確立のために、自身が智顗（五三八—五九七）に連なる正統的な立場であることを、これらの経論と関連づけて明示する必要があったのだと考えられる。これは結果として、このような言説が逆に伝統的な解釈として広く定着し、後代に大きな影響を与えることになった。[2] 天台宗が智顗の法華経思想を中心として成立したということについて、安藤俊雄［一九六八：三一］は、智顗の主著が『法華玄義』『法華文句』『摩訶止観』といういわゆる「天台三大部」として知られていることから、智顗の生涯における中心課題は『法華経』研究にあったと指摘し、[3] この『法華経』研究が天台宗の成立と不可分であることを、「法華経の教相と観心の体系を組織し、本経の究竟至上なる所以を明らかにすることが、智顗の全生涯の学問生活の最高目標であった。そしてこの法華教学の完成によって、名実ともに具備した天台宗が開創されたのである」と述べている。このような理解もまた、湛然が『法華玄義』『法華文句』『摩訶止観』に対して体系的な注釈を残したことによって、いわゆる「天台三大部」が智顗の思想を代表するものとして位置づけられたことと無関係ではないだろう。

佐藤哲英［一九六一：二九二］は、智顗の思想区分について、五七五年（太建七年）から五九七年（開皇十七年）までを後期時代と見なし、この時期を智顗の思想が最も円熟した「天台教学大成」の時代と捉えている。そして、後期時代をさらに三大部講説時代と晩年時代とに分類し、この三大部講説時代について、「智顗が学者として、また宗教家として最も活躍した時代であり、陳朝の滅亡と隋朝の興起というめまぐるしい政治社会の転換期に対処しつつ、偉大な仏教教学の体系を樹立した時代」と位置づけている。すなわち、智顗の生涯において、この一連の『法華経』についての講説がなされた時代を彼の思想体系が完成した時期と理解しているのである。

ただし、佐藤［一九六一］はこの三大部の講説自体を、そのまま現存する著作としての三大部の成立と見なしていたわけではない。佐藤［一九六一］は智顗の三大部講説の筆録者としての灌頂の存在に注目し、現存の三大部が灌頂の手による数々の編集、すなわち、智顗の講説を記録した聴記本から何段階かの修治を経て完成したことを、文献学的な手法を用いて解明した。[4]『法華玄義』と『法華文句』については、両書に吉蔵の法華経疏を参照している箇所があることを認め、灌頂の手が相当加わっているという事実を確認し、両書を単純に智顗本人の講説内容そのものとして扱うことはできないと指摘している。(5) この意味において、佐藤［一九六一］は、伝統的に智顗の思想研究における第一次資料と目されてきた、三大部の位置づけに疑問を提示した重要な研究といえるだろう。

しかし、佐藤［一九六一］においては、灌頂が修治を加えたとはいえ、三大部は智顗の講説を記録した聴記本に基づいたものであるという基本的態度は崩されていない。したがって、三大部において提示される根本的な思想が、智顗の講説に由来するという可能性を否定するものではない。これに対し、平井俊栄［一九八五］は、三大部の中の『法華文句』は、吉蔵の『法華玄論』や『法華義疏』に全面的に依拠して、それらを参照し下敷きにして執筆されたと主張し、これを論証しようとした。(6) またさらに『法華玄義』についても、この著作が智顗の講説とは関係なく、灌頂が独自に書き下ろした著作であるという可能性があることを指摘している。(7) 平井［一九八五］の提示する問題は、「教観双美」(8) という立場に立ち、教相と観心の融合を果たしたとされる智顗像に対して修正を求めるものである。(9) また、平井説によるならば、そのような智顗像の形成に大きく貢献した湛然の智顗理解に対しても、評価を改めなければならないだろう。(10)

『法華玄義』・『法華文句』の一部が吉蔵の法華経疏を参照して執筆されたという、平井［一九八五］の文献学的な研究成果は、まぎれもない事実であり、反論の余地はない。しかし、平井［一九八五］には『法華玄義』・『法華文句』における吉蔵釈の依用関係を論証した勢いで、その背後の思想的関係性までも論断する傾向があり、しばしば言い過ぎとも取れる主張が見られる。(11)

そこで以下、本章では平井［一九八五］の学説を中心に取り上げ、その概要と問題点を確認し、平井学説の意義を再検討したい。

第二節　平井学説の概要

初めに、平井［一九八五］の主張の概要を確認する。(12)『法華文句の成立に関する研究』の構成を同書の目次によって示すと、以下の通りとなる。

第一篇　智顗と吉蔵――経典註疏をめぐる諸問題――
　第一章　智顗の経典註疏と吉蔵註疏
　第二章　維摩経註疏をめぐる諸問題
　第三章　『法華玄義』と『法華玄論』
第二篇　法華文句の成立と伝承に関する批判
　第一章　『法華文句』の成立
　第二章　『法華文句』のテキスト
　第三章　経の科文に関する問題
　第四章　『法華文句』の四種釈と吉蔵の四種釈義
　第五章　『法華文句』の『玄論』の引用文献
　第六章　証真『法華疏私記』の吉蔵関説
第三篇　法華文句における吉蔵註疏の引用
　第一部　『法華文句』と『法華玄論』

平井［一九八五］は、三篇より構成される。第一篇は「智顗と吉蔵――経典註疏をめぐる諸問題――」と題される。第一篇第一章は、『金剛般若経疏』に関する佐藤［一九六一］に対する批判である。智顗の『金剛般若経疏』について、佐藤［一九六一］はこれを智顗の著作ではないと推定している。すなわち、佐藤［一九六一］は、『金剛般若経疏』における智顗疏と吉蔵疏には共通する部分があり、さらに吉蔵疏には智顗疏を指して「ある人」と批判しているため、吉蔵疏の成立前に智顗疏が存在しているはずであると主張した。これに対して、平井［一九八五］は『金剛般若経疏』が智顗の著作ではないという点に関しては異論を挟まないが、両疏の文献比較を通して、「ある人」の説はもともと吉蔵疏において紹介されていたものが、智顗疏において自説として受容されたということを明らかにし、佐藤［一九六一］の理解とは逆に吉蔵疏の成立後にそれを参照して智顗疏が作成された、と主張している。

第二章は、現在、智顗の親撰書と認められる著作中でも最も著名な『維摩経玄疏』と『維摩経文疏』についても、吉蔵の維摩経疏を参照し下敷きにして成立したことを論証しようとしている。智顗の維摩経疏は、智顗が逝去した翌年の五九八年に晋王広に献上されたものであり、吉蔵の維摩経疏の成立は吉蔵が長安に入京した五九九年以降である。したがって、本来、智顗の維摩経疏は吉蔵の維摩経疏を参照して成立したということは考えにくい。しかし、平井［一九八五］は、智顗の「弟子に嘱して後本を抄写せしめよ（嘱弟子抄写後本仰簡）」（『国清百録』巻三、T46・810a12）との遺書から、後に門下によって手が加えられる余地があったと解釈することが可能であることと、灌頂が長安滞在中に日厳寺での論争に敗れたとされる伝承における、その論争相手を、吉蔵一派の三論系学徒であったと推定し、このことから、当時、灌頂は吉蔵とも出会っていたという可能性が高いと考えられるという状況証拠から、智顗の維摩経疏に吉蔵の維摩経疏からの影響が存在する可能性があることを主張した。そして実際に智顗と吉蔵の維摩経疏を比較してみると、その数は少ないものの、智顗の維摩経疏には、他の智顗撰とされる著作と同様に吉蔵の注釈書を参照したと思われる箇所が確認できるとしている。

第三章では、冒頭において、『法華玄義』という著作は、後世の天台宗において主張されるように、いつ、どこで、智顗が『法華玄義』の講説を行い、それを灌頂が筆録したとか、あるいは智顗の講説に灌頂が私見を加えた、などという性格のものではなく、智顗が全く関知しないところで、灌頂が独自に創作し、書き下ろした著作であるという疑いを強く持っている、と述べて、その問題意識を明示している。さらに平井［一九八五］は、『法華玄義』における吉蔵の引用例として、初めに巻第十下の「記者私録」、巻第七下の「釈蓮華義」の「引旧解」と「出経論」、巻第九下の「弁経宗旨」といった、すでに佐藤［一九六一］などの先行研究によって指摘されている例を確認し、さらに従来指摘されていない例として、『法華玄義』巻第八「顕体」の中の第一項「出旧解」の箇所と『法華玄論』巻第四との引用関係を、本文対照を通して解明し、『法華玄義』が『法華玄論』に基づいて撰述されたことを主張している。

第二篇は「法華文句の成立と伝承に関する批判」と題される。第二篇第一章は、『法華文句』の成立について論じられている。『法華文句』は、その冒頭で灌頂自身が述べている内容によると、彼が二十七歳のとき（五八七年）に、一度、金陵において智顗の『法華経』の講説を聴記し、その後、六十九歳のとき（六二九年）に、丹丘においてそれを添削して完成したものとされる。[13]しかし、『法華文句』の冒頭にある灌頂の私記以外には、『法華文句』の成立を伝える資料はなく、同じく灌頂の著した『隋天台智者大師別伝』や『国清百録』においては、『法華玄義』や『摩訶止観』についての記述は見られるが、『法華文句』についての言及はない。また『法華文句』には『法華玄義』への言及があるものの、『法華玄義』には『法華文句』への言及はない。平井［一九八五］は、これらの状況から、『法華玄義』の成立が比較的早い時期であったのに対し、『法華文句』の成立はこれより大幅に遅れ、灌頂の晩年に及んで、ようやく著述の形態をなすに至ったと主張している。[14]そして、当時の仏教界にあって、稀に見る革命的な実践家であった智顗において、講経とは、達意的・玄義的なものが中心であって、経文の逐次的な解釈というスタイルは、むしろ伝統的な講経家の常であり、智顗はむしろこのような講経家とは対蹠的な立場にあったはずであると推測し、さらに経文の逐次的な講説というのは、智顗にあっては行われなかったか、あるいは、仮にあったとしてもその回数は極めて限られたものであったと推定している（平井［一九八五：一四三―一四四］）。

またさらに、『法華文句』の成立は、『法華玄義』よりも遅いことは明らかであるにもかかわらず、『法華文句』には『法華玄義』の後を受け、『法華玄義』に続く著述であることを示唆した文脈が見いだされ、灌頂が吉蔵の法華経疏を参照し、全面的にそれに依拠してまで『法華文句』を撰述し、『法華玄義』と『法華文句』を一対のものとして発表したことについて、そこには、類い稀な革命的な実践家であった智顗に、さらに伝統的な経典注釈家としての地位を付与しようとした、灌頂の智顗顕彰という悲願があったとしている（平井［一九八五：一五二］）。

このほか、平井［一九八五：一五二―一五四］は『法華文句』成立の経緯について考察を進め、六一四年（大業十年）から六一九年（唐・武徳二年）に成立した灌頂の『大般涅槃経玄義』に一例、『法華文句』の引用を確認することができるのを根拠に、『法華文句』の成立を佐藤［一九六一］が提示した「聴記本」（五七八年）→「修治本」（六一四年から六一九年）→「添削本」（六二九年）という明確な著述形態の推移として理解することは誤りであると指摘した。[15]平井［一九八五：一五四―一五五］は、『法華文句』が『法華玄義』の完成後に、これに続くものとして、灌頂の手によって執筆編集されたことを認めつつも、『大般涅槃経玄義』や『涅槃経疏』における『法華文句』

の引用は漠然としたもので、現行の『法華文句』に相当する文脈を特定することが困難である点、引用の仕方についても、ただ「法華疏」というように『法華玄義』とも『法華文句』とも捉えることができる紛らわしい表現である点から、いわゆる「修治本」とは、公表を憚るほど体裁の整っていないものであったとの仮説を提示している。そして、『法華文句』の発表が、智顗の講説から四十二年を経過した六二九年（貞観三年）に至ってやっと公刊されたことについて、『法華文句』が『法華玄義』とは比較にならないほど、吉蔵の『法華玄論』や『法華義疏』といった法華経疏を参照し、それを下敷きにして執筆されているため、灌頂はその著者である吉蔵の死（六二三年）を待って発表したのではないかと推測している。

また、『法華文句』という著作は、灌頂の晩年にあっても完全なものといえず、灌頂の死後、七四八年（天宝七年）の玄朗（六七二―七五三）の修治を経て、湛然によって『法華文句記』という天宝修治本に対する注釈書が著されたことをもって、その成立が果たされたとも主張している。平井［一九八五：一五六―一五七］は、灌頂の死後、三十三年たって成立した道宣『大唐内典録』に『法華玄義』『法華文句』の存在が明記されているため、少なくとも六六四年（麟徳元年）には、『法華文句』の存在が確認できることを認めている。しかし、現行テキストに付される神逈の序に、玄朗が修治を行ったという事実が伝えられていることから、道宣らが目にしたテキストは完備されたものでなかったとも指摘している。すなわち、玄朗が『法華文句』の修治を行った理由は、当時流布していた『法華文句』のテキストが講述に堪えられないほど錯誤が多かったからであるとしている。そしてさらに、これは灌頂の添削本が、百余年の歳月を経て、誤写などの錯誤によって乱れたのではなく、灌頂の添削自身が不完全であったからであると指摘している。

第二章は、現行の『法華文句』のテキスト（『大正新脩大蔵経』所収の増上寺報恩蔵の明本）を底本とし、法隆寺本と石山寺旧蔵本とを対校本として、『法華文句』巻第一について本文を校訂している。法隆寺本は『大正新脩大蔵経』における対校本であり、石山寺旧蔵本は平安時代初期の写本と推定されるテキストである。平井［一九八五：一七三―一七七］は、明本と法隆寺本・石山寺旧蔵本の二本とのはっきりとした相違として、以下の四点を挙げている。第一に、法隆寺本・石山寺旧蔵本には総題の『妙法蓮華経文句』が『法華文句』と略称になっていて、さらに「天台智者大師説」という撰号がない。第二に、明本には神迥の序文がなく、他の二本には存在している。[16]第三に、現行本の本文冒頭の「序品第一」が、他の二本には欠除している。第四に、法隆寺本と石山寺旧蔵本では、各巻を上・下に二分していない。また、字句の異同の状況から、石山寺旧蔵本は、他の二本と比べかなり特殊なテキストであるが、その中でも石山寺旧蔵本は法隆寺本に近く、明本とは大きく異なるテキストであると分析し、この字句の異同自体については、石山寺旧蔵本、法隆寺本、明本の順にテキストが成立したことに起因していると指摘している。

第三章は、『法華文句』の科文が、智顗の講説に基づくものではなく、吉蔵説に引用される諸説を下敷きにして、灌頂あるいは後代の天台学者によって仮託されたものであろうと推定している（平井［一九八五：二二六］）。特に『法華文句』の経の科文に関する論述の仕方や構成が『法華義疏』に類似していることを指摘し、『法華文句』の科文そのものは、法雲や吉蔵の三分科説と慧龍や僧綽の二分科説の総合であると推測して、『法華文句』の科文は、「序・正・流通の三分説と本迹二門の二分説が、何らの脈絡もなしに結びついている」（平井［一九八五：二二四］）ため、論理的整合性を欠くものであると批判している。

第四章は、『法華文句』が、吉蔵の『法華玄論』や『法華義疏』を下敷きにし、全面的に依拠しているという事実を前提にすれば、『法華文句』の四種釈は吉蔵の四種釈の影響のもとに作られたという可能性があると指摘し、その根拠として『法華文句』の因縁釈、約教釈、本迹釈、観心釈の四種釈と、吉蔵の随名釈、因縁釈、理教釈、無方釈の四種釈との間に内容的な類似性があると主張している[17]。

第五章は、『法華文句』と『法華玄論』の引用文献を比較し、両者の引用経論には共通なものが多く、両者が同一の経論の同一箇所を引用する例も多いことを指摘している。

第六章は、日本の鎌倉時代の学僧、宝地房証真の『三大部私記』における学問態度を、実証的な文献主義に立ち、厳正にして公明なる学究態度と高く評価し、その学究的態度の代表例として『法華疏私記』が取り上げられ、これを、湛然の『法華文句記』を注釈しながら、それを批判し、超克しようとした著作であると位置づけている[18]。また、平井［一九八五］は、『法華疏私記』は吉蔵の『法華玄論』と『法華義疏』を有力な指南書として参照し、『法華文句記』が『法華玄論』を参照しなかったため生じた解釈上の誤りを厳しく批判したこと、『法華疏私記』より以前に、智雲の『妙経文句私志記』において、すでに『法華義疏』が参照されており、『法華疏私記』も『妙経文句私志記』の指摘に示唆を受けていたことなどを指摘している。

第三篇は「法華文句における吉蔵註疏の引用」と題され、『法華文句』に引用される吉蔵疏を網羅的に検証した本書における文献学的研究の要であり、本書の大部分は第三篇によって占められている。第三篇第一部では、『法華文句』が『法華玄論』を参照したと考えられる箇所を網羅的に取り上げ、両者の対照を通して『法華文句』が『法華玄論』に依拠し、それを下敷きにして成立していることを論証しようとしている。

第二部では、『法華文句』が『法華義疏』を参照したと考えられる箇所を網羅的に取り上げ対照することで、『法華文句』が『法華義疏』を参照して執筆されていることを論証しようとしている。

第三節　平井学説の検証

前節では平井［一九八五］の学説を概観して、その学説の主要な論点を確認した。平井［一九八五］は、『法華玄義』・『法華文句』と吉蔵の『法華玄論』・『法華義疏』との詳細な比較研究に基づき、『法華文句』ならびに『法華玄義』の一部が『法華玄論』や『法華義疏』を参照して成立したと指摘している。この点に関して、これまで平井［一九八五］の論証した文献学的成果自体に対する大きな反論はなされてきていない。筆者も基本的には平井［一九八五］が指摘した引用関係の事実について異義はない。しかし、平井学説の問題点については、池田魯参［一九八五］が「吉蔵の註疏の影響を叫ぶあまり、灌頂の存在を不当に軽視しているのではないだろうか」、「同じような傾向は、証真教学を評価するあまり湛然教学を軽視している」と批評しているように、早くからその偏頗性が指摘されており、また、菅野博史［二〇〇五］が、『法華文句』の四種釈と吉蔵の四種釈とには類似性があるとする平井［一九八五］の主張に対して、「平井氏は、『法華文句』が吉蔵の法華経疏を重要な参考文献として成立したことを論証した勢いで、『法華文句』四種釈も吉蔵の四種釈の影響下に成立したと推定し、その前提のもとに、両者の類似性を無理に主張しているように思われる」と指摘しているように、平井［一九八五］には、緻密な文献学的成果に基づき大胆な仮説を提示し、その仮説を前提にして、さらに大胆な、やや言い過ぎとも取れる学説を主張するという傾向が見受けられる。そこで本節では、平井［一九八五］の中から、特に第一篇第三章の『法華玄義』と『法華玄論』の関係を扱った部分、第二篇第三章の経の分科について扱った部分を取り上げ、平井学説の妥当性を改めて検証する(19)。

第一項　『法華玄義』と『法華玄論』の関係に関する平井説の問題点

平井［一九八五］はその書名の通り『法華文句』の成立に関する問題が中心的に扱われている。ただし第一篇第三章は「『法華玄義』と『法華玄論』」と題され、『法華玄義』に対する考察がなされている。この章は「問題の所在」「『法華玄義』における吉蔵の引用」「『法華玄義』巻第八と『玄論』巻第四――本文対照――」の三節から構成されている。第一節は、「問題の所在」として、具体的には『法華玄義』の撰号についての問題と吉蔵著作との関連とについて論じられている。第二節では、平井［一九八五］以前にすでに指摘されてきた『法華玄義』における『法華玄論』参照箇所、具体的には「記者私録」（巻第十下）、「釈蓮華義」の「引旧解」と「出経論」（巻第七下）、「弁経宗旨」（巻第九下）のそれぞれの箇所において『法華玄義』と『法華玄論』の記述を併記し、その類似性を再確認している。この節は、辻森要修［一九三六］や佐藤［一九六一］などの先行研究を参照したもので、平井［一九八五］独自の説はみられない。第三節は、平井［一九八五：一七］が「証真・普寂ならびに佐藤氏において、いずれも見落とされているもので、しかも一経の宗旨を論じた重要な項目」と指摘するように、先行研究において見落とされてきた『法華玄義』の『法華玄論』を参照する例として、『法華玄義』巻第八「顕体」の中の第一項「出旧解」の箇所を取り上げ、この箇所が『法華玄論』巻第四を参照して撰述されていることを論証している。

平井［一九八五］はこのように、『法華玄義』が『法華玄論』を参照して成立している事実をもって、『法華玄義』という著作が「智顗の全く預り知らぬところで、全篇これ灌頂が独自に創作し、自ら書き下ろした作品である」（平井［一九八五：一〇二］）という仮説を論証しようとした。平井［一九八五］以前の先行研究が指摘する例や、平井［一九八五］が新たに発見した例を見れば、『法華玄義』が『法華玄論』を参照して成立していたことは疑いのない事実であろう。ただし、すでに菅野［一九九四b］が指摘しているように、平井［一九八五］の論証は、『法華文句』のそれに比べると分量が少なく、『法華玄義』の全篇が灌頂によって書き下ろされたと断定するには、根拠が不十分である。[20] また、藤井教公［一九八八］が同じく『法華玄義』が『法華玄論』を参照したという事実に基づきながら指摘しているように、灌頂の『法華玄義』修治は「異解異説を多く採り入れて、博引旁証化すること」に重点を置いたものと理解することも十分に可能である。[21] ここでは、平井［一九八五］が上記の論証の過程において提示した議論とその問題点を確認し、『法華玄義』に対する平井学説の妥当性を検討する。

（1）『法華玄義』の撰号について

「天台智者大師説」という撰号については、必ずしも筆録者灌頂によって記されたとは限らないが、『法華玄義』冒頭には灌頂による「法華私記縁起」という『法華玄義』と『法華文句』の両方をその対象とした序が付されている。『法華玄義』の撰号の存在如何にかかわらず、この序に示される情報によって、[22]『法華玄義』という著作が、智顗の講説を灌頂が記録し、後に著作としてまとめられたものであることが理解される。

『法華玄義』の撰号について、平井［一九八五：一〇二］は次のように述べる。

『法華玄義』の撰号は、「天台智者大師説」となっているが、これは周知のように、天台大師智顗の講説を章安灌頂が記録したものという意味である。このことは『法華玄義』に限らず、『法華文句』『摩訶止観』も含めて三大部いずれにも見られることで、本書が他の類書には見られない特異な性格を持った著作であることを示すものである。この「智顗説・灌頂記」という撰号の意味は、一般には智顗の『法華経』に関する講説を灌頂が筆録したという意味に解されている。しかし、これもまたよく知られた事実であるが、本書中には、しばしば「私謂」として筆録者灌頂の私見が書き添えてあることから、「智顗説・灌頂記」という意味は、第二に、本書が智顗の講説部分と、いわゆる「私記」と称される灌頂の私見を書き添えた部分からなっているという意味にも解することができよう。

ここでは、大きく二つの解釈が提示されている。第一には、「天台智者大師説」という撰号は、智顗の講説を灌頂が記録したものという意味で用いられているとする解釈である。平井［一九八五］によれば、この解釈によって『法華玄義』が他の類書には見られない特異な性格を持った著作であることが示されるとされる。第二には、「天台智者大師説」という撰号は、「智顗説、灌頂記」を意味し、『法華玄義』は智顗の講説部分と、「私謂」などで示される灌頂の私録部分とから構成されるという解釈である。

第一の指摘に関して、平井［一九八五］は、『法華玄義』を初めとする三大部が特異な著作であると理解する根拠として、その撰号自体が智顗の講説を灌頂が筆録したということを示唆していることを挙げている。しかし実は、このような著作は取り立てて特異なものではない。智顗や吉蔵に大きな影響を与えた法雲の『法華義記』の撰号は「光宅寺沙門　雲法師撰」であるが、『法華義記』は実際には法雲の『法華経』に関する講義を弟子が筆録した著作とされている。(23)したがって、たとえ『法華玄義』を初めとする三大部の撰号が現行のテキストと同じ記述であったとしても、それらが著された当時において、他の著作に比べ『法華玄義』などの著作がとりわけ特異なものであったとは考えにくい。

また平井［一九八五：一〇二］は、『法華玄義』の撰号に関して二つの解釈の可能性を提示しているが、その解釈のいずれもが『法華玄義』が「智顗の真撰ではないにしても智顗の真説である」という前提に立ったものであるとして、さらにそれぞれの解釈を批判している。第一の解釈は、『法華玄義』が智顗の講説そのものを灌頂が純粋に筆録したというものである。これは『法華玄義』に「私謂」などとして灌頂が自説を述べている点から、『法華玄義』が智顗の講説だけを純粋に筆録した著作であるという可能性は否定される。

第二の解釈は「私謂」などと明記された箇所だけが灌頂による追記部分であり、その他の箇所はすべて智顗の講説部分と見なすというものである。平井［一九八五］はこの解釈は佐藤［一九六一］の説によって否定されるとしている。すなわち佐藤［一九六一：三一六］は、「現行の法華玄義は智顗の講説のままでなく、時によると天台智顗の全く預り知らぬ灌頂の私見が添えられている部分があるかと思う」と述べ、その最たる例として、「私謂」で始まる箇所と「天台師云」や「師云」で始まる箇所とを挙げている。[24]佐藤［一九六一：三一六］は「私謂」の箇所について、灌頂撰『大般涅槃経疏』において「私謂」という表現が三十回近く見られることから、「私謂」だけが灌頂の私記部分であり、それ以外が智顗の真説であるとするのは誤りであると指摘している。しかし、この点に関しては、堀内伸二［一九八七］がすでに『大般涅槃経疏』は灌頂撰、湛然再治の著作であることと、行満の『涅槃経疏私記』に「私謂」とは湛然の解釈を述べたものであると指摘されていることなどから、『大般涅槃経疏』の「私謂」とは湛然の再治の際に付加されたものである、と佐藤［一九六一］の説の誤りを訂正している。また智顗講説部分とされる箇所に「天台師云」や「師云」という表現が見られることは、たしかに『法華玄義』が智顗の講説そのものを灌頂が筆録したということへの反論にはなるだろう。しかし、灌頂は「法華私記縁起」において自ら表明しているように、『法華玄義』は智顗の講説を灌頂が記録し、それに基づいて作成された著作であることを前提としている。したがって、筆録者が弟子の灌頂であるということを考慮すれば、智顗が講説時に一人称を用いていた場合に、「天台云」ではなく、「天台師云」と師匠に対して敬称を用いることは、むしろ当然であり、許容される範囲の修治であるといえよう。少なくとも平井［一九八五］が『法華玄義』は「智顗の全く預り知らぬところで、全篇これ灌頂が独自に創作し、自ら書き下ろした」著作であると、『法華玄義』の成立について疑問を提示する根拠として、上述の佐藤［一九六一］の学説を採用し、「私謂」という表現を灌頂の文体上の特徴であるとして単純に処理したことは妥当なものではない。

なお、「天台智者大師説」という撰号については、テキスト間の異同や目録上の扱いなどの問題を踏まえる必要がある。[25] そこで以下に『法華玄義』の撰号の諸テキスト間における異同と関連する問題について考察する。撰号に関するテキスト間の異同についていえば、『大正新脩大蔵経』の底本である増上寺報恩蔵の明本では「天台智者大師説」と表記しているが、『中華大蔵経』の底本である永楽北蔵本には「隋天台智者大師説　門人灌頂記」（『中華大蔵』93・2a17-18）とある。また、この箇所に関する『中華大蔵経』の校注によると、永楽南蔵本は「智者大師説」となっており、『万暦版大蔵経』、すなわち径山蔵本は「天台智者大師説」に作っており、いずれも「門下灌頂記」という撰号は付されていないことが指摘されている。[26] さらに広勝寺金蔵本の現存する巻には「智者大師説」との撰号が付されている。[27] また、乾隆蔵本の『妙法蓮華経玄義釈籤』は『法華玄義』と『法華玄義釈籤』のテキストを併記した会本形式のテキストであるが、その撰号には「妙法蓮華経玄義釈籤巻第一　隋天台智者大師説　門人灌頂記　唐天台沙門湛然釈」（『龍蔵』115・757b1-4）とある。すなわち、乾隆蔵本・永楽北蔵本は「隋天台智者大師説　門下灌頂記」と詳しい情報が提示され、その他のテキストは智顗説という基本的な情報が述べられるのみである。ここでは、ひとまずテキストの系統として増上寺報恩蔵本・径山蔵本は「天台智者大師説」、永楽南蔵・広勝寺金蔵本は「智者大師説」と整理することができる。

さて、『法華玄義』の書名はすでに灌頂の著した『隋天台智者大師別伝』や『国清百録』において確認されるが、[28]

灌頂以降では、道宣の『大唐内典録』（六六四年に成立）に最初にその存在が確認される。すなわち、『大唐内典録』巻一「歴代衆経伝訳所従録」には「隋朝伝訳仏経録第十七之余」として、智顗の著作を十九部挙げており、その中に「法華玄（十巻沙門灌頂筆記）、法華疏（十巻沙門灌頂筆記）」（T55・284a13–14）と『法華玄義』の書名を見ることができる。この箇所には筆録者の灌頂の名前が記されているのみであるが、「隋朝伝訳仏経録第十七之余」の末尾には「右十九部、八十七巻、天台山沙門釈智顗撰」（T55・284b1–2）とあるように、この段で紹介されているのは智顗の著作である。また『大唐内典録』は巻十の「歴代道俗述作注解録」においても、「隋朝天台山修禅寺沙門釈智顗撰、観・論・伝等八十七巻」（T55・332a16–17）と智顗の著作を紹介しており、そこにも「法華玄（十巻）、法華疏（十巻）」（T55・332a19）と『法華玄義』の名が記されている。[29] これらは、厳密には撰号ではないが、「天台山沙門釈智顗撰」「隋朝天台山修禅寺沙門釈智顗撰」と智顗の著作であることが強調されている。またそれと同時に、『法華玄義』が灌頂の「筆記」であることが明記されている点も注目される。

　さらに、比較的古い時代の伝記や目録における『法華玄義』とその著者についての言及を確認すると、日本に最初に天台三大部を将来したとされる鑑真の伝記である『唐大和上東征伝』（七七九年）[30]には、「天台止観法門、玄義、文句、各十巻」（T51・993a15）と『法華玄義』の名が確認される。ただし、これは伝記という性質もあり『法華玄義』の著者についての言及はない。最澄の『伝教大師将来台州録』（八〇五年）には、「妙法蓮華経玄義十巻（智者大師出）（二百七十二紙）」（T55・1055b17）とある。ここでは「智者大師出」とあるように、『法華玄義』の著者を智顗と見なしており、そのことを「出」と表現している。また、最澄とほぼ同時代の空海の『御請来目録』（八〇六年）には、「法華玄義一部十巻（天台智者撰）、法華文句疏二部二十巻（天台智者撰）」（T55・1064a3–4）とあり、『法華玄義』『法華文句』の名が確認される。空海はその著者について「天台智者撰」と言及しているが、最澄が採用した「智者大師」との表記から「大師」という尊称が省略され、智顗を「天台智者」とのみ記している点が特徴的である。(31) さらに円珍の『智証大師請来目録』（八五八年）には、「妙法蓮花経玄義十巻（天台出）、妙法蓮花経文句三本三十巻（天台出）」（T55・1104b2-3）とある。円珍は最澄同様「出」という表現で智顗に言及しているが、その呼称の仕方は「天台出」というように空海よりも簡潔なものである。

また、さらに時代が下った目録を確認すると、玄日の『天台宗章疏』（九一四年）には、「法華玄義十巻（天台智者大師説）」（T55・1135b10）とあり、また永超の『東域伝灯目録』（一〇九四年）「法華部」には「同経玄義十巻（智顗説、灌頂記）」（T55・1149a7）とある。『法華玄義』の著者について、『天台宗章疏』は「天台智者大師説」と記し、智顗の「説」であることが強調されており、その表記は現行のテキストと同じものである。また『東域伝灯目録』は「智顗説、灌頂記」と記しており、『天台宗章疏』と同じく智顗の「説」とするが、ここではさらに灌頂の筆記であることも強調している。

以上に、『法華玄義』の撰号に関する諸テキスト間の異同と関連する問題について述べた。平井［一九八五］の意図は、撰号自体の問題ではなく、灌頂が『法華玄義』の冒頭、「私記縁起」において記した内容自体を疑問視し、その問題を撰号の問題に置き換えて、問題提起を行うことにあったと思われるが、以上に確認したように『法華玄義』の撰号の問題は、すでにそれ自体に多くの問題をはらんでおり、現行の「天台智者大師説」という撰号はさまざまな変遷を経て現在の形に至っている。この撰号の問題から、平井［一九八五：一〇三］が「『智者大師説』という撰号を持つ本書が、智顗の真撰でないことは勿論のこと、必ずしも智顗の真説ともいえないのではないか」と議論を展開していくことは、いささか一方的な議論といえるのではないだろうか。おそらく、平井［一九八五］は『法華文句』における吉蔵疏の援用関係を論証することを通して構築した自身の仮説を、『法華玄義』に適用させるために、結論が先行してしまっており、撰号をめぐる問題に関して十分な考察がなされなかったのであろう。

(2)『法華玄義』における『法華玄論』の引用

平井［一九八五：一〇四、一一七］は、『法華玄義』における吉蔵の著作の援用は『法華文句』に比べると格段に少ないとしながらも、『法華玄義』において吉蔵の著作が引用される例を取り上げ、『法華玄義』が智顗の講説部分としている箇所を含め、吉蔵の著作に依拠して成立していることを主張している。平井［一九八五］は、このような『法華玄義』が吉蔵の著作を引用しているという事実によって、灌頂が吉蔵の著作に全面的に依拠して、智顗の講説とは無関係に『法華玄義』という著作を著したと理解しているが、この学説に対して、藤井［一九八八］は、灌頂の修治作業の方向性を分析し、その方向性を基準とすることで、智顗の講説部分と灌頂の追記部分を弁別することができると主張している。すなわち、藤井［一九八八：一四三、一五九―一六〇］は、「灌頂が修治の際にとりこんだ三論吉蔵の著作からの引用・援用が、それは灌頂が修治しつつあった著作の内容にとってどのような意味をもっているのか」という視点から『法華玄義』における『法華玄論』の引用箇所を検討し、灌頂の修治の第一の目的が「異解異説を多く採り入れて、博引旁証化する」ことにあり、「灌頂の時代は、中国仏典解釈学の「博」の性格が最も顕著にあらわれた時代であり、「異説を多く知るほど、それだけすぐれた学者であるとする考え方」が当時の風潮であった。灌頂は、このような当時の風潮の中で、師徳を顕彰する忠実な祖述者として、「博」という方向性のもとに『法華玄義』の修治に当たったのである」と主張した。さらに、藤井［一九八八：一六〇］は灌頂により吉蔵の著作が引用された意味について、「実際の修治に当って、他師の異説や諸経論の説を盛り込むのに最も手取早い手段は、既に成っている他師のすぐれた注釈書から援用してくること」であり、灌頂にとって、それが吉蔵の法華経疏であったと分析している。藤井［一九八八］は直接的に平井［一九八五］を批判したものではないが、平井［一九八五］の指摘する事実に基づきながらも、同時に平井［一九八五］とは逆の主張をするものであり、事実上は平井［一九八五］を批判的に検討した注目すべき研究といえる。

さて、平井［一九八五］は『法華玄義』における吉蔵の著作の引用として、第一に『法華玄義』巻末の「記者私録」を取り上げている。これは、すでに佐藤［一九六一：三一七―三一八］が指摘している箇所であるが、平井［一九八五：一〇四］は、この箇所について「吉蔵説を引いていて、灌頂が自らこのことを認めている点で注目される。……灌頂は『法華文句』だけでなく、『法華玄義』においても『玄論』の吉蔵説を参照し、これに拠ったことがまず確認される」と述べている。いわゆる「［記者］私録異同」とは、『法華玄義釈籤』の分科によれば「雑記異聞（さまざまな伝承をとりとめもなく記す）」（T33・962a6）と、「述己推師、結前生後（自分［の意見］を述べて師匠［の徳］を高く評価し、前〈『法華玄義』の記述〉を終わらせて後〈『法華文句』の記述〉を始める）」（T33・962a7）とに大別される。このうち「雑記異聞」は、さらに「『般若経』と『法華経』を料簡して異同を区別する」「経論における諸蔵の離合を明かす」「四教の名義の典拠を明かす」「古の五時七階の不同を明かす」という四つの段落に分けられる。[32]「私録異同」部分における『法華玄義』の『法華玄論』引用箇所は、「『般若経』と『法華経』を料簡して異同を区別する」段のほぼすべての箇所が該当している。平井［一九八五］はこの箇所が『法華玄論』の引用であるという事実を、『法華玄義』が吉蔵の法華経疏に依拠して成立したという自説の傍証として理解しているが、「私録異同」段は、『法華玄論』だけが引用されているわけではない。湛然が「私録異同」段の特徴を「雑記異聞」（T33・962a6）と述べ、また藤井［一九八八：一六〇］が灌頂の『法華玄義』の編纂方針として異解異説の採用による博引旁証化を指摘しているように、この段落は灌頂が自らの責任において『法華玄義』に収められなかった学説を収録している箇所と考えることが妥当であろう。たとえば「古の五時七階の不同を明かす」段は、慧遠あるいは法上の『大乗義章』からの引用によって構成されており、この段落での『大乗義章』の引用は「[記者]私録異同」の中の『法華玄論』からの引用箇所よりも分量が多い。また「[記者]私録異同」のその他の多くの箇所もさまざまな経論からの引用によって構成されている。したがって、「[記者]私録異同」は、たしかに『法華玄義』が『法華玄論』の吉蔵説を参照し、これによった例ではあるが、それはあくまでも部分的であり、これを『法華玄義』が全面的に『法華玄論』によって成立していると主張することの根拠とすることはできない。

また、もし仮に『法華玄義』という著作が、灌頂が吉蔵の著作に全面的に依拠して、智顗が全くあずかり知らないところで著されたというのであれば、巻末に「[記者]私録異同」というように、灌頂自らが追記したことを表明せずに、この箇所も智顗の著作部分として仮託することも可能であろう。しかし、実際にはそのような仮託はなされていない。ここから灌頂の意図を推察するならば、『法華玄義』本論部分は、あくまでも智顗の学説を忠実に再現したものであって、この中の灌頂自身による加筆部分も灌頂の意識の上では智顗の講説の理解を助ける補足でしかなかったはずであり、「私録異同」段は灌頂自らの責任において智顗の講説では触れられなかった異説を取り上げて、『法華玄義』全体の補足として収録したものであったと考えられる。

(3)『法華玄義』巻第八と『法華玄論』巻第四の比較に関して

平井[一九八五：一七]は、『法華玄義』における『法華玄論』の引用箇所について、先学が見落としてきた箇所で、かつ一経の宗旨を論じた重要な項目として、『法華玄義』巻第八「辨体（体を弁別する）」段の第一「顕体」の中の第一項「出旧解（旧解を提示する）」の箇所を取り上げ、この箇所が『法華玄論』巻第四を参照して撰述されていることを論証している。平井［一九八五］の指摘そのものは、文献学的に正しいものであり大きな異論はないが、その論証の過程には、いくつか問題となる箇所が存在する。以下にその問題となる箇所を取り上げて検討する。

平井［一九八五］が問題とする『法華玄義』「顕体」における「出旧解」の箇所には、六人の「有人」の学説と五つの論書の学説が提示されている。平井［一九八五：一一七―一一八］は「このうち「有人説」の三説までが『玄論』に説く吉蔵自身の説であり、残る三説のうち、二説も明らかに『玄論』の別の箇所（巻第二）に相当文を見いだすことができるし、文中に引く五論の内容もことごとく『玄論』からの援用である」と述べ、「顕体」の四意（出旧解・論体意・正明体・引文証）のうち「出旧解」は、「私謂」と記されて灌頂による批評が挿入されているものの、そのほとんどが『法華玄論』に依拠して撰述されていると理解している。平井［一九八五］は『法華玄義』巻八「正顕体」の中の「出旧解」と『法華玄論』巻第四のテキストを具体的に対照しながら議論を進めているが、ここでは平井［一九八五］の論述に沿って、その問題点を確認したい。

1　「顕体」段「出旧解」にみる第一から第三の「有人」学説

『法華玄義』に提示される六人の「有人」の学説の中で、第四から第六の「有人」の学説は、平井［一九八五：一一九―一二九］が指摘する通り、『法華玄論』巻第四の内容を引用・要約したものである。また平井［一九八五：一一八―一二〇］は第一から第三の「有人」の学説について、第一を浄影寺慧遠の学説、第三を光宅寺法雲の学説と推測し、『法華玄義』がこの二師の学説を『法華玄論』巻第二から借用していると指摘している。ここで問題とされる『法華玄義』の提示する第一から第三の学説は以下の通りである。

正面から体を顕わすのに、さらに四意を明らかにする。第一に旧解を出し、第二に体の意を論じ、第三に正面から体を明らかにし、第四に経文を引用して証拠立てる。

①北地師は一乗を体とする。この語はとりとめがなさすぎて、まだ簡潔に要点をおさえたものではない。一乗の語は共通していて、権・実にまたがる。もし権の一乗であれば、すべて経の意ではない。もし実の一乗であれば、義は三軌を包括する。体を顕わすことが明らかではないので、採用しない。

②また、ある人は解釈して、「真諦を体とする」という。これ（＝真諦の語）もまた共通していて［大・小に］またがる。小乗・大乗はみな真諦を明らかにする。小乗の真諦は、もともと言を俟たない。大乗の真諦も、また多くの種類がある。今はどの真諦を体とするのか［明らかではない］、よって採用しない。

③また、ある人は解釈して、「一乗の因果を体とする」という。今はまた［これを］採用しない。なぜならば、一乗の語が共通するのは、すでに前に説いた通りであるからである。また因果の二法は、なおいまだ事であることを免れない。どうしてこれが体となるだろうか。事は理のしるしがなければ、魔経と同じである。どうして採用することができるだろうか。

> 正顕体、更明四意。一出旧解、二論体意、三正明体、四引文証。
>
> ①北地師用一乗為体。此語奢漫、未為簡要。一乗語通、濫於権実。若権一乗、都非経意。若実一乗、義該三軌。顕体不明、故不用。
>
> ②又有解言、真諦為体。此亦通濫。小大皆明真諦。小乗真諦、故不俟言。大乗真諦、亦復多種。今以何等真諦為体、故不用。
>
> ③又有解言、一乗因果為体。今亦不用。何者、一乗語通、已如前説。又因果二法、猶未免事。云何是体。事無理印、則同魔経。云何可用。
>
> （T33・779a15–25、引用文中の番号は筆者による）

平井［一九八五：一一八―一一九］は、上記の引用文における①について、これを『法華玄論』巻第二の「辨経宗旨」の内容と同じものであると指摘し、「遠師」の説であると判断した。さらに「この遠師とは、浄影寺慧遠のことである。そこで『法華玄義』はこれを「北地師」と言い換えたものと思われる」と類推している。また③の「有解」については、「『有解』は光宅寺法雲の『法華義記』の説である」とし、具体的には『法華玄論』巻第二に紹介される法雲説を参照していると指摘している。そして、『法華玄義』の「明宗」段においてこの箇所と同じ『法華玄論』「辨経宗旨」の内容が参照されていることについて[33]、『法華玄義』は『法華玄論』に説かれる宗と体を同義語と見なし、「辨体」段ではすべてを体に、「明宗」段ではすべてを宗に改めて『法華玄論』を引用したと解釈し、『法華玄義』の特徴として、「『法華玄義』は「顕体」と「明宗」の二度に亘って、慧遠と光宅の説を『玄論』から借用した形となっている」と指摘している。ただし、②の説については、典拠が不明であるとして、「『玄論』の十三家の説のいずれにも該当するものがない。別に典拠があるのか、それとも『法華玄義』独自の挿入なのか、とにかくこれだけが異質である」と述べている。

『法華玄義』の①の説の部分について、平井［一九八五］はこれを浄影寺慧遠の学説であるとしているが、その根拠となった『法華玄論』の記述は次の通りである。

第一の遠師（慧遠）は、「この経は一乗を宗と規定している。一乗の法とは、いわゆる妙法である。『法華経』譬喩品に、「この乗は絶妙であり、最も清らかである。世間において、最高の存在である」とある通りである」と言っている。

第一遠師云、此経以一乗為宗。一乗之法所謂妙法。如譬喩品云、是乗微妙、清浄第一。於諸世間、為無有上。（T34・379b29－c2）

平井［一九八五］はこの「遠師」を浄影寺慧遠（五二三—五九二）であると特定し、『法華玄義』の紹介する「北地師」と同一人物であると指摘しているが、この「遠師」を浄影寺慧遠と推定するのは妥当ではない。すでに菅野［一九九四：五〇九］が推定するように「遠師」は廬山慧遠（三三四—四一六）と考えるべきである。『法華玄論』「辨経宗旨」段の当該部分において、第一説から第五説までは、「第一遠師」（T34・379b29）、「第二龍師」（T34・379c7）、「第三宋道場慧観法師」（T34・379c24）、「第四中興寺印師」（T34・380a10）、「第五光宅法師」（T34・380a19）の順で、その学説を提唱した人物名が言及されている。第一「遠師」を除くと、それぞれ「龍師」は廬山慧龍（生没年未詳）、「宋道場慧観」は、道場寺慧観（生没年未詳）、「中興寺印師」は僧印（四三五—四九九）、「光宅法師」は光宅寺法雲（四六七—五二九）を指すと考えられる。廬山慧龍と道場寺慧観は生没年代が明らかではないが、慧龍は僧印に『法華経』を授けたとの『高僧伝』僧印伝の記述があり[34]、慧観は『高僧伝』慧観伝（T50・368b8-c1）によると、宋元嘉年間（四二四—四五三）に没しているため、『法華玄論』の記述は年代順、すなわち、ほぼ同年代と推定される慧龍と慧観、やや遅れる僧印、法雲の順になっていることがわかる。したがって、『法華玄論』の文脈に従うなら、これら五師の第一に挙げられる「遠師」は廬山慧遠と推定されるべきである。また『出三蔵記集』には廬山慧遠の著作として「妙法蓮華経序（釈慧遠）」（T55・83c9）を挙げていることからも、おそらく吉蔵は宗旨に関する旧説の第一として上記の廬山慧遠の著作を紹介しているものと考えられる。したがって、ここで『法華玄義』が「一乗を体とする」という「北地師」の学説とは、単に北地で活躍した浄影寺慧遠の学説であると理解することはできず、「一乗を宗とする」という廬山慧遠の学説と「北地師」の学説とを安易に同一視することはできない[35]。

平井［一九八五：一三五］は結語に『法華玄義』「辨体」の「正顕体」段の「出旧解」の項について、「前半は旧解六師の説を紹介しているが、このうち三師までが『玄論』の吉蔵説であり、残る三師のうち二師までが『玄論』巻第二に相当文を見いだすことができる。残る一師については『法華玄義』に甚だしい改変があったためか、或いは誤写等によるものか不明であるが、相当文を見いだすことができなかった。しかし、六師のうち五師までが『玄論』に拠って述べられているとすると、残る一師だけが別途の典拠によって紹介されたとは思えない」と述べ、さらには、「本項が主として『玄論』の巻第四に拠っているにもかかわらず、とくに冒頭の二師について、全く別途に巻第二にその資料を求めるなど、そのほかにも『法華玄義』に構成上の作為の跡がうかがえることは文中に指摘した通りである。このことは第三者の「有人説」の紹介であるから、要略の形を取ることはあっても、無理に表現を変えるなどの必要性は認め難いのであるが、『法華玄義』はあえてこれを行っている点と合わせ考えても、『法華玄義』には、『玄論』を下敷きにし、全面的にこれに依拠したことを隠そうとする意図が働いていたとしか思われない」と推論を展開している。

しかし、すでに確認したように、平井［一九八五：一一八―一二〇］の提示する前提に誤りがある以上、『法華玄義』「正顕体」の「出旧解」段の提示する第一と第三の学説を『法華玄論』「辨経宗旨」段の援用と見なすことは慎重にならなければならない。『法華玄義』「正顕体」の「出旧解」段は、何かの著作を参照している可能性は高いが、それが『法華玄論』だけであるとは限らない。その意味において、『法華玄義』が提示する第二の学説、すなわち、引用文中の②の学説は大いに注目される。平井［一九八五：一一九］はこれを『法華玄論』に該当箇所を見いだすことができないため、「異質」な箇所と切って捨てるが、むしろ第一説から第三説の参照状況は灌頂がこの箇所において『法華玄論』以外の著作を参照していた可能性を示唆するものとして理解できるのではないだろうか(36)。たしかに第四説以降は『法華玄論』「顕体」段「出旧解」の内容と共通する箇所が多い。しかし、すでに確認したように、少なくとも第一説から第三説に関しては、必ずしも『法華玄論』を参照しているとは言い切れない。灌頂がこの箇所の『法華玄義』の編纂において、古い学説や当時流行していた学説の情報源として、吉蔵の『法華玄論』だけでなく、その他の複数の著作を参照していたという可能性も考慮すべきであると考える。

2　「顕体」段「出旧解」にみる第五の「有人」学説

次に、『法華玄義』巻八上の「顕体」段「正顕経体」の中の「出旧解」において提示される第五師の学説に関して、平井［一九八五：一二一―一二六］の学説を検討したい。平井［一九八五］は『法華玄義』の該当箇所について、『法華玄論』の多岐にわたる問答を『法華玄義』は極めて省略した形で採用しているため、「誤解や錯乱の跡が見られ、……引用文もしくは第三者の説の紹介としてみても、極めて不充分である」と指摘している[37]。そしてこれを「錯乱乃至破綻を来した」と評し、「『玄論』の文意を曲解し、収拾がつかなくなった挙句、忽々に端折ったものと思われる」と結論づけている。以下、この第五の「有人」の学説についての平井［一九八五］を検討する。ここで問題とされる『法華玄義』の記述は以下の箇所である。

ある人は、「①因乗は般若（＝智慧）を本とし、［布施・持戒・忍辱・精進・禅定の］五度を末とする。果乗は薩婆若（sarva-jña：一切智）を本とし、その他を末とする。②また、因乗は狭く、果乗は広い。③また、般若の相応する心は一体の乗であり、［般若の］相応しない心は異体の乗である。④また、無所得の相応する行は近乗であり、頭を低くし手を挙げる有所得［の行］は遠乗である。⑤また、［布施・持戒・忍辱・精進・禅定・智慧の］六度に世間・出世間の混合があるのは遠乗であり、［四念住・四正断・四神足・五根・五力・七覚支・八正道の］三十七道品がただ出世間だけであることを近乗と名づける。⑥また、四句がある。［六］度と［三十七］品とはことごとく無所得である。また、［六］度と［三十七］品とはともに有所得である。また、［六］度は［有所得・無所得が］混ざり合い、［三十七］品は混ざり合わない。また、［三十七］品は［有所得・無所得が］混ざり合い、［六］度は混ざり合わない……」と明らかにする。

⑦私が思うに、「般若を乗の本とする」とは、今経では大白牛車のことである。［これは］経の［乗の］体ではない。「薩婆若を乗の本とする」とは、今経では道場において成就する果である。また［経の］乗の体ではない。「因乗は狭い」とは縦の義であり、「果乗は広い」とは横の義であって、ことごとく今経の乗の体ではない。「般若の相応する心」「無所得」「近・遠」等とは、今経ではことごとく［大白牛車の］「荘校」（飾り）、「儐従」（侍従する人）であり、すべて［経の］乗の体ではない。どうして軽率に表面的なことについて論争を起こすのか。厳しく責めることはこの通りである。だれがこれを分けることができようか。

有人明、①因乗以般若為本、五度為末。果乗以薩婆若為本、余為末。②又因乗狭、果乗広。③又般若相応心是一体乗、不相応心是異体乗。④又無所得相応行是近乗、低頭挙手有所得是遠乗。⑤又六度有世出世雑是遠乗、三十七品但出世名近乗。⑥又四句。度与品悉無得、又度与品倶有得、又度雑品不雑、又品雑度不雑云云。⑦私謂、般若為乗本者、於今経是白牛。非経体也。薩婆若為乗本者、於今経是道場所成果、亦非乗体。因乗狭者、是縦義、果乗広者、是横義、悉非今経乗体。般若相応心、無所得、近遠等、於今経悉是荘校、儐従、都非乗体。那忽於皮毛枝葉、而興諍論耶。喧怒如此。誰能別之。

（T33・779b8‐22、引用文中の番号は平井［一九八五］を参考に筆者が付した）

上記の『法華玄義』の記述は、『法華玄論』の内容（T34・389c11‐390b17）と非常に類似したものであり、平井［一九八五：一二一―一二六］が指摘するように、灌頂が『法華玄論』を参照していたことは確かであろう。平井

［一九八五：一二四］はこの箇所に関して、灌頂による『法華玄論』の要約は「錯乱乃至破綻を来」していると批判している(38)。

この「有人」の①の主張は、次の『法華玄論』の記述の傍線部を参照したものとされる（［平井、一九八五：一二一―一二二］）。

質問する。因の中の乗は波若（般若）を主とするが、果地の万徳は何を宗とするのか。答える。『論』（『大智度論』）に「因の中では波若と名づけ、果の中では薩婆若と名づける」(39)という。果乗は薩婆若を主とするのである。したがって、この経の全体はすべて仏の智慧を讃歎する。たとえば［『法華経』に］「仏の智慧を説くために、諸仏は世に出現する」（方便品）、や「多宝如来が讃歎する平等大慧」（宝塔品）というのは、そのままこの事である。『摂大乗論』も「智慧を乗の体とする」(40)と言う。これは不二である二（波若と薩婆若）を本・末に展開しただけである。因縁に妨げがなければ、一一の行に一切の行を包括すると、［波若は］すべて因の乗の本とすることができる。一一の徳に一切の徳を包括すると、［薩婆若は］すべて果の乗の本である。……

問。因中之乗以波若為主、果地万徳用何為宗耶。答。論云、因中名波若、果中名薩婆若。即果乗以薩婆若為主也。是故此経始末皆歎仏慧。如云、為説仏慧故諸仏出於世、乃至、多宝所歎平等大慧、即其事也。摂大乗論亦言、智慧為乗体也。此是不二二開本末耳。因縁無碍、一一行摂一切行、皆得為因乗本。一一徳摂一切徳、皆果乗本也。……

（T34・389c11-19、引用文中の傍線は筆者による）

上記の引用文の問答では、何を果乗の宗旨と規定するのかが問題になっている。すなわち、因乗が波若（すなわち般若）を中心とするのであれば、果徳は何を宗旨とするのかという問いが設定され、『法華玄論』はそれに対して『大智度論』の記述（T25・139c7–10）に基づきながら、因においては般若を中心とし、果においては薩婆若、すなわち一切智を中心とすると回答している。一方、『法華玄義』では、因乗については般若波羅蜜を本として、その他の五度、すなわち布施・持戒・忍辱・精進・禅定の五波羅蜜を末とするとし、果乗については薩婆若を本とし、その他（「余」）を末とすると規定している。平井［一九八五：一二五］は、ここで『法華玄義』が因乗と果乗のそれぞれを本・末に展開していることについて、灌頂が『法華玄論』に「これは不二である二（波若と薩婆若）を本・末に展開しただけである。（此是不二二開本末耳）」とあるのを参照したためであると推定し、さらに「薩婆若の本に対して「余」とは何を指すのか曖昧である」と批判している。たしかに『法華玄義』のこの箇所の記述は『法華玄論』を参照したと考えられる（平井［一九八五：一二五］）が、『法華玄義』のいう「余」の内容は必ずしも平井［一九八五］が批判するような曖昧なものとはいえない。

この箇所を注釈した湛然の『法華玄義釈籤』は、「「薩婆若」は果智である。「余」は果上の万徳をいう（薩婆若是果智。余者謂果上万徳）」（T33・931c4–5）と述べている。湛然は『法華玄義釈籤』の撰述に際して『法華玄論』を参照していないと考えられるので、(41) この箇所における湛然の注釈は『法華玄義』の記述だけから、「薩婆若」と「余」の関係性を読み解いていることになる。そして、湛然のこのような理解は灌頂が参照したと考えられる『法華玄論』の内容からかけ離れたものではない。すなわち、『法華玄論』は「これは不二である二（波若と薩婆若）を本・末に展開しただけである（此是不二二開本末耳）」と述べた後に、「一一の行に一切の行を包括すると、［波若は］すべて因の乗の本とすることができる。一一の徳に一切の徳を包括すると、［薩婆若は］すべて果の乗の本である（一一行摂一切行、皆得為因乗本。一一徳摂一切徳、皆果乗本也）」と因乗と果乗における本の例を提示している。

これによれば、因乗においては、菩薩の修行の般若波羅蜜が本の修行であり、果乗においては、万徳の中で薩婆若、すなわち一切智が本の徳となると理解される。したがって、『法華玄論』では「本」のみが提示されるだけであるが、理論上は「本」に相対する「末」が想定されるため、因乗における般若以外の五度と、果乗における一切智以外のあらゆる徳とは、いずれも「末」と規定されていると理解することができる。したがって、『法華玄義』が本・末に展開することは『法華玄論』の記述と矛盾しているわけではなく、この箇所の灌頂の要約は妥当性を欠くものとはいえない。

②の説は、平井［一九八五：一二五］が指摘する通り『法華玄論』が一乗の中に広狭を論じた箇所の結論を要約したものである。結論のみを提示していることから、灌頂はこの学説を提示する意図を持っていたとしても、その学説そのものは論じるまでもないものとして認識していたと考えられる。該当する湛然の注釈をみても、次の一体・異体についての議論とまとめて扱われているものの、具体的な言及はみられず、ほとんど問題視されていない。

③の説は、「般若相応心」を一体の乗とし、「不相応心」を異体の乗とするという学説である。これは『法華玄論』の以下の問答を参照したものと指摘されている（平井［一九八五：一二二―一二三］）。

質問する。何が一体の乗と異体の乗であるのか。

答える。波若と相応する無依無得不二の観が現前することは、一念品に、「菩薩の一念に万行を具える」と説く通りである。これは一体の乗である。まだこの観が現前していないことを異体の乗と名づける。……

問。云何一体乗異体乗耶。

答。与波若相応無依無得不二観現前、如一念品説、菩薩一念具万行。此是一体乗。未得此観現前、名異体乗。……（T34・390a8-11）

『法華玄論』では無依無得不二の観が現前することが一体の乗、まだ現前しないことが異体の乗と規定されている。灌頂はこれをそれぞれ「般若相応心」「不相応心」と要約している。これは要約としては妥当なものであり、平井［一九八五］においても特に批判がなされていない。

④の説は、『法華玄論』において近乗と遠乗についての問答が展開される箇所[42]から、冒頭の以下の部分を要約したものと考えられる。

質問する。（一体の乗と異体の乗の規定を受けて）どうしてそうなのか。

答える。『大［般若経］』には、「ただ燃灯仏は無生忍を獲得することによって、そのまま六度等の無得の万行を離れない」という。

質問する。何が近乗・遠乗であるのか。

答える。波若の心によって起きる対象は、法に留まらず、波若の中に留まり、捨てるものがなく、檀（布施）などの六度を具足し、不生であるために［三十七］道品を具足するようなものである。また、［『摩訶般若波羅蜜経』の］広乗品に一切の徳行を列ね、最後にすべて結んで「無所得の故に」というようなものである。このような乗を近乗と名づける。もし「頭を低くし、手を挙げ、皆な成仏する」と説けば[43]、これは有所得の善であり、遠乗と名づける。……

問。何以然。

答。大品云、但燃灯仏以得無生忍、即不離六度等無得万行。

問。云何是近乗遠乗。

答。以波若心所起、如不住法、住波若中、無所捨、具足檀等六度、不生故具足道品。亦如広乗品列一切徳行、後皆結言無所得故。如此之乗名為近乗。若説低頭挙手皆成仏者、此是有所得善名為遠乗。……
（T34・390a15-22）

以上の『法華玄論』の問答の引用から明らかなように、『法華玄義』の記述は『法華玄論』の提示する『大品般若経』の無所得の行を近乗、『法華経』の有所得の善を遠乗とする記述を要約したものである。

⑤の説は、六度（六波羅蜜）は世間と出世間とが混同しており、これを遠乗とし、三十七道品は出世間であり、これを近乗と規定している。平井［一九八五：二一四］は、この箇所について灌頂が以下の『法華玄論』の記述を参照していると指摘している。

今、六度を遠乗とし、［三十七］道品を近乗とすることを明らかにするのは、［『大智度論』が］無生品（『大品般若経』）の経文を解釈するのである。経文に、「世間の六度、出世間の六度がある。道品はただ出世間を明かし、世間を明らかにしない(44)」という。論主はこの一義を解釈する。それゆえ六度を遠乗とし、［三十七］道品を近乗とすることを明らかにする。

質問する。六度がなぜ遠乗で、［三十七］道品がなぜ近乗であるのか。

答える。六度とは世間と出世間とが混ざり合っている。よって遠乗である。［三十七］道品とはもっぱら出世間だけである。よって近乗である。

今明六度為遠、道品為近者、為釈無生品経文。経文云、有世間六度、出世間六度。道品但明出世、不明世間。論主解此一義。故明六度為遠、道品為近。

問。六度何故遠、道品何故近。

答。六度雑有世出世、故遠。道品純是出世間、故近。
（T34・390b5-10）

引用した『法華玄論』の議論は「論主はこの一義を解釈する（論主解此一義）」とあるように、次の『大智度論』の記述を踏まえたものである。

菩薩の時には道があり、仏はすでに到達しているので道を必要としない。道は阿耨多羅三藐三菩提を獲得するので、菩提道と名づける。菩薩行は道であるので、菩薩道と名づける。この中で仏は遠い道を説く。いわゆる六波羅蜜の菩薩道である。近い道とは、いわゆる三十七［道］品の菩提道である。六波羅蜜の中には布施・持戒などが混ざり合っているので、遠い道である。三十七［道］品にはただ禅定・智慧だけがあるので、近い道である。六波羅蜜には、世間と出世間とが混ざり合っているので、遠い道である。三十七［道］品・三解脱門などは、大慈大悲であり、畢竟清浄であるので、近い道である。

菩薩時有道、仏已到不須道。是道為得阿耨多羅三藐三菩提故、名為菩提道。菩薩行是道故、名菩薩道。此中仏説遠道。所謂六波羅蜜菩薩道也。近道、所謂三十七品菩提道也。六波羅蜜中、布施持戒等雑。故遠。三十七品但有禅定、智慧。故近。六波羅蜜、有世間出世間雑。故遠。三十七品、三解脱門等大慈大悲、畢竟清浄。故近。（T25・440c14-21）

六波羅蜜を遠乗とし、三十七道品を近乗とすることの理由について、『大智度論』は（1）六波羅蜜には布施波羅蜜と持戒波羅蜜が含まれているが、三十七道品には純粋に禅定波羅蜜と智慧波羅蜜に相当する内容しか説かれていないこと、（2）六波羅蜜には世間と出世間とがあるが、三十七道品は「畢竟清浄」であること、という二点から説明している。一方、『法華玄論』は『大智度論』の理由を「六度とは世間と出世間とが混ざり合っているので、遠乗である（六度雑有世出世、故遠。道品純是出世間、故近）」と、『大智度論』の第一の理由と第二の理由とを統合する形でまとめている。『法華玄論』の内容と対照すれば、『法華玄義』の⑤の説についての記述は、平井［一九八五：一二四―一二五］の指摘の通り、『法華玄論』の記述を参照して灌頂が著した部分ということができるだろう。

⑥の説について、平井［一九八五：一二五―一二六］は、『法華玄義』がこの箇所で四句分別を試みようとしていると解釈し、『法華玄義』は『法華玄論』の「六波羅蜜と三十七道品に、それぞれ近乗と遠乗となる場合」として四例を列挙するという文脈を理解せずに、断片的に文章の一部を引用し、羅列したために、「錯乱乃至破綻を来した」と厳しく批判している。

『法華玄義』が提示している四句とは、（1）「六度と三十七道品とはことごとく無所得である（度与品悉無得）」、（2）「六度と三十七道品とはともに有所得である（度与品俱有得）」、（3）「［六］度は［有所得・無所得が］混ざり合い、［三十七道］品は混ざり合わない（度雑、品不雑）」、（4）「［三十七道］品は［有所得・無所得が］混ざり合い、［六］度は混ざり合わない（品雑、度不雑）」である。

『法華玄義』が参照したと考えられる『法華玄論』の記述（平井［一九八五：一二三、一二五―一二六］）には、「今、この意義を明らかにするのに、四例[45]がありうる。（今明此義、可有四列）」（T34・390b1-2）とあり、六度（六波羅蜜）と三十七道品のそれぞれが近乗と遠乗となる場合について四つの場合を挙げることができるとしている。すなわち、（1）「第一に、六度・［三十七］道品は無所得であるので、ともに近乗である（一者六度道品是無所得、故俱近）」（T34・390b1-2）、（2）「第二に、［六度・三十七道品は］ともに有所得であるので、ともに遠乗である（俱是有所得、故俱遠）」（T34・390b2-3）、（3）「第三に、無所得は六度を近乗とし、有所得は［三十七］道品を遠乗とする（無所得六度為近、有所得道品為遠）」（T34・390b3-4）、（4）「第四に、無所得は［三十七］道品を近乗とし、有所得は六度を遠乗とする（四、無得道品為近、有得六度為遠）」（T34・390b4-5）の四例である。

『法華玄義』は『法華玄論』の論述形式を参照して「四例」を「四句」として用いているが、実際には『法華玄論』の「四例」からは「四句」の第一句と第二句として前の二例のみを採用しているだけであり、「四句」の残りの二句については、第三句は、『法華玄論』の次に挙げる問答を参照したものと考えられるが、第四句は、『法華玄論』には該当する内容を確認することはできない。第三句が参照したとされる『法華玄論』の記述は以下の通りである（[平井、一九八五：一二六]）。

質問する。六度はなぜ混ざり合い（雑）、[三十七]道品はなぜ混ざり合わない（不雑）のか。答える。六度の中に浅・深に通じることを明らかにする。布施・持戒・忍辱などは、浅・深に通じる。混ざり合う[雑]という意義が成り立ちうる。[三十七]道品の中には定・慧を明らかにする。定・慧は布施・持戒より深いので、この一義において、六度を遠乗とし、[三十七]道品を近とする。

問。六度何故雑、道品何故不雑耶。答。六度中明通浅深。如布施持戒忍辱等、通於浅深。可得有雑義。道品中明定慧。定慧深於施戒。就此一義故、六度為遠、道品為近。（T34・390b8-14）

これは、『法華玄論』の上記の「四例」とは別の問題として立てられた問答であるが、『法華玄義』はこれを「四句」の一つとして採用している。また、前述のように第四句は、『法華玄論』に該当する箇所がないが、平井[一九八五：一二六]は第三句を機械的に逆にしただけのものと判断している。平井[一九八五：一二六]は、これら『法華玄義』の恣意的な「四句」の採用について、『法華玄義』が『法華玄論』を理解せずに、断片的に文章の一部を採用して、これを個別の問題として羅列しているため、錯乱、破綻を来したと批判している。

さて、平井[一九八五：一二五]は、『法華玄義』の「四句」を四句分別として理解している。四句分別とは、通常一つ（A）ないし二つ（A、B）の基準から存在を四句に分類することである。具体的には（1）「Aである（A也）」、（2）「非Aである（非A也）」、（3）「Aであり、非Aである（亦A亦非A）」、（4）「Aでなく、非Aでない（非A非非A）」という四句を形成し、これらの場合はいずれもAと非Aとが相互に片方の一部分を包含しているという関係性が成り立たなくてはならない（多屋頼俊・横超慧日・舟橋一哉［一九九五：一八八］）。一方、『法華玄義』の提示する四句は、第一句と第二句は、六度と三十七道品とが有所得であるか、無所得であるかの場合を挙げ、第三句と第四句は六度と三十七道品とがそれぞれ雑であるか、不雑であるかの場合を挙げている。この意味においては、四句分別としてみれば『法華玄義』の提示する四句は、「錯乱乃至破綻」を来しているともいうこともできよう（平井［一九八五：一二六］）。ただし、『法華玄義』の提示する「四句」が四句分別を意味しているかといえば、必ずしもそうとはいえない。たとえば『法華玄義釈籤』はこの「四句」について次のように解釈している。

「又四句」とは、初句に「[六]度と[三十七道]品[とは無所得である]」というのは、ともに無所得の心と相応しており、ともに出世間である。（第二句に）「[六度と三十七道品とは]ともに有所得である」とは、有所得の心と相応しており、ともに世間である。第三句（六度は雑、三十七道品は不雑である）は、前に解釈した通りである。第四句（三十七道品は雑、六度は不雑である）は、意味は[以下に]言う通りである。[三十七]道品は[修行の]階位に焦点を合わせたものであるので、有漏と無漏がある。それゆえ「世間・出世間は混ざり合っている」と名づける。大乗の六度は、一向に混ざり合うことがないので、四句には互いに遠・近があり、ともに遠・近である。

又四句者、初句云、度之与品、倶与無所得心相応、倶是出世。倶有得者、有所得心相応、倶是世間。第三句、如向釈也。第四句者、意言、道品有約位故、則有有漏及以無漏。是故名為世出世雑。大乗六度、一向無雑。所

以四句互有遠近、及俱遠近。（T33・931c15–21）

『法華玄義釈籤』は、ここで『法華玄義』の四句それぞれを取り上げて注釈を付している。第一句（六度・三十七道品がともに無所得である）については、無所得は出世間であると規定され、第二句（六度・三十七道品がともに有所得である）については、有所得は世間であると規定される。また第三句（六度は雑、三十七道品は不雑である）については、『法華玄義』の直前の⑤の説の箇所で検討した内容と同じであると指摘している。第四句（三十七道品は雑、六度は不雑である）については、三十七道品は修行の階位に関するものであり、六度は大乗の六度の意味であるとの解釈を提示し、三十七道品は有漏・無漏にわたっているので、世間・出世間の混同があり、大乗の六度においては、世間・出世間の混同がないと指摘している。つまり、湛然は『法華玄義』の「四句」を四句分別として理解しているわけではなく、ただその四句が示す範囲を規定しているものと考えられる。ただし、湛然のこのような理解は、『法華玄義』の記述を四句分別と理解すると理論的に矛盾が生じてしまうため、湛然はあえて四句分別によらない解釈を提示したという可能性も考慮されてしかるべきである。しかし、これに対しては『法華玄論』の次のような四句の議論を挙げることができよう。

次に四句を論じる。

質問する。会三帰一・破三帰一・開三顕一・廃三立一にはどんな違いがあるのか。

次論四句。

問。会三帰一、破三帰一、開三顕一、廃三立一、有何異耶。（T34・389a20–21）

『法華玄論』がここで示す「四句」は、四句分別を指しているわけではなく、『法華経』の開会について、「会三帰一」「破三帰一」「開三顕一」「廃三立一」の四句の例を提示している。(46)『法華玄論』においてもこのような例がある以上、「四句」とあるのをそのまま四句分別と理解するのは妥当といえない。またさらに、証真は『法華玄義』のこの「四句」について、「今の四句はどうして通常の四句［分別］の法と異なるのか。（今四句何異常途四句之法）」という問いを設け、「四句の法は固定的ではない（句法不定）」として、『法華玄義』の「四句」は「詳しくは［有得・無得と雑・不雑の］二種の四句にすべきである。（具応作両箇四句）」と指摘し、この「四句」が四句分別の四句とは異なるものであるという解釈を示している。以上の考察を踏まえると『法華玄義』の「四句」は必ずしも四句分別として理解されるべきものとはいえない。

また、証真が同じ箇所の注釈において最終的に「これは他人の理解する説である。いまだその意味ははっきりしていない（是他人所解。未詳彼意）[47]」と記しているように、『法華玄義』の文脈上、この「四句」は、他師の説を紹介した箇所に当たり、智顗ないし天台仏教の主張そのものを展開するのに重要な部分とは見なされていない。このことは、『法華玄義』の第五の「有人」の学説に付された灌頂自身のコメントからも明らかである。すなわち、①から⑥までの説を提示した後の⑦以下の「私謂」部分の中に、次のようなコメントが付されている。

> 「般若の相応する心」「無所得」「近・遠」等とは、今経ではことごとく［大白牛車の］「荘挍」「儐従」であり、すべて［経の］乗の体ではない。どうして軽率に表面的なことについて論争を起こすのか。厳しく責めることはこの通りである。だれがこれを分けることができようか。
>
> 般若相応心、無所得、近遠等、於今経悉是荘挍、儐従、都非乗体。那忽於皮毛枝葉、而興諍論耶。喧怒如此。誰能別之。（T33・779b19–22）

ここでは、「有人」の説として提示される吉蔵の学説の中の③、④、⑤の説を「「般若の相応する心」「無所得」「近・遠」等（般若相応心、無所得、近遠等）」と、ひとまとめにして、「乗体」ではないと指摘し、この「有人」の説については、些末な問題にこだわり過ぎているため、採用しないと批評している。ここでの灌頂のコメントからわかるように、灌頂は「有人」の説そのものを詳細に検討しているわけではない。

灌頂のこのような批評態度は、『法華玄義』の原型となった智顗の『法華経』講義における他師への態度が反映したものであろう。すなわち、智顗の講義においては他師の学説への言及がなかったか、あるいは他師の学説に対してあまり大きな関心を払っていなかったことが予想される。そのため灌頂もそれらの異説を重要な学説として認識することはなかったものと考えられる。ただし同時に灌頂においては、智顗の法華経疏が当時の一般的な経典注釈書と比して遜色ないことを示すために、『法華玄義』を撰述する過程において広く異説を収録する必要があったと考えられる（藤井［一九八八：一六〇］）。しかし、「私謂」と、灌頂自身の立場からの批評を提示しながら異説を紹介するという意図を汲めば、灌頂の目的はあくまでも智顗の学説の優位性の強調にあると考えられる。つまり、この箇所で提示される異説は智顗の学説の優位性を際立たせるために提示されているものに過ぎず、したがって、『法華玄義』が紹介する第五の「有人」の学説は、たしかに『法華玄論』などを参照して、それを非常に簡潔な形で要約したものといえるが、一方で、平井［一九八五］が強く指摘するように、この箇所の記述が『法華玄論』を不完全な形で要約したものであるという事実によって、「『玄論』の文意を曲解し、収拾がつかなくなった挙句、忽々に端折ったもの」（平井［一九八五：一二六］）と理解し、『法華玄義』が『法華玄論』に全面的に依拠して成立していると判断することは、いささか妥当性を欠く批評であるといえよう。

3　「顕体」段「出旧解」にみる第六の「有人」学説

次に、『法華玄義』巻八上の「顕体」段「正顕経体」の中の「出旧解」において紹介される第六の「有人」の学説に関して、平井［一九八五：一二六―一二八］の学説を検討したい。該当する『法華玄義』は以下の内容である。①ある人は『釈論』を引用して、「六度を乗の体とする。方便は生死から運び出し、慈悲は衆生を運び取る」という。②今経においては、般若は「牛」であり、［布施・持戒・忍辱・精進・禅定の］五度は「荘挍」であり、方便は「儐従」であり、慈悲は「軒」である。［これは］また乗の体ではない。

①有人引釈論、以六度為乗体。方便運出生死、慈悲運取衆生。②於今経般若是牛、五度是荘挍、方便是儐従、慈悲是軒、亦非乗体。（T33・779b22、引用文中の番号は平井［一九八五：一二六―一二八］を参考に筆者が付した）

引用文の①の部分について、平井［一九八五：一二六―一二七］はこの部分が『法華玄論』の以下の内容を参照したものであると指摘している。

次に乗具を論じる。

質問する。世間の乗に能乗の人、所乗の法、乗の行具がある。一乗にもまたこれらがあるのか。

答える。ある。『大品』には「この乗、および所乗の因法である」と言い、『釈論』には「六度は正しく乗の体である」と言う。慈悲と方便のこの二つを、大乗を補佐する道具とする。そうである理由は、慈悲があるので、広く衆生を運ぶことができ、巧みな方便があるので生死を出ることができるからである。

次論乗具。

問。世間乗有能乗之人、及所乗之法、及乗行具。一乗亦有此不耶。

答。有也。大品云、是乗及所乗因法。釈論云、六度正是乗体。慈悲与方便、此二為大乗挟具。所以然者、以有慈悲故能広運衆生、有巧方便故能出生死。（T34・390b26-c2、傍線は筆者による。）

すなわち、『法華玄義』が「有人」の説として提示しているのは、上記の引用文中の傍線部分を要約したものと指摘されている。そして、平井［一九八五：一二七―一二八］は『法華玄義』の②の部分について、『法華玄論』では『大智度論』の引用文に続く箇所に対応する原文が見いだせないため、この箇所が有人の説であるのか、『法華玄義』自身の説であるのか「甚だ紛らわしい文脈である」と指摘した上で、この箇所を『法華玄論』の別の箇所、すなわち「五論を引いて乗義を論ずる最後に、法華経を挙げている『玄論』」の一文を採用したものであると推定している。ここで平井［一九八五：一二七］が指摘している『法華玄義』の参照した『法華玄論』の記述とは、以下の箇所である。

また、この経が乗を明かすのに三事がある。一に車、二に牛、三に賓従である。車は因果に共通している。万徳万行である。牛もまた因果に共通している。中道正観が断常の垢を離れることを白とする。この観によるので、万行を引いて生死を出ることは牛のようである。これはそのまま波若が衆行を導くという意義である。質問する。波若はそのまま車である。なぜまた牛をたとえるのか。

答える。一法に［牛と車の］二つの意義があるので、これを分けて、導引することは牛のようにであり、運ぶという意義は車と名づける。［波若以外の］余行にはただ助けとなり運び出すことだけがあるので、ただ車の意義があるだけで、引導する能力はない。それゆえ牛の意義はない。これは、因地の牛の意義である。果地の牛とは、内面の功徳では真実の智慧を取り上げ牛とする。外面の働きでは六通無垢を取り上げて白牛とするのが適当である。これを御して五道に行き衆生を運ぶ。賓従とは、果徳を車とすれば因を賓従とし、因行を車とすれば界外の衆行を車とし、界内の行を賓従とする。索車の中にこれを解釈する通りである。

又此経明乗有三事。一車、二牛、三賓従。車通因果。万徳万行。牛亦通因果。中道正観離断常之垢為白。由此観故、引万行出生死如牛。此即波若導衆行義也。

問。波若即是車。云何復喩牛耶。
答。一法二義分之、導引如牛、運義名車。余行但有資成運出、唯有車義、而無引導之能。故無牛義也。此是因地牛義也。果地牛者、内徳則取真慧為牛。外用宜取六通無垢為白牛。駕之而游五道運衆生也。賓従者、果徳為車則因為賓従、因行為車則界外衆行為車、界内行為賓従。如索車中釈之。（T34・391a15-27）

平井［一九八五：一二八］は、『法華玄義』の「五度は「荘挍」であり（五度是荘挍）」との記述について、『法華玄義』は『法華玄論』では「余行」を「車」にたとえているものを、「余行」を般若以外の五波羅蜜に限定し、「車」を『法華経』譬喩品にある「それぞれ、諸子に等一の大車を与えた。その車は高大で広く、多くの宝によって飾られていた。（各賜諸子等一大車、其車高広、衆宝荘挍）」（T9・12c18-19）という表現に基づき「荘挍」に言い換えたと理解し、さらに「これは今の『譬喩品』の趣旨からいって甚だしく的はずれである」と批判している。

また、平井［一九八五：一二八］は、方便を「儐従」とする譬喩について、これを「『玄論』には全く見られない表現」であるとし、慈悲を「軒」とする譬喩については、「「軒」の譬は「譬喩品」に全く存在しない」と指摘している。そして『法華玄義』が方便と慈悲について言及したのは、「『玄論』が『大智度論』を引いて六度が乗の体であるとすると、慈悲と方便は乗の挟具であると述べていたのに関連して、方便と慈悲についても無理に関説しなければならないと考え」、「方便については儐従を当て、慈悲については経文に全く存在しない軒を以てたとえた」と推測している。

しかし、平井［一九八五：一二七―一二八］が「甚だ紛らわしい文脈」とする『法華玄義』の②以下の部分は、「有人」の『大智度論』の引用に対する『法華玄義』の批評であることは明らかである。なぜなら、直前の第五の「有人」の学説に対する「私謂」の中に、②の部分とほぼ同じ論述形式がみられるからである。すなわち、そこでは異説に対して灌頂は「私が思うに、「般若を乗の本とする」とは、今経では大白牛車のことである。［これは］経の［乗の］体ではない。（私謂、般若為乗本者、於今経是白牛。非経体也）」と批評しているが、この文の構造は、②の部分の構造と同一のものであり、同一文脈のものと判断できる。(50)

また「軒」については、『法華経』譬喩品の経文上にはたしかに「軒」という文字は用いられていない。しかし、古くは道生が『妙法蓮花経疏』巻一において、

軒蓋は、慈悲をたとえる。

軒蓋、以喩慈悲。（X27・7a24）

と注釈し、また吉蔵自身も『法華義疏』巻六において、

「張設軒蓋」とは、次に四などを讃歎する。四辨が外に被らしむるのは、四等の内に満たさなければならないからである。それゆえ次に讃歎するのである。軒の働きとは、必ず高く突き出ていて、［衆生を］下に覆うことである。慈悲もまたその通りである。高く出て二乗が下に六道を覆う。車を覆うといっても、実に車の中の人を覆うのである。

張設軒蓋者、次歎四等。四辨外被、要由四等内充。故次嘆也。軒之為用、必高出而下覆。慈悲亦然。高出二乗下覆六道。雖曰覆車、実覆車中之人也。（T34・528a6-9）

と注釈している。この箇所は『法華経』譬喩品の「またその［大白牛車の］上には、幰蓋を張り設けている（又於其上、張設幰蓋）」（T9・12c19-20）に対する注釈である。ここには「軒」は「幰」に作られている。「幰」は車の幕を意味しているが、転じて幕のある車を意味する。中国の仏教者の間では、「軒」は慈悲に関連づけられて解釈されていたようである。したがって、たとえ『法華玄論』にその記載がないとしても、譬喩を慈悲と理解すること

は、かなり一般的な解釈であったと推測される。平井［一九八五：一二八］は『法華玄義』が②の部分について、『法華玄義』自身が法華経の経文を引いて反論していると見ても、その骨子となる点はすべて『玄論』から借りているることは上述の通りであり、むしろ自説とみた場合、独自性も正当性もない、極めて杜撰な解釈であるといわざるを得ない」と述べ、『法華玄義』を大変厳しく批判している。しかし、上述のように、『法華玄義』の解釈は『法華玄義』の独自の説ではないが、その注釈内容は中国仏教者の間で一般的なものであったと考えられる。したがって、少なくともこの箇所に関して、平井［一九八五］が指摘するように『法華玄義』が『法華玄論』からその骨子となる点を借りてきているという事実は確認できない。

以上、本節では『法華玄義』と『法華玄論』の関係に関する平井説の問題点を検証した。平井［一九八五：一三五］は、『法華玄義』巻第八「辨体」の第一「顕体」の第一項「出旧解」は、基本的には『法華玄論』巻第四を下敷きとして、これに基づいて構成されたものであるという認識のもと、ここで提示される旧解六師の中の、冒頭の三師のうちの二師が全く別途に『法華玄論』巻第二を参照していることなどを例に、「このことは第三者の「有人説」の紹介であるから、要略の形を取ることはあっても、無理に表現を変えるなどの必要性は認めがたいのであるが、『法華玄義』は敢えてこれを行っている点と合わせても、『法華玄義』には、『玄論』を下敷きにし、全面的にこれに依拠したことを隠そうとする意図が働いていたとしか思われない」と主張している。しかし、すでに指摘したように、平井［一九八五］は、『法華玄義』の提示する旧解六師の中の冒頭三師のうちの一師については『法華玄論』を参照した形跡がないことを認めながら、それを例外として意図的に無視している点に問題がある。また『法華玄義』のこの「出旧解」の中に、「私謂」と灌頂による批評があることに関しては、「灌頂は、ここにおいて何らかの論評を加えることによって、それが私記部分であって、他はすべて智顗の講説に基づく、いわゆる真説であるかの如き、印象を与えようとしている」（平井［一九八五：一三五―一三六］）と述べ、ここにも「『玄論』を下敷きにし、全面的にこれに依拠したことを隠そうとする意図」を読み取ろうとしている。

しかし、平井［一九八五］の論考においては、当該箇所における『法華玄義』と『法華玄論』の対校は行われているが、灌頂が「私謂」と記した箇所そのものについては詳細に考察がなされているわけではない。この問題について、藤井教公［一九八八：一五八―一六〇］は『法華玄義』における灌頂の私記部分に対する考察を通して、灌頂の『法華玄義』修治の方向性が、「異解異説をできるだけ多く引用し、批判を加える必要のないものについてはこれをそのまま出し、自説と内容上対立あるいは矛盾するものにはこれに批評を加えて自説をより明確化する」というものであったと分析している。藤井［一九八八］は、藤枝晃［一九七五：四八六―四八七］の、隋から唐初にかけては、漢代儒学以来の経典解釈学の伝統に基づき発展した中国仏典解釈学における「異説包括主義」が頂点を迎える時期、すなわち「異説を多く知るほど、それだけすぐれた学者であるとする考え方」が主流となったという時代認識を受けて、灌頂は「師の学徳を顕彰する忠実な祖述者」として、博引旁証という方針のもと『法華玄義』の修治に当たったと指摘している。

灌頂が「師の学徳を顕彰」するため当時の経典注釈書の博引旁証化という傾向を受け入れて『法華玄義』を編纂したという説は一定の説得力がある。ただし、平井が指摘するように、灌頂が異解異説を採用する際は、参照元と考えられる『法華玄論』を大幅に改訂し、逆に意味が理解しづらくなってしまっている箇所が少なからず存在している。またそれらの異説に対する灌頂の批評は極めて簡単なものばかりである。本項では灌頂の異説の引用や批評態度は、『法華玄義』の原型となった智顗の『法華経』講義において、他師の学説に対して大きな関心が払われていなかったことに起因すると指摘した。智顗の講義において異解異説が重要視されていなかったのであれば、灌頂もまたそれらの説を重要な学説として認識していなかったということは十分に予想される。しかし一方で、灌頂は智顗の法華経疏を当時の一般的な経典注釈書と比して遜色ないものにしようとする意図を持ち、『法華玄義』の編纂過程において「異解異説を多く採り入れて、博引旁証化」を進めている。これは、灌頂の主眼があくまでも智顗の講義の内容の意味を明確にすることにあり、異解異説の正確な収集は二の次であったためと考えられる。このため灌頂の修治においては、智顗の講義と矛盾が生じないようにするために、異解異説の採用において、かなり意図的な編集が加わったものと推測される。そして、「師の学徳」の宣揚を目的とするということは、灌頂には『法華玄義』が『法華玄論』より優れた注釈書であることを示す必要もあったはずである。したがって、「出旧解」の提示する旧解六師の前三師の記述が、『法華玄論』以外の著作を参照していた可能性を考慮すれば、灌頂が異説の採用において主には『法華玄論』を参照しつつも、同時に『法華玄論』以外の文献も参照していたという可能性は、十分にありうるだろう。

第二項　経の分科に関する平井学説の妥当性

平井［一九八五：二〇七―二二八］は「経の科文に関する問題」として、『法華文句』の分科が、智顗の講説に基づくものではなく、吉蔵の『法華義疏』に引用される諸師の科文説を下敷きにして、灌頂あるいは後代の天台宗の学者によって仮託されたものであると主張している。平井［一九八五］は上記の主張を論証するために、初めに『法華義疏』における科文に関する記述を検討した。平井［一九八五］は『法華義疏』と『法華義記』の科文と比較することによって、吉蔵の科文説が法雲や僧印らの「従来の伝統説を踏襲しながら、その矛盾を修正し、論理的な整合性」を期したものである、と評価している。しかし一方、『法華文句』については、「経の科文に関する論述の仕方や構成は、『義疏』によく似ている」が、「その論旨は支離滅裂である」と指摘している（平井［一九八五：二一七］）。ただし、この『法華文句』の『法華経』の分科に関する平井［一九八五］の指摘は、平井［一九八五］が『法華文句』や『法華玄義』などのその他の箇所に対して用いるような文献学的な研究によって主張されるものではない。したがって、科文に関する平井［一九八五］の主張は、他の『法華玄論』参照箇所と同様に、灌頂が『法華義疏』の『法華経』の分科に関する記述に依拠して『法華文句』の『法華経』の分科に関する記述を撰述したという証拠を提示しているわけではない。さらに、これらの箇所における平井［一九八五］の学説には、『法華文句』の内容に対する誤読や思い込みによってなされる断定が多く見受けられる。本項では、平井［一九八五］の学説の論述に沿って、その妥当性を検証したい。

（1）『法華義疏』の分科について

1　吉蔵の分科に対する基本的立場

平井［一九八五：二〇七］は、『法華経』の分科について、『法華玄論』に比べ随文釈義の注釈書である『法華義疏』の方がその内容が詳しいとして、『法華義疏』を取り上げて吉蔵の『法華経』の分科に関する記述を概説している。そこでは、吉蔵の『法華経』に対する分科が、「従来の伝統説を踏襲しながら、その矛盾を修正し、論理的な整合性を期している」（平井［一九八五：二一五］）と高く評価されている。これは『法華文句』の『法華経』の分科に関する記述を「その論旨は支離滅裂である」（平井［一九八五：二一七］）と酷評するのとは対照的である。本条では、初めに『法華義疏』が紹介する諸師の分科の概略を述べ、それらに対する平井［一九八五］の批評を検討する。

吉蔵は『法華義疏』の冒頭において、「経文に入る前に三義を明らかにしようと思う。一に部類の不同、二に品の順序の違い、三に科経の区別である。（将欲入文前明三義。一部類不同、二品次差別、三科経分斉）」（T34・451a6–7）と述べ、具体的な随文釈義の前段階として三義を挙げている。『法華経』の分科について議論は、「三科経分斉」として第三番目に取り上げられている。吉蔵は「科経分斉」において、冒頭に経典の解釈方法として、分科を施し理解する方法（「開」）と、直接的に解釈する方法（「不開」）との二種類があることを指摘し、興皇寺法朗の説によって[51]、経の分科に関する基本的な立場を表明している。

今［『法華経』に対して］注釈する場合、その義は［開と不開について］どのようであるか。

答える。そもそも適宜な教化には限定した仕方がなく、薫陶し導くことは一つではない。［仏の］聖心を考慮すると、憂いをなくすことを主としており、［仏の］教えの意を統一すると、道を開くことを宗としている。もし開くことによって悟りを得れば、聖教はこれを開き、もし［経を開かないで］合わせることによって道を受ければ、聖教はこれを合わす。もしその［開と合の］両者において悟るならば、いずれも甘露となることは必然である。両者において迷うならば、いずれも毒薬となる。もしそうであれば、どうして一つの小道だけを守って、九つの道路を塞ぐべきであろうか。

今所釈者其義云何。

答。夫適化無方、陶誘非一。考聖心、以息患為主、統教意、以開道為宗。若因開以取悟、則聖教為之開、若由合而受道、則聖教為之合。如其両暁、並為甘露必也。双迷、倶成毒薬。若然者、豈可偏守一径、以応壅九逵者

哉。（T34・452b23-28）

この一段で提示される吉蔵の基本的立場とは、経典の解釈において重要なことは悟りを得ることであり、そのために役立つのであれば経文を分科することを用いるし、役立たないのであれば用いない、というものである。ただし、前述のように、上記引用文の回答部分は、法朗の説によって述べられたものであり、吉蔵の立場は法朗の説を受容・展開したものであるということができる。ただし、上記の回答部分において法朗の説がどの程度反映されているのか、つまり、どこまでが法朗の説を引用した部分で、どこからが吉蔵独自の記述であるのかという点は、『法華義疏』の記述から明らかに判別することはできない。吉蔵は他の著作においても、ここで用いられる法朗の学説を用いているが、それらの大半ではこの学説が法朗のものであることに言及していない。吉蔵によって、この学説が法朗の説として言及されるのは、『中観論疏』においてである。すなわち、『中観論疏』には、次のように記されている。

師が言うには、そもそも適宜な教化には限定した仕方がなく、薫陶し導くことは一つではない。［仏の］聖心を考慮すれば、病をとめることを主とし、［仏の］教えの意を対象とすれば、道を開くことを宗とする。もし開くことによって悟りを受ければ、そのまま聖教はこれのために開き、合わせることによって道を受ければ、そのまま聖教はこれのために合わせられる。もしその両者に悟るならば、両者が甘露であることは必然である。両者に迷うならば、ともに毒薬となる。どうして一つの小道だけを守ることによって、多くの門を塞ぐことがあろうか。詳しくは『法華玄義』（『法華玄論』）にすでにこの意を備えている通りである。

師云、夫適化無方、陶誘非一。考聖心、以息病為主、縁教意、以開道為宗。若因開以受悟、即聖教為之開。由合而受道、則聖教為之合。如其両曉、並為甘露必也。双迷、倶成毒薬。豈可偏守一途、以壅多門者哉。具如法

華玄義、以備斯意矣。（T42・7c9-14）

以上に明らかなように、『法華義疏』と『中観論疏』の記述は、冒頭の「師云」、末尾の「具如法華玄義、以備斯意矣」以外は、ほぼ同じ内容である。『中観論疏』の「具如法華玄義、以備斯意矣」という記述は、吉蔵自身のコメントであることは明らかであるため、「師云」から「具如法華玄義」までの『法華義疏』と共通する記述は、すべて法朗の説を継承したものであるという可能性は高い[52]。少なくとも「師云」直後の一句は確実に法朗の説であるはずなので、「夫適化無方、陶誘非一」の一句は法朗の言葉として認めることはできるだろう[53]。ただし、『法華義疏』と『中観論疏』の成立についていえば、『法華義疏』は会稽嘉祥寺時代の比較的若い時代の著作であり、『中観論疏』は長安日厳寺時代の晩年期の著作である、とそれぞれ推定されていることから[54]、吉蔵は『法華義疏』において師説を引用しつつ、同時にそれに対して自らコメントを付し、『中観論疏』では、この説が改めて師説であることを言及した上で、『法華義疏』からその師説部分と自説部分とを合わせて採用した、という可能性も排除できない。この問題を解明する決定的な証拠は、今のところ見いだせていないが、ここでは、この問題をさらに考察する材料として、『三論玄義』の記述と、道液撰『浄名経関中釈抄』の記述を提示しておきたい。『三論玄義』は『法華義疏』と『中観論疏』の間に成立したと推定される著作であるが、そこには次のような記述がある。

そもそも適宜な教化は限定した仕方がなく、薫陶し導くことは一つではない。［仏の］聖心を考慮すれば、憂いをなくすことを主とし、［仏の］教えの意を統一すると、理に通じることを宗とする。

夫適化無方、陶誘非一。考聖心、以息患為主。統教意、以通理為宗。（T45・1a8-9）

『三論玄義』はこの箇所において、これが法朗の説であるということに言及していないが、『法華義疏』などに採用された法朗の説の冒頭部分が、ほぼそのままの形で用いられている。前述のように「夫適化無方、陶誘非一」は法朗の言葉として認められる箇所であるが、この箇所と「考聖心、以息患為主。統教意、以通理為宗」という記述とが一連の内容として言及されていることは、これらが法朗の学説であることの一つの傍証ともなるだろう。

また、時代は下るが、道液撰『浄名経関中釈抄』巻上には、今問題としているのと同じ内容の記述が「興皇朗云」、すなわち法朗の説として収録されている。

興皇朗は、「そもそも適宜な教化は限定した仕方がなく、薫陶し導くことは一つではない。［仏の］聖心を考慮すれば、憂いをなくすことを主とし、［仏の］教えの意を統一すると、開き導くことを宗とする。もし道を開くことによって悟りを得れば、そのまま聖教はこれのために開き、合わせることによって道を受ければ、そのまま聖教はこれのために合わせられる。もしその両者に悟るならば、両者が甘露であることは必然である。両者に迷うならば、ともに毒薬となる」と言う。これは開合については［衆生の］機縁に従い、事に固定的な標準がないということである。

興皇朗云、夫適化無方、陶誘非一。考聖心、以息患為主、統教意、以開導為宗。若因開道得悟、則聖教為之開、若由合而受道、即聖教為之合。如其両暁、幷為甘露必也、双迷、倶成毒薬。此則開合随縁、事無恒準。

（T85・511b26–c2）

上記の引用文は、「夫適化無方」から「倶成毒薬」までが、『法華義疏』の記述とほぼ同一である。『浄名経関中釈抄』の「此則」以下の記述は、「此」という指示代名詞が前文の内容を受けていると考えられることから、道液の法朗の学説へのコメントであると推測できる。したがって、『浄名経関中釈抄』による限りは、「夫適化無方」から「倶成毒薬」までが法朗の説であると判断できる。ただし、道液は、独自の資料に基づいて、法朗の説を収集したのではなく、吉蔵の『法華義疏』や『中観論疏』を参照して、上記のような法朗の説を収録したという可能性が高い。よって、これもまた決定的な根拠にはなりえない。したがって、『法華義疏』における法朗の説の依用の実際は、現段階で次の四つの可能性を考慮しておかねばならないといえよう。

①すべてが法朗の学説の引用である場合

夫適化無方、陶誘非一。考聖心、以息患為主、統教意、以開道為宗。若因開以取悟、則聖教為之開、若由合而受道、則聖教為之合。如其両曉、並為甘露必也。双迷、倶成毒薬。若然者、豈可偏守一径、以応壅九逵者哉。

②一部が法朗の引用の場合

1　夫適化無方、陶誘非一。

2　夫適化無方、陶誘非一。考聖心、以息患為主、統教意、以開道為宗。

3　夫適化無方、陶誘非一。考聖心、以息患為主、統教意、以開道為宗。若因開以取悟、則聖教為之開、若由合而受道、則聖教為之合。如其両曉、並為甘露必也。双迷、倶成毒薬。

さて以上に確認した、吉蔵の『法華義疏』における法朗の説の引用をめぐる問題は、平井［一九八五］の『法華義疏』の『法華経』の分科に関する考察においては全く言及されていない。吉蔵が法朗の学説を用いる際に、人名や書名に言及していないことは、現代の尺度からみれば不自然なことではあるが、当時においては極めて自然なことであったと推測される（藤井［一九八八：一六〇―一六一］）[55]。平井［一九八五］は『法華文句』が吉蔵の名や『法華玄論』の書名に言及することなく、その学説を用いている点に対して、しばしば厳しく『法華文句』やその撰述者である灌頂を批判しているが、吉蔵にとって法朗の学説が師説であるとはいえ、吉蔵がその師の名を出すことなく、自説のごとくその学説を用いていることに無批判であることは、平井［一九八五］の主張の一貫性という点から見て疑問を感じる。

2　有人（法雲）の三段説

吉蔵は『法華義疏』において、経典の分科に関する議論の前提として、法朗の説によりながら、分科そのものよりも、それが悟りのために有効かどうかという点を重視すべきであることを指摘している。吉蔵はこのような前提を確認した上で、続く問答の中で、有人（法雲）の三段説に言及し、次に『法華経』に対する代表的な分科、すなわち、河西道朗の五門説、龍光僧綽の二段説（二段六段説）、中興僧印の四段説を紹介し、その後に吉蔵自身の『法華経』に対する分科を提示している。

『法華義疏』は、「有人」の三段説について次のように述べている。

問う。ある人は、「経には長大なもの、短小なものがあるのでなく、例を挙げると三段に［経を］開く。序・正・流通である」と言う。この事はどうであるか。

問。有人言、経無大小、例開三段、序・正・流通。是事云何。（T34・452b29–c1）

ここで『法華義疏』が挙げる「有人」の説とは、法雲の三段説のことである（横超［一九三九：一五］、平井［一九八五：二〇八］）。すなわち、法雲は『法華義記』において、『法華経』の分科について次のように述べている。

今、この学派が習うところには、「経は長短（大小）に関係なく、慣例にしたがって三段とする」と言う。「三段」とは、第一に序と名づけ、第二に正説と称し、第三に流通と呼ぶ。

今一家所習言、経無大小、例為三段。三段者、第一諮為序也、第二称為正説、第三呼曰流通。（T33・574c13–15）

上記の『法華義疏』と『法華義記』の内容を比較すれば、『法華義疏』が「有人」として『法華義記』を引用していることは明らかである。『法華義疏』が最初に法雲の学説を紹介する理由について、平井［一九八五：二〇八］

は「当時南北朝時代における一般的な経の科文に関しては三分科説が有力であったと思われ、『法華経』については光宅寺法雲の『義記』がもっとも斬新にして代表的なものであったことから、ここに紹介したものであろう」と推測している。現存する最古の法華経疏である竺道生の『妙法蓮花経疏』において、『法華経』全体を〝三因を一因となす〟段、〝三果を一果となす〟段、〝三人を一人となす〟段の三段落に分ける三段説が用いられている。これはいわゆる序・正・流通の三段説とは直接的に関係はないが、序・正・流通の三段説についても、道生はすでに各品の位置づけの中で「序」や「流通」という語を用い、正説に相当する概念として「理説」という表現を使用している（菅野博史［一九九四：七〇］）。したがって、経典を三段に分科して解釈する方法は、すでに吉蔵の活躍した当時においては、広く一般的な経典解釈法になっていたと考えられる。

また『法華義疏』が紹介する法雲の三段説について、平井［一九八五：二〇八］はさらに「『義疏』はここで、「必ず苟くも三章を執せば、過則ち多し」といって、若干の批評を試みているが、法雲の三分科について詳しいことは述べていない。のちに、智顗（『法華文句』）も吉蔵（『義疏』）も、この法雲の三分科説を踏襲しているので、『義記』の説がある意味で後世註釈家の標準になったことがうかがわれる」と評している。平井［一九八五：二〇八］が「若干の批評」とする「有人」（法雲）の三段説に対する『法華義疏』の批評とは次の通りである。

答える。先に円満に共通するという論述と、道を開き憂いをなくすという言葉を理解すれば、多くの途の是非を十分に知る。どうして三段の得失を質問するのか。必ず三章［に分科すること］に執着するならば、過ちは多い。しかし衆生が［『法華経』の］最初の部分（初分）によって悟りを獲得するならば、最初の部分を主とし、［『法華経』の］後の章（後章）によって道を受けるならば、後の章は傍ではない。どうして最初の部分・後の章は正経でなく、中間の段落（中段）がかえって宗極とするということができるのか。規矩を頑なに守り、大道を部分的に解釈することではないか。

答。領向円通之論、開道息患之言、足知衆途是非。寧問三段之得失耶。必苟執三章、過則多矣。而郡生因初分以取悟、則初分為正。籍後章以受道、則後章非傍。何得言初後是非正経、中段乃為宗極。将非秉執規矩、局釈大方耶。（T34・452c1-6）

「有人」（法雲）の三段説に対して、吉蔵は「必ず三章［に分科すること］に執着するならば、過ちは多い（必苟執三章、過則多矣）」と批評し、ここでも衆生が悟ることを中心課題に据え、『法華経』の「初分」「中段」「後章」について、もし衆生が「初分」で悟るならば、「初分」が『法華経』の中心であり、「後章」で悟るならば「後章」が『法華経』の中心となるので、「中段」だけを「宗極」とすることを批判している。ここでの吉蔵の批評からは、平井［一九八五：二〇八］の指摘するように、法雲の三段説そのものに対して詳細に批評を加えようとする意図は感じられない。なぜなら、そもそも次に挙げる道朗・僧綽・僧印に対しては、彼らの名前を出してその分科に言及しているのに対し、法雲については「有人」としか述べられず、他の三人とは異なり、質問者の発言としてその分科が紹介されているに過ぎないし、後述するように吉蔵自身も『法華経』に関する分科においては基本的に序・正・流通の三段説を継承しており、そして、法雲の『法華義記』においては、『法華経』に対して三重の分科が示されているが、『法華義疏』が引用する法雲の分科は、その中でも最も基本的な分科である第一重の三段説だけが用いられるからである。法雲が用いた『法華経』に対する三重の分科とは、第一重には、序・正説・流通の三段説を用いる分科である。第二重には、序・正説・流通をそれぞれ二段に分ける分科が示され、具体的には序は通序・別序に、正説は因の義・果の義に、流通は化他・自行に分ける、という六段説となる。第三重には、通序・別序をそれぞれ五段に分け、正説の因の義・果の義をそれぞれ四段に分け、流通の化他・自行をそれぞれ三段に分けるという分科であり、これらは最終的には二十四段の分科となる（菅野［一九九六：二二六］）。したがって、『法華義疏』は法雲の三段説を引用しているとはいえ、それは法雲の三段説を批判するためではなく、あくまで「有人」の説として、当時流布していた一般的な三段説を批評するために用いたに過ぎないと考えられる。

3　河西道朗の五門説・龍光僧綽の二段説（二段六段説）・中興僧印の四段説

次に『法華義疏』が紹介する河西道朗の五門説・龍光僧綽の二段説（二段六段説）・中興僧印の四段説の諸説とそれらに対する平井［一九八五：二〇八―二一〇］の批評を確認する。

第一に河西道朗の五門説について、『法華義疏』では次のようにその『法華経』に対する分科を紹介している。

河西道朗開此経為五門。所言五門者、一従如是我聞竟序品、序法華必転之相。二従方便品至法師品、明法華体無二之法。三従宝塔品竟寿量品、明法華常住法身之果。四従分別功徳品至嘱累品、明修行法華所生功徳。五従薬王本事品訖経、明流通法華之方軌也。（T34・452c13-19）

河西の道朗はこの経を五門に開く。「五門」というのは、第一に「如是我聞」から序品が終わるまでは、『法華経』が必ず説かれる相を述べる。第二に方便品から法師品までは、『法華経』の本体である無二の法を明らかにする。第三に宝塔品から寿量品が終わるまでは、『法華経』の常住する法身の果を明かす。第四に分別功徳品から嘱累品までは『法華経』を修行して生じる功徳を明かす。第五に薬王本事品から経が終わるまでは、『法華経』を流通する方軌を明かす。

『法華義疏』は、すでに「河西は『涅槃疏』を撰述するのに五門とした（河西製涅槃疏開為五門）」（T34・452b20）と述べ、道朗の『涅槃経』に対する分科について五門説を用いていたことが指摘されており[56]、五門説を用いて経典を解釈することが道朗の基本的な経典解釈法であったことが知られる。なお、道朗の五門説を用いた『法華経』の分科について、栖復の『法華玄賛要集』には、次のように『法華義疏』よりやや詳しい説明が見られる(57)。

四に河西道朗法師は、五門に開く。初めに序品は、『法華経』が必ず説かれる相を述べる。『無量義経』を説かなければ［『法華経』の説法］はないが、もし『無量義経』を説けば、必ず『法華経』は説かれる。光を放ち、華を降らさなければ［『法華経』の説法］はないが、もし光を放ち、華を降らせば、必ず『法華経』は説かれる。それゆえ「転」と名づける。第二に方便品から法師品までは、『法華経』の本体である無二の法を明かす。第三に宝塔品から寿量品までは、『法華経』の常住する法身の果を明かす。第四に分別品から嘱累品までは、『法華経』を修行して生じる功徳を明かす。第五に薬王本事品から経の終わりに至るまでを流通分と名づける。

四河西道朗法師、開為五門。初序品、序致法華必転之相。不説無量義経則已。若説無量義経、必説法華経。不放光雨華則已。若放光雨華、必説法華経。故名転也。二従方便品至法師品、明法華体無二之法。三従宝塔品至寿量品、明法華常住法身之果。四従分別品至嘱累品、明修行法華所生功徳。五従薬王本事品迄至経終、名流通分。（X34・307c4-11）

『法華玄賛要集』が紹介する道朗の『法華経』についての分科そのものは、『法華義疏』が紹介する道朗の分科と違いがない。ただし『法華玄賛要集』では、第一門の「法華必転之相」の具体的な内容として、仏が『無量義経』の説法を行うことと、仏が光明を放ったり、華を降らせたりする瑞相を示すことの二つが提示されており、その内容をより詳しく知ることができる(58)。

さて、この道朗の『法華経』の分科について、平井［一九八五：二〇九］は「道朗の五門説は極めて独特な説として紹介されたに過ぎず、智顗や吉蔵の著作に具体的に影響を及ぼした形跡はない」と批評している。吉蔵の『法華経』に対する分科についての詳細は後述するが、吉蔵の分科は『法華経』全体を序・正宗・流通の三段に分けることを基本として、さらに序を証信序、発起序、正宗を乗方便・乗真実、身方便・身真実、流通を讃歎流通、付嘱流通に分けるという構造となっている。この吉蔵の分科について、平井［一九八五：二一一―二一六］は、序・正・流通の三段説を採用したのは法雲からの影響であり、正宗をさらに二段に分けていることは僧印の四段説からの影響であることを指摘している。吉蔵が『法華経』の分科に関して法雲の三段説を受容したことは、『法華義記』と『法華義疏』がそれぞれ提示している序・正・流通の三段と『法華経』の各品との対応関係の類似性からみても明らかであろう（平井［一九八五：二一二―二一四］）。だが、吉蔵は三段説をさらに細分化する際に、道朗の影響は全く受けることなく、僧印の四段説（序、開三顕一〈乗方便・乗真実〉、開近顕遠〈身方便・身真実〉、流通分）だけの影響を受けたという理解は、はたして妥当なものといえるのだろうか。吉蔵は道朗・龍光・僧印の『法華経』分科を提示する中で、僧印の分科にだけ修正を加え、また実際の吉蔵の分科においては、僧印の用いた「乗方便・乗真実」「身方便・身真実」という言葉を用いている。したがって、平井［一九八五：二一一五］の指摘する通り、吉蔵の『法華経』の科段に関する理解に、僧印の影響があることは確かといえよう。しかし、道朗と吉蔵の科段を比較すると、両者の『法華経』に対する構造的な理解に類似性が見いだされる（表1参照）。また道朗と吉蔵の科段は細部に相違が見られるが、具体的な品の対応関係を総合的にみれば、むしろ吉蔵と僧印が三段説の正宗を「乗方便・乗真実」「身方便・身真実」と共通する内容項目として理解していることよりも、道朗と吉蔵の科段の類似性の方が高いといえよう。

表1　道朗と吉蔵の分科の比較

	道朗	吉蔵（『法華義疏』）	
序品	法華必転之相	証信序 発起序	序
方便品	法華体無二之法	乗方便・乗真実	正宗
譬喩品	法華体無二之法	乗方便・乗真実	正宗
信解品	法華体無二之法	乗方便・乗真実	正宗
薬草喩品	法華体無二之法	乗方便・乗真実	正宗
授記品	法華体無二之法	乗方便・乗真実	正宗
化城喩品	法華体無二之法	乗方便・乗真実	正宗
五百弟子授記品	法華体無二之法	乗方便・乗真実	正宗
授学無学人記品	法華体無二之法	乗方便・乗真実	正宗
法師品	法華体無二之法	乗方便・乗真実	正宗
見宝塔品	法華常住法身之果	身方便・身真実	正宗
提婆達多品	法華常住法身之果	身方便・身真実	正宗
勧持品	法華常住法身之果	身方便・身真実	正宗

安楽行品	従地涌出品	如来寿量品	分別功徳品	随喜功徳品	法師功徳品	常不軽菩薩品	如来神力品	嘱累品	薬王菩薩本事品	妙音菩薩品	観世音菩薩普門品	陀羅尼品	妙荘厳王本事品	普賢菩薩勧発品
			修行法華所生之功徳						流通法華之方軌					
			讃歎流通					付嘱流通						
			流通											

第二に龍光僧綽の二段説について、『法華義疏』は次のようにその分科を紹介している。

龍光法師（僧綽）はこの経を二段に開く。初品から安楽行品が終わるまでの十三品は、開三顕一である。次に涌出品から以下の十四品は、開近顕遠である。両段の中において、それぞれ序・正・流通の三段に開いて、合計して六段となる。

龍光法師、開此経為二段。従初品竟安楽行品十三品、是開三顕一。次従涌出品以下十四品、是開近顕遠。於両段中、各開序・正・流通三段、合成六段也。（T34・452c19–22）

平井［一九八五：二〇九］は、この僧綽の『法華経』の分段について、「この一経を開いて二段となし、各段を序・正・流通となす僧綽の説は、一経を本迹の二段に分ち、これをさらにそれぞれ序・正・流通の三科に分つ後述する『法華文句』の分科説に極めて類似し、その科段の細目にいたるまで一致している。その意味で、この『義疏』に紹介せられた龍光寺僧綽の説は重要である」と、『法華文句』の分科との高い類似性を指摘している。僧綽の『法華経』に対する分科は、『法華経』一経を二段落に分け、前半を「開三顕一」、後半を「開近顕遠」とし、さらに前段と後段をそれぞれ序・正・流通の三段に分ける、二段六段説ともいうべき重層的な分科である。これは平井［一九八五］の指摘の通り、『法華経』を「本門」と「迹門」に二分し、それぞれを序・正・流通の三段に分ける、いわゆる「二経六段」といわれる天台教学における『法華経』の分科と非常に類似する構造を持つ分科である。したがって思想史的にみれば、法雲の三分科説から発展した僧綽の分科を智顗・灌頂が受容したとみることは十分に可能であろう。しかしながら、僧綽の分科について『法華義疏』には上記の引用文以上の内容は明らかにされておらず、『法華義疏』からは僧綽の分科と智顗・灌頂の分科との関係性についてこれ以上の情報を見いだすことはできない(59)。

第三に僧印（四三五―四九九）の四段説について、『法華義疏』では次のようにその分科を紹介している。印法師はこの経を全部で四段に開く。序品を序とする。方便品から安楽行品までの十二品は開三顕一であり、乗の方便・乗の真実を明かす。涌出品より分別功徳品の弥勒説偈の以前までの両品半は開近顕遠であり、身の方便・身の真実を明かす。分別功徳品より経を終えるまで流通分である。

印法師開此経凡為四段。序品為序。従方便品竟安楽行品十二品、開三顕一、明乗方便乗真実。従涌出品至分別功徳品弥勒説偈以前両品半、開近顕遠、明身方便身真実。従分別功徳品竟経、是流通分也。（T34・452c22-27）

『法華義疏』によると、僧印は『法華経』を序・開三顕一・開近顕遠・流通分の四段に分科していたことがわかる。平井［一九八五］によれば、吉蔵は僧印の分科の中核部分を自分の分科に取り入れている。平井［一九八五：二〇九―二一〇］は「この僧印の説は四段説という特異な分科説のように聞こえるが、三分科説に対比すれば、序分と流通分のほかに正宗分をさらに二分したところにその特徴がある」として、僧印の分科は正宗分の前半を「開三顕一、明乗方便乗真実」、後半を「開近顕遠、明身方便身真実」に分けた三分科説を発展させたものであると解釈し、「この説は科段の具体的な細目は異なっているが、後述のように吉蔵が一経を序・正・流通の三段に分け、さらに各段に両章を分つにあたって、正宗分については、前段は乗方便・乗真実、後段は身方便・身真実を明かすという分け方に一致している」と指摘している(60)。吉蔵が、僧印の分科を重視し、その四段説を三分科説の正宗分を二分したものとして理解していたことを、次に挙げる僧印の分科に対する吉蔵の批評から明らかである。

彼は安楽行品より前は因分であるといっても、見宝塔品以下に三品あるのは、また果を宗とする［正宗分の後半へ］の橋渡しである。必ず［前半・後半の］双方を向かい合わせて考察する必要がある。なぜならば、見宝塔品で多宝［如来］が［釈迦を］助けて経を弘通する人を呼び求めるので、まさに［勧］持品と安楽行品がある。[この二品は] 因を流通するので因分に属する。次に涌出 [品] の菩薩がいて、正しく寿量 [品] の初めの序である。[この菩薩は] 前の呼びかけによって出現する。[宝塔・勧持・安楽行の] 前の三品にはまた寿量 [品] を説く意義を成就するところがある。したがって [正宗分の前半・後半の] 双方を向かい合わせてこれを論じる必要がある。

彼雖云安楽行品前是因分、然見宝塔品下有三品、又是果宗之由漸(61)。必須両向望之。何者、由見宝塔品多宝助命覚通経之人、故方有持品及安楽行品。流通於因、故嘱因分。次有涌出菩薩、正為寿量之方序。由前命故出。則前三品又有成説寿量之義。故須両向論之也。(62)

（T34・452c27–453a4）

上記の引用箇所において、吉蔵は僧印の分科に対し宝塔品から涌出品までの分科の仕方を訂正している。吉蔵は「乗方便・乗真実」・「身方便・身真実」という分科そのものは批判していないことから、僧印の分科を序・正宗・流通の三分科説から発展した分科と理解していたことがわかる。

以上、『法華義疏』が紹介する道朗の五門説・僧綽の二段説・僧印の四段説とそれらに対する平井 [一九八五] の批評を検討した。平井 [一九八五：二一〇] は『法華義疏』が紹介する法雲・道朗・僧綽・僧印の分科が「極めて重要な意義」を持つことを「河西道朗の五門説はともかく、法雲の三分科説は、智顗と吉蔵それぞれの基本的な経の分科に継承せられているし、竜光寺僧綽の二段を開く説は、その中核部分は吉蔵の分科に採用されている。そういう意味で、『義疏』の経の分斉を明かす序言としてここに述べられた四者の説は、極めて重要な意義を持つものである」と論じ、『法華義疏』の経の分斉を明かす段の序言を高く評価している。吉蔵の分科の形成に対する諸説の影響に関して、上記の平井 [一九八五] の評価はおおむね妥当なものであろう。ただし、すでに指摘したように、平井 [一九八五：二〇九] は道朗の分科説について「道朗の五門説は極めて独特な説として紹介されたに過ぎず、智顗や吉蔵の著作に具体的に影響を及ぼした形跡はない」と批評しているが、実際には『法華義疏』が道朗の分科を紹介することの重要性を見過ごしている。

4 吉蔵の『法華経』についての科段

平井［一九八五］は河西道朗の五門説・龍光僧綽の二段説・中興僧印の四段説などの諸説を紹介、批評した後に吉蔵『法華義疏』の科文について論じている。ここでは、初めに吉蔵が『法華義疏』において提示している科段を図示する（表2）。

さて、平井［一九八五］は『法華義疏』を用いて吉蔵の三分科説の全体像を紹介し、この吉蔵の三分科説が法雲の『法華義記』を継承したものであることを指摘する（平井［一九八五：二一二］）。平井［一九八五：二一二］は『法華義疏』と『法華義記』の関係について、「段落の切り方も、『義疏』と『義記』とでは完全に一致している。『法華文句』も後述のようにこれをそのまま継承している」と述べて、さらに具体的な分科の位置は異なっているが『法華義疏』が序・正・流通の三段をそれぞれ二章に開くという形式は『法華義記』の分科の影響であると指摘している（平井［一九八五：二一二］）。そして、『法華義疏』の分科が『法華義記』の分科と細部において異なることに関して、「この科文に関して吉蔵は間違いなく『義記』の説を参照した上で、これを補正する意味で新たな説を立てたと思われるが、その際に参考になったのが前項で見た僧印の四段説である」（平井［一九八五：二一五］）と僧印の影響を受けて成立していると主張している。しかし、前条において確認したように、吉蔵の『法華経』に対する分科に僧印の四段説の影響がないとはいえないが、吉蔵の分科の基本的な発想はむしろ道朗の五段説に近い。道朗、僧印、法雲、吉蔵のそれぞれの分科の仕方を表3に示す。

表2　『法華義疏』における吉蔵が提示した『法華経』の分科

序品	証信序・発起序	序分
方便品	乗方便・乗真実	正宗
譬喩品		
信解品		
薬草喩品		
授記品		
化城喩品		
五百弟子授記品		
授学無学人記品		
法師品		
見宝塔品	身方便・身真実	
提婆達多品		
勧持品		
安楽行品		
従地涌出品		

如来寿量品	分別功徳品	随喜功徳品	法師功徳品	常不軽菩薩品	如来神力品	嘱累品	薬王菩薩本事品	妙音菩薩品	観世音菩薩普門品	陀羅尼品	妙荘厳王本事品	普賢菩薩勧発品
	讃歎流通					付嘱流通						
	流通											

表3　道朗・僧印・法雲・吉蔵の分科の比較

	序品	方便品	譬喩品	信解品	薬草喩品	授記品	化城喩品	授記品	人記品	法師品	見宝塔品	提婆品[63]	勧持品
道朗	法華必転之相	法華体無二之法									法華常住法身之果		
僧印	序	開三顕一・乗方便・乗真実											
法雲	証信序 発起序	開三顕一以明因義											
法雲	序分	正宗分											
吉蔵『法華義疏』	証信序 発起序	乗方便・乗真実									身方便・身真実		
吉蔵『法華義疏』	序分	正宗											

品						
安楽行品						
涌出品		開近顕遠・身方便・身真実	開近顕遠以明果義			
寿量品						
分別功徳品	修行法華所生之功徳	流通分	化他流通	流通分	讃歎流通	流通
随喜功徳品						
法師功徳品						
不軽菩薩品						
神力品						
嘱累品	流通法華之方軌				付嘱流通	
薬王品						
妙音品						
普門品						
陀羅尼品						
本事品						
勧発品						

以上のように、吉蔵は従来の『法華経』の分科説のさまざまな要素を受容しながら、自身の『法華経』理解を深めていったことが明らかとなった。このような吉蔵の分科の特徴について、平井［一九八五：二一五］は「吉蔵の三分科説は、従来の伝統説を踏襲しながら、その矛盾を修正し、論理的な整合性を期していることがわかる」とし、吉蔵の『法華経』分科は「その妥当性が首肯されるのである」と結論づけている。吉蔵は従来説を受容しつつ自身の『法華経』理解を形成したことは確かである。ただし、吉蔵は『法華義記』の説を参照した上で、これを補正するために僧印の四段説を参考にしたとし、道朗の五門説は「極めて独特な説」とする平井［一九八五］の理解には同意できない。吉蔵はまず道朗の五門説を受容し、そこに法雲や僧印の学説を反映させたとみるのが妥当であろう。またこのように従来の分科説として取り上げられる法雲・道朗・僧綽・僧印のうち三人が吉蔵の『法華経』理解に影響を与えているとみるのであれば、『法華義疏』が従来の分科を紹介している箇所は、ただ従来説を紹介するだけではなく、吉蔵自身が参考にした分科説を紹介していると理解すべきであり、その意味では僧綽の分科は、詳細は明らかではないものの、吉蔵の『法華経』理解に一定の影響を与えた学説であるということができるだろう。

（2）『法華文句』の科段について

平井［一九八五］は『法華義疏』における『法華経』の分科については、伝統説を踏襲しながら、それを修正し、論理的整合性を持たせたものである（二一五頁）と評価しているが、その一方で『法華文句』における『法華経』の分科については、「『文句』における経の科文に関する論述の仕方や構成は、『義疏』によく似ている。しかし、その論旨は支離滅裂である」（二一七頁）と酷評している。このような平井［一九八五］の論述からは、『法華文句』が多くの箇所で『法華玄論』を参照しているように、『法華経』の分科という智顗の『法華経』理解の根幹に関わる箇所においても、『法華文句』は『法華義疏』の分科を参照して成立しているということを主張する意図が見て取れる。本条では平井［一九八五］の論述を検証しながら、『法華文句』の『法華経』分科について考察する。『法華文句』は『法華経』序品の注釈の冒頭箇所において次のように述べている。

仏は［衆生の］機根に応じて、散花（長行）・貫花（偈頌）の両説を説いた。［経典の］結集者は、［仏］の説の通りにこれを伝えた。論者は、経に依拠してこれを述べた。［仏、結集者、論者は］みな段落分けをしていない。昔の講義者は、ただ［経典の］義理を敷衍するだけで、［経典の］章・段を分けていない。もしもっぱらこの意（義理を敷衍するだけで章段を分けないこと）を用いたなら、後輩はほとんど［章の］構造を理解できないだろう。

赴縁作散花貫花両説。結集者、按説伝之。論者依経申之。皆不節目。古講師但敷弘義理、不分章段。若純用此意、後生殆不識起尽。（T34・1c3–6）

『法華文句』は仏や経の結集者、論の作成者には経典を段落分けする発想がないことを指摘し、従来の経典の講義者は経典の意味のみを説くだけで、段落分けをして経典を理解するものがいなかったと述べている。『法華文句』はここに経典を段落分けすることで理解することの必要を感じ、以下に経の「分節経文」（湛然『法華文句記』：T34・152c12）を論じるのである。すなわち、この箇所からが平井［一九八五］が問題としている『法華文句』の科段を論じる箇所である。

さて、『法華文句』は続けて「『増一［阿含経］』に、「契経一分、律一分、阿毘曇一分である」という（増一云、契経一分、律一分、阿毘曇一分）」（T34・1c7–8）と『増一阿含経』（T2・549c26）を引用し、この『増一阿含経』に引用される「契経」「律」「阿毘曇」をそれぞれ「契経をさらに四に開き（契経更開四）」（T34・1c8）、「律を五部、および八十誦に開き、阿毘曇を六足、八犍度などに開く（律開五部及八十誦、阿毘曇開六足八犍度等）」（T34・1c10‐11）と解釈している。この箇所について、平井［一九八五：二一七］は『法華文句』が引用する『増一阿含経』が「契経一分、律二分、阿毘曇経復三分」（T2・549c26）とあることを指摘し、「誤解なのか誤写なのか、それとも何らかの意図があってのことなのか、そもそもここに『増一阿含』が引かれる理由が不明である。『文句』はさらに語を継いで、契経（阿含）に増一・長・中・雑の四を開き、律に五部及び八十誦、阿毘曇に六即・八犍度等を開く、といっているので、一分の経・律・論が、このように多種に分類されるにいたったということをいわんがために、『増一阿含』の原文そのものを歪曲したとも考えられる。いずれにしても、経典の科文に関する総論としてみたときに、全くの見当違いの議論をしているとしか思えない」と批判している。

平井［一九八五］の指摘にあるように、『法華文句』は『増一阿含経』を改変して引用している。しかし、『増一阿含経』巻一に「私は今、まさに［聴衆の］ために三分としよう。十経を造立して一偈とする。契経は一分、律は二分、阿毘曇経はまた三分である。過去の三仏はみな三分して、契経、律、法を三蔵とした。契経は今、まさに四段に分けよう。先を『増一』と名づけ、第二を『中』と名づけ、第三を『長』と名づけ、瓔珞が多い、『雑経』は後にあって四分とされる（我今当為作三分。造立十経為一偈。契経一分律二分、阿毘曇経復三分。過去三仏皆三分。契経、律、法為三蔵。契経今当分四段。先名増一、二名中、三名曰長、多瓔珞、雑経在後為四分）」（T2・549c25‐29）とあるのであり、契経、律、阿毘曇を『法華文句』のように解釈したところで意味に支障が出るわけではない。また『増一阿含経』自体が「契経今当分四段、先名増一、二名中、三名曰長多瓔珞、雑経在後為四分」と述べて、契経を『増一阿含経』・『中阿含経』・『長阿含経』・『雑阿含経』に開いている点は、智顗あるいは灌頂が『増一阿含経』の原典の意味を正確に理解していることを示す一つの証左となるだろう。

また『法華文句』は『法華論』の七功徳と五示現を挙げて、それぞれ序品と方便品の分節の例としている。平井［一九八五：二二七］はこれについて、「『義疏』が世親の『涅槃論』における経の七門分別を例に挙げたのを想起させる」と『法華文句』が『法華義疏』を参照していた可能性を示唆しつつ、「『文句』は同じ世親の『法華論』における七功徳・五示現を経の分文の例として示しているのである。これも一経の科文とはいえないことは、言を俟たない」と『法華文句』を批判している。この批判はある意味では当然のことで、『法華文句』に「天親は『論』を作って、七功徳によって序品を分節し、五示現によって方便品を分節する。その他の品はそれぞれに品の分節がある（天親作論、以七功徳分序品、五示現分方便品。其余品各有処分）」（T34・1c12-14）とあるように、『法華文句』は『法華論』を、各品を分節する例として用いているだけであって、『法華経』全体の分科を示す例としては用いていないからである。

平井［一九八五］は以上に述べた『増一阿含経』の引用や天親の『法華論』への言及を「経の科文としては全くの見当違い」と批判しているが、『法華文句』のこの段は「科文」や「科段」ではなく、そもそも「分節」・「節目」すなわち段落分けとして理解されている。おそらく『法華文句』の編纂方針は、仏・結集者・論者の未分節からインドにおける分節を経て、中国において科文・科段といった段落分けが発展してきた様子を描くというものであったのだろう。そうすることで、智顗の『法華経』の分科は分節の発展の歴史の中に位置づけられていくことになる。

『法華文句』は次に中国において前代の仏教者たちがどのように経文を分節して理解してきたのかを論じている。初めに中国における経文分科の状況を簡単に次のように述べている。

昔、河西の［道］憑(64)、江東の［法］瑶は、この意［経文を分節して理解すること］を取り、経文を段落分けした。末代になると特に煩瑣であり、光宅［法雲］は甚だしく詳細である。［その様は］重い霧が太陽を覆い隠し、［日・月・星の］三光はこのために輝きを収めてしまう。［このように詳細な段落分けは］渡し場を尋ねる者（探求者）が貴ぶところでない。曇鸞は、「科を細かくすれば煙のように吹き上がり、雑に研げば塵のごとく飛ぶ」という。思うに、あるときは［詳しさが］過度であり、あるときは不十分である。

昔河西憑、江東瑶、取此意節目経文。末代尤煩、光宅転細。重雰翳於太清、三光為之戢耀。問津者所不貴。曇鸞云、細科煙颺、雑礪塵飛。蓋若過、若不及也。（T34・1c14-17）

この段では、河西道憑（四八八―五五九）や小山法瑶（？―四七三から四七七に没）による初期の分科に注目した人物を挙げ、当時著名であった光宅法雲（四六七―五二九）の分科に対して簡単に言及し、曇鸞による批評を紹介し、さらに自らも若干の批評を行っている。『法華文句』は続いて五人の中国仏教者を挙げ、彼らの『法華経』の分科を簡単に紹介している。平井［一九八五：二一八］はこの箇所について「南北朝時代の諸師方の具体的な法華の科文について紹介しているが、ここにも錯乱の跡が認められる」と『法華文句』を批判している。

平井［一九八五］が「錯乱の跡」とする第一点は、廬山慧龍の学説についての『法華文句』の説明である。『法華文句』は次のように廬山慧龍の『法華経』分科を紹介している。

廬山［慧］龍師は、経文を分けて、序・正・流通とする。二十七品は統合するとただ二種だけである。［一つには］序［品］から法師［品］までは、［その内容は］言葉による方便と言葉による真実である。［仏の教説の］真理は一［乗］であって［方便として］三［乗］を説くためである。宝塔［品］以下は、［その内容は］［仏］身についての方便と［仏］身についての真実である。［仏身の］真実は久成であって［方便として］近成と唱えるためである。また［二つには］方便［品］から安楽行［品］までは因門であり、踊出［品］以下は果門である。

盧山龍師、分文為序正流通。二十七品統唯両種。従序至法師、言方便・言真実。理一説三故。宝塔下、身方便・身真実。実遠唱近故。又従方便至安楽行。是因門従踊出下是果門。

（T34・1c18–22）

上記の盧山慧龍の学説に対して、平井［一九八五：二一八］は「この『文句』の伝える慧龍の分科も、三分科説と、一経二十七分を統べて両種となす二分説との関係が今一つ明確でないなど、要領を得ない」としている。平井［一九八五］の指摘の通り、『法華文句』の紹介する慧龍の分科には、冒頭に序・正・流通の三分科説が紹介されているが、実際に説明される分科は序品から法師品までを「言方便・言真実」、宝塔品以降を「身方便・身真実」とする分科と、方便品から安楽行品までを「因門」、涌出品以降を「果門」とする分科の二種である。これは、『法華文句』が慧龍の説の正宗分の中だけを取り上げ説明したか、慧龍の分科には三説が並存していたか、慧龍の説は本来「文を分けて序・正・流通とするといっても、二十七品は統合するとただ二種だけである（雖分文為序正流通、二十七品統唯両種）」というものであったのを『法華文句』が引用する際に見落とした、といういずれかの可能性が考えられる。しかし、それ以外の点では、『法華文句』の紹介する慧龍説に「要領を得ない」というような箇所は見いだされない。

また『法華文句』は慧龍の説に関連して、彼の弟子たち（僧印と法瑶）も慧龍と同じ分科を用いたことを次のように指摘している。

斉の中興［寺］の［僧］印と、小山の［法］瑶は、［慧］龍から経を受けたので、経文を分節するのは［慧龍と］同じである。

斉中興印、小山瑶、従龍受経分文同。

（T34・1c22）

『法華文句』は僧印が師である慧龍の分科を用いていたとしているが、平井［一九八五：二一九―二二〇］は、

『法華文句』がこの後に言及する「有師」の説の一つが、『法華義疏』が紹介する僧印の学説の内容と一致していると解釈できることに基づき、『法華文句』が「全く慧竜とも僧印とも別人の説のように『文句』はこの有師説を紹介している」と指摘している。そして、平井［一九八五］はその理由を次のように考察して『法華文句』の編纂態度を批判している。

> 　これは如何なる理由によるものであろうか。考えられることは、『文句』の有師説と『義疏』の僧印説の一致からも推測されるように、また経の分文を論ずるに際して両者の論述のすすめ方や構成が類似している点からしても、『文句』が『義疏』を参照した形跡がうかがわれることである。その際、『文句』はつとめてこの事実を隠蔽しようとしたのではないだろうか。それ故に、『義疏』に明言している僧印説については慧竜に同じといって、これを細説することを避け、さらにその一部は慧竜説と重複しない形で有師の説として別立したものであろう。
>
> 『義疏』によれば僧印は、「涌出品」から「分別功徳品」の「弥勒説偈」までを「開近顕遠」「身方便・身真実」を明かすといっていたが、これは後に『義記』を初め『文句』も『義疏』もともに、ここまでを正宗分とするにいたった重要な区切りである。『義疏』にあってはこれが明確に示され、『義疏』の科文の成立する経緯がうかがわれたが、『文句』はことさらに前述のように、この点を曖昧にし、自説を直接関連しないような形で、諸師の説を紹介しているのである。
>
> （平井［一九八五：二一〇―二一一］）

　平井［一九八五］が上記のように考察する根拠になっているのは、『法華文句』が「有師」として挙げる分科と『法華義疏』の紹介する僧印説とが一致しているということである。平井［一九八五］が指摘する『法華文句』が紹介する「有師」の説は次の通りである。

ある師は四段とする。初品を「序」段とし、方便［品］から安楽行［品］までは「開三顕一」段であり、踊出［品］から分別功徳［品］が終わるまでは「開近顕遠」段であり、それから後の残りは「流通」段である。

有師作四段。初品為序段。従方便至安楽行、開三顕一段。従踊出訖分別功徳、開近顕遠段。後去余勢、流通段。（T34・1c27-29）

平井［一九八五］はこの説を『法華義疏』にある僧印の説と理解している。しかし、「開近顕遠段」と「流通段」の分け目について、上記の有師の説では「従踊出訖分別功徳、開近顕遠段。後去余勢、流通段」と、「開近顕遠」段は分別功徳品までで、随喜功徳品からが「流通」段とされるのに対し、『法華義疏』の僧印の説には「従涌出品至分別功徳品弥勒説偈以前両品半、開近顕遠、明身方便身真実」（T34・452c24-26）とあり、「開近顕遠」段は涌出品から分別功徳品の弥勒説偈までの二品半と明確に規定されている。平井［一九八五：二二〇］はこの問題について、『法華文句』の有師の「開近顕遠」段は、「訖分別功徳品」の「訖」を「おわる」と読めば、「開近顕遠」段は分別功徳品までで、「流通」段は随喜功徳品からとなるが、「訖」を「いたる」と読めば、僧印説のように分別功徳品の途中までと解釈することが可能であると主張している。平井［一九八五］によれば『法華義疏』の僧印説は明確に「分別功徳品の弥勒説偈まで」と段落を分けているが、『法華文句』はその点を極めて曖昧にしており、有師と僧印の両者を比較すれば、「これがまぎれもなく、『義疏』のいう僧印説に違いないので」、有師の説も「開近顕遠」段を僧印説のように分別功徳品の途中までと解釈することが正しいと判断している。したがって、平井［一九八五］の根拠となるのは『法華文句』の「訖分別功徳品」という記述にある「訖」を「いたる」と解釈することにあるといえる。しかし、この根拠は、『法華文句』の「訖」についての他の用例から見て誤りであることがわかる。すなわち、『法華文句』は智顗の『法華経』の分科を紹介する中で、「踊出［品］から経の終わりまでの十四品は、本に約して開権顕実する。……法師［品］から安楽行［品］までを流通と為す。踊出［品］から「弥勒已問斯事。仏今答之」（T9・141a12）までの半品を序と名づけ、「仏告阿逸多」から下、分別功徳品の偈が終わるまでを正と名づける（従踊出訖経十四品、約本開権顕実。……法師訖安楽行為流通。踊出訖弥勒已問斯事仏今答之半品名序、従仏告阿逸多下、訖分別功徳品偈名為正）」と述べており、ここには四ヵ所（傍線部）に「訖」が用いられており、この箇所は智顗の分科であり、従来その段落の分け方に異論が出されていない箇所である。したがって、これらの「訖」の用例は、いずれも平井［一九八五］の言うところの「おわる」の意味で用いられているということができる。よって、平井［一九八五］の主張はその根拠を失うことになる。

また『法華文句』は廬山慧龍の分科に続いて、玄暢ともう一人別の「有師」の説を紹介している。平井［一九八五：二二一］はこれらの説について、「極めて特異な説で、後世の科文には何らの影響をも及ぼしていないと考えられるので、省略する」とコメントしている。平井［一九八五］が検討を省略したのは、次に挙げる二説である。

玄暢は序［品］から［宝塔品の］多宝［の出現］までを因分とし、勧持［品］から神力［品］までを果分とし、嘱累［品］から経の最後までを護持分（諸菩薩による行者の護持について明かされた箇所）とする。

玄暢従序至多宝為因分。従勧持至神力為果分。従嘱累尽経為護持分。（T34・1c23‐24）

またある師は、「序［品］から学無学人記［品］までは、『法華』の体である。法師［品］から嘱累［品］までは、［『法華経』］受持の功徳を明かす。薬王［品］から経の最後までは、諸菩薩の本願を誉める」という。

又有師云。従序至学無学人記。是法華体。従法師至嘱累。明受持功徳。従薬王尽経。美諸菩薩本願。（T34・1c24‐27）

上記の二説はたしかに「後世の科文」に対する影響は少ないといえるだろう。ただし、平井［一九八五］の論点、すなわち『法華文句』の分科に関する記述が『法華義疏』の分科に関する記述を下敷きにしているという仮説から見ればこれらの学説は「極めて特異な説」となるであろうが、しかし『法華文句』の一連の記述を経典の段落分けの発展史として捉えるならば、ここに特徴的な分科説が組み込まれることに特に問題があるわけではない。

さて、『法華文句』は他師の分科説を紹介する箇所の最後に、次のように法雲の分科を取り上げている。

光宅［寺］の［法］雲は、［僧］印から経を受けた。［彼の科段は］初めに［序・正・流通］三段があり、次に［三段を］それぞれ二［段］に開く。［序分は］通序・別序をいい、正［宗］分は因門・果門をいい、流通分は化他・自行をいう。［通・別の］二つの序にはそれぞれ五段があり、［因門・果門の］二つの正宗分にはそれぞれ四段があり、二つの［化他・自行の］流通にはそれぞれ三段がある。合わせて二十四段である。云云。[67]

光宅雲、従印受経。初三段、次各開二。謂通序・別序、正謂因門・果門、流通謂化他・自行。二序各五、二正各四、二流通各三。合二十四段。云云。（T34・1c29-2a4）

法雲の分科については、『法華文句』は『法華義疏』よりも詳細な説明となっている。平井［一九八五：二二一］はこの点について「この光宅説の紹介は、科文の大綱も『義記』の説を事実の通りに伝えているし、吉蔵の『義疏』では簡単に三分科説の代表として、その由来の説の最初に紹介されているに過ぎなかったものが、比較的詳細に伝えられている。この点でも『文句』は『義疏』の略説したものを広説し、広説したものを略説するという傾向がうかがわれる」と述べている。平井［一九八五］はここで智顗や灌頂が『法華義記』を直接参照しているという可能性には全く触れていない。平井［一九八五：二二六］は「経の科文についてはことごとく後世の仮託である」との仮説を強く主張しようとして、やや客観性に欠ける議論をすることがある。ここもそのような箇所の一つで、『法華義疏』にはない玄暢や有師の説を紹介し、また『法華義疏』より詳細に法雲の分科を紹介しているという事実は、平井［一九八五］の主張するように、『法華義疏』を参照した事実を隠蔽しようとする意図を示すものとも解釈はできるが（すでにその解釈の根拠のいくつかは本節において否定した）、これは単純に智顗の講義、あるいは灌頂が『法華文句』を編纂する過程において、吉蔵とは異なった情報源を用いていたことを示す証拠と捉えることが妥当であろう。

最後に、『法華文句』が智顗の『法華経』分科を紹介する箇所における平井［一九八五］の批判の妥当性を検討したい。

『法華文句』には次のように智顗の『法華経』分科が紹介されている。

天台智者は文を分けて三とする。初めの品を序とし、方便品から分別功徳［品］の十九行の偈まで、およそ十五品半を正［宗］分と名づけ、偈から後は、経が終わるまで、およそ十一品半を流通と名づける。また［釈尊の］一代［の教説］を分けて二とする。序［品］から安楽行［品］までの十四品は、迹に約して開権顕実し、踊出［品］から経の終わりまでの十四品は、本に約して開権顕実する。本迹にはそれぞれ序・正・流通［の三段］がある。初めの品を序とし、方便［品］から授学無学人記品までを正とし、法師［品］から安楽行［品］までを流通とする。踊出［品］から「弥勒已問斯事。仏今答之」（T9・141a12）までの半品を序と名づけ、「仏告阿逸多」から下、分別功徳品の偈が終わるまでを正と名づけ、これより後は、経の最後までを流通とする。

今の記述は、前の三段に従って文を解釈するのである。

天台智者分文為三。初品為序、方便品訖分別功徳十九行偈、凡十五品半名正。従偈後尽経、凡十一品半名流通。又一時分為二。従序至安楽行十四品、約迹開権顕実。従踊出訖経十四品、約本開権顕実。本迹各序正流通。初品為序、方便訖授学無学人記品為正。法師訖安楽行為流通。踊出訖弥勒已問斯事仏今答之半品名序、従仏告阿逸多下、訖分別功徳品偈。名為正。此後尽経為流通。

今記従前三段消文也。（T34・2a7–16）

智顗の『法華経』分科は一経を序・正・流通の三段に分ける一経三段説と、一経を迹門・本門の二段に分け、迹門・本門のそれぞれを序・正・流通の三段に分ける二経六段説である。この内、一経三段説は、法雲・吉蔵の三分科説と同じものである。したがって、二経六段の分科説は智顗の独自の分科と考えられている。ただし、平井［一九八五：二二三―二二四］の指摘にあるように、『法華義疏』には一経を二段に開き、それぞれをさらに序・正・流通の三段に開くという二段三段説ともいうべき僧綽の分科が紹介されていた。『法華義疏』には僧綽の分科についての詳しい内容が明かされておらず、『法華文句』の智顗の分科との対応関係などの詳細は明らかではないが、『法華文句』の分科説の形成との関係で僧綽の学説は非常に重要であると思う。平井［一九八五：二二四］は『法華文句』の科文について、「『文句』の科文というのは、この三分科説（筆者注：法雲の説）と二分説（筆者注：僧綽の説）の総合であったと考えられる」と推定している。筆者はこの平井［一九八五］の指摘は非常に重要だと思う。

しかし、平井［一九八五］は続いて次のように分析を進めている。

問題は、吉蔵や法雲の場合は、まず一経を三分し、さらにその各々について、因・果なり、乗の権実と身の権実のように二分して行く場合にも、明らかに論理的整合性が見られたのに対し、『文句』の場合には全くこれが欠除していることである。つまり、序・正・流通の三分説と、本迹二門の二分説が、何らの脈絡もなしに結びついているのである。これは、『文句』の科文が法雲や吉蔵の系統を引く三分説と、慧竜や僧綽の流れを汲む二分説を、あたかも寄せ木細工のように結びつけたところに成立したものだからである。

（平井［一九八五：二二四］）

しかし、平井［一九八五］自身がすでに指摘しているように、智顗の二経六段説は、僧綽の二段六段説と類似性が強く、時代的に先行する僧綽においてすでに『法華経』を二段に分け、さらにそれぞれの段を三段に分ける学説は成立していたと見るべきであり、思想史的に考えれば、智顗は『法華経』の分科において僧綽の説を受容したと理解することもできるだろう。したがって、このように解釈するならば、二経六段説は智顗の独自の発想ということではなくなるが、同時に「序・正・流通の三分説と、本迹二門の二分説が、何らの脈絡もなしに結びついている」との批判は成り立たないことになる。

また、智顗の分科は二経六段説が有名であるが、実際には三分科説を中心にしていると批判している。すなわち、平井［一九八五：二二四］は「『文句』は、本迹二門の分け方について、「又、一時分って二と為す」といって、これがむしろ一時の説、旁義の説であって、序・正・流通の三分説があくまで大前提となる正義の説であるかのような書き方をしている。しかし、今日『法華経』一経の科文については、本迹二門の二分説の方が如何に人口に膾炙しているかは、周知の通りである。むしろ、科門（ママ）の論理性よりは本門・迹門というそのネーミングの故に、天台の科文は人口に膾炙したともいえるのである。それはまさに天台教学の特質を象徴するものでもある」と述べている。しかしながら、平井［一九八五］のこの指摘は誤った『法華文句』の理解に基づいているため、また根拠のない議論である。平井［一九八五］は「又一時分為二」を引用し、この「一時」を「一時の説、旁義の説」と述べているように、「一時的」という意味に解釈している。しかし、この「一時」とは、通常は「一代」、「一期」などと同義で、釈迦の一代に解釈すべきものであろう。また「又」は、学説の併記の際に用いられ、「A。又B。」と併記された場合には、AとBは同価値であるか、むしろBの方が本義である場合がある。その意味でも、「又一時分為二」

という表現から「これがむしろ一時の説、旁義の説であって、序・正・流通の三分説があくまで大前提となる正義の説であるかのような書き方をしている」と解釈することは妥当でない。

また平井［一九八五：二二四―二二五］は、末尾の「今記従前三段消文也」を、これが一経全体を三分節によって解釈していくことを表明した内容と解釈し、「建前としては、序・正・流通の前の三段が本流であったことがこれからも知られるのである」と指摘している。そして、この箇所についての証真の『法華疏私記』が引用する智雲の『文句私志記』の説によって「今記従前三段消文也」の「前」の字は、「両」の字の誤りであることを指摘し、「単なる現行本の誤写によって、本来、「両三段に従って」とあったものが、たまたま、「前の三段に従って」になったに過ぎないのか、それとも『文句』の記者自身が決定的な齟齬を来していたものを智雲や証真が会通したのか、定かではないが、現行本に見る限り、この一文は矛盾していることは明らかである」と述べている。

智雲は『文句私志記』巻一において、『法華文句』の未添削本を参照し、「今記従前三段」の「前」の字が「両」の字の誤りであることを確認したと述べている(68)。『法華文句』のテキストは玄朗が修治を行わなければならないほど乱れていたとされるが、智雲が見たテキストはおそらく玄朗が修治する以前のものであったろう。おそらく玄朗も修治の際に、「両」とある原文を確認したであろうが、確定的な証拠はない。いずれにせよ。平井［一九八五］は智雲の発見に会通という可能性しか見いだしていないが、智雲によって現行の『法華文句』とは別系統のテキストが確認されたという事実は重要である。『文句私志記』の記述はより重視されてしかるべきであろう。

最後に、平井［一九八五］は、「天台智者分文為三」や「今記」という『法華文句』の表現は、「智顗以外の第三者が書いたことは歴然としている」と述べ、このような記述態度が『法華文句』の全体を貫くものであることから、「智顗の説と称するものも、少なくも経の科文についてはことごとく後世の仮託であることを示唆して余りあるものである。その上さらに加えて、『文句』が吉蔵の『義疏』を参照したことは自明であり、科文自体も、吉蔵説に引かれる諸説を下敷きにして、前述のような経緯をとって成立したとするならば、全く智顗の預り知らぬ所で、本書が灌頂もしくは後代の天台学者によって作られた可能性が一段と有力なものになってくるのである」と結論づけている。平井［一九八五］の主張は、その前提において誤認がある。すなわち、本章ではこれに類する問題についてすでに言及したが、灌頂は『法華文句』の冒頭において、『法華文句』は智顗の講説を灌頂が記録し、それに基づいて作成された著作であることを表明している(69)。したがって、『法華文句』が「智顗以外の第三者が書いた」ということはすでに前提になっているのである。そして、そのような前提に立てば、『法華文句』の本文中において、「天台智者」などの表現があることも納得できる。すなわち、筆録者が弟子の灌頂であるということは、たとえば智顗が講説時に一人称を用いていた場合には、「天台云」ではなく、「天台師云」と師匠に対して敬称を用いることは当然のことであるからである。

以上、非常に細かな点も含め平井［一九八五］の主張を検討・考察した。筆者は平井［一九八五］の最大の成果は、『法華文句』や『法華玄義』の成立において、吉蔵の法華経疏、その中でも特に『法華玄論』を参照して撰述されたということを、緻密な文献学的研究に基づいて明らかにした点にあると考える。この点に対しては、筆者には大きな異論はない。しかし、平井［一九八五］にはやや言い過ぎとも取りうる主張が散見される。本章ではそれらの主張を一つ一つ検討し、それらの多くが事実の誤認に基づいており、平井［一九八五］は自ら立てた仮定をその前提・根拠として、そこからさらに大胆な自説を展開しており、その結果、言い過ぎとも取れる主張をしていることを明らかにした。

註

（1）「扶疏」とは、一般的には、樹木がよく茂る様子を述べたものであるが、『摩訶止観義例纂要』巻五は、「二依涅槃、扶律談常、良以法華雖則顕実、末代根鈍若無扶助、則正行傾覆。故正助相添方能乗於大車遠運。故云以大経為扶疏也。扶字応従木。従手乃是扶持字耳。疏字平声呼。応従草。文選読山海経詩云、孟夏草木長、繞屋樹扶疏。註云、枝葉四布貌也。今文之意、乃取扶助之義、以解扶蔬之名。何以知之。文句記釈薬草喩品文句中云、言扶蔬者、扶謂扶助。爾雅云、林有草木曰蔬。記作此解扶蔬之名。恐是誤也。若爾、今文応云以大経為扶助。方乃允合扶律談常之義。不須謂之以大経為扶蔬也」（X56・80c13–22）とあり、「扶疏」が一般的な意味ではなく、助けるという意味にとるべきことが指摘されている。

（2）たとえば、潘桂明［一九九六：一〇一—一〇二］は「智顗所创立的天台宗又名法华宗，表明它是以《法华经》而成立的。称天台宗，是以地名宗；称法华宗，则是以经明宗，由此可见《法华经》在天台宗思想形成和发展中的重要地位（智顗が創立した天台宗は、また法華宗ともいい、『法華経』によって成立していることを表明している。天台宗と称するのは、地名によって宗を名づけ、法華宗と称するのは、経典によって宗を明かしている。したがって『法華経』は天台宗思想の形成と発展において重要な位置にある）」と理解し、天台宗と『法華経』の不可分な関係を強調している。この場合の「天台宗」は智顗の創設した宗派とされているため、智顗自身の思想として捉えられていると考えられる。なお、潘桂明［一九九六］には天台宗がいつ頃から「法華宗」と称されるようになったのかという問題には関心が払われていない。

（3）安藤［一九六八：三二］は、さらに「維摩経や金光明経等の研究にも努力したが、それは法華学を傍証せんがためであった」とまで指摘している。

（4）佐藤［一九六一］は、三大部の講説時期と場所について、従来一般的には、戒応の『智者大師年譜事跡』（一一八五年成立）や、それを受けた志磐の『仏祖統紀』の説に基づく学説が有力であると考えられてきたことを指摘している（二九四頁）。すなわち、従来は『法華玄義』は五九三年に荊州玉泉寺にて、『法華文句』は五八七年に金陵光宅寺にて、『摩訶止観』は五九八年に荊州玉泉寺にて、それぞれ講述されたものとされてきた。これに対し、佐藤［一九六一］は、三大部は灌頂が智顗の講説を記録した聴記本を段階的に整理編集して成立したものであると主張している。具体的には三大部の成立について以下のように推定されている。『法華玄義』は（1）聴記本（時期不明）→（2）整理本（五九七年秋までに完成）→（3）修治本（五九七年秋から六〇二年八月までに完成）という修治の段階を経て成立した（佐藤［一九六一：三三八—三三九］）。『法華文句』は（1）聴記本（五七八年・光宅寺）→（2）修治本（六一四年前後）→（3）丹丘添削本→（4）天宝再治本（七四八年玄朗による再治）という段階を経て成立した（佐藤［一九六一：三六二—三六三］）。『摩訶止観』は（1）聴記本（五九四年・玉泉寺）→（2）整理本（五九七年秋までに成立）→（3）修治本（不明）→（4）再治本（六〇七年から六三二年の成立）。

（5）佐藤［一九六一：三四〇］には『法華玄義』について「吉蔵の法華玄論をも参照しており、また灌頂の私見も相当加わっていると考えられるから、本書の全文を直ちに智顗の思想研究の資料とみることは危険であり、今後精微な本文批判が進められなくてはならぬ」と述べ、佐藤［一九六一：三六三］には『法華文句』について「三大部のうち一番おそく完成されただけに、灌頂によって大幅な添削がなされたと考えられる。従って現行本が講説当初の内容をどの程度までとどめているかは、今後慎重な検討を要する問題であろう」と指摘している。

（6）平井［一九八五：ii］は、智顗疏と吉蔵疏の相互の依用関係を比較研究した結論から、「ほとんど例外なく吉蔵疏から智顗疏へという参照依用の跡が見られ、その逆は全く見られないことが判明した」とし、『法華文句』はその典型的な例であると認定し、「『法華玄論』乃至『法華義疏』に全面的に依拠し、これを参照し下敷きにして書かれた跡が歴然としている」と指摘している。なお、平井［一九八五］に対する学術界の反応と評価については、奥野光賢［二〇〇五］に詳しい。

（7）平井［一九八五：一〇二］は「『法華玄義』という著作は、後世の天台の伝説にいうように、いつ、どこで、智顗が『法華玄義』の講説を行い、それを灌頂が筆録したとか、あるいは智顗の講説に灌頂が私見を加えた、などという性格のものではなくて、智顗の全く預り知らぬところで、全篇これ灌頂が独自に創作し、自ら書き下ろした作品であるという疑いが強く持たれるのである」と述べている。

（8）林鳴宇［二〇一〇a：二〇］は、「教観双美」という言葉は、智顗の時代には用いられず、智顗は「教観相資」といい、湛然はそれを「教観相循」と述べ、四明知礼の『金光明文句記』に初めて「教観双美」と称されるようになったと指摘している。『法華玄義』には「教即為観門、観即為教門。聞教而観、観教而聞。教観相資、則通入成門」(T33・784b9-11)とあり、『法華文句記』には「譬中、必須教観二重、方尽其理。教観相循、共顕其妙。教観若偏、二倶無力」(T34・307a24-26)とある。『金光明文句記』には「初約教、二観心。此之二釈、即教観二意双美而談。逈出諸宗功由此也」(T39・85b9-10)とあり、これがもとになって後代に「教観双美」と称されるようになったと推定される。

(9) たとえば、張風雷[二〇〇一:一〇〇―一〇二]は、智顗の理論体系の基本的特徴を円融性にみており、その円融的な仏教理論体系は、教相と観法の二面から分析できるということを論証している。しかしながら、平井[一九八五:ii]は、「『法華文句』を初めとする天台の数多くの経典註疏が、後代の天台学徒の手によって智顗に仮託して作られたということは、類いまれな革命的な実践家であった智顗その人に、さらに伝統的な経典註疏家としての地位を付与することであった。そうすることによって一宗の成立が企画されたのであり、その一連の過程において後世に冠たる天台教義の成立もまた果たされていったと考えられるからである」と指摘しており、歴史上の智顗は「革命的な実践家」であり、「伝統的な経典註疏家」としての側面は、後代に作られた智顗像であることを主張している。これは「教観双美」という智顗像に対する根本的な批判といえよう。

(10) 後述するが、平井[一九八五]は、自説の論証の過程において、しばしば湛然の注釈に妥当性がないことを批判している。とくに第二篇第六章「証真『法華疏私記』の吉蔵関説」は、証真の学説を参照しつつ、厳しく湛然の学説を批判している。

(11) 平井[一九八五]については、奥野[二〇〇五:一四八]が「本書は「天台と三論の文献交渉」という大きな問題を扱った衝撃的な著書であったわりには、学界の反応はいま一つめぼしい反論もなされていない」と指摘するように、積極的な反論は少ない。菅野博史[二〇〇五]は部分的であるが平井[一九八五]の中の『文句』四種釈と吉蔵四種釈義」に対して、その妥当性を批判している。また、池田魯参[一九八五]が、平井[一九八五]の学術的価値を認めつつも、「反省の要がある」として、吉蔵の著作からの影響を強調するために、灌頂の位置づけを軽視している点や、証真を重視するために、湛然を軽視している点などの問題を指摘していることや、菅野[一九九九九]が、陳隋代に実際に名声を得ていた智顗の『法華経』解釈は、吉蔵も意識するところであり、それを無価値なものと断ずるのではなく、智顗と吉蔵の法華経観の総合的な比較研究が必要である、と主張していることなどは傾聴しなければならない。さらに、藤井教公［一九八八］は、表面上は平井［一九八五］を批判したものではないが、平井［一九八五］の指摘する事実に基づきながらも、『法華玄義』の原型について探究し、『法華玄義』の大半が智顗の講義に基づいたものであるという、ある意味で平井［一九八五］とは逆の主張をしており、事実上は平井［一九八五］を批判的に検討した注目すべき研究といえよう。堀内伸二［一九八七］も、智顗独自の説に対する灌頂の補釈について研究し、師匠である智顗の教学に忠実であろうとした灌頂の姿を提示している。また、柏倉明裕［一九九三］は、平井［一九八五］の文献学的な研究成果を認めつつも、天台教学に吉蔵の思想が流入しているかという問題について、『法華文句』における吉蔵の文の引用の傾向や特徴を考察することを通し、灌頂は『法華玄論』を参考にしているが、吉蔵の説と智顗の説との混雑は注意深く退けているため、吉蔵から天台教学への思想的流入はみられないと論じている。松本知己［二〇〇六］は、平井［一九八五］が非常に重視する宝地房証真の説を再検討し、「証真の立場について妥当性を欠くと思われる記述も見られる」と批判している。

(12) 平井［一九八五］の概要を論じたものに、すでに池田［一九八五］ならびに菅野［一九九四］、［一九九九］などがあるが、本節の論述にあたり、改めて平井［一九八五］の概要を提示する。

(13) 『法華文句』「仏出世難、仏説是難、伝訳此難、自開悟難、聞師講難、一遍記難。余二十七、於金陵聴受、六十九、於丹丘添削。留贈後賢、共期仏慧」（T34・1b21-22）。

(14) 平井［一九八五：一四六―一四七］によると、道宣の『続高僧伝』（六四五年成立）「智顗伝」に「所著法華疏、止観門、修禅法等、各数十巻」（T50・567c22）と、智顗の著作として「法華疏」があることが指摘されるが、これは『法華玄義』と『法華文句』を区別していないため、『大唐内典録』（六六四年成立）の「法華玄（十巻）法華疏（十巻）」（T55・332a19）が、『法華玄義』と別行された、現行の『法華文句』に相当する「法華疏十巻」が確認された最初の記録であると指摘している。

(15) 平井［一九八五：一五四］は『涅槃経疏』にも二例の『法華文句』の引用例が確認できるが、この著作は、湛然の再治を経た可能性があるため資料として信憑性が欠けるとも指摘している。

(16) 現行の『大正新修大蔵経』のテキストは、法隆寺本によってこれを補っている。

(17)この第二篇第四章については、前述のごとく、すでに菅野［二〇〇五］による詳細な分析と批判がある。

(18)平井［一九八五］の証真に対する評価については、松本知己［二〇〇六：四二］は、「平井氏は、『法華文句』の作者が吉蔵撰述書の記述を援用したことを批判的に捉える立場から論じているため、既に指摘されているように、そのことに関説しなかった湛然の見解を厳しく糾弾し、湛然の誤謬を指摘した証真の教学を、やや過剰に評価する傾向がある。また、時には、証真の立場について妥当性を欠くと思われる記述も見られる」と指摘している。

(19)ここに挙げない箇所について、本節で検証しない理由は以下の通りである。第一篇の他の章は法華経疏に直接的に関係しないため本節では扱わない。第二篇第二章は実質的には現行本と異本との本文対照であるため扱わない。また第四章はすでに菅野［二〇〇五］による詳細な批評・検証がなされている。第五章は引用文献に関する研究であり、特に異論がないため扱わない。第六章は証真『法華疏私記』の『法華文句記』批判、『文句私志記』の『法華文句記』批判などを取り上げているが、このうち平井［一九八五］の『法華疏私記』の理解については、すでに松本［二〇〇六］が検討し、平井［一九八五］の証真理解に問題があることが指摘されている。また平井［一九八五］がこの章で行う湛然批判は、『法華文句』が『法華玄論』を参照している問題を湛然が認識していなかったことを責めるものである。第二章において確認するように、湛然は『法華玄義』『法華文句記』の撰述において『法華玄論』を参照した形跡はない。しかし、これは湛然が参照を怠っていたり、吉蔵の法華経疏を低く見ていたりしたために『法華玄論』に注意が至らなかったという類の問題でない。湛然を含めた唐代の『法華経』関連の注釈書においては、『法華義疏』は参照されるが、『法華玄論』は参照されないという共通の特徴がみられる。すなわち、何らかの理由によってすでに『法華玄論』がみられないか、それを参照しないという風潮が存在していたことになる。すなわち、湛然個人の問題ではなく、時代的な問題なのであり、それによって湛然個人の天台法華経疏に対する理解の誤りを責めることは適切ではない。第三篇は、本節では扱わず、必要に応じて次章以降に言及する。

(20)菅野［一九九四b：七二］は「ただし、この疑いは『法華文句』については後に紹介するように十分に論証されたが、『法華玄義』については疑いにとどまっていて、十分な論証はなされていない」と指摘している。

(21)藤井［一九八八：一五九］は、灌頂による『法華玄義』の修治作業の方向性について、「異解異説をできるだけ多く引用し、批判を加える必要のないものについてはこれをそのまま出し、自説と内容上対立あるいは矛盾するものにはこれに批判を加えて自説をより明瞭化するという方向である。この方向に沿って、従来の諸師の異説を多く採りこんで「出旧解」段や「引旧解」段を組織し、諸経論を多く引いてきて、「出経論」段を著わして、これらを盛りこむことによって『法華玄義』全体の構成の整合性を保つべく『法華玄義』を再組織したのが灌頂の『法華玄義』修治の実態であったと想像される」と推定している。

(22)「法華私記縁起」には「幸哉。灌頂、昔於建業、始聴経文。次在江陵、奉蒙玄義。晩還台嶺、仍値鶴林。荊揚往復、途将万里。前後補接、纔聞一遍。非但未聞不聞。亦乃聞者、未了。巻舒鑽仰、弥覚堅高。猶恨縁浅不再不三。諮詢無地、如犢思乳。并復惟念。斯言若墜、将来可悲。涅槃明若樹若石。今経称若田若里。聿遵聖典、書而伝之。玄文各十巻」（T33・681a15-23）とある。

(23)菅野［一九九六：二〇］によると『法華義記』は法雲の『法華経』講義を弟子が筆録したものであるが、その筆録者の名前は不明であるとする。また「筆録者は法雲の講義をそのまま筆録したのではなく、『法華義記』の注釈書としての充実を期するため、とくに異説の提示、批判などにおいて、自分なりの工夫をこらした跡を認めることができる」と指摘している。

(24)佐藤［一九六一：三一六］は「このような「私謂」ではじまる文が法華玄義には十八回見られるが、灌頂の他の私記本にもしばしば見られるように、これ等が灌頂の書き添えであることは疑問の余地がない。ところがかかる用例は灌頂自選の涅槃経疏にも三十回近く見られるので、私謂ではじまる文だけは灌頂の私記であり、それ以外の部分は智顗の真説であるとする目安とはならないことがわかった」と指摘する。

(25)この点に関して、『法華文句』については平井［一九八五：一四三―一四四、一六五―一六七］はそれらを踏まえた議論を展開している。

(26)『中華大蔵経』第九三冊、八頁を参照。

(27)たとえば広勝寺金蔵本の『法華玄義』巻二には「妙法蓮華経玄義巻二　智者大師説」（『中華大蔵』93・200b1）とある。

(28)『隋天台智者大師別伝』には「若説法華玄義并円頓止観、半年各一遍」（T50・197b17-18）とあり、『国清百録』には「陳廃帝光大元年、三十歳辞師出金陵。居瓦官寺八年、講大論、説次第禅門、并法華玄義」（T46・823b13-

15）などとある。

(29) 道宣の『続高僧伝』には「所着法華疏・止観門・修禅法等、各数十巻」（T50・567c22）と「法華疏」という表現ではあるが、『法華玄義』『法華文句』を暗示する著作名がある。

(30) 『唐大和上東征伝』は淡海三船（七二二―七八五）により、宝亀十年（七七九）に著されたとされる。

(31) 空海が前後に挙げる著作をみると、「華厳経疏一部卅巻（澄観法師撰）」（T55・1064a2）、「法華記一部十巻（天台湛然法師記）」（T55・1064a6）、「法華賛一部四巻（清索法師述）」（T55・1064a7）とあるように、いずれの著者に対しても尊称を用いている。したがって、智顗に対して「天台智者」と呼称することは、「智者」の語を尊称として用いていた可能性が考えられる。

(32) 「初料簡般若与法華以辨同異、二明経論諸蔵離合、三明四教名義所凭、四破古五時七階不同。」（T33・962a7–10）

(33) 『法華玄義』「明宗」段における『法華玄論』「辨経宗旨」段の参照・引用については、後に詳しく検討する。

(34) 『高僧伝』の僧印の伝記に「後進往廬山、従慧龍諮受法華。龍亦当世著名、播於法華宗旨。」（T50・380b3–5）と言及されている。

(35) なお、灌頂自身が『法華玄論』の第一の学説を浄影寺慧遠の学説と勘違いしていた場合は、平井［一九八五］の説（第一説、第三説が『法華玄論』の引用）は妥当な説といえる。しかし、灌頂は浄影寺慧遠の著作を参照して「私録異同」部分を撰述しており、浄影寺慧遠の学説を研究していた形跡がある。したがって、廬山慧遠の学説を浄影寺慧遠の学説として誤認する可能性は低いと考える。

(36) ただし、管見の限りにおいて、②の学説が具体的に何を参照して撰述されたものであるのかは、明らかでない。その内容の特定は今後の課題としたい。

(37) この「出旧解」段に関しては、藤井［一九八八：一五一―一五五］は、この段が『法華玄論』に依拠して著されている、とする平井［一九八五］の指摘が妥当であると認めるが、この中の一部の説については、すでに痴空の『講義』においてこれが吉蔵の説であるという言及がなされていることを指摘している。

(38) 藤井［一九八八：一五三］も、平井［一九八五］を受け、この学説について「『法華玄義』の引く説は、『玄論』

の略抄で意が通じにくい」と指摘している。

(39)『大智度論』巻十一、「復有人言、従初発意乃至道樹下、於其中間所有智慧、是名般若波羅蜜。成仏時、是般若波羅蜜、転名薩婆若。」（T25・139c7-10）

(40)『摂大乗論』巻三、「論曰、由無上差別。実無異乗勝此故。釈曰、声聞独覚乗有上、以不及大乗故。菩薩乗無上、以無別乗勝大乗故。乗以智為体、於大乗中智為上首故。由此五義故、二乗智与菩薩智有差別。」（T31・246a11-15）

(41) 湛然が『法華玄義釈籤』の撰述に際し、『法華玄論』を参照しなかったことに関しては、後に詳しく述べる。

(42)「問。何以然。答。大品云、但燃灯仏以得無生忍、即不離六度等無得万行。問。云何是近乗遠乗。答。以波若心所起、如不住法住波若中、無所捨具足檀等六度、不生故具足道品。亦如広乗品列一切徳行、后皆結言無所得故。如此之乗名為近乗。若説低頭挙手皆成仏者、此是有所得善名為遠乗。何以知然、法華云、是乗微妙清浄第一、於諸世間為無有上。此豈是人天有所得善耶。今菩薩所行従初発心即行無所得観。此是近乗無有遠乗。但就無所得中有明晦。故分近遠耳。問。釈論解無生品中云、有近道遠道、近道者謂三十七品、遠道者謂六波羅蜜。然道品与六度倶皆是乗。何故分近遠耶。答。数論師、地論師、法華等師無有此義。故不釈也。」（T34・390a15-b1）。平井［一九八五：一二三］参照。

(43) 平井［一九八七：四八〇］によれば、『法華経』方便品の「或有人星期、或復但合掌、乃至挙一手、或復小低頭、以此供養像、漸見無量仏。」（T9・9a19-21）の要約。

(44)『摩訶般若波羅蜜経』巻七、無生品第二十六、「舎利弗問須菩提、菩薩摩訶薩云何行六波羅蜜時浄菩薩道。須菩提言、有世間檀那波羅蜜、有出世間檀那波羅蜜。尸羅波羅蜜、羼提波羅蜜、毘梨耶波羅蜜、禅那波羅蜜、般若波羅蜜、有世間、有出世間。」（T8・272a29-4）

(45) 平井［一九八五：一三八］は、大正蔵所収の『法華玄論』テキストには「四列」とあるが、刊本には「四例」とあり、意味としても「四例」が妥当であると判断している。

(46)『法華遊意』や『法華玄論』一乗義では、この四句を含め、『法華経』の三乗と一乗の開会の場合を十例挙げている。すなわち、開三顕一、会三帰一、廃三立一、破三明一、覆三明一、三前辨一、三中明一、三後辨一、絶三明一、無三辨一の十例である。平井［一九八七：四七七］参照。

(47) 証真『法華玄義私記』（『天台大師全集［法華玄義］四』〈日本仏書刊行会、一九七〇年〉六一六頁）参照。

(48)「是乗及出者、所用法及出時、是一切法皆無所有。」（T8・260c5-6）から意を取ったものとされる（平井［一九八七：四八〇］）。

(49)「問曰、若爾者、後何以更説、十八空、百八三昧等、名摩訶衍。答曰、六波羅蜜是摩訶衍体、但後広分別其義。」（T25・394c29-395a2）から意を取ったものとされる（平井［一九八七：四八〇］）。

(50) 藤井［一九八八：一五四］もこの箇所を『法華玄義』の批評であると推定している。

(51) 横超慧日［一九三九：一五］は、『法華義疏』の次に挙げる段の記述について、「中論疏一之本に師云として出す」と述べ、この説が吉蔵の師である興皇寺法朗の旧説であると指摘している。

(52) 横超［一九三九：一五］、菅野博史［一九九二：三六］は、この箇所をこの法朗の説と認めている。

(53) なお「適化無方」は、『出曜経』にすでに「如来神徳、適化無方。」（T4・684c26-27）という用例が見られる。

(54) 横超［一九三九：五―七］は、吉蔵の法華経疏の成立について、『法華玄論』、『法華義疏』、『法華遊意』、『法華論疏』、『法華統略』の順に成立したと推測した。これに対しては、村中祐生［一九六七］、同［一九六八］による批判がある。平井［一九七六：三五八―三八一］は、村中説を細かく検証して、横超説を妥当と判断し、『法華玄論』『法華義疏』は会稽嘉祥寺時代の著作、『中観論疏』は長安日厳寺時代の著作と推定している。なお平井［一九七六］は『三論玄義』について揚州慧日道場時代の著作と推定している。また横超［一九三九］の『法華論疏』、『法華統略』の順については、菅野［一九九四］は、『法華統略』、『法華論疏』の順に訂正した。

(55) また藤井［一九八八：一六〇―一六一］は、吉蔵の『勝鬘宝窟』が慧遠の『勝鬘義記』に依拠して成立した著作であることを受け、その際、吉蔵には自説と慧遠の学説が矛盾しない場合には、『勝鬘義記』をそのまま用い、矛盾する場合には、それを用いないか、「有人」説として批判するという依用態度があり、これは灌頂の『法華文句』における『法華玄論』への態度と同様であると指摘している。

(56) 道朗の『涅槃経疏』は現存しない。灌頂は『大般涅槃経疏』において「河西五門」（T38・42b2-3）と言及している。

(57) 智周（六七八―七三三）の『法華経玄賛摂釈』巻一にも道朗の『法華経』分科が次のように紹介されている。

「又河西道朗法師、開為五門。一従如是我聞竟序品、致法華必転之相。二従方便品至法師品、明法華体無二之法。三従宝塔品竟寿量品、明法華常住法身之果。四従分別功徳品已下至属累品、明修行法華所生功徳。五従薬王本事品、明流通法華也。」（X34・31 a12-17）。この内容は、『法華義疏』とほぼ同じものである。

(58) ただし、智周の『法華経玄賛摂釈』における道朗の『法華経』の分科についての記述が『法華義疏』とほぼ同じ内容であることを合わせて考えると、『法華経玄賛要集』の道朗説に対する詳細な記述は栖復が独自の資料を用いて収録したのではなく、道朗の「法華必転之相」という説に対して栖復がコメントを付したものという可能性も考慮すべきであろう。

(59) ただし時代が下るが、先の道朗の分科の場合と同様に、『法華経玄賛摂釈』と『法華経玄賛要集』には、僧綽の分科に関する記述がみられる。『法華経玄賛摂釈』巻一には次のように僧綽の分科を紹介している。「廬山龍法師［の科文］がある。［『法華経』を］二段に開く。［経の］初めから安楽行［品］までの十四品は開三顕一である。踊出品からの十四品は開近顕遠である。［この］二つの中にそれぞれ序・正・流通の三分があり、合わせて六［段］になる。（有廬山龍法師。開為二段。従初竟安楽行十四品是開三顕一。従踊出品十四品是開近顕遠。於両中各有序正流通三分、合成六也）」（T34・31 a6-8）。『法華経玄賛摂釈』の記述は、『法華義疏』とほぼ同様の内容である。おそらく『法華経玄賛摂釈』は、『法華義疏』を参照して僧綽の分科を紹介したものと考えられる。また『法華経玄賛要集』巻六には、次のように僧綽の分科を紹介している。「第一に廬山龍法師［の科文］がある。［『法華経』を］二分に開く。第一に序品から安楽行品までの十四品は開三顕一分である。［成道から『法華経』までの］四十年間より前［の会座］には三乗を開き、『法華』の会座では一乗を顕わす。第二に開近弘遠（近を開いて遠を弘める）分である。［これは］従地涌出品以下の十四品はまた釈迦は成道から近く、教化した菩薩衆が多いことを疑い、まさにこの疑いを解釈して、［仏の］寿命の長さを現して長遠であるとした。したがって開近顕遠分（開近弘遠分と同じ意か）を立てるのである。この二段の中にはみな序分・正宗・流通がある。（第一有廬山龍法師。開為二分。一従序品至安楽行品十四品是開三顕一分。四十年前開三乗、法華会上顕一乗。二開近弘遠分。従地涌出品下十四品亦疑釈迦成道来近。所化菩薩衆多、将釈此疑。現寿量而長遠。故立開近顕遠分也。此二段中皆有序分正宗流通也）」（X34・307 b17-22）。『法華経玄賛要集』が紹介する僧綽の分科は、その基本構造においては『法華義疏』が紹介する僧綽の分科と相違するものではない。しかし、『法華経玄賛要集』では道朗の分科の場合と同様に、『法華義疏』や『法華経玄賛摂釈』の記述にはない僧綽の分科の思想的な解説がなされている。ただし、この解説部分は、僧綽本人の分科を正確に伝えるものである可能性もあるが、『法華経玄賛要集』が独自に解釈し補足したものであるという可能性を考慮しなければならないだろう。しかし、もしこれが僧綽の分科を伝えたものであるのなら、僧綽の分科を理解するための手がかりとなる。特に「開三顕一」を「［成道から『法華経』までの］四十年間より前［の会座］には三乗を開き、『法華』の会座では一乗を顕わす。（四十年前開三乗、法華会上顕一乗）」と解釈する点などは、智顗・灌頂、湛然などの天台系の解釈とは異なるものといえる。

(60) また平井［一九八五：二一〇］は、吉蔵が僧印の分科を高く評価する一方で、『法華文句』が『法華義疏』を参照して僧印説を引用していることを指摘している。すなわち、僧印の分科について『法華文句』が「斉の中興の［僧］印、小山の瑶は、［慧］龍から『［法華］経』を受けており、文を分科する仕方は［慧龍と］同じである。（斉中興印、小山瑶、従龍受経、分文同）」（T34・1c22）と僧印の名を挙げ、別の箇所では「ある師は四段を作る。（有師作四段）」（T34・1c27）として『法華義疏』の紹介する僧印の分科と同じ学説を用いている点を指摘している。

(61) 「由漸」は、橋渡しとなるものの意。「由」は経由の意。「漸」は次第に発展するものの過程、条件の意。菅野［一九九八：四一三］註280を参照。

(62) 「命覓」は、「命」は呼ぶ、招くの意との解釈を採用する。「覓」は求めるの意。菅野［一九九六：四九七］註284を参照。

(63) 法雲『法華義記』には提婆達多品についての注釈は存在しない。

(64) 菅野［二〇〇七：七］は「河西憑」について、『法華疏私記』が『大般涅槃経疏』巻第一の記述（T38・42a28–29）に基づき、「東晋姚秦時の僧、什師の学徒にして、法華・百論の疏を作るなり」と推定しているのに対し、『国訳一切経』の註が、道憑と推定していることを受けて、「『涅槃経』の分科をした人としては、道憑がふさわしい」としている。

(65) 『文句私志記』（X45・689b10–11）は「徳鸞」の誤りとする。また『文句私志記』は、劉虬の『注法華経』の序には、「細科煙颺、雑礪塵飛」と似た文が出るとし（X45・689b1-2）、「細」は「砕」の誤り、「礪」は「例」の誤りとする（X45・689b11-12）。

(66) 慧龍の見た『法華経』のテキストには提婆達多品が欠けていたと推測される。

(67) 法雲『法華義記』（T33・574c-576c）を参照。

(68) 『文句私志記』巻一、「雖決定知前字是誤、但未能知本是何字。抱疑積歳、推尋不忽以大暦未年、於天台仏滝寺値遇先輩、示一全未添削本、尋此章中、乃見前字本是両字。方知乃是簡前取後従両三段消文」（X29・166c11-15）。

(69) 『法華文句』巻一、「仏出世難、仏説是難、伝訳此難、自開悟難、聞師講難、一遍記難。余二十七於金陵聴受。六十九於丹丘添削。留贈後賢。共期仏慧」（T34・1b21-22）。

第二章　『法華玄義釈籤』の灌頂理解と吉蔵釈

第一節　『法華玄義』「私録異同」部分に対する注釈

第一項　問題の所在

『法華玄義』は、伝統的には智顗（五三八―五九七）の講説を、灌頂が筆録したものとされてきた。しかし、平井俊栄［一九八五］は、このような伝統的な理解に対し、『法華玄義』や『法華文句』は、単純に智顗の講述を灌頂が筆録したという著作ではなく、灌頂が吉蔵の著作を大いに参照しながら、それに全面的に依拠して作成された著作であると主張した。前章ではこの平井［一九八五］の学説を取り上げて考察し、やや言い過ぎともいえる箇所や事実を誤認している箇所を訂正し、平井［一九八五］の学術的価値を再検討した。ただし、平井［一九八五］の文献学的な研究成果そのもの、すなわち、灌頂が吉蔵の著作を参照しながら、『法華文句』や『法華玄義』を撰述したという基本的主張は認められてしかるべきである。したがって、現実的には両者の思想を完全に区別することは困難であり、現在では、これらの著作は実質上、智顗と灌頂の合作として考えざるをえない状況となっている。

このような前提に立てば、『法華玄義』と『法華玄義釈籤』とを比較することで、厳密な意味での智顗の教学と湛然（七一一―七八二）の教学との比較検討は不可能となるが、『法華玄義』には明らかに灌頂によって追記された箇所が存在している。したがって、湛然が灌頂の教学をどのように位置づけていたのかという点に問題を限定すれば、少なくとも湛然と灌頂の両者の教学を比較検討することは可能である。

そこで本節では、『法華玄義』に「私録異同（［記者が］個人的に異同を収録する）」（T33・811b28）と記される末尾の追記部分、すなわち、湛然が呼ぶところの「章安雑録（章安が多く収録する）」（T33・962a4）の部分を中心に、湛然が灌頂の教学をどのように理解していたのかという点を考察したい。

第二項　「私録異同」の構成とその意義

「私録異同」に関する湛然の注釈を考察するに当たり、初めに灌頂の私記部分における「私録異同」の位置づけと、その全体の構成について確認したい。

『法華玄義』には、随所に「私謂」や「私問」といった灌頂自身による追記・注解が確認できる。[1] このような灌頂の私記部分に関して、堀内伸二［一九八七］はその内容に基づき、［I］前文の記述に関する補釈と、［II］異説の引用・批評との二つに大別した。[2] 堀内［一九八七］の説に基づいて、『法華玄義』において灌頂が自ら記述したと認めている部分をまとめると以下のようになる。

1　『法華玄義』の序の部分（私記縁起、私序王など）

2　「私謂」部分

2―1　1（序の部分）の記述に関する補釈

2―2　異説の引用・批評

3　十巻末「私録異同」

さて、本節で問題とする『法華玄義』巻末の灌頂の私記部分は、冒頭に灌頂自ら「記者（＝灌頂）が、個人的に異同を収録する（記者私録異同）」（T33・811b28）と述べているように、『法華玄義』の本文では論じられなかったさまざまな異説を灌頂が会通したものと考えられる。(3)

「私録異同」の部分は、『法華玄義釈籤』の分科によれば「雑記異聞（さまざまな伝承をとりとめもなく記す）」（T33・962a6）と、「述己推師、結前生後（自分について述べることで師匠［の徳］を高く評価し、前〈『法華玄義』の記述〉を終わらせて後〈『法華文句』の記述〉を始める）」（T33・962a7）とに大別される。また「雑記異聞」は、その内容から、以下の四つの段落に分けられている。(4)

1　「『般若経』と『法華経』を料簡して異同を区別する」

2　「経論における諸蔵の離合を明かす」

3　「四教の名義の典拠を明かす」

4　「古の五時七階の不同を明かす」

厳密に言えば、灌頂が「記者、私録異同」と記した内容と対応するのは湛然の分科でいう「雑記異聞」の部分のみであり、この部分は五重各説の教相玄義について補足的に説明した内容であると理解できる。一方で「述己推師、結前生後」の部分は『法華玄義』全体をまとめ、『法華玄義』と『法華文句』の関係性を示すために記されたものと考えることができる。

第三項　「章安雑録」について

次に『法華玄義釈籤』の分科に従い、具体的に「私録異同」に対する湛然の注釈を取り上げ考察する。なお「述己推師、結前生後」については簡単な分科がなされているのみであるので、本節では言及しない。

（1）「『般若経』と『法華経』を料簡して異同を区別する」

「章安雑録」の中の『般若経』と『法華経』を料簡して異同を区別する段落は、以下のような「有人」の説の引用から始まる。

ある人（吉蔵）は『大智度論』の会宗品（摩訶衍品）を引用し、十大経を挙げている。「『雲経』『大雲経』『法華経』がある。『般若経』は最大なるものである」と。また、「『大智度論』の」大明品（宝塔校量品）には、「さまざまな他の善法は『般若経』の中に入る。『法華経』もまた善法であるといわれる」とある。「『大智度論』の」第百巻には、「『法華経』は秘密であり、『般若経』は秘密でない。二乗作仏を明かしていないからである」とある。また、「『般若経』と『法華経』とは、［同じものの］別名なだけである」とある。この三種はどのように会通するのだろうか。

有人、引釈論会宗品、挙十大経。雲経大雲経法華経。般若最大。又大明品云、諸余善法入般若中。謂法華経亦是善法也。第百巻云、法華是秘密、般若非秘密。為不明二乗作仏故。又云、般若法華是異名耳。此三種云何通。

（T33・811b28－c4）

灌頂はこのように冒頭で「有人」の説を引用し、『法華経』と『般若経』に関する『大智度論』の三つの異なる見解を取り上げ、『法華経』と『般若経』の会通をめぐって論を展開している。

ただし、実際には佐藤哲英［一九六一］が指摘するように、上記の引用部分も含め、この段落の灌頂の記述の大半は、吉蔵の『法華玄論』を引用・要約したものである。[5] 先行研究を参考に『法華玄義』と『法華玄論』の本文を対照すると、この段落全体の中で『法華玄論』からの引用・要約でないのは、わずかに五ヵ所だけであることがわかる。[6]

次に上記の引用部分に対する湛然の注釈を引用する。

初めの文は、初めに経文を列挙して、次に問いを結んでいう。「この三種はどのように会通するのだろうか」とは、一つには［『大智度論』の］会宗品・大明品によれば、『般若経』が『法華経』より優れているようである。二つには［『大智度論』の］第百巻によれば、『法華経』は『般若経』より優れている。三つには［同じものの］別名なだけであるならば、［『法華経』と『般若経』の］二経は同等であるらしい。一つの『論』（『大智度論』）における三つの記述は相反しているようである。どのように会通するのか。

初文者、初列経文竟、次結問云。此三種云何通者、一者拠会宗大明、似般若勝於法華。二者拠第百巻、則法華勝於般若。三者但是異名、則似二経斉等。一論三文似如相反。云何会通。

（T33・962a10－15）

この引用文に明らかなように、湛然の注釈は「私録異同」の内容から、具体的な引用文を省略して簡潔に要旨のみを説明していることがわかる。しかし、湛然は、「有人」について特定することはなく、先に引用した「私録異同」の冒頭部分も含め、この段落の記述の大半が吉蔵の『法華玄論』からの引用であるにもかかわらず、これ以降も吉蔵あるいは『法華玄論』について全く言及していない。

では湛然はなぜ「有人」を特定しようとしなかったのだろうか。次にこの問題を考えるために、湛然が「有人」の説の引用ではなく、灌頂の説としている部分とその部分への注釈を確認したい。

『法華玄義』において、「有人」として『法華玄論』を引用し、『大智度論』の三つの異なる見解の中の第一、『般若経』を最も優れた経典として会通する学説を紹介しているが、初めにこの箇所に対する『法華玄義』の解釈に注目したい。

今、思うに、依然として『大智度論』の言葉であり、大の意義を専ら［論じている］。何を会通というのか。会通とは、［『般若経』に］共般若（二乗・菩薩に共通して説かれる教え）と不共般若（円教・別教の菩薩のみに説かれる教え）［を会通することである］とある。不共般若は最も大なるものである。他の経典にもし不共般若を明かしていれば、その義は［『般若経』と］全く等しい、と云云。

今謂、還是論語、専大義。何謂会通。会通者、有共般若不共般若。不共般若最大。余経若明不共、其義正等云云。（T33・811c13–15）

湛然は上記の引用箇所において前半を「今謂去、章安破（「今謂」より以下は、章安の反駁である）」（T33・962a26）、後半を「従会通者去、章安会通（「会通者」より以下は、章安の会通である）」（T33・962a29）と分科した。すなわち、湛然は前半部分を『般若経』を最も優れた経典として会通する学説に対する灌頂の反論と捉えた。

「章安破」に関しては、『法華玄義』に「今謂」とある以上、ここからが灌頂独自の説と捉えることは灌頂の執筆意図に沿った妥当な解釈であると考えられる。しかし、平井［一九八五］は、引用文中の「還是論語、専大義」という表現は、『法華玄論』の「此言、符論最大之旨（この言葉は、『大智度論』の「最大」の内容に一致する）」（T34・

385a22）を参照したものであると指摘している（平井［一九八五：一〇六］）。この説に基づけば、湛然が「章安破」と規定した部分は、実質上は吉蔵の説であるため、灌頂の独自の説と解釈する湛然の注釈に矛盾が生じることになる。

ただし、湛然は『法華玄論』を直接目にしていないと考えられるため、この箇所を灌頂による反論部分であると理解すること自体は、注釈者としての湛然の落ち度とは言いがたい。湛然が『法華玄論』を目にしていないという前提に立つならば、ここでの『法華玄義』の記述の焦点が、平井［一九八五］が指摘する「還是論語、専大義」にではなく、その直後の「何謂会通」、すなわち灌頂が記した部分にあると解釈することも可能であろう。「還是論語、専大義」の部分が『法華玄論』を参照している箇所であったとしても、「会通」をテーマとして論じるこの箇所の『法華玄義』の文脈からみれば、「還是論語、専大義」という表現自体は『大智度論』の内容をまとめたものとして理解され、依然として『法華玄論』について言及しないという問題点は残るにせよ、この箇所を灌頂の解釈として理解することに大きな問題があるわけではない。

ただし、このような湛然の分科、すなわち理解そのものが、灌頂の意図に沿ったものであるかといえば、必ずしもそうとは言いきれない。この「章安破」の部分に対して湛然は具体的に次のように注釈している。

「今謂」以下は、章安の反駁である。初めに「還是大論文」と批判するのは、［『大智度論』の］前の三文（『般若経』が『法華経』より優れているとする説、『法華経』が『般若経』より優れているとする説、『法華経』と『般若経』は同等であるとする説の三つの見解）に相違がある以上、依然として『大智度論』の言葉を引用して、どうして会通と名づけるのか。それゆえ諸経において『法華経』を最も［優れた経典］とするのである。

今謂去章安破。先斥云還是大論文者、前之三文既有相違、還引論語、何名会通。故於諸経法華為最。

上記の引用に明らかなように、湛然は『法華玄義』の「還是論語、専大義」という記述を、灌頂が会通を通して『般若経』の優位性を主張する説に対して、その説の根拠となっている『大智度論』自体に会通すべき矛盾が内包されている点を指摘したものであると解釈している。そして、湛然は灌頂の意図を『般若経』の優位性を否定し、『法華経』の優位性を主張している点にあると結論づけている。

ただし、灌頂の「還是論語、専大義」との記述の意味が、参照した『法華玄論』の「此言、符論最大之旨」との記述と同じ意味であることを考慮すれば、この箇所の『法華玄義』の記述は、『般若経』の優位性を主張する説に対して、その説が『大智度論』の学説のままであり、会通になっていないという点を批判していると捉えるのが妥当であろう。これに対し、湛然の注釈は『法華経』という経典自体が他の経典に対して絶対的に優れているという態度に基づいているため、『法華玄義』では直接的に『法華経』について言及していない箇所においても、『法華経』の立場からの注釈を付しているのである。このような注釈態度からは、湛然自身は『法華玄論』からの引用であると気づいていないにもかかわらず、諸大乗経典を価値的に平等に扱う吉蔵の教学を下敷きにして『法華経』に肩入れすることなく展開される『法華玄義』の記述の方向性を『法華経』という経典の絶対化へと修正しようとする湛然の強い法華信仰を垣間見ることができる。

このような注釈態度は、次の「章安会通」の部分においても同様に見られる。湛然が「章安会通」と分科する箇所を以下に改めて引用する。

会通するとは、会通とは、[『般若経』に]共般若と不共般若[を会通することである]とある。不共般若は最も大なるものである。他の経典にもし不共般若を明かしていれば、その義は[『般若経』と]全く等しい、と

(T33・962a26–28)

云云。

会通者、有共般若不共般若。不共般若最大。余経若明不共、其義正等云云　（T33・811c13–15）

この箇所は『法華玄論』に該当する表現はなく、灌頂独自の説であると認められる。湛然はこの部分について次のように注釈している。

ただ『般若経』の部の中に不共［般若］の理があることを述べれば、引用された［『大智度論』の］三つの文は、理において当然、違うことはない。なぜならば、不共般若は一切法を収めている。どうして『法華』もその中に入れられるのを妨げられようか。『法華』の開顕が、一切種智でないということはない。これは［『大智度論』の］第一の義であり、違わない。［『法華経』と『般若経』とは］同じく［一切］種智であるといっても、『般若経』は二乗の作仏を明かさない。これは［『大智度論』の］第二の義であり、違わない。『般若経』［が明かすの］は［一切］種智であり、［一切］種智は権実に過ぎない。妙法［が明かすの］は開権顕実であり、ましてや［『法華経』方便品の総諸仏・過去仏・未来仏・現在仏・釈迦仏の］五仏章門［が明かすの］は、すべて［一切］種智であることはいうまでもない。それゆえ、名称が異なっても意義は異ならないとわかるのである。これは［『大智度論』の］第三の義であり、違わない。

但語般若部中、有不共理、則所引三文、理自無違。何者、不共般若摂一切法。何妨法華亦入其中。法華開顕、無非一切種智。此則初義、無違。雖同種智、般若不明二乗作仏。此則第二義、無違。般若秖是種智、種智不過権実。妙法秖是開権顕実、況五仏章門皆是種智。故知名異意義不殊。此則第三義、無違。　（T33・962b1–7）

ここでは不共般若を用いて会通する『法華玄義』の内容を受けて、湛然は不共般若を用いれば、『大智度論』の三つの異なる見解も相違することなく会通することができることを説明している。ただし、ここでも灌頂の記述と湛然の注釈では、解釈の方向性を異にしている。すなわち、灌頂は『法華玄義』において、少なくとも文面上は不共般若という概念を通して、『般若経』と会通しているのに対し、湛然は不共般若の理によって『法華経』と会通することで、『般若経』に対する『法華経』の優位性を強調しているのである。このように、この部分においても湛然による『法華経』絶対化への解釈の展開が確認できる。

次に「章安雑録」において、湛然が「今判」（T33・962b10）と評して、灌頂独自の説と認識している箇所を検討する。初めに『法華玄義』の該当する箇所（引用文後半＝「今判」）とその直前の『法華玄論』引用部分（引用文前半＝「古師会」）とを合わせて引用する。

「古師会」の段

他［の人］は［次のように］会通する。「『法華経』に二乗作仏を明かすのは、秘密教である。『般若経』には二乗作仏を明かさない。したがって、秘密教ではない。秘密教は深く、『般若経』は浅い。なぜならば、『般若経』には菩薩は仏因であると明かしているが、その義について理解しやすい。したがって秘密教ではない。二乗作仏は、昔の教えに反しており、その義について理解しがたい。したがって、これは秘密教である。『大智度論』には、「薬を用いて薬とすることは容易であるが、毒を用いて薬とすることは難しいようなものである」とある」云云、と。

他会通。法華明二乗作仏、是秘密。般若不明二乗作仏、故非秘密。秘密則深、般若則浅。何者、般若明菩薩是仏因、於義易解、故非秘密。二乗作仏与昔教反、於義難解、故是秘密。論云、如用薬為薬、其事易。用毒為薬、其事難　云云。（T33・811c15-21）

「今判」の段

けれども秘密教と顕露教とは、大乗と小乗とに通じている。『大智度論』の第四には、「顕示教は、阿羅漢は惑を断じて清浄であり、菩薩は惑を断じておらず清浄ではない、と明かす。それゆえ菩薩は［声聞の］後に列ねている。秘密の法の場合は、菩薩は六つの神通力を獲得して、一切の煩悩を断じ、二乗の上に超え出ていることを明かす。当然［次のように］わかるはずである。顕示教（顕露教）は浅く、秘密教は深い」とある。今『般若経』と『法華経』とはいずれも、菩薩が無生忍を獲得し、六つの神通力を備え、［『般若経』と『法華経』の］いずれも秘密であり、いずれも深く、いずれも偉大であることを明かしている。秘密教について、さらに秘密と不秘密を論じれば、『般若経』には二乗作仏を明かさない。この一文を欠いているので、不秘密というだけである。

然密顕通大小。釈論第四云、顕示教明羅漢断惑清浄、菩薩不断惑不清浄。故菩薩在後列。若秘密法、明菩薩得六神通、断一切煩悩、超二乗上。当知顕示浅、秘密深。今般若法華皆明菩薩得無生忍、具六神通、並秘密、並深、並大。就秘密、更論秘不秘、般若不明二乗作仏。闕此一條、故言不秘耳。（T33・811c21–27）

上記の引用文は、『法華玄義』「章安雑録」において、冒頭で提示された『大智度論』の三つの異なった見解の中の第二の説、すなわち「二つには［『大智度論』の］第百巻によれば、『法華経』は『般若経』より優れている（二者拠第百巻、則法華勝於般若）」を会通する箇所である。湛然はこの箇所の前半を「古師会」、後半を「今判」と位置づけている。「古師会」部分の「他」とは吉蔵のことで、この部分は『法華玄論』からの引用で構成されている。(7)また湛然は「今判」部分を灌頂独自の説と捉えているが、平井［一九八五］によれば、この部分における灌頂の記述は、「秘密教について、さらに秘密と不秘密を論じれば、『般若経』には二乗作仏を明かさない。この一文を欠いているので、不秘密というだけである（就秘密、更論秘不秘、般若不明二乗作仏。闕此一條、故言不秘耳）」という部分以外、『法華玄論』に基づいて構成されている。(8)

この箇所の注釈において、湛然は前半の「古師会」部分の『法華玄論』引用箇所に対して、その思想的な内容を積極的に注釈しているが、湛然はこの引用元である『法華玄論』を直接確認していないため、それを灌頂の記述であると誤認している。

このため、この部分の『法華玄義釈籤』の注釈は、後代の注釈者たちによって大きく問題視されてきた。宝地房証真（生没年未詳）は『法華玄義私記』において、『法華玄論』の引用であることを言及せず、誤った分科をしている湛然に対して、下記のように厳しく批判している。

次に［『法華玄義釈籤』の］「然密下今判」とは、質問する。これは『法華玄論』の文であるのに、なぜ「今判」［という段落］に属するのか。それゆえ『法華玄義』には別に自らの解釈を提示して、「今謂不共般若」等というのである。［『法華玄義釈籤』の］「不能具破故云云」等とは、質問する。この中［の記述］（『法華玄義釈籤』が注釈している『法華玄義』の文章）はすべて嘉祥（吉蔵）の義である。［『法華玄義』において］まだ今の破は［提示されてい］ない。なぜ「云云」を今の破とするのか。

次然密下今判者、問。此是玄論文、何属今判。故玄文別挙自解云、今謂不共般若等。不能具破故云云等者、問。此中都是嘉祥義。未有今破。何以云云為今破耶。(9)

一方、慧澄痴空（一七八〇―一八〇二）は『法華玄義釈籤講義』において、湛然が『法華玄論』に言及していない事実を認めつつ、次のように湛然を擁護している。

次に「然密下今判」は、『私記』は『法華玄論』の文によって、『法華玄義釈籤』を誤りであるとしている。

『籤録』は、「記主（湛然）は『法華玄論』を参照しなかったので、矛盾を生じさせた」という。今、思うに、［『法華玄義』の］文は『法華玄論』に基づいているが、他［の人］が会通して義を論ずるのに対して、［その義を］借りて今の判としても［『法華玄義』の］文［の理解］において妨げはない。

次然密下今判、私記以玄論文、籤為誤。籤録謂、記主不見玄論、致相違。今謂文拠玄論、対他会通辨義、借為今判於文無妨⑽。

痴空は、湛然が『法華玄論』を参照していなかったため間違えた、とする『法華玄籤籤録』の説を採用して、たとえ『法華玄義』の文章が『法華玄論』によっていたとしても、古師が会通を論じることが『法華玄義』の立場と同じであれば、湛然がそれを「今判」と分科してもその文の理解に反したものではないと擁護している。

次に、湛然が「古師会」「今判」に対して具体的にどのように注釈しているのか確認したい。まず、「古師会」に対しては次のように述べている。

初の文の中に、最初から「其事難」までは、これはまた他［の古師］の会通の義が完全でないことを明かす。他［の古師］はまた、何を指して「昔」とし、何が二乗を教化するのかわからないので、詳細に反論できていない。したがって［『法華玄義』は］ただ「云云」と記している。しかしながら、『法華経』が『般若経』より優れているると判断しているのは、これはもっともである。

また、『大智度論』の文に「『法華経』は秘密教である」と言うのにならえば、当然、「秘密」とは言葉は同じであるが意味が異なるということを知るべきである。［『大智度論』が］前に「［『般若経』は］顕露教であって秘密教でない」というのは、思うに、覆隠の秘密ではない。前の教において、二乗が発心することがあっても、未発心の［二乗の］者には知らせない。したがって、これは覆隠の秘密である。今、『般若経』に対して秘密とするのは、これは秘妙の秘密である。『般若経』の中には［秘妙の秘密が］ないので、［秘妙の秘密を説く］『法華経』を優れているとする。［この点については］前にすでに詳しく解釈しており、繰り返し述べることはできない。ゆえに、また「云云」と記している。

また、他の人（古師）が『大智度論』の譬えを引用するのは、昔は煩悩や生死を毒とするが、今は生死に入り、煩悩を断じないことによって、「毒を用いて薬とするようなものである」とする。［この古師は］また、どの菩薩の断と不断を指しているのかを知らない。また、「［『般若経』に］菩薩は仏因［であることを明かす］」と言うのは、『般若経』の中の［通教・別教・円教の］三種の菩薩のように、二教の菩薩は［それぞれの］果に到達しても［その果地に］人はいない。［三種の菩薩の］どの菩薩をどの仏因として、「理解しやすければ、秘密教ではない」と言うのか。詳しくは光宅を批判する箇所において説いた通りである。また方等時、般若時の中の円教は、どうして二乗作仏を明かさなかったのか。いつ毒を用いて薬とすることを明かさなかったのか。ただ顕わに二乗に対して説かないので秘密教と名づけるだけである。

初文中、初至其事難者、此亦明他会義未周。他亦不知指何為昔、何教二乗、不能具破。故但云云。然判法華勝般若、此則可然。

又準論文言法華是秘密者、須知密秘語同意別。如前云是顕非密、謂非覆隠之密。如前教有二乗発心、不令未発者知。故是覆密。今望般若為密者、此是秘妙之密。般若中無、法華為勝。前已委釈、不能重敘。故復云云。

又他人引論譬者、昔以煩悩生死為毒、今以入生死不断煩悩、如用毒為薬。亦不知指何菩薩断与不断。又言菩薩是仏因者、如般若中三種菩薩、二教菩薩至果無人、用何菩薩為何仏因、而言易解非秘密耶。具如破光宅中説。又復方等般若中円、何曽不明二乗作仏。何時不明用毒為薬。但不顕露対二乗説、則名為秘。（T33・962b10–26）

冒頭に「これはまた他［の古師］の会通の義が完全でないことを明かす（此亦明他会義未周）」とあることから明らかなように、湛然はこの段落で『法華玄義』が引用している『法華玄論』による会通が不完全であることを指摘している。

この段落において、湛然は秘密教には二つの意味があるとして、「覆隠之密」と「秘妙之密」という概念を提示している。

湛然は『法華玄義釈籤』の別の箇所において、『大智度論』の「それゆえ『論』に、他の経は秘密教ではなく、『法華経』を秘密教とする、という（故論云、余経非秘密、法華為秘密也）」（T33・55a3-4）という記述について、次のように述べている。

［『大智度論』に］「秘密」と言うのは、［蔵・通・別・円・頓・漸・秘密・不定の］八教の中の秘密教ではない。ただこれは、以前にまだ説かれていないことを「秘」とし、開き終わって外［との区別］がなくなることを「密」とする。

言秘密者、非八教中之秘密。但是前所未説為秘、開已無外為密。（T33・910b13-14）

湛然が八教の中の秘密教ではないと否定している秘密教とは、天台教学一般で化儀の四教の一つに数えられる秘密教のことで、『法華玄義』においては「秘密不定教」として規定されている。(11) そこでは通常の秘密教が「覆隠之密」として「二乗が発心することがあっても、未発心の者には知らせない（有二乗発心、不令未発者知）」と規定されるのに対し「秘妙之密」は、秘密自体が妙法である秘密教、すなわち、『法華経』において展開される二乗が成仏できるという真理そのものを秘密教として規定されている。

湛然は続く「今判」に対する注釈において、『法華玄義』の立場からの会通とは「秘妙之密」を明らかにすることにあると、次のように注釈している。

次に今の判の中に、別の意を論じて、秘妙の秘密を明らかにするのを助けようとしている。このために［『法華玄義』において］「顕露と秘密は大・小に通じる」というのである。つまり、［ここでは］大乗が秘密教であり、小乗が顕露教である。よって［『法華玄義』では］摩訶衍（大乗）の中の菩薩が惑を断じることを明らかにしている。

秘密教については、またさらに一意によって直ちに［秘密教を］明らかにしている。すなわち「『般若経』には二乗作仏を明かさない」［の一文である］。よって「此の一條を闕く」というのである。

次今判中、欲辨別意、助明秘妙之密。是故、顕密通大小等。則大密小顕。故明衍中菩薩断惑。於密復更以一意直顕。即般若不明二乗作仏。故云闕此一條等也。（T33・962b26－c1）

ここの注釈箇所においても、湛然は『法華玄義』の記述が『法華玄論』からの引用であることに言及することはなく、すべてを灌頂の説として理解している。湛然は「今判」の意図を秘妙の秘密を明らかにすることにあると理解し、前半部分、すなわち『法華玄論』からの引用で構成される部分において、『法華玄義』に「秘密教と顕露教とは、大乗と小乗とに通じている（密顕通大小）」と説かれることの意味を「大乗が秘密教であり、小乗が顕露教である（大密小顕）」と解釈している。ここでは、秘密教と顕露教は相対する概念として用いられているが、これは『法華玄義』「秘密不定教」の段においてなされる秘密教と顕教との相対関係ではなく、秘密教が顕露教より優れた教えとして位置づけられている。しかしこのような解釈の展開は、実は『法華玄義』が参照している『法華玄論』と同様のものである。すなわち、『法華玄論』には以下のよう議論がある。

質問する。秘密教と顕示教とは、［いずれを］深いとするか浅いとするか、大乗とするか小乗とするか。

答える。総じてこの二義を議論するのに、すなわち二つの方途がある。一には、小乗を顕示とし、大乗を秘密とする。……二には、義を明かすことがなお浅いことを顕示とし、義を明かすことを甚だ深きことを明らかにするのを秘密とする。

問。秘密与顕示、為深、為浅、為大、為小。

答。総論此二義、即有両途。一者小乗為顕示、大乗為秘密。……二者以明義猶浅為顕示、明義甚深為秘密。（T34・385b12–23）

平井［一九八五］が指摘するように『法華玄義』本文が上記の『法華玄論』を参考にしていたことは確かであろう。しかし、『法華玄論』と『法華玄義釈籤』との間に、このような共通性が見いだされたことが、直ちに湛然が『法華玄論』を参照していたことの証拠にはならない。たとえ、湛然が『法華玄義』の注釈をするのに、『法華玄論』を参考にしたということがあったとしても、『法華玄論』を確認し、『法華玄義』が『法華玄論』を参照していることを理解した上で、わざわざ『法華玄論』の内容と同様の注釈を展開するというのは、湛然の注釈の傾向からして考えにくい。湛然が活躍した中唐期には、吉蔵の法華経疏といえば、『法華義疏』を参照することが通例であり、すでに『法華玄論』が直接参照されることはなくなっていたと推測される。したがって、この箇所は、もともと『法華玄論』に基づき記述された箇所であるため、湛然は『法華玄義』の記述を注釈しながら、気づかぬうちにもとの『法華玄論』の内容を復元してしまったとみるのが妥当であろう。

（2）「経論における諸蔵の離合を明かす」

「経論における諸蔵の離合を明かす」段落には、二蔵・三蔵・四蔵・八蔵という種々の教相論が提示され、これを会通するという内容である。灌頂がここで提示する教相論は必ずしも一般的なものではないが、天台教学の教相論の形成を確認する上で重要である。

さまざまな経論に、教相を明らかにする方法は一つではない。摩得勒伽（論蔵）には、二蔵がある。［すなわち］声聞蔵・菩薩蔵である。また、諸経典には三蔵がある。［三蔵とは、］二蔵は上記の通りであり、［それらに］雑蔵を加えた［ものである］。十一部経に分類するのは声聞蔵であり、方広部は菩薩蔵であり、十二部経を合わせるのは雑蔵である。また、四蔵がある。［これは］さらに仏蔵を展開する。『菩薩処胎経』には八蔵がある。胎化蔵・中陰蔵・摩訶衍方等蔵・戒律蔵・十住蔵・雑蔵・金剛蔵・仏蔵をいう。それらの諸蔵はどのように会通するのか。

衆経論明教非一。若摩得勒伽有二蔵。声聞蔵、菩薩蔵。又諸経有三蔵。二如上、加雑蔵。分十一部経是声聞蔵、方広部是菩薩蔵、合十二部是雑蔵。又有四蔵。更開仏蔵。菩薩処胎経八蔵。謂胎化蔵、中陰蔵、摩訶衍方等蔵、戒律蔵、十住蔵、雑蔵、金剛蔵、仏蔵。彼諸蔵云何会通。（T33・812a11-17）

灌頂はさまざまな経典や論書において、教相の表現法が一つではないとして、二蔵・三蔵・四蔵・八蔵といった経典の分類法を紹介している。すなわち、論蔵には、声聞蔵と菩薩蔵の二種類の分類があり、諸経典には三蔵と四蔵の分類があることを指摘し、さらに『菩薩処胎経』に見られる胎化蔵・中陰蔵・摩訶衍方等蔵・戒律蔵・十住蔵・雑蔵・金剛蔵・仏蔵の八蔵による分類を取り上げている。

灌頂はこれら二蔵、三蔵、四蔵、八蔵と蔵・通・別・円の四教との関係について簡潔に解説しているが、八蔵に対する記述だけは詳細に論じられている。以下に該当する灌頂の記述を引用する。

八蔵を会通するとは、八蔵とは［仏が母胎に］魂を降ろしてより以降のものであり、四教とは［仏の］初転法輪より以降のものであって、時節に異なりがある。今は初転法輪以来の八教によってこれ（八蔵）を会通する。胎化蔵と中陰蔵とは、まだ阿難のために説かれていない時は、そのまま秘密教であり、阿難のために説かれた時は、そのまま不定教である。摩訶衍方等蔵は、そのまま頓教である。戒律蔵からの五蔵は、そのまま漸教の中の順序である。［すなわち］戒律蔵は、そのまま三蔵教である。十住蔵は、そのまま方等教である。雑蔵は、そのまま通教である。金剛蔵は、そのまま別教である。仏蔵は、そのまま円教である。けれども、仏意は測り難い。ひとまず［八蔵と四教とを］互いに比べて、この会通をなした。

通八蔵者、八蔵降神已来、四教従転法輪已来、時節有異。[12]今以転法輪来八教通之。若胎化蔵中陰蔵、未為阿難説時、即是秘密教、為阿難説時、即是不定教。摩訶衍方等蔵、即頓教。戒律蔵去五蔵、即漸教中之次第。戒律蔵、即三蔵教。十住蔵、即方等教。雑蔵、即通教。金剛蔵、即別教。仏蔵、即円教。然仏意難測。一往相望、作此会通。（T33・812a20-27）

『菩薩処胎経』とは、仏が入滅の直前に、阿難に対して胎中説法を示すところから、仏の入滅後に迦葉を上首とした仏説の結集の様子までを描いた経典である。八蔵とは、この経典の最後の品において、仏説を結集する際に、阿羅漢となった阿難が述べたものである。[13]

『菩薩処胎経』に八蔵が説かれていたことは、すでに『出三蔵記集』において「『菩薩処胎経』に八蔵を出すことを記す。第三（菩薩処胎経出八蔵記、第三）」（T55・4a22）との一段があり、『菩薩処胎経』の八蔵説が収録されている。[14]また『菩薩処胎経』の八蔵説は唐代においても一定の知名度を保っていたと考えられる。慧琳（七六八―八二〇）の『一切経音義』（七八三年から八〇七年の成立）には玄応（生没年未詳）による『菩薩処胎経』についての音義（『玄応音義』は六四八年頃の成立）を収録しているが、その中に「八蔵とは、在浪の反である。第一は胎化蔵、第二は中陰蔵、第三は摩訶衍方等蔵、第四は戒律蔵、第五は十住菩薩蔵、第六は雑蔵、第七は金剛蔵、第八は仏蔵である。梵本では「名篋」と言っており、これの代わりに「蔵」を用いた（八蔵　在浪反。一胎化蔵、二中陰蔵、三摩訶衍方等蔵、四戒律蔵、五十住菩薩蔵、六雑蔵、七金剛蔵、八仏蔵。梵本云名篋、以蔵替之也）」（T54・599c20-21）という記述がある。また基（六三二―六八二）は『大乗法苑義林章』の名数の増減を明かす箇所において、「また『菩薩胎蔵経』と大衆部は、また八蔵を説く。菩薩・声聞にそれぞれ［経・律・論・雑の］四蔵があるからである（又胎蔵経及大衆部、又説八蔵。菩薩声聞各有四故）」（T45・271b24-25）と述べている。そして、資聖寺道液（生没年未詳）の『浄名経関中釈抄』にも、「『菩薩胎蔵経』に八蔵を説くのは、大・小乗にそれぞれ四蔵があるのを意味する。［四蔵とは］経蔵・律蔵・論蔵・雑蔵である。（胎蔵経説八蔵、謂大小乗各四。有経律論雑也）」（T85・507c25-26）とある。ただし、基と道液の説は『菩薩胎蔵経』の八蔵説といいながらも、その内容は大乗の経蔵・律蔵・論蔵・雑蔵と小乗の経蔵・律蔵・論蔵・雑蔵の八蔵というもので、現存する『菩薩処胎経』の内容とは一致しない。この基と道液の二説は澄観（七三八―八三九）の『大方広仏華厳経随疏演義鈔』に「また西方では（経・律・論の）三蔵の外に一つ雑蔵を加える。［これは］陀羅尼蔵、五明論などを言い、四蔵と規定される。［この四蔵が］大乗・小乗にともにあるので、八蔵がある（又西方三蔵之外加一雑蔵。謂陀羅尼、五明論等、為四蔵。大小倶有、則有八蔵）」（T36・38b8-9）とある説と同様のものである。したがって唐代においては一般に『菩薩処胎経』の八蔵説は大乗と小乗のそれぞれに経蔵・律蔵・論蔵・雑蔵があるとする説として受容されていたと推測される。このような八蔵説が流行したのは、『菩薩処胎経』には八蔵の名称を列挙するのみで、その内容についての説明がないことに由来していると考えられる。(15)

さて、ここでは改めて『法華玄義』における灌頂の記述を確認すると、灌頂の捉える教判の枠組みとして、不定・秘密・頓・漸の四教の中の不定教と秘密教とが釈尊の教化の時間軸の中に組み込まれている点が注目される。灌頂は、頓教や漸教とは異なり時間的な規定のない不定教と秘密教について、釈尊が生誕する以前の中陰や胎児の状態で行う教化を秘密教・不定教と定義することで、秘密教・不定教を釈尊一代の説法の中に規定しようとしたのではないだろうか。ただし、秘密・不定・頓教・漸教の四教は、『法華玄義』の本論でも同様の名称が用いられており、そこでは逆に『法華玄義』の不定教の特徴として、特定の経典に限定しないことが提示されている[16]。したがって、不定教の扱い方については、『法華玄義』の本論とここでの灌頂の記述との間に矛盾が生じてしまっている[17]。

次に湛然が灌頂の「八蔵」説に関してどのような態度を取っているかを確認する。

次に八教によって八蔵を会通すれば、前の［胎化蔵、中陰蔵、摩訶衍方等蔵の］三蔵は文の通りである。しばらく鹿苑を指して漸教の初めとする。次に方等の後は『般若経』である。このために次に通・別・円の三教を列挙する。正しくこの三教を指して『般若経』の部とする。『法華経』を論じないのは、『法華経』の部は八教の数ではないことによるために、それゆえ［『法華玄義』の］第一巻に教相［の段］を結んで、「今の『法華経』は定教であって不定教ではない」等というのである。前の八教の中に顕露教があるけれども、秘密教に対して顕露教と名づけるので、なお権教と近成の迹に覆われる。このために『法華経』の顕露教と同じではない。また八教の中に円教があるけれども、偏った教えを帯して円満な教えを明かしているので、なお漸教に属する。それゆえ前の文に「漸教に四教を開く。今の『法華経』の円は、偏った教えを除いて円満な教えを顕わすので、円満な教え以外に法がない」とある。

次以八教通八蔵者、前三如文。且指鹿苑為漸之初。次方等後即是般若。是故次列通別円三。正指此三為般若部。

不論法華者、以法華部非八数故、故第一巻結教相云、今法華是定非不定等。前八教中雖有顕露、望秘名顕、猶為権教近迹所覆。是故不同法華之顕。又八教中雖有円教、帯偏明円、猶属於漸。故前文云、漸開四教。今法華円開偏顕円、円外無法。（T33・962c22-963a1）

引用文において、まず注目すべき点は、戒律蔵に対応する三蔵教を鹿苑部に、雑蔵・金剛蔵・仏蔵に対応する通教・別教・円教を般若部に規定している点である。湛然は灌頂が用いた八教の枠組みにさらに五部の概念を導入して整理し、八蔵と八教の教判の関係性をさらに体系的なものにしようとしたと推測される。

湛然は五部説を導入する根拠を『法華玄義』巻一の教相の段に求めている。[18] 湛然が『法華玄義』巻一の教相の段に基づき灌頂の追記を解釈しようとしたことは、『法華玄義』の漸教と、湛然の注釈の漸教とが同じく鹿苑・方等・般若を指している点、また八蔵についての湛然の注釈の中に「第一巻結教相云、今法華是定非不定等」と『法華玄義』巻一の教相の段を引用している点から明らかである。したがって直接的な記述はないが、八蔵と八教の関係について注釈した際に、湛然は『法華玄義』巻一の教相の段を参考にして「摩訶衍方等蔵」に対応する頓教を華厳部と規定したものと考えられる。

ただし、『法華玄義』巻一の教相の段では『法華経』が漸円教と規定されているのに対し、湛然は灌頂の追記における漸教の中の円教を般若部と規定し、ここで灌頂が『法華経』について言及していない理由を、『法華経』という経典が八教の数には入らないからであるとしている。『法華玄義釈籤』には『法華経』を他の経典とは全く別格のものとして扱うべきとの指摘があり、[19] いわゆる「法華超八」という主張につながる表現が確認できるが、ここで湛然は灌頂も自分と同様に『法華経』を八教の範疇の外にある経典として認識していたと読み込んでいるのである。

しかし、灌頂の記述の意図はあくまで八蔵を天台の八教と会通しようとしたところにあると考えられ、湛然の指摘する五部説とも無関係に展開されている。実際の灌頂の記述には湛然が主張するような『法華経』を絶対視する思想を見いだすことはできない。

（3）「四教の名義の典拠を明かす」

四教の名義の典拠を明かす段落において、灌頂は『長阿含経』の四大教、『月灯三昧経』の四種の修多羅（諸行・訶責・煩悩・清浄）、『十地経論』の四家（苦清浄家・捨煩悩家・般若家・諦家）を引用し、『長阿含経』の四大教以外を蔵・通・別・円の四教に会通させている。すなわち、『月灯三昧経』においては諸行を蔵教、訶責を通教、煩悩を別教、清浄を円教にそれぞれ対応させ、『十地経論』においては、苦清浄家を蔵教、捨煩悩家を通教、般若家を別教、諦家を円教にそれぞれ対応させている。

この段落では、最初の『長阿含経』に対する灌頂の記述と湛然の注釈に注目したい。初めに灌頂の記述を引用する。

質問する。四教の名義は、どの経典に出ているのか。

答える。『長阿含経』の遊行品の「仏は、円弥城の北、尸舎婆村において、四大教を説く[20]」とは、［仏説を］仏から聞くこと、和合の僧衆、多くの比丘から聞くこと、一人の比丘から聞くことを四大教と名づける。

問。四教名義出何経。

答。長阿含行品、仏在円弥城北尸舎婆村、説四大教者、従仏聞、従和合衆多比丘聞、従一比丘聞、是名四大教。（T33・812a28–b2）

引用文中で灌頂は、四教の名義の典拠として、『長阿含経』遊行経の「四大教」を挙げている。ここでは仏説を「四大教」として、仏から直接聞いた場合、和合僧団から聞いた場合、複数の比丘から聞いた場合、一人の比丘から聞いた場合の四種類に分類しており、この四種類の分類が四教の名義の典拠であるとしている。しかし、この「四大教」を四教の名義とする灌頂の記述には疑問を感じる。そもそも『長阿含経』の文脈では、ある教えが仏説であるかどうかは、経・律に照合して判断しなければならないことを、四つの場合に分類して指摘しているのであり（菅野［一九九五：二五六―二六〇、五四〇―五四一註七五］）、天台の教判における四教の名義の典拠としては適切とはいえない。また、たとえ、灌頂が他の説における問答を引用しただけであったとしても、それに対するコメントがないということは、その説を肯定的に引用していると考えられるため、なお問題が残る。

この部分に対する湛然の注釈は以下の通りである。

初めの文に「質問する。四教とはどの経典に出ているのか」とは、答えの中に『阿含経』の四教を引用しているのは、ただ［蔵・通・別・円の四教と名は］同じく四教があるが、そのまま蔵等［の四教］ではない。またひとまずの言葉だけである。しかしながら、［『阿含経』の］四教によってその本体を規定することは、今［の四教］と同じではない。

初文問四教出何経者、答中乃引阿含四教者、但同有四、非即蔵等。亦一往語耳。然教定体、与今不同。（T33・963a3-5）

湛然は、『長阿含経』の「四大教」を引用した記述に対して、「他問答」（T33・963a2）と評してはいるものの、その説が引用された意図については言及することなく、『長阿含経』の四大教と蔵・通・別・円の四教とは関係がないと評している。湛然のこの評価はもっともで、灌頂がいかなる必要性から『長阿含経』の四大教を引用したのかは全く不明である。ここでの湛然の注釈からは、湛然が灌頂の説に敬意を払いつつも、無批判にその説を正当化しようとの態度は取っていないということが確認できる。

（4）「古の五時七階の不同を明かす」

「古の五時七階の不同を明かす」段落は、冒頭に達磨鬱多羅（達摩鬱多羅、法上[21]：四九五―五八〇）の教迹についての説を紹介し、さらに「然諸家判教非一」（T33・812c3）として、五時七階、了教・不了教、一音教の三つの教判を紹介しつつ、これらに対して批評を加えていくという構成である。

しかし、すでに先行研究において五時七階の教判の内容を初め、ここに展開される批評の大半は、浄影寺慧遠の『大乗義章』衆経教迹義と類似する引用文があることが指摘されている（坂本広博［一九八七］、加藤勉［一九九七］）。慧遠は法上の弟子であり、法上にも『大乗義章』六巻という著作があったとされるが、少なくともこの部分に対応する法上の『大乗義章』はすでに散逸してしまっているので、五時七階をめぐる『法華玄義』の記述が、法上の説に基づくのか、慧遠の説に基づくのかを厳密に確定することは難しい。先行研究では、灌頂自身が言及している点、『法華玄義』の引く達磨鬱多羅の説が現行の浄影寺慧遠の『大乗義章』と完全には一致していない点などから、『法華玄義』のこの箇所が達摩鬱多羅の著作をある程度忠実に伝えている可能性を指摘している（末光愛正［一九八一：二二九］、坂本［一九八七：九八］、加藤［一九九七：七四五、七五七］）。ただし、『法華玄義』の引く達磨鬱多羅の説と現行の慧遠『大乗義章』衆経教迹義が非常に類似することは確かであるため、本条では末光［一九八一：二二八―二二九］の慧遠『大乗義章』「衆経教迹義」が達磨鬱多羅の説を基本とし、それに加筆がなされて成立したとする説を採用して、『法華玄義』「古の五時七階の不同を明かす」段落の参照対象として『大乗義章』衆経教迹義を用いる。

さて、この段落に対する湛然の注釈について確認すると、この段落が「私録異同」の中で最も長い段落であるにもかかわらず、湛然はこの段落に対して分科を付すのみで、ほとんど特別な注釈をなしていない。そして、『法華玄義釈籤』の分科を検証していくと『法華玄論』の引用部分に対する注釈と同様に、『大乗義章』を引用・参照した箇所と灌頂独自の説との区別に誤認があることが確認される。

『大乗義章』衆経教迹義は、その構成について冒頭の割註に次のように記されている。

一に異説を述べ、二に是・非を区別し、三に正義を明らかにする。

一叙異説、二辨是非、三顕正義。（T44・465a10）

ここには、最初に異説について述べ、次にその是非を論じ、最後に正しい意義を明かす、という衆経教迹義の構成が示されている。一方で『法華玄義釈籤』は、『法華玄義』の「古の五時七階の不同を明かす」段落を次のように分科している。

「四判教不同」については三段落に分ける。初めに昔の異説についていかいつまんで述べ、次に「今験」以下は［昔の異説を］破折し、第三に「人情」以下は今、［自己の説］を確立する。

四判教不同者為三。先略述古異、次今験下破、三人情下今立。（T33・963b2-3）

この『法華玄義釈籤』の分科では、最初に異説について略述し、次に異説を破折し、最後に自己の説を確立するという構成が示されている。『大乗義章』衆経教迹義冒頭部分の割註の分科と『法華玄義釈籤』の分科との間には、**表1**のような構造上の対応関係が明らかになる。

つまり、湛然の理解する『法華玄義』の構成は、灌頂が参照したと考えられる『大乗義章』の構成と一致している。これは灌頂が達磨鬱多羅の説を参照してこの段を作成したため、当然の帰結ではある。しかし、これは湛然が「今、［自己の説］を確立する（今立）」（T33・963b3）と規定し灌頂の説と定めた箇所が『大乗義章』の「三に正義を明らかにする（三顕正義）」（T44・465a10）に対応しているということを意味しており、湛然が達磨鬱多羅の説を灌頂の説と誤認しているということになる。

では、『大乗義章』「顕正義」の段と『法華玄義』「今立」の段は、実際にどのような対応関係にあるのだろうか。以下に両者の全文を挙げて比較し、『法華玄義』「今立」の段に対する湛然の本文理解について検討する。初めに『大乗義章』衆経教迹義冒頭部分の割註が示した「顕正義」の段に相当する箇所を慧遠撰『大乗義章』から引用する。なお、引用文中の段落番号と傍線部は、筆者が付した。段落番号は引用文の内容によって付したもので、傍線部は後に挙げる『法華玄義』の「今立」の段とほぼ一致する内容の箇所である。

①次に正義を明らかにする。［この］中に二つの門がある。第一［の門］は聖教を分類する。第二［の門］は宗の別を定める。

表1　「古の五時七階を明かす」段落の分科

	『大乗義章』衆経教迹義冒頭部分の割註	『法華玄義釈籤』
①	叙異説	略述古異
②	辨是非	破
③	顕正義	今立

②聖教は多いとはいえ、その要はただ二種だけである。一に世間であり、二に出世間である。［欲・色・無色の］三有の善法を世間と名づけ、［声聞・縁覚・菩薩の］三乗が六道より抜け出ることを出世間と名づける。

③出世間の中において、また二種ある。一に声聞蔵、二に菩薩蔵である。声聞のために説くことを声聞蔵と名づけ、菩薩のために説くことを菩薩蔵と名づける。

④故に『菩薩地持経』に、「十二部経において、ただ方広部だけが菩薩蔵であり、その他の十一部は声聞蔵である」[22]という。その経文はまた、「仏は声聞・菩薩のために苦を脱する道を行じ、修多羅を説く。経を結集する者は、［教えを］集めて［声聞・菩薩の］二蔵とする。声聞が行ずるものを声聞蔵とし、菩薩が行ずるものを菩薩蔵とする」[23]という。龍樹もまた、「迦葉・阿難は、王舎城において三蔵を結集して、声聞蔵とした。文殊・阿難は、鉄囲山において、摩訶衍を集めて、菩薩蔵とした」という。聖教の明白な証拠であり、その意義ははっきりしている。

⑤この二蔵はまた大乗・小乗、半・満教と名づける。声聞蔵の法が狭く劣っているのを小と名づけ、まだ窮まっていないのを半と名づける。菩薩蔵の法が広いことを大と名づけ、円極であるのを満と名づける。教を区別するのはこの通りである。

⑥宗を定めるというのは、諸経の部に別があり、宗趣もまた異なる。宗趣は多いとはいえ、その要はただ二種である。第一は所説、第二は所表である。

⑦所説というのは、いわゆる行徳である。所表というのは、同じく法を表現することである。ただ法は表現しがたいので、徳に寄せて［法を］顕わす。法を顕わす徳は区別された無量の門がある。それゆえ諸経の宗趣をそれぞれ異ならせているのである。

⑧たとえば、彼の『発菩提心経』等は、発心を宗とし、『温室経』等は、布施を宗とし、『清浄毘尼経』や『優婆塞戒経』、これらの経は、戒律を宗とし、『華厳経』・『法華経』・『無量義経』等は、三昧を宗とし、『般若経』等は、智慧を宗とし、『維摩経』等は、解脱を宗とし、『金光明経』等は、法身を宗とし、方等如門[24]、これらの経は、陀羅尼を宗とし、『勝鬘経』等は、一乗を宗とし、『大般涅槃経』等は、仏の円寂たる妙果を宗とする。これらの経典に明かすところはそれぞれ異なる。

⑨しかしながら、その所説は、みな大乗の縁起［の法］の行徳による究極的な了義［の教え］である。階漸の言は、たやすく論じるべきではない。

⑩教迹の義は、略してこのよう［にいう］だけである。

①次顕正義。於中両門。一分聖教、二定宗別。

②聖教雖衆、要唯有二。一是世間、二是出世。三有善法名為世間、三乗出道名出世間。

③就出世間中、復有二種。一声聞蔵、二菩薩蔵。為声聞説名声聞蔵、為菩薩説名菩薩蔵。

④故地持云、十二部経、唯方広部是菩薩蔵、余十一部是声聞蔵。彼文復言、仏為声聞菩薩、行出苦道、説修多羅。結集経者、集為二蔵、声聞所行為声聞蔵。菩薩所行為菩薩蔵。龍樹亦云、迦葉、阿難、於王舎城、結集三蔵、為声聞蔵。文殊、阿難、於鉄囲山、集摩訶衍、為菩薩蔵。聖教明証、義顕然矣。

⑤此二亦名大乗・小乗、半・満教也。声聞蔵法狭劣名小、未窮名半。菩薩蔵法寛広名大、円極名満。教別如此。

⑥言定宗者、諸経部別、宗趣亦異。宗趣雖衆、要唯二種。一是所説。二是所表。

⑦言所説者、所謂行徳。言所表者、同為表法。但法難彰、寄徳以顕。顕法之徳、門別無量。故使諸経宗趣各異。

⑧如彼発菩提心経等、発心為宗。温室経等、以施為宗。清浄毘尼・優婆塞戒如是等経、以戒為宗。華厳・法

華・無量義等、三昧為宗。般若経等、以慧為宗。維摩経等、解脱為宗。金光明等、法身為宗。方等如門如是経等、陀羅尼為宗。勝鬘経等、一乗為宗。涅槃経等、以仏円寂妙果為宗。如是等経所明各異。
⑨然其所説、皆是大乗縁起行徳究竟了義。階漸之言、不応輒論。
⑩教迹之義、略之云爾。（T44・466c9–467a6）

上記の引用文を便宜上①から⑩の段落に分けたが、それぞれの段落の内容はおおよそ以下の通りである。①は「顕正義」段の段落構造が提示される。すなわち「分聖教」「定宗別」の二段が提示されている。②は「分聖教」の中に「世間」と「出世間」とがあり、それぞれの意味が説明されている。③は「出世間」を「声聞蔵」と「菩薩蔵」の分類があることを示している。④は経論を引用して証拠としている。具体的には『菩薩地持経』からの引用、龍樹の説からの引用がある。(25)⑤は二蔵を大小、半満で規定している。⑥は「定宗別」の中に「所説」と「所表」があることを提示している。⑦は「所説」と「所表」のそれぞれの意味を説明している。⑧は具体的にさまざまな経典を挙げて、その宗趣を説明している。⑨は「定宗別」をまとめて自説を述べている。⑩は「衆経教迹義」の段全体を結んでいる。なお、②から④については、慧遠の著作などの地論学派の文献に類似する内容が多数見受けられる。(26)

次に、上記の『大乗義章』の「顕正義」の段に対応すると考えられる『法華玄義』の「今立」の段を挙げる。引用文は湛然の『法華玄義』の理解の仕方を明らかにするため、『法華玄義釈籤』巻二十の本文が示す分科を示し、段落ごとに現代語訳と原文を付す。(27)

初めに、『法華玄義釈籤』巻二十の本文が示す分科は以下の通りである。(28)

1　［前を］まとめて［後を］始める。（結生。）

2　「摩得」以下は、正しく解釈する。（摩得下、正釈。）

2―1　経文を引用して［声聞・菩薩の二］蔵を立てる。（引文立蔵。）

2―1―1　『摩得論』の文を引用する。（引摩得論文。）

2―1―2　「又」以下は、結集者を引用する。（又下、引結集者。）

2―1―3　「龍樹」以下は、『大論』（『大智度論』）を引用する。（龍樹下、引大論。）

2―2　「然教必」以下は、蔵に対応して人を分類する。（然教必下、対蔵分人。）

2―2―1　簡略に分類する。（略分。）

2―2―2　「声聞蔵中」以下は、理由を解釈する。（声聞蔵中下、釈出所以。）

2―2―2―1　二種の声聞を解釈する。（釈二種声聞。）

2―2―2―2　「菩薩蔵」以下は、二菩薩を解釈する。（菩薩蔵下、釈出二菩薩。）

2―3　「然此」以下は、傍・正を選んで蔵を立てる意義を明らかにする。（然此下、簡於傍正明立蔵意。）

2―4　問答をして妨げを解釈する。（問答釈妨。）

2―5　「今之」以下は、［二］蔵を開いて［四］教に対応させる。（今之下、開蔵対教。）

2―5―1　正しく［四教に］対応させる。（正対。）

2―5―2　「非唯」以下は、歎じてまとめる。（非唯下、歎結。）

次に、『法華玄義』の「今立」の段の全文を示す。なお、数字は上記の科文数に対応し、引用文中の傍線部は上記の『大乗義章』の「顕正義」の段とほぼ一致する内容の箇所を示す。

1

人情がこうであるなら、経論はどうであろうか。

人情既爾、経論云何。

2／2―1／2―1―1

『摩得勒伽』に、「十二部経において、ただ方広部だけが菩薩蔵で、［その他の］十一部は声聞蔵である」と説く。

摩得勒伽説、十二部経、唯方広部是菩薩蔵、十一部是声聞蔵。

2―1―2

また、仏は声聞・菩薩のために、苦を脱する道を説く。さまざまな経を集める者は、菩薩のために説く教えを菩薩蔵とし、声聞のために説く教えを声聞蔵とする。

又仏為声聞菩薩、説出苦道。諸集経者、以為菩薩所説、為菩薩蔵。以為声聞所説為声聞蔵。

2―1―3

龍樹は『大智度論』において、また「大迦葉と阿難とは香山において、三蔵を撰集して、声聞蔵とし、文殊と阿難とは摩訶衍経（大乗経）を集めて、菩薩蔵とした」という。『涅槃』には、また「十一部経は二乗が堅持する教えであり、方等部は菩薩が堅持する教えである」とある。したがって経論を考えれば、略してただ二種があるだけである。［すなわち］声聞蔵と菩薩蔵である。

龍樹於大智論中亦云、大迦葉与阿難在香山撰集三蔵為声聞蔵。文殊与阿難集摩訶衍経為菩薩蔵。涅槃亦云、十一部経為二乗所持、方等部為菩薩所持。是以依按経論略唯二種。声聞蔵及菩薩蔵也。

2―2／2―2―1

しかしながら、教えとは必ず人に対応する。人を区別するとそれぞれ二種がある声聞蔵においては、決定の声聞と退菩提心の声聞がいる。菩薩蔵においては、頓悟する大士もいるし、漸入する菩薩もいる。

然教必対人。人別各二。声聞蔵中、有決定声聞、及退菩提心声聞。菩薩蔵中、有頓悟大士、有漸入菩薩。

2―2―2／2―2―2―1

声聞蔵における決定の声聞とは、長い間さまざまな善根を習い、小心は狭く劣っており、小性を成就し、一向に小なることを願う。仏は［彼らの］ために小乗を説くが、結局［小乗の］証を得て、大乗に趣くことができない。退菩提心の声聞と言うのは、この人はかつて先仏やさまざまな菩薩のもとで、菩提心を発したが、ただ生死をくり返して、［発菩提心という］本念を忘却し、ついに小心を生じて、小なることを志す。仏は（彼らの）ために小乗を説き、最終的に大乗に趣かせる。しかしながら、決定の声聞は一向に小乗にとどまり、退菩提心の声聞は後に大乗に趣くことができる。［一方は二乗を］去り［また一方は二乗に］住するが、小乗［の教え］を受けるという時は一であるので、この［決定と退菩提心の］二人に対して説く教えを、声聞蔵とする。

声聞蔵中決定声聞者、久習別異善根、小心狭劣、成就小性、一向楽小。仏為説小、畢竟作証、不能趣大。言退菩提心声聞者、是人嘗於先仏及諸菩薩所、発菩提心。但経生歴死、忘失本念、遂生小心、志願於小。仏為説小、終令趣大。然決定声聞一向住小、退菩提心声聞後能趣大。雖有去有住、而受小時一、故対此二人所説為声聞蔵。

2―2―2―2

菩薩蔵においては、頓悟できる者がいる。『華厳経』等の経典が教化する衆生は、小乗を経由して、ひとまず大乗に入るのではないので、頓教と名づける。漸教から入る者は、さきの退菩提心の声聞の後に大乗に入ることができ、大乗は小乗からやってくるので、漸教と称する。頓・漸の違いはあるが、大乗を受ける場所は一つである。したがってこの［頓・漸の］二人に対して説く教えを、菩薩蔵とする。

菩薩蔵中、有能頓悟者、如華厳等経所為衆生、不由小来一往入大、故名為頓。従漸入者、即向退菩提心声聞後能入大、大従小来、故称為漸。雖有頓漸不同、然受大処一。故対此二人所説為菩薩蔵也。

2—3

しかしながら、この［声聞・菩薩の］二蔵は、教えの対象にしたがい、説く教えにしたがう。声聞蔵の中に、影響衆の菩薩がいても、教えの対象でなければ、菩薩にしたがって大乗経と名づけることはできない。菩薩蔵の中にまた声聞の人がいても、正しく教えの対象の中心にでなければ、声聞の法を説かない。それゆえ小乗の法と名づけることはできない。人に［教えを］あてがい法を定める場合、それぞれ［大乗・小乗の］名称が異なる。まとめてこれを収めれば、かいつまんで二蔵があるだけである。

然此二蔵随所為随所説。声聞蔵中、有菩薩為影響、然非所為。不可従菩薩名作大乗経。菩薩蔵中、亦有声聞人。非正所為宗。不説声聞法。故不可名為小乗法。擬人定法各目不同。是以要而摂之、略唯二也。

2—4

質問する。仏は［声聞・縁覚・菩薩の］三乗の人のために、三種の教えを説いたのに、どうして蔵を判別するのに、ただその中の［声聞・菩薩の］二蔵だけがあるのか。

答える。仏は［声聞・縁覚・菩薩の］三乗を求める人のために、［声聞・縁覚・菩薩の］三乗の法を説く。しかし、縁起の教えを聞く者は、すなわち声聞である。辟支仏は仏のいない世に出現して、ただ神通力を示現するだけであって、沈黙して説法することがない。それゆえ経典を結集する者は、集めて［声聞・菩薩の］二蔵とするのである。経に基づいて教えを判定する。その旨は、このようにいうだけである。

問。仏為三乗人説三種教、何以故判蔵、唯有其二。

答。仏為求三乗人、説三乗法。然聞因縁者、即是声聞。辟支仏出無仏世、但現神通、黙無所説。故結集経者、集為二蔵也。依経判教、厥致云爾。

2―5／2―5―1

今の［蔵・通・別・円の］四教と達磨鬱多羅の［声聞・菩薩の］二蔵とは、どのように会通するのだろうか。かれ（達磨鬱多羅）は自ら「まとめてこれを収めれば、かいつまんで二種があるだけである」と言う。今、これを開いて分類し、四教に判別するだけである。［すなわち］声聞蔵は、そのまま三蔵教である。菩薩蔵は、そのまま通・別・円教である。決定声聞のために三蔵教を説き、退大声聞のために通教を説き、漸悟の菩薩のために別教を説き、頓悟の菩薩のために円教を説く。

今之四教与達磨二蔵会通云何。彼自云、要而摂之、略唯二種。今開分之、判為四教耳。声聞蔵即三蔵教也。菩薩蔵即通別円教也。為決定声聞説三蔵教、為退大声聞説通教、為漸悟菩薩説別教、為頓悟菩薩説円教。

2―5―2

ただ名数が合わせやすいだけではなく、義意において奥深く合致する。今と古とは合致して、一体不二である。

非唯名数易融、而義意玄合。今古符契、一無二焉。（T33・813b25―814a7）

上記の引用文冒頭部分の傍線部は、『大乗義章』衆経教迹義において引用される経論と共通している。ただし、『大乗義章』衆経教迹義では「龍樹云」とされた箇所が『法華玄義』では『大智度論』とされるが、現行の『大智度論』には該当する箇所が確認されない(29)。また『法華玄義』の記述と現行の『大乗義章』の記述はそれぞれ声聞蔵と菩薩蔵の二蔵説を挙げている。ただし、『大乗義章』は世間と出世間を分けた上で、出世間を声聞蔵と菩薩蔵の二蔵に立て分けているのに対し、『法華玄義』の紹介する達磨鬱多羅の二蔵説は、衆生を声聞蔵と菩薩蔵とに二分し、声聞蔵を決定の声聞と退菩提心の声聞、菩薩蔵を頓悟の菩薩と漸入の菩薩とに分類しており、両者の二蔵説は基本的な枠組みを異にしている。しかし、二蔵説について慧遠の他の著作を見ると、聖教を声聞蔵と菩薩蔵とに分類し、さらに声聞蔵を声聞声聞と縁覚声聞、菩薩蔵を漸入（漸悟）の菩薩と頓悟の菩薩とに分けるという二蔵説が見られ、(30)『大乗義章』巻十七にもその二蔵説に類する記述が確認される。(31)灌頂が参照した著作が達磨鬱多羅の説であったという点を考慮すれば、達磨鬱多羅の説が慧遠説と必ずしも完全に一致するということはないにしろ、両者の二蔵説に強い関係性があることを認めることはできるだろう。したがって、上記の『法華玄義』の引用文中の傍線部以外の二蔵説に関する記述は、『大乗義章』の内容と一致しないとはいえ、なお達磨鬱多羅の説からの引用によって構成されていると考えることができる。そして、この箇所を達磨鬱多羅の説からの引用と認めると、湛然は達磨鬱多羅の学説部分を含めて、「今立」、すなわち灌頂の学説であると定めていることになる。実際に灌頂の立場が明示され、その思想が展開されるのは、湛然の分科の「三、人情下、今立」（T33・963b3）からではなく、「（2—5）今之四教」（T33・814a1）以降の記述、すなわち達磨鬱多羅の声聞蔵・菩薩蔵の二蔵と天台の四教とを会通した部分と捉えるのが妥当であろう（坂本［一九八七：九八］）。

また、この箇所において、湛然は灌頂の記述が『大乗義章』を参照していると認識した上で、あえて『大乗義章』についての言及を避けて灌頂を擁護していた、という理解を導き出すことは難しい。なぜなら、湛然は達摩鬱多羅が法上のことであるという情報を得ていないため、この箇所が『大乗義章』と関連性があるということを認識していなかったと考えられるからである。湛然は『法華玄義釈籤』の他の箇所において達摩鬱多羅について次のように注釈している。

達磨鬱多羅とは、ここ（漢土）では法尚という。阿羅漢である。仏滅度後の八百年に、『婆沙』の中から、三百偈を取り上げて、一部とし、『雑阿毘曇』と名づけた。また、『増一集』三十巻を撰述した。ここの意義は彼［の説］に基づいている。

達磨鬱多羅者、此云法尚、是阿羅漢。仏滅度後八百年中、於婆沙中取三百偈、以為一部、名雑阿毘曇。又撰増一集三十巻。此義依彼。（T33・907a9–13）

達磨鬱多羅に対するこのような認識は、湛然の他の著作においても確認される。たとえば、『止観輔行伝弘決』には次のように上記の『法華玄義釈籤』を踏まえた記述がある。

達磨鬱多羅は、ここでは法尚と言う。仏滅度後の八百年に出現した。阿羅漢である。『婆沙』の中から、三百偈を取り上げて、一部とし、『雑阿毘曇』と名づけた。この論主にはおおよそ釈義があり、文は多く詳細である。大師は引用して、全く批判することがない。また『玄文』に十二部経を注釈した通りである。正面から採用していないといっても、彼の意を備えている。

達磨鬱多羅、此云法尚。仏滅度後八百年出。是阿羅漢。於婆沙中取三百偈、以為一部、名雑阿毘曇。此論主凡有釈義、文多委悉。大師引用、全無破斥。亦如玄文釈十二部経。雖不正用、具存彼意。（T46・356a16–20）

このように、湛然は『法華玄義釈籤』を撰述した時だけでなく、一貫して達磨鬱多羅を仏滅後八百年に、『雑阿毘曇心論』を撰述した人物として認識している。また達磨鬱多羅については、さらに『法華文句記』で次のように述べている。

この達磨鬱多羅は『雑心論』の著者である。『婆沙』に法救論師とあるのは、『雑心論』の著者（達磨鬱多羅）の継承したところであり、師（達磨鬱多羅）に従ってその名（法救）とした。

此達磨鬱多羅、是雑心論主。婆沙有法救論師、是雑心論主所承、従師為名。（T34・222c17–18）

ここでは達磨鬱多羅は、『雑阿毘曇心論』の著者とされ、『毘婆沙論』において「大徳法救」などとたびたび言及される法救とは、達磨鬱多羅の弟子であり、師に従って「法救」と名づけられた別人であることが指摘されている。しかし、「法救」は一般的には「達磨多羅」のことをいい、『雑阿毘曇心論』の作者とされる人物である。『雑阿毘曇心論』の題下には「尊者法救造」とあり、その序品の冒頭の偈頌には、

敬礼尊法勝　所説我頂受　我達摩多羅　説彼未曽説。（T28・869c21-22）

尊き法勝に敬礼して、私はその所説を頂受した。わたし達摩多羅は、彼がこれまで説かなかったことを説く。

とある。『出三蔵記集』「後出雑心序」第十八にはすでに、

昔如来泥洹之後、於秦漢之間、有尊者法勝、造阿毘曇心本。凡有二百五十偈、以為十品。後至晋中興之世、尊者達摩多羅、更増三百五十偈、以為十一品、号曰雑心。（T55・74b23-26）

昔、如来の涅槃の後、秦と漢の間に、法勝という尊者がいて、『阿毘曇心』のテキストを造った。およそ二百五十偈があって、十品とした。後に晋の中興の世に至り、達摩多羅という尊者は、さらに三百五十偈を増やして、十一品とし、『雑心』と名づけた。

とあることから、『雑阿毘曇心論』の作者が「法救」＝「達摩多羅（Dharmatrāta）」であるという情報は、中国でも早くより知られていたはずである。[32] しかしながら、上記に引用した『法華玄義釈籤』や『止観輔行伝弘決』の記述から判断すると、湛然は達磨鬱多羅を達摩多羅のことと誤認し、これを『雑阿毘曇心論』の著者として理解していたことがわかる。したがって、湛然の認識においては『法華玄義』が参照したのはインドの論師の著作であるため、その箇所の注釈において『大乗義章』を参照する必要を見いださなかったと考えられる。

ただし、『法華玄義私記』は『開元釈教録』の『高斉衆経目録』についての割註を引用し、『法華玄義』の「達摩

鬱多羅」とは法上のことであろうと推測しており、その際に「法尚」と「法上」とは「字異音同」であると指摘している。[33]『開元釈教録』には『高斉衆経目録』について、

武平年間（五七〇―五七五）に、沙門統の法上が撰述する。梵名は達摩鬱多羅である。

武平年、沙門統法上撰。梵名達摩鬱多羅。（T55・574a10）

との説明があることから、「達摩鬱多羅」が法上のことであることは唐代においても知られていたはずである。しかし、上述のように湛然の「達摩鬱多羅」についての注釈内容をみると、湛然は達磨鬱多羅をインドの論師と認識していたことは明らかであるので、「法尚」と「法上」とが音が通じているという理由だけで湛然が達摩鬱多羅を法上と認識していたとすることには無理があるだろう。とはいえ、湛然が「達摩鬱多羅」を「法尚」としたり「法救」としたりしている理由は明らかではない。

しかし、これらの状況に『法華玄論』の引用部分に対する注釈態度を合わせて考えれば、湛然自身が、灌頂の参照した達磨鬱多羅の著作、あるいは慧遠の『大乗義章』を直接確認していなかったと判断することは妥当なものといえよう。そして、湛然が『大乗義章』の引用であることに気づかなかった大きな要因の一つは、湛然が古の五時七階の不同を明かす段落の記述を、すべて灌頂の説であるという前提のもとに注釈している点にあるといえよう。

第四項　結び

本節で論じた内容の要点を示すと以下の通りとなる。

『法華玄義』の灌頂による追記部分、すなわち「私録異同」は、『法華玄義釈籤』の分科に基づくと、「雑記異聞」

と、「述己推師、結前生後」とに大別される。また「雑記異聞」は、1「『般若経』と『法華経』を料簡して異同を区別する」、2「経論における諸蔵の離合を明かす」、3「四教の名義の典拠を明かす」、4「古の五時七階の不同を明かす」という四つの段落から構成されている。

「『般若経』と『法華経』を料簡して異同を区別する」の段落における灌頂の記述の大半は、吉蔵の『法華玄論』を引用・要約したものであるが、湛然は吉蔵あるいは『法華玄論』について全く言及していない。さらに湛然が灌頂の私説部分であると規定した部分であっても、実際には吉蔵の説からの引用であるという箇所も確認された。

また、湛然は基本的に『法華経』という経典を絶対化した立場から注釈を施しているが、灌頂は必ずしも湛然と同様の立場に立っていたわけではない。何の言及もなく吉蔵の『法華玄論』を盛んに引用し、自分の説のように記す灌頂の態度から、その立場が湛然よりも吉蔵に近いものと推察される。

灌頂は、『菩薩処胎経』の八蔵と天台の八教とを会通する際に、『法華玄義』の本論部分における規定とは異なり、不定教と秘密教とを釈尊の教化の時間軸の中に組み込んで解釈している。湛然はさらに灌頂が用いた八教の枠組みに、五部の概念を導入して整理しており、八教と八蔵の関係性をさらに体系的なものにしようとしていると考えられる。

また灌頂の記述において、八教の中の円教は漸教と関連づけて位置づけられているが、湛然はこれを『般若経』の部のことであると規定し、円教に『法華経』が対応しないのは、『法華経』という経典が八教の数には入らないからであると指摘している。ここにいわゆる「法華超八」の主張に列なる表現を確認することができる。ただし灌頂の記述はあくまで八蔵を八教によって会通することに主眼があると考えられ、そこには『法華経』を絶対視する思想は確認できない。

四教の名義の典拠を明かす段落において、灌頂は『長阿含経』の四大教を引用しているが、この四大教の概念は、天台の四教とは全く関連性がない。これに対して湛然は、この部分を「他問答」と評価する一方で、四大教が引用された意図について言及することもなく、『長阿含経』の四大教と蔵・通・別・円の四教とは関係がないと、灌頂に対して批判的な注釈をしている。このことにより、湛然の注釈態度は灌頂の説を無批判に正当化しようとするものではないことが見て取れる。

「古の五時七階の不同を明かす」段落は、多く現行の浄影寺慧遠の『大乗義章』衆経教迹義の文と一致する。また「私録異同」の中で最も長い段落であるにもかかわらず、湛然はこの段落に対して分科を付すのみで、ほとんど特別な注釈を付していない。

さらに、この段落に対する『法華玄義釈籤』の分科は、引用元と考えられる『大乗義章』（達磨鬱多羅の説）の構成と合致しており、湛然が灌頂の私記部分と定めた箇所の一部は『大乗義章』の説と一致している。これにより、この段落は『法華玄論』の引用部分に対する注釈と同様に、湛然が『大乗義章』からの引用部分と灌頂の私説部分とを混同するという誤りを犯していることが確認された。

湛然の注釈は、自身が強調したい教理的問題に関しては、積極的に灌頂の説を用いて自説を展開しているが、記述の意図が明らかでない灌頂の説については批判的に注釈しており、湛然の注釈に天台宗第二祖としての灌頂の学説を絶対化・正当化しようとする意図は確認できなかった。

そして同時に、「私録異同」の多くの箇所が他書からの引用で構成されているという事実を湛然が看過していたことも明らかとなった。これは、基本的に湛然が「記者、私録異同」という灌頂の記述を信頼して受け入れていたために、他書からの引用であることを疑うことがなかったことがその主な原因であるとともに、「私録異同」に関しては湛然が細かな引用を検討していなかったためであると考えられる。『法華玄義釈籤』における湛然の主眼は、『法華玄義』の正しい読解を通して、『法華経』を中心として構成される天台教学の正統的な解釈を提示することにあったと考えられるが、このような立場からすれば、『法華玄義』の引用元を特定することは、二の次の問題であり、さしたる関心が示されなかったのだろう。

第二節　『法華玄義』の灌頂私記部分に対する注釈

第一項　問題の所在

前節において、『法華玄義』末尾の灌頂の私記部分の大半が他書からの引用で構成されており、湛然はその事実を看過していたことを確認した。[34] 本節では前節の問題に関連して、『法華玄義』において灌頂がどのように吉蔵の『法華玄論』を受容していたのか、また天台仏教の正統性を強調する立場にあった湛然が『法華玄論』による影響が明らかな箇所に対して、それをどのように理解し、自身の仏教思想に受容したのかを明らかにするため、『法華玄義』明宗の章において『法華経』の宗についての十二の異説とそれに対する灌頂の批評が記された箇所を取り上げる。[35] ここでの議論は灌頂が『法華玄義』をまとめる中で、吉蔵の著作を参照したことが明らかな部分であり、かつ灌頂私記部分の中でも特に吉蔵の著作との関連性が問題とされる箇所である。本節では『法華経』の宗に関する十二の異説とそれらに対する吉蔵と灌頂のそれぞれの批評、ならびに異説と灌頂の批評に対応する湛然の注釈への考察を通して、湛然の灌頂に対する評価と吉蔵の学説に対する態度とを明らかにする。

『法華玄義』は明宗の章において、当時の仏教界において流行していたと考えられる『法華経』の宗についての十二の異説を紹介している。そして例外はあるものの、『法華玄義』ではそれぞれの異説に灌頂の批評が加えられている。この十二の異説については、すでに佐藤哲英［一九六一］によって、前の十一説は吉蔵の『法華玄論』「辨経宗旨」の段で挙げられる十三の旧説の中の第一説から第十一説までの旧説と一致し、『法華玄義』で最後に挙げる第十二説は『法華玄論』の吉蔵の宗についての学説と一致することが指摘されている(36)。『法華玄義』と『法華玄論』がそれぞれ挙げる異説と、灌頂ならびに吉蔵によるそれぞれの説への批評との対応関係を示すと以下の表2の通りである。なお、対照表中の傍線部は『法華玄義』と『法華玄論』に共通する内容を示し、太字の箇所は、灌頂が吉蔵の批評を取り入れた箇所を示す。

表2　「法華玄義」の十二の異説と『法華玄論』

	『法華玄義』	「私謂」（灌頂の批評）	『法華玄論』	「評曰」（吉蔵の批評）
①	遠一乗為宗。所謂妙法、引文云、是乗微妙、為無有上。（T33・794c11-12）	私謂、為破三故一、待麁非妙、因而不該始末。（T33・794c12-13）	第一遠師云、此経以一乗為宗。一乗之法所謂妙法、如譬喩品云、是乗微妙、清浄第一於諸世間為無有上。（T34・378b29-379c2）	評曰、末見遠師序本。相伝云爾然。尋経始終、雖明一乗、而一乗具有因果。何得但用於因、不取於果。此則得在於因失在於果。又且果門已備可得称妙、因行未円何得称妙。以果妙故可得為宗。因既不妙豈得

	②	
	龍師云、但以果為宗。妙法者、是如来霊智体也。衆麤斯尽為妙、動静軌物為法。法既真妙、借蓮華譬之。所以果智為宗也。（T33・794c13–16）	
	私謂、果不孤立、云何棄其因。又乗文也。（T33・794c16–17）	
	第二龍師云、此経但以果為宗。彼云妙法者、如来霊智体也。陶練滓累、衆麤斯尽、故云妙也。動静軌物、故云法也。法既真妙。難以言辨。故借蓮華為譬。所以果智為宗也。（T34・379c7–11）	第三宋道場慧観法師序云、此経以妙一為名、真慧為体。
為宗也。（T34・379c3–7）	評曰、光宅受経於印、印稟承於龍。龍為法華之匠。然此釈以文義両推、実符会経致、何以知之、開宗之始、広説之初、皆歎仏慧。故云、為説仏慧故諸仏出於世。又云、我所得智慧微妙最第一。故知一経始終皆明仏慧也。以理推者、三乗智慧猶未円満、唯仏智慧乃称究竟。既欲引三趣一、宜令皆学仏慧。則以仏慧為宗也。然此慧照無不円、累無不尽、称之為妙。体可軌模、名之為法。唯此一慧為実、余二非真、称為一也。虚通自在縦任無礙、日之為乗。評此釈意、応無間然矣。但既有妙果、必有妙因、考経始終、因果斯備。若偏以果為宗、則得在於果、失在於因。義亦未允也。（T34・379c11–24）	

③
慧観序云、会三帰一、乗之始也。慧覚成満、乗之盛也。滅影澄神、乗之終也。什師歎云、若非深入経蔵、豈能作如此説。 （T33・794c17–20）
なし
妙一為名者、三乗異流是即非真。終期会帰其乗唯一。其乗唯一謂之妙法、頌曰、是乗微妙清浄第一。於諸世間為無有上。真慧為体者、釈迦玄音始唱讃仏慧其深、多宝歎善、則称平等大慧。頌曰、為説仏慧、故諸仏出於世。唯此一事実、余二則非真。其序又云、会三帰一乗之始也。此明三乗同入一乗始得信解、故名為始也。覚慧成満乗之盛也。此明仏果成満謂乗之盛、滅影澄神乗之終也。此明息迹帰本、明法身常恒、謂乗終也。慧観作序章以示羅什、什歎曰、善男子自不深入経蔵豈能作如是説。 （T34・379c24–380a8）
評曰、尋観此釈名体。具足因果円満、始終両挙、本迹双明。文旨充契、如什所歎也。 （T34・380a8–10）

④	⑤
印師云、諸法実相是一乗妙境。用境智為宗。境無三偽故、称実相也。（T33・794c20–21）	光宅用一乗因果為宗。前段為因、後段為果。（T33・794c23）
今謂、加境、而闕果腫不益肥。（T33・794c21–22）	私謂、二文各有因果。若互存互没、則害経文。（T33・794c23–24）
第四中興寺印師云、此経亦以一乗実慧為体。下開宗中歎云、仏智甚深。即是実慧。又云、唯仏与仏、乃能究尽諸法実相。諸法実相即是一乗妙境。故境智為経宗。所以然者、非実慧無以照実境也。所以銘一乗為実相境者、体無三偽、故称実相也。（T34・380a10–16）	第五光宅法師受学印公之経、而不用印公之釈。云此経以一乗因果為宗、故経有両段。初開三顕一以明因、後開近顕遠以辨果也。（T34・380a19–22）
評曰、印受経於龍、龍明仏慧為宗。而印加之以境。故以境智為宗。然経非無境智。但又闕因果。方之於観、亦未尽美矣。（T34・380a16–19）	評曰、光宅所明盛伝於世。末学推之、又既有因果之文、応符経旨。今以文義推、尋意猶未充。何者、後明開近顕遠可得是果、前辨開三顕一非専明因。所以然者、昔日明三、則有因三果三。今日辨一、則有因一果一。開昔因三果三、皆是方便。顕今因一果一、並為真実。何得開三顕一以辨因耶。又因果乃円本迹未足、如前評也。

	⑥	⑦
	有人、用権実二智為宗。（T33・794c24–25）	又師云、此名妙法蓮華。即以名為宗。妙法是仏所得、根本真実法性。此性不異惑染、不与惑同、故称妙。即宗為名耳。（T33・794c26–29）
	私謂、用権応明三是経宗。三是今経所棄。云何取所棄為宗。（T33・794c25–26）	なし（**此是地師所用。拠八識是極果。今摂大乗破之、謂是生死根本**）（T33・794c29–795a1）
	第六師云、此経既開権顕実、則宜以二智為宗。開三即是明権、顕一所謂辨実。以下開近顕遠義亦例然。開近謂権、顕遠為実。未詳作者。（T34・380a29–b3）	第七師云、既名妙法、即以妙法蓮華為宗。妙法者、即是仏所得根本真実法性也。此法性不受惑染、不与惑同名之為浄。以是浄故称為妙也。故用此為顕、即以為宗。蓮華者、如前引大集経。取衆徳為華、不用世間蓮華也。（T34・380b9–14）
（T34・380a22–29）	評曰、権実二慧、総貫一経、誠如所説、考斯権実、唯是果智。終以果為宗。同前評矣。又若以権実為宗、則応具以三一為体。今不可以三一為体。何得以権実為宗。又初段開権顕実、宜名権実二智。後章開近顕遠、宜称本迹二身、若皆用権実、則身智相渾也。（T34・380b3–9）	評曰、尋此師学集出此。方謂**第八識**自性清浄、亦名性浄涅槃以為妙法。**既云是仏所得、還是果義**。同前評也。又**摂大乗論、阿僧伽菩薩所造**、及十八空論、婆藪所造、皆云八識是妄識。**謂是生死之根**。先代地論師用為仏性。謂是真極。昔般若未度、遠師已悟真空、涅槃不尽、生公照知仏性。諸地論師、有慚先見之明矣。又此経所興、不正明八識、八識之義別、付余解説耳。

	⑧	⑨	⑩	
	有師云、常住為宗。但未極上、是覆相明常。（T33・795a1–2）	有師云、是顕了明常、与涅槃為広略耳。（T33・795a4–5）	有言、万善為宗、但使是善、皆得作仏。（T33・795a6–7）	有言、万善中、取無漏為宗。（T33・795a8）
	私謂、都非経意、常若被覆、宗何所顕。常不被覆、常則非宗。（T33・794a2–4）	私謂、常為宗者、常無因果、常亦無宗（云云）。（T33・794a5–6）	私謂、若作仏即是果。何不取果為宗。（T33・794a7）	私謂、太局又濫小涅槃。（T33・794a8–9）
	第八師云、此経以常住為宗。所以然者、大論仏教所宗在常。是故此経、以常為宗。但教門未極止、是覆相明常耳。（T34・380b23–25）	第九師云、此経以顕了明常、故以常住為宗。如下文云、常住不滅。但与涅槃明、常広略為異耳。（T34・380b25–27）	第十師云、以万浄為体。但使是善、善必無朽、皆当作仏也。（T34・380c3–5）	第十一師云、万善為体。此大通漫。此経既明一乗、但取乗之飾具。宜用一乗為体。乗飾具者、如下云、其車高広、乃至駕以白牛。但取無漏夫乗、簡除有漏之法也。
（T34・380b14–23）	評曰、此二師雖有覆顕為異、而明常義同。然非無有常住之文。但常義是開近顕遠之意、非一経始末之説也。又釈論云、法華経是秘密法、明羅漢授記作仏。非正明常義也。覆相之与顕了至寿量品自具詳之。（T34・380b27–c3）		評曰、万善為体猶是因義為宗。得在於初章失在於終段、復同前評也。（T34・380c5–6）	評曰、尋此釈用一乗為体。与初師不同。初師総明一乗。今但取無漏明義。既局非所用也。（T34・380c10–12）

⑪

	なし	なし
	なし	なし
（T34・380c6–10）	十三劉蚪集注、採安・林・壱・遠・什・肇・融・恒八師之説。其序大意云、教凝於三一之表果玄於丈六之外。無名無相者、此経之旨帰。自非道越三空智通十地者、孰能辨、名於無名厝、説於無説者哉。（T34・381a3–7）	第十二長安僧叡法師法華序云、尋経幽旨恢廓宏邃所該甚遠。豈但説実帰本、畢殊途面已哉。乃大明覚理嚢括古今。寿量定其非数分身明
	評曰、尋注意与叡観等大同同辨無依無得忘言忘相之説也。（T34・381a7–8）	評曰、叡公親承羅什。是伝訳之宗。製斯一序。故自冠絶衆師。与光宅一門数条碩異。初開三顕一以明因。叡公総云説実帰本、説実帰本者、一乗一因名為真実。非但初段正明於因。此一義不同也。光宅云、次章明果猶是数量。叡公云、寿量定其非数。非数者、常恒不変無有限数。二不同也。光宅云、此経未明常、唯一法身、而垂万迹。叡公云、分身明其不実。不実者、釈迦之与

⑪	⑫
なし	有人言、若稟斯異説、各蒙益者、衆釈無可為非、聞而不悟、衆師無可為是、一師之意、唯責存悟。宜以悟為経宗。大経云、若有定相、是生死法、
なし	私謂、若悟為宗。乃是果証非謂行因。問。南指北方隅料乱。又定以悟為宗是為定定。何謂不
其不実。善賢顕其無来多宝明其不滅。此乃喪功於本無忘期於二地也。（T34・380c12–17）	問、已聞異説、未見今宗。為異衆師、為同諸匠耶。答、若以悟而言、稟斯異説、各蒙益者、則衆師釈、無可為非。昔聞而不悟、則衆師無可為是。一師之意、唯貴在於悟耳。宜以悟為経宗、無論同異也。（T34・381a8–13）問。唯悟之言、乃応会道。未知此説、出在何文耶。答。斯乃衆聖之本懐、経論之宗領。非但会理、亦有誠文。
分身皆是応迹。非是実身、則顕法身為実、三不同也。普賢無来多宝不滅。乃至喪功於本無忘期於二地。此皆辨忘名絶相、無住無得、不因不果、非始非終、不一不二、乃至非常非無常。顕諸法実相、不可言宣、四不同也。与光宅四異将慧観。三同既其共稟什公。一車無二轍矣。（T34・380c17–381a2）	

是魔王相。仏法無定相。是故如来、非道説道、道説非道。当知、唯悟是従。（T33・795a9-14）	定説者。甚多不能具出也。（T33・794a14-17）	故大経云、一切諸法無有定相。肯有定相、是生死相、是魔王相、非仏法相。以無定相是故、如来非道説道、道説非道。常説非常、非常説常。法若有定、是応説是、非応説非。而是非反論真偽互説者。故知、法無定相、唯悟是従。（T34・381a21-29）

表2の対照表に明らかなように、『法華玄義』の宗についての十二の異説に対する記述は、その大部分が『法華玄論』からの引用・要約に基づき構成されている。さらに『法華玄義』が挙げる十二の異説の中の九つの説には、灌頂の私記が施されているが、これらの『法華玄義』の記述には、『法華玄論』から異説を引用するにとどまらず、『法華玄論』が旧説に対してコメントした内容を参照して撰述された形跡があるとの指摘もある（堀内伸二［一九九一：七四―七五］）。以下、本節において詳説するが、その特に顕著な例は、表の異説⑦（太線部）において、『法華玄論』が紹介する内容を異説として引用した後に、灌頂が自身の批評として、その説に対する吉蔵の批評をそのまま採用している例が確認される。

このように『法華玄義』の宗についての十二の異説に対する記述は、灌頂が吉蔵の『法華玄論』の記述を大いに参照して撰述したことは間違いない。しかし、すでに確認した『法華玄義』末尾の灌頂の私記部分に対する注釈同様、湛然はこの箇所を注釈する際に、『法華玄論』について言及することはない。そこで、本節では『法華玄義』に列挙される十二の異説に便宜上①から⑫と番号を付け、その内容に基づき、因果に関連づけて宗を規定する異説、権実の二智を宗と規定する異説、地論宗の異説、常住を宗と規定する異説、万善を宗と規定する異説、吉蔵の学説に分類する。そして、最初にそれぞれの異説に対する吉蔵と灌頂の批評について検討することを通して『法華玄義』の十二の異説に対する立場を明らかにし、次に湛然が『法華玄義釈籤』においてこの十二の異説に対する『法華玄義』の記述をどのように注釈しているかを考察することで、湛然の灌頂に対する評価と吉蔵の学説に対する態度を明らかにしたい。なお以下、本節では『法華玄義』の紹介する異説、『法華玄論』の紹介する異説、異説に対する吉蔵の批評、灌頂の批評などを引用しながら議論を進めるが、混乱を避けるためにそれぞれの引用文の現代語訳の冒頭に【玄義】【玄論】【吉蔵批評】【灌頂批評】と表記する。

第二項　宗についての十二の異説に対する灌頂の批評と『法華玄論』

『法華玄義』が紹介する宗についての十二の異説は、その内容から因果に関連づけて宗を規定する異説（①、②、③、④、⑤）、権実の二智を宗と規定する異説（⑥）、地論宗の異説（⑦）、常住を宗と規定する異説（⑧、⑨）、万善を宗と規定する異説（⑩、⑪）、吉蔵の説（⑫）に分けることができる。この『法華玄義』の十二の異説は、『法華玄論』を参考にして著されたものであることはすでに指摘したが、ここでは、十二の異説の内容と灌頂の批評の意味を解明するため、『法華玄義』で紹介される異説を一つ一つ取り上げ、それに対応する『法華玄論』の記述を確認し、該当する異説に対する吉蔵の批評を検討した上で、灌頂の批評を考察する。

（1）因果に関連づけて宗を規定する異説

初めに異説①、②、③、④、⑤と、それに対する灌頂の批評について考察したい。ここで取り上げる異説①、②、③、④、⑤は、『法華玄義』・『法華玄論』ともに批評対象の学説が誰の学説であるかに言及している。すなわち、それぞれ順に慧遠、慧龍、慧観、僧印、法雲の学説とされる。これらの学説はいずれも因果に関連づけて宗を規定していると評される点で共通性がある。灌頂や吉蔵が紹介する異説や、それらに対する批評を見る限り、『法華経』の宗を因果に関連づけて理解するという考えは、『法華玄論』や『法華玄義』が成立した当時において、すでに一般的に普及した学説であったようである。そもそも『法華玄義』は『法華経』の宗を、

宗とは、要である。いわゆる仏の自行の因果を宗と規定するのである。

宗者、要也。所謂仏自行因果以為宗也。（T33・683a9）

と規定しており、また、『法華玄義』では十二の異説を提示した後に、智顗・灌頂の立場における宗に対する考えが次のように明示されている。

第二に正しく宗を明かすとは、この経［『法華経』］は、初めの序品から安楽行品まで（迹門）は、方便を破り捨てて、真実の仏の知見を開き示している。［これは］弟子における実因・実果を明かしており、また師匠（仏）の教えにおける権因権果を明かしている。経文と意義は広大であるが、その中心をかいつまんで、弟子の実因を成就するのである。因は中心的なものであり、果は副次的なものである。したがって、前段（迹門）においては、迹因迹果を明かすのである。

涌出品から勧発品まで（本門）は、発迹顕本して、方便である近寿を廃して長遠の実果を明かしている。［これは］弟子における実因実果を明かしており、また師匠の教えにおける権因権果を明かして、師匠の実果を明かしている。果は中心的なものであり、因は副次的なものである。したがって、後段（本門）においては、本因本果を明かすのである。

前の［迹門と本門の］因果を合わせて、経の宗と規定する。この意はここ（上記の内容）にある。したがって、経を二門に分けて、本門を論じ、迹門を論じる。［本門・迹門の］双方に法譬を題とし、蓮を挙げ、華を挙げている。師弟の権実とは、総じていえばこの中にあるのである。

二正明宗者、此経始従序品訖安楽行品、破廃方便、開顕真実仏之知見。亦明弟子実因実果、亦明師門権因権果。文義雖広、撮其枢要、為成弟子実因。因正、果傍。故於前段、明迹因迹果也。従涌出品訖勧発品、発迹顕本、廃方便之近寿、明長遠之実果。亦明弟子実因実果、亦明師門権因権果、而顕師之実果。果正、因傍。故於後段、明本因本果。合前因果、共為経宗。意在於此。所以経分二文、論本論迹。双題法譬、挙蓮挙華。師弟権実総在其間也。

（T33・795a17–27）

ここでの議論の結論だけを示せば、智顗・灌頂の天台仏教の立場では迹門の因果と本門の因果、すなわち迹因迹果と本因本果とが『法華経』の宗と規定されている。したがって、異説が『法華経』の宗旨を因果に関連づけて捉えることは、智顗・灌頂の宗に対する理解と共通する観点といえる。しかし類似性があるということは、『法華玄義』の宗に対する考えが安易に他の学説と混同されてしまうという危険性をはらんでいることを意味している。したがって、灌頂において因果という視点から異説と智顗の天台仏教の宗に対する考えとを区別することは解決しなければならない課題であったと推測される。

1　異説①　慧遠の学説

さて、次に異説のそれぞれについて具体的に確認する。初めに異説①は次のような説である。

【玄義】　遠師（慧遠）は一乗を宗と規定している。いわゆる妙法である。［『法華経』譬喩品の］文を、「この乗は微妙にして、最高の存在である」と引用している。

遠師以一乗為宗。所謂妙法。引文云、是乗微妙、為無有上。（T33・794c11-12）

「遠師」とは廬山慧遠（三三四―四一六）のことで、異説①は慧遠の一乗を『法華経』の宗とする学説である。[37]この慧遠の学説は異説の第一に数えられ、また異説を提唱する人物の名称にまで言及されている点からみて、当時の『法華経』研究を代表する学説であったと推察される。しかし、『法華玄義』には慧遠の学説の要点を箇条に示すだけである。すなわち、ここには慧遠が一乗を宗と規定していること、一乗とは妙法であるということ、慧遠が譬喩品の一文を引用して自説を補っていることの三点が示されている。上記の『法華玄義』の記述は、次の『法華玄論』の記述を参照したものと考えられる。

【玄論】　第一の遠師（慧遠）は、「この経は一乗を宗と規定している。一乗の法とは、いわゆる妙法である。［『法華経』］譬喩品に、「この乗は微妙にして、清浄第一である。諸の世間において、最高の存在である」とある通りである」と言っている。

第一遠師云、此経以一乗為宗。一乗之法所謂妙法。如譬喩品云、是乗微妙、清浄第一。於諸世間、為無有上。（T34・378b29-379c2）

『法華玄義』と『法華玄論』を比較すれば、『法華玄義』が『法華玄論』の記述を要約して書かれたものであることは明らかである。そして上記の引用文に明らかなように、『法華玄論』が紹介する慧遠の学説は、基本的には『法華玄義』と同様の内容であるが、この慧遠の学説自体には直接的に因果について言及している箇所はない。しかし、以下に確認するように吉蔵・灌頂の批評は、ともにこの慧遠の説を因果という視点から考察している。すなわち、慧遠の学説に対する吉蔵の批評は以下の通りである。

【吉蔵批評】　批評して言う。まだ遠師の［『法華経』の］序の書を見ていないが、相伝だけである。しかし経の全体を考察すると、［『法華経』は］一乗を明らかにしているといっても、一乗は因果を備えている。どうしてただ因のみを用いて、果を取らないことがありえようか。この説は、長所は因にあり、短所は果にある。またさらに、果門がすでに備わっていれば、妙と称することができる。因行（因の段階における修行）がまだ完全でなければ、どうして妙と称することができようか。果は妙であるので、宗とすることができる。因は妙でない以上、どうして宗とすることができようか。

評曰、未見遠師序本、相伝云爾。然尋経始終、雖明一乗、而一乗具有因果。何得但用於因、不取於果。此則得在於因、失在於果。又且果門已備、可得称妙。因行未円、何得称妙。以果妙故、可得為宗。因既不妙、豈得為宗也。（T34・379c3-7）

吉蔵は慧遠の説に対して、二つの観点から批評している。一つは一乗には因果が備わっているはずなので、因だけを用いて果を取らないことは誤りであるという批評であり、もう一つは、果は妙であるため宗と規定できるが、果門の備わらない不完全な因行を宗とすることは誤りであるという批評である（菅野博史［一九九四：五〇九］）。慧遠の学説は一乗を宗とするというものであるが、吉蔵の批評の第一の観点には、慧遠が一乗を宗と規定しながら、実際には因を宗として規定していることが想定されている。また第二の観点においても、不完全な因行に基づいている点に批判の焦点が当てられている。このことから、吉蔵は慧遠の学説が一乗を宗と規定することの内容を、実質的には因に基づいて宗を規定していると理解していることがわかる。吉蔵は『法華遊意』において、当時流行していた『法華経』の宗旨に関する代表的な学説を三つ挙げて批評しているが、この中の第一の説にここで『法華玄論』・『法華玄義』が紹介する慧遠の学説と類似する学説が紹介されている。[38]この『法華遊意』に紹介される学説には、次のように説が展開されている。

第一［の説］には、「万善の因をこの経の宗と規定する」とある。そうである理由は、この経文は七巻あるといっても、その根本（宗）は一乗に帰着する。これはそのまま［仏果の］因である。それゆえ乗とは運び去るという意味である。修行者を因から果へと載せて運ぶのである。

一云、以万善之因為此経宗。所以然者、斯経文雖有七軸、而宗帰一乗。是者即因也。故乗以運出為義。運載行人従因至果。（T34・636c12–14）

『法華遊意』が紹介するこの学説では『法華経』の宗は「万善之因」[39]と規定される。そして、そのように宗を規定する根拠として、『法華経』の根本が一乗であることを挙げ、修行者を載せて因から果へと運ぶという「乗」の性質に基づき、一乗は仏果に至るための因であるとの見解を示すのである。この学説そのものが慧遠の学説であると断定することはできないが、このような論理展開は慧遠の学説と共通するものであったと思われる。したがって、吉蔵が慧遠の学説に対する批評において、実質的に因に基づいて宗を規定していることは妥当なものであるといえる。さて、このような吉蔵の批評に対し、灌頂は慧遠の異説を、次のように批評している。

【灌頂批評】私は思う。［遠師の説く一乗は］三乗を批判するための一乗であるので、［その一乗は］麤に対したものであり妙因ではない。［『法華経』の］始・末（全体）を包括しない。

私謂、為破三故一、待麤非妙因。而不該始末。（T33・794c）

灌頂は、慧遠が理解する一乗とは三乗を批判するという意味の一乗であると指摘し、この一乗は麤に相対する概念であり、妙因ではないので、『法華経』全体を包括しているのではない、と批判している。灌頂が慧遠の学説について吉蔵の『法華玄論』を参照していることは確かであるが、その学説に対する批評は吉蔵の批評とは異なる角度からなされている。慧遠の一乗説が因に基づいて宗を規定しているという点は、吉蔵・灌頂の両者がともに是認するところであるが、吉蔵は慧遠の学説における因が果を備えないという点を指摘して、これを不完全な宗旨観であると捉えているのに対し、灌頂は慧遠の一乗説は、三乗という麤を否定した上に成立する一乗であるため、一乗の麤に相対するという一側面しか明かされていないと批判している。また吉蔵・灌頂はともに慧遠の学説では因が「妙」ではないと指摘しているが、その批判の内容も両者に相違がある。吉蔵は因と果が両方備わって初めて妙となると指摘し、因のみでは「妙」たりえないとするのに対し、灌頂は麤に相対するという一乗の一面的な捉え方を批判して、そのような一乗が示す因自体が妙因たりえないと批判しているのである。

2　異説②　慧龍の学説

次に、異説②と異説に対する吉蔵と灌頂の批評をそれぞれ確認する。『法華玄義』において紹介される異説②は次の通りである。

【玄義】龍師（慧龍）は、「ただ果だけを宗とする」と言っている。「妙法」とは、如来の霊妙な智慧の体である。多くの粗雑なものがなくなるのを妙と規定し、動いたり静まったりして衆生の軌範となるのを法とする。法は真妙である以上、「蓮華」を借りてこのことをたとえるのである。ゆえに果の智を宗とするのである。

龍師云、但以果為宗。妙法者、是如来霊智体也。衆麤斯尽為妙、動静軌物為法。法既真妙、借蓮華譬之。所以果智為宗也。（T33・794c13–16）

「龍師」とは廬山慧龍（生没年未詳）のことであり[40]、その学説は果を『法華経』の宗とするものである。『法華玄義』において紹介される慧龍の学説は、『法華経』の経題の解釈を通して果智が『法華経』の宗と規定される理由を説明している。初めに「妙法」は如来の霊妙な智慧の本体であると規定し、その智慧の粗雑なもの（煩悩）を取り除く働きを「妙」、その智慧が衆生の軌範となることを「法」と捉える。そして、この妙法は不可思議であるため、「蓮華」という譬喩を用いてこれを表現しているとされる。すなわち、ここに規定される如来の霊妙な智慧の本体とは仏が証得する対象であるため、果を宗と規定していると考えられる。以上に『法華玄義』が引用する慧龍の学説は次の『法華玄論』にみられる慧龍の学説を引用、要約したものと考えられる。

【玄論】　第二に龍師（慧龍）は、「この経はただ果だけを宗とする」と言っている。そこで「妙法」と言われるのは、如来の霊妙な智慧の体である。［如来の霊妙な智慧は］煩悩の汚れを洗い流して、粗雑なものがなくなっているので、「妙」と言うのである。［如来の霊妙な智慧は］動いたり静まったりして衆生の軌範となるので、「法」と言うのである。法は真の妙である以上、言葉によって論じることが難しいので、蓮華を借りて譬えとする。［以上が］果の智を宗とする理由である。

第二龍師云、此経但以果為宗。彼云妙法者、如来霊智体也。陶練滓累、衆麤斯尽、故云妙也。動静軌物、故云法也。法既真妙、難以言辨、故借蓮華為譬。所以果智為宗也。（T34・379c7–11）

以上のように慧龍の学説は、果だけが『法華経』の宗であると規定している。『法華玄論』が紹介する慧龍の学説は、内容面では『法華玄義』が紹介している学説と大差がないが、『法華玄論』の方がより詳細な記述である。なお、ここに紹介される慧龍の学説については、『法華遊意』にも同様の説が紹介されており(41)、そこには、

第二にある人は、「この経は果を宗と規定する」と言っている。そうである理由は、そもそも経の宗を認識しようとするのなら、経題を見るのが適当である。題に「妙法」と言うのは、如来の霊妙な智慧を体としているのである。……［如来の霊妙な智慧という］果徳を妙法とする以上、そのまま果徳を経の宗と規定する。

二者有人言、此経以果為宗。所以然者、夫欲識経宗、宜観経題。題云妙法者、謂如来霊智為体也。……既以果徳為妙法、即以果徳為経宗。（T34・636c22-27）

と、経題を解釈することが宗を明らかにするための手段として有効であることが指摘されている。この慧龍の学説に対して吉蔵は『法華玄論』において比較的詳細に批評している(42)。ここでは吉蔵の批評の要点を示す。

【吉蔵批評】　この解釈は経文と意義の両面から推し量ると、まことに経の趣旨に合致している。

此釈以文義両推、実符会経致。（T34・379c13）

吉蔵は上記のように慧龍の学説が妥当な解釈であることを認めている。慧龍の学説は果（如来の霊妙な智慧）を宗と規定するものであるが、吉蔵はその妥当性について経文と意義の二つの側面から考察している。すなわち、『法華経』の文については、「仏の智慧を説くために、諸仏は世に出現する（説仏智慧故、諸仏出於世）」（T9・8a20）、「私が得た智慧は、精微で奥深く最も優れたものである（我所得智慧、微妙最第一）」（T9・9c6）と、具体的に方便品から経文を引用して『法華経』が仏の智慧を重視していることを示し、また『法華経』の思想面に関しては、

【吉蔵批評】　三乗の智慧は、やはりまだ完全ではない。ただ仏の智慧だけが、初めて究極的なものと称される。三乗を引っ張って一に向かわせようとする以上、みなに仏の智慧を学ばせることが適当である。

三乗智慧、猶未円満。唯仏智慧、乃称究竟。既欲引三趣一、宜令皆学仏慧。（T34・379c16-18）

と考察している。ただし、吉蔵は「ただし、妙果がある以上、きっと妙因がある（但既有妙果、必有妙因）」（T34・379c22）とも指摘しており、果だけを宗と規定して、因を宗として認めていない点については、慧龍の学説の誤りとして批判している。(43)

次に慧龍の学説に対する灌頂の批評を確認する。該当する灌頂の批評は次の通りである。

【灌頂批評】　私は思う。果は単独では成立しない。どうしてその因を捨てるのか。［龍師の説は］また、経文に背いているのである。

私謂、果不孤立。云何棄其因。又乖文也。（T33・794c16-17）

灌頂の批評は、果というものは果が単独では成り立たないと指摘し、果だけを宗と規定し因を宗と認めていない慧龍の学説を批判している。内容から見れば、この批評は『法華玄論』の批評とほぼ同じ観点からのものといえよう。ただし、『法華玄論』は「此釈以文義両推、実符会経致」（T34・379c13）とひとまず慧龍の説の妥当性を認めているのに対し、灌頂は漠然とした批判ではあるが「［慧龍の説は］また、文に背いているのである（又乖文也）」と述べて、慧龍の学説が『法華経』と矛盾していることを指摘している。この点は『法華玄論』の批評とは全く異なる解釈が提示されており注目すべき箇所といえる。しかし灌頂は慧龍の学説が経文に違背している理由について言及していないため、灌頂がどのような理由に基づき、その説を批判しているかは明らかにされていない。

3　異説③　慧観の学説

次に異説③について確認する。異説③に対しては灌頂の批評が確認されない。宗に関する十二の異説の中で灌頂による批評が確認されないのは、異説③と異説⑦に対してである。これらの異説に対して灌頂の批評が存在しないのは、それぞれ異説③では異説に対する鳩摩羅什の評価、異説⑦では異説に対する摂論宗による批判が記されているためであると考えられるが、以下に本節で言及するように、そこに記される鳩摩羅什の評価と摂論宗の批判は全て『法華玄論』からの引用であると認められる箇所である。異説③は次の通りである。

【玄義】　慧観の『序』（『法華宗要序』）に、「三を集めて一乗に帰着するの（会三帰一）が乗の始めである。悟りの智慧が完全なものになるの（慧覚成満）が乗の盛りである。影を消滅して精神を澄ますの（滅影澄神）が乗の終わりである」と言っている。什師（鳩摩羅什）は、［慧観の説について］「もし深く経蔵を理解していないのであれば、どうしてこのような説を説くことができるだろうか」と讃歎している。

慧観序云、会三帰一乗之始也。慧覚成満乗之盛也。滅影澄神乗之終也。什師歎云、若非深入経蔵、豈能作如此説。（T33・794c17-20）

「慧観序」とは、道場寺慧観（生没年未詳）[44]の『法華宗要序』のことである。慧観の学説については『法華玄義』に灌頂による批評がみられない。また『法華玄義』が紹介する慧観の学説には、慧観が何を宗としているのかが明確に指摘されていない。この慧観の学説は次の『法華玄論』の記述の一部を引用、要約したものと考えられる。

【玄論】　第三に宋の道場慧観法師の『序』（『法華宗要序』）に、「この経（『法華経』）は妙であり一であるものを名と規定し、真実の智慧を体と規定する」と言っている。「妙であり一であるものを名と規定する」とは、「三乗が異なって流れるものはそのまま真実でないので、最終的には合流する。その乗は唯一である。その乗が唯一であるものはこれを妙法と言う。〔『法華経』の〕偈頌には、「この乗は微妙にして、清浄第一である。諸の世間において、最高の存在である」とある」〔と言っている〕。「真実の智慧を体と規定する」とは、「釈迦の奥深い言葉が、始めて唱えられると、仏の智慧が非常に深いことを讃歎する。多宝は善きかなと嘆じると、平等で偉大な智慧を語る。〔『法華経』の〕偈頌に、「仏の智慧を説くために、諸仏は世に出現なされた。ただこの一事だけが真実であり、他の二は真実ではない」とある」〔と言っている。〕」

彼の『序』にまた、「三が集まって一乗になることが乗の始めである」と言っている。これは三乗が同じく一乗に入り始めて信解を得ることを明かしている。それゆえ始めと名づける。「悟りの智慧が完全なものになることが乗の盛りである」と〔言っている〕。これは仏果が完成することを乗の盛りと言うことを明かしている。「影を消滅して精神を澄ますことが乗の終わりである」と〔言っている〕。これは迹をやめて本に帰着することを明かし、法身が永遠であることを明かすことを、乗の終わりと言うのである。慧観は『序』を作り終え羅什（鳩摩羅什）に見せると、什（鳩摩羅什）は、「善男子よ、自ら深く経蔵を理解していないのであれば、どうしてこの説を説くことができようか」と讃歎した。

第三宋道場慧観法師序云、此経以妙一為名、真慧為体。妙一為名者、三乗異流是即非真、終期会帰。其乗唯一。其乗唯一謂之妙法。頌曰、是乗微妙清浄第一。於諸世間為無有上。真慧為体者、釈迦玄音始、唱讃仏慧甚深。多宝歎善、則称平等大慧。頌曰、為説仏慧故、諸仏出於世。唯此一事実、余二則非真。

其序又云、会三帰一乗之始也。此明三乗同入一乗始得信解。故名為始也。覚慧成満乗之盛也。此明仏果成満謂乗之盛。滅影澄神乗之終也。此明息迹帰本、明法身常恒、謂乗終也。
慧観作序竟以示羅什、什歎曰、善男子、自不深入経蔵、豈能作如是説。（T34・379c24–380a8）

『出三蔵記集』には慧観の『法華宗要序』が引用されており、その内容を知ることができる。[45]『出三蔵記集』所収の『法華宗要序』から『法華玄論』が引用する部分を抜き出すと次の通りである。

そこで、初めて成仏してからこの経（『法華経』）に至るまで、初めは衆生に対応し［乗に乗るための］渡し場を開くので、②三乗は別々に流れる。別々に流れるものは真実ではないので、最終的に［その流れは］合流する。合流するものは必ず源が同じであるはずなので、その乗は唯一である。唯一であることはそれ以上のものが存在しないので、これを妙法と言う。［『法華経』の］偈頌には、「この乗は微妙にして、清浄第一である。諸の世間において、最高の存在である」とある。……宗旨が明らかにされる以上、真実の悟りは自然と生じるので、あらゆる流れを合流させて、三乗が同じく流れて往くようにさせることができる。同じく流れ往く④三乗が集まって一となることは、乗の始めである。悟りの智慧が完全なものになることは、乗の盛りである。影を消滅して精神を澄ますことが、乗の終りである。……其の宗要を取り上げれば、智慧は名を収めるので、①経は真実の智慧を体とし、妙であり一であるものを名称とする。これは、③釈迦仏が奥深い言葉を初めて発することによって、仏の智慧が非常に深遠であることを讃え、多宝仏が「善きかな」と称して、平等で偉大な智慧を讃歎することである。［『法華経』の］偈頌には、「仏の智慧を説くために、諸仏は世に出現なされた。ただこの一事だけが真実であり、他の二は真実ではない」とある。

是以従初得仏暨於此経、始応物開津、故②三乗別流。別流非真則終期有会。会必同源故其乗唯一。唯一無上、故謂之妙法。頌曰、是乗微妙清浄第一。於諸世間最無有上。……宗致既顕則真悟自生、故能令万流、合注三乗同往。同往之④三会而為一、乗之始也。覚慧成満、乗之盛也。滅景澄神、乗之終也。……挙其宗要、則慧収其名、故①経以真慧為体、妙一為称。是③以釈迦玄音始発讃仏智甚深、多宝称善歎平等大慧。頌曰、為説仏慧故、諸仏出世間。唯此一事実、余二則非真。（T55・57a6-b21、引用文中の傍線と番号は筆者による）

上記引用内の傍線部の番号は『法華玄論』に引用される順番を示すものであり、『法華玄論』に引用される『法華宗要序』が『出三蔵記集』所収のテキストの論述の構造を入れ替えて要約したものであることがわかる。また鳩摩羅什が慧観の『法華宗要序』を讃歎したという逸話は、『高僧伝』巻七、慧観伝に次のような類似した記事がみられる。

酒著法華宗要序以簡什。什曰、善男子。所論甚快。（T50・368b12-14）

[慧観は] まさに『法華宗要序』を著し、そして什（鳩摩羅什）に送った。什は、「善男子よ。論じる内容はとても爽快である」と言った。

『高僧伝』の記述は『法華玄論』の紹介する逸話と同趣旨であるが、表現上には細かい相違がある。一方、吉蔵は『法華遊意』において相待妙・絶待妙を論じる中で、『法華宗要序』の別の箇所を引用した後に、『法華宗要序』を見た鳩摩羅什が慧観を讃歎したという逸話を紹介しているが、その内容は『法華玄論』が紹介している鳩摩羅什が慧観を讃歎したという逸話と全く同じものである(46)。おそらく、吉蔵は『高僧伝』の記事の内容と類似した伝承を伝聞していたものと推測される。

『法華玄論』の引用する『法華宗要序』と『法華玄義』の引用する『法華宗要序』とは論述の構造には相違がなく、さらに『法華玄論』が収録した鳩摩羅什の賛辞もほぼそのまま収録していることから、『法華玄義』に引用される『法華宗要序』の記述は、『法華宗要序』を直接参照したのではなく、『法華玄論』からの孫引きであることがわかる。

『法華玄論』によれば、慧観の学説は「妙一」を『法華経』の名と規定し、「真慧」を『法華経』の体と規定する学説とされる。「妙一」とは、三乗の教えが統合され一乗に帰着する「会三帰一」によって説明されている。これは慧観が妙法を唯一最高の存在である一乗として規定していたことを意味している。「真慧」とはその一乗の中心的な内容であり、非常に深遠な仏の智慧と規定されている（菅野［一九九四：二一〇―二一一］）。そして慧観は「始」・「盛」・「終」の三段階説を用いて、『法華経』に説かれる釈尊の活動を分類、整理している。「始」・「盛」・「終」の三段階は、それぞれ「始」は方便品における開三顕一、「盛」は寿量品の五百塵点劫における仏の智慧の完成、「終」は仏の本地の立場から迹の立場を捨てることを指した考え方である。(47)『法華玄義』の慧観に関する記述が、『法華玄論』からの孫引きであることはすでに述べたが、『法華玄義』が紹介する慧観の学説は、『法華玄論』に紹介される慧観の学説の中から、「始」・「盛」・「終」の三段階を中心に、それぞれの段階における説法の内容を「会三帰一」・「慧覚成満」・「滅影澄神」と規定している箇所を取り上げ、そこに吉蔵が加えた鳩摩羅什が慧観の学説を讃歎したという逸話を引用するという形で構成されている。

次に慧観の学説に対する『法華玄論』における吉蔵の批評を確認する。吉蔵の批評は次の通りである。

【吉蔵批評】　批評して言う。この解釈を深く考察すると、名・体が備わるので、因・果は完全である。［宗旨を］始と終とでともに挙げているので、本・迹（仏の本地とそれに対応する迹の立場）はともに明らかにしている。文の趣旨は［『法華経』に］合致している。什（鳩摩羅什）が讃歎する通りである。

評曰、尋観此釈、名体具足、因果円満。始終両挙、本迹双明。文旨允契。如什所歎也。（T34・380a8-10）

吉蔵はこの批評において、慧観の『法華経』に対する理解には一定の妥当性があることを評価している。吉蔵は

異説④の僧印の学説に対する批評においても、

これ（僧印の学説）を観（慧観）に比べると、またまだ完全ではない。

方之於観、亦未尽美矣。（T34・380a18-19）

と、慧観の学説を引き合いに出して僧印の学説を難じており、慧観の学説を比較的高く評価していたことが窺われる。『法華玄論』の批評には、因果という観点については、慧観の学説を「名・体が備わるので、因・果は完全である（名体具足、因果円満）」と評価している。吉蔵は慧観の学説を紹介する際の冒頭に「この経（『法華経』）は妙であり一であるものを名と規定し、真実の智慧を体と規定する（此経以妙一為名、真慧為体）」と、慧観の学説が名と体を明らかにしていることを指摘している。この『法華経』の「名」・「体」として規定される「妙一」と「真慧」は、「妙一」は「会三帰一」によって説明されることから因、「真慧」は仏の智慧と規定されることから果にそれぞれ対応すると考えられるため、慧観の学説は「因・果は完全である（因果円満）」と理解されるのである。また吉蔵はここで、慧観の宗に関する学説を「[宗旨を]始と終とでともに挙げているので、本・迹はともに明らかである（始終両挙、本迹双明）」と評価している。『法華玄論』が紹介する慧観の学説において「始終」という語に対応する内容は、慧観の三段落説における「乗之始」と「乗之終」であろう。これらはそれぞれ方便品における開三顕一、仏の本地の立場から迹の立場を捨てることを意味していた。すなわち、慧観の学説は『法華経』では「乗之始」に開三顕一が示されていることによって仏の迹の立場における具体的な教えが明らかとなり、「乗之終」に迹の立場が捨てられて仏の本地が明らかになると解釈されている。

さて、灌頂は『法華玄論』のこれらの記述を参照していたはずであるので、当然吉蔵が慧観の学説を肯定的に評価していたことは認識していたと考えられる。したがって、慧観の学説が智顗の『法華経』解釈と相違するようであれば、灌頂としては智顗の『法華経』理解に基づき慧観の学説に対して何らかの態度を表明する必要があるはずである。ところが、この慧観の学説に対して灌頂の批評は存在せず、灌頂個人として肯定・否定のいずれの態度も表明していない。ただし、『法華玄論』からの引用であるとはいえ、自身の立場からの批評の代わりに鳩摩羅什が慧観の学説を讃歎したという件を採用していることから考えると、灌頂もまた慧龍の学説に妥当性があることを認めていたと推測せざるをえない。少なくとも灌頂には慧観の学説に対してその妥当性を否定する言説がないことは確かである。このような灌頂の批評態度は、後に智顗の『法華経』解釈の正統性を強く強調する立場にあった湛然において大きな問題となる。異説③に対して灌頂自身による批評が存在せず、慧観の学説を肯定したままとなっていることは、智顗による『法華経』解釈が『法華経』の正統な解釈であるという立場を揺るがすことになるためである。この点については次項「（3）　異説③」のところで詳説する。

4　異説④　僧印の学説

次に異説④について考察する。『法華玄義』が紹介する異説④は次の通りである。[48]

【玄義】　印師（僧印）は「諸法実相は一乗の妙境である。［『法華経』は］境と智慧を宗とする。境には三乗の偽りがないので、実相と称するのである」と言っている。

印師云、諸法実相是一乗妙境。用境智為宗。境無三偽、故称実相也。（T33・794c20-21）

「印師」とは僧印（四三五―四九九）のことである。[49]『高僧伝』には彼と『法華経』の関わりについて、慧龍に師事して『法華経』を受けたこと、[50]また僧印は著名な『法華経』研究者であり、「『法華経』の講義をしたのは、およそ二百五十二回であった。（講法華凡二百五十二遍）」（T50・380b13）と伝えられている。『法華玄義』において異説として紹介されるのは、僧印が提示した一乗の妙境と智慧とを『法華経』の宗とする学説である。『法華玄義』の記述は次の『法華玄論』を参照し要約したものと考えられる。

【玄論】 第四に中興寺の印師（僧印）は、「この経（『法華経』）もまた一乗の実慧を体としている。［『法華経』は］以下の開宗（方便品）の中で、「仏智は甚だ深し」と嘆じている。これはそのまま実慧である。また、［『法華経』には］「ただ仏と仏とだけが諸法の実相を究め尽くすことができる」とある。諸法実相はそのまま一乗の妙境である。それゆえ境と智慧とを経の宗とするのである。そうである理由は、実境でなければ実慧を生じることがなく、実慧でなければ実境を照らすことがないからである。したがって一乗を実相の境と名づけるのは、体に三乗の偽りがないので、実相と称するのである」と言っている。

第四中興寺印師云、此経亦以一乗実慧為体。下開宗中歎云、仏智甚深。即是実慧。又云、唯仏与仏乃能究尽諸法実相。諸法実相、即是一乗妙境。故境智為経宗。所以然者、非実境無以生実慧、非実慧無以照実境也。所以銘一乗為実相境者、体無三偽、故称実相也。（T34・380a10-16）

吉蔵によれば、僧印は『法華経』方便品に宗旨が明かされていると考えていたようである。すなわち僧印は「仏の智慧は甚深無量である（仏智慧甚深無量）」（T9・5b26）とは実慧を明かし、「ただ仏と仏だけが、諸法実相を究め尽くすことができる（唯仏与仏、乃能究尽諸法実相）」（T9・5c10-11）とは一乗の妙境を明かしていると理解し、この実慧と妙境とが互いに相即する関係にあるため、これら二つが『法華経』の宗旨であると主張している。この僧印の異説に対して、吉蔵は次のように批評している。

【吉蔵批評】 批評して言う。印（僧印）は龍（慧龍）から経を受けた。龍は仏の智慧を宗としているが、印はこれに境を加えたので、境と智慧とを宗としている。そして『法華経』に境と智慧が存在しないということはない。ただし［僧印の説は］また因果を欠いている。これは観（慧観）に比べると、またまだ完全ではない。

評曰、印受経於龍。龍明仏慧為宗。而印加之以境、故以境智為宗。然経非無境智。但又闕因果。方之於観、亦未尽美矣。（T34・380a16–19）

吉蔵は僧印が慧龍から『法華経』を授かったため、智慧（果）を『法華経』の宗旨と規定する慧龍の学説（異説②）を継承し、さらに僧印が独自に境も宗旨であるとの見解を加えたものと説明している。そして僧印の学説は、「また因果を欠いている。これ（僧印の学説）は観（慧観）に比べると、またまだ完全ではない（又闕因果。方之於観、亦未尽美矣）」と、異説③に挙げた慧観の学説を引き合いに出し、因果の観点からみて僧印の学説が不完全なものであると批評している。吉蔵は慧観の学説に対して「この解釈を深く考察すると、名・体が備わり、因・果は完全である（尋観此釈、名体具足、因果円満）」（T34・380a9）と評価していることから、吉蔵が僧印の学説には因果という視点が明示されていない点を問題にしていたことは明らかである。そして『法華玄論』の批評は僧印の学説について果を宗と規定する慧龍の学説を継承している点を指摘していることから、これは実際には僧印の学説に因が明示されていない点を批判したものと推測される。僧印の学説に対して因果の視点から批評するというやり方は、次に確認する灌頂の批評と共通するものである。灌頂は異説④に対して次のように批評している。

【灌頂批評】今、思う。［僧印の説は］境を加えているが、果を欠いている。［見かけは］ふくれても［中身は］増えない［ようなものである］。

今謂、加境而闕果。腫不益肥。（T33・794c22）

『法華玄論』の記述によれば、僧印の学説は『法華経』の宗を智慧（果）と規定する慧龍の学説[51]に、境を加え、境と智慧とを『法華経』の宗と規定する学説であった。この説に対して灌頂は僧印の学説は果を欠いていると批判している。これは先に見た『法華玄論』の「印（僧印）はこれに境を加えた。それゆえ境と智慧とを宗としている。そして経に境と智慧とが存在しないものはない。しかし［僧印の説は］また因果を欠いている。（而印加之以境。故以境智為宗。然経非無境智。但又闕因果）」（T34・380a16-19）という批評と内容面で類似性がある。このことを踏まえ、堀内［一九九一］は、灌頂の「加境而闕果」という表現は、『法華玄論』の「而印加之以境」という記述を踏まえたものと解釈し、この箇所の灌頂の批評部分が吉蔵の説によっていると指摘している。しかし、すでに確認したように『法華玄論』の批評は、僧印の学説が慧龍の学説を継承している点を指摘していることから、実際には僧印の学説に因が明示されていない点を批判したものと考えられる。これに対して灌頂の批評では、僧印の学説には果を欠いていると明確に指摘している。したがって、この点において両者の僧印の学説に対する理解には、なお大きな相違があったと考えられる。

5　異説⑤　法雲の学説

次に異説⑤について確認する。『法華玄義』における異説⑤の記述は以下の通りである。

【玄義】光宅（法雲）は一乗の因果を宗と規定する。［『法華経』の］前段を因と規定し、後段を果と規定する。

光宅用一乗因果為宗。前段為因、後段為果。（T33・794c23）

『法華玄義』が紹介する異説⑤は光宅寺法雲（四六七―五二九）の学説について述べたものである。[52] 法雲は開善寺智蔵（四五八―五二二）や荘厳寺僧旻（四六七―五二七）とともに梁の三大法師と称されており、法雲の『法華経』講義は弟子によって『法華義記』としてまとめられた。上に引用した『法華玄義』には、法雲が『法華経』の前段には因が明かされ、後段には果が明かされると解釈していたことを根拠として、法雲は『法華経』の宗旨を一乗の因果と規定していたと指摘されている。この箇所は『法華玄論』の以下の内容を要約したものと考えられる。［光宅は］「この経は一乗の因果を宗とするので、経に二段がある。初めは開三顕一して因を明かし、後に開近顕遠して果を論じる」と言っている。

【玄論】　第五に光宅法師（法雲）は印公（僧印）の経から仏学を受けたが、印公の解釈を用いなかった。

第五光宅法師受学印公之経、而不用印公之釈。云此経以一乗因果為宗、故経有両段。初開三顕一以明因、後開近顕遠以辨果也。（T34・380a19–22）

『法華玄論』の記述は、内容面において『法華玄義』と大差はない。ここに『法華玄義』の記述との相違点として挙げられるのは、法雲の思想史上の立場、すなわち法雲が僧印から教えを受けたが、その説を採用しなかったということについての記述がみられる点と、具体的な法雲の学説として『法華義記』が引用されているという点である。吉蔵が引用したのは、『法華義記』の以下の箇所である。

およそ十四品半（方便品から分別功徳品の格量偈の終わりまで）は第二の正説である。［正説は］自然と二段に分かれる。前に十二品があり、開三顕一して因の義を明かしている。ここ（従地涌出品）から分別功徳品の中の半品（格量偈の終わり）までに二品半がある。これは正説の中の第二段であり、開近顕遠して果の義を論じている。

凡有十四品半経、是第二正説。自分為両段。前有十二品経、開三顕一以明因義。自此下入分別功徳品中半品以来有両品半経。是正説中第二段、開近顕遠以辨果義。（T33・666a25–29）

上記の引用文中に吉蔵が紹介する法雲の学説では、『法華経』全体を二段に分け、前段が因の義を明かす開三顕一の段、後段が果の義を明かす開近顕遠の段と規定されている。これは『法華義記』が『法華経』を「序」・「正説」・「流通」の三段に分科し、その中の「正説」はさらに二段があり、その前段を因の義、その後段を果の義としていることを指している。『法華玄論』は『法華経』の宗旨という大きな視点に立った議論をしているため、詳細な法雲の分科に言及することを避けて、『法華経』の宗旨に関係する「正説」の段だけに言及し、簡略化した分科を提示することで[53]、法雲が因果を宗旨と見なしていたことを指摘している。吉蔵は次のように批評している。

【吉蔵批評】　批評して言う。光宅（法雲）の明かす内容は盛んに世に伝わっている。末学はこれを、また因果の文がある以上、まさに経の趣旨に合致するはずである、と高く評価している。今、文・義によって推し量れば、その意はまだ確実ではない。そうである理由は、『法華経』の］後に開近顕遠を明かすのは、たしかに果とすることができるが、前に開三顕一を論じるのは、もっぱら因を明かすのではない。その理由は、昔日に三乗を明かすときには、因が三種、果が三種ある。今日に一乗を論じるときには、因は一つ、果は一つである。昔の三種の因、三種の果は、すべて方便であると明かして、今の一つの因、一つの果は、いずれも真実とする。どうして開三顕一して、それにより因を論じることができようか。また、因果がかえって完全であり、本迹が充分でないことは、前に批評した通りである。

評曰、光宅所明盛伝於世。末学推之、又既有因果之文、応符経旨。今以文義推、尋意猶未允。何者、後明開近顕遠可得是果、前辨開三顕一非専明因。所以然者、昔日明三、則有因三果三。今日辨一、則有因一果一。開昔因三果三皆是方便、顕今因一果一並為真実。何得開三顕一以辨因耶。又因果乃円、本迹未足、如前評也。（T34・380a22-29）

『法華玄論』では法雲の学説は一乗の因果を宗旨とするものとされるが、吉蔵はその学説の根拠として『法華義記』を引用し、そこでは『法華経』の「正説」はその前段において開三顕一を示すことによって因の義が明かされ、後段においては開近顕遠を示すことによって果の義が明かされることが指摘されている。この法雲の学説に対して吉蔵は開近顕遠によって果の義が明かされるという点に関しては『法華義記』の主張を認めている。しかし、開三顕一によって因の義のみが明かされるとする点に関しては、それを誤りであると指摘し批判している。吉蔵の理解によれば、開三顕一とは因の義だけを明かすものではない。つまり、『法華経』以前（昔日）の三乗の教えでは、三乗の因果はそれぞれ別々の三種の因果（「因三果三」）となるが、『法華経』（今）においては、三乗は一乗に帰着するので「因一果一」という一乗の因果に集約されるのである。したがって吉蔵においては『法華経』の前半部分は因の義だけでなく、果の意義も明かしていると解釈されるのである（菅野［一九九四：五一一―五一二］）。

次に異説⑤の法雲の学説に対する灌頂の批評を確認する。この異説⑤に対する灌頂の批評は以下の通りである。

【灌頂批評】　私は思う。［『法華経』の前後の］二文にそれぞれ因果がある。もし［前後に］互いに［因果が］あったり、なかったりするなら、経文を傷つける。

私謂、二文各有因果。若互存互没、則害経文。（T33・794c23–24）

吉蔵は法雲の説に対して、『法華経』の前半部分、すなわち開三顕一の部分には因と果の両方が認められなければならないと批判していたが、灌頂は前半部分ばかりでなく、『法華経』の前半・後半のそれぞれに因果が明かされているという立場から法雲の学説を批判している。このような灌頂の批判は、冒頭に示した迹門の因果と本門の因果を『法華経』の宗と規定する天台仏教の宗に対する考えからなされたものである。またこれは『法華文句』において二経六段という分科が想定されていることとも関係があるだろう。『法華文句』の分科は一経三段と二経六段の二種類が並存している。一経三段は序分・正宗分・流通分の三段で、法雲の三段説など従来の分科と大きな差はない。二経六段は『法華経』を迹門と本門に大きく二分し、そのそれぞれに序分・正宗分・流通分の三段が適用されるというものである。二経六段を採用することで、迹門と本門はそれぞれ独立した経典と同様の構造（一経三段）を内包することとなるため、理論上、因果もそれぞれに備わると解釈することが可能となる。このように、異説⑤に対する灌頂の批評は吉蔵の『法華玄論』の記述を参照しているとはいえ、その批評の内容面においては天台仏教的な独自の法華経観に基づいてなされていることがわかる(54)。

（2）異説⑥　権実の二智を宗と規定する異説

次に異説⑥について考察する。異説⑥は『法華玄論』『法華玄義』ともに批評する対象の異説が誰の学説であるかを明らかにせず、この異説が権実の二智を宗と規定していることを指摘している。『法華玄義』が紹介する異説⑥は次の通りである。

【玄義】ある人は、権実の二智を宗とする。

有人、用権実二智為宗。（T33・794c24-25）

『法華玄義』が紹介する異説は非常に簡潔であり、ある人が権実の二智を宗と規定していることしか記されていない。以下に示すように『法華玄論』にも同様の異説が紹介されているが、その内容は『法華玄義』より詳細である。

【玄論】第六の師は、「この経は開権顕実である以上、［権実の］二智を宗と規定するのが適当である。開三はそのまま権を明かし、顕一とはいわゆる実を論じることである。以下の開近顕遠の義も、この例と同様である。開近は権をいい、顕遠は実である」と言っている。まだ作者は明らかではない。

第六師云、此経既開権顕実、則宜以二智為宗。開三即是明権、顕一所謂辨実。以下開近顕遠義亦例然。開近謂

権、顕遠為実。未詳作者。（T34・380a29-b3）

灌頂は『法華玄論』を参照していると考えられるため、それを参考に異説⑥として紹介されている学説の内容を考えるなら、異説⑥は『法華経』の中心的思想を開三顕一・開近顕遠と捉え、その本質を開権顕実と理解していることがわかる。吉蔵はこの学説に対して次のように批評している。

【吉蔵批評】批評して言う。権実の二慧が一経（『法華経』）を全体的に貫いていることは、まことにこの説の通りである。その権実について考えれば、ただ果の智だけであるので、最終的には果を宗と規定している。前に批評したことと同じである。

また、もし権実を宗とするなら、当然、詳しくは三乗と一乗を体としなければならない。今、三乗と一乗を体とすることができないのに、どうして権実を宗とすることができるのか。

また、［『法華経』の］初段は開権顕実であるので、権実の二智と名づけることが適当である。後章は開近顕遠であるので、本迹の二身と称することが適当である。もし［『法華経』の前後の章において］みな権実を用いるなら、仏身と智慧とが互いに混同されてしまう。

評曰、権実二慧、総貫一経、誠如所説。考斯権実、唯是果智、終以果為宗。同前評矣。

又、若以権実為宗、則応具以三一為体。今不可以三一為体、何得以権実為宗。

又、初段開権顕実、宜名権実二智。後章開近顕遠、宜称本迹二身。若皆用権実、則身智相渾也。（T34・380b3-9）

吉蔵は、『法華経』が一貫して権実の二智を問題にしているという点については、異説⑥に同意しているが、以下の三点において異説⑥の問題点を指摘している。第一の問題点としては、権実の二智とは結果的には「開権顕実」されて実智すなわち「果智」を明らかにするものであるため、すでに慧龍の学説（異説②）として取り上げた智慧（果）を宗と規定する学説と理論上は同じものであることが指摘される。第二の問題点は、権実の二智をともに宗と規定することは、三乗と一乗を体と規定しなければ成立しないという点からの批判である。これは一乗だけでなく、三乗も宗と規定することを意味しており、『法華経』の独自性そのものを否定しかねないという問題を含んでいるため、このような批評がなされたと思われる。第三の問題点としては、権実二智を『法華経』の宗と規定することは仏身と智慧とを混同してしまうとの指摘である。吉蔵によれば『法華経』の前段で説かれる開権顕実を権実の二智とすることは妥当であるが、『法華経』の後段で説かれる開近顕遠とは本・迹の仏身を開示している箇所であるため、これを権実の二智と捉えることは智慧と仏身を混同することになるのである。

一方、異説⑥に対する灌頂の批評は次の通りである。

【灌頂批評】　私は思う。権を用いるならば、当然、三乗が経の宗であることを明かしているはずである。三乗は今経が捨てる対象である。どうして捨てる対象を取り上げて宗とするのか。

私謂、用権応明三是経宗。三是今経所棄。云何取所棄為宗。（T33・794c25–26）

灌頂は異説⑥について、その問題点として異説⑥が権実の二智を宗としているなら、権に相当する三乗が宗と規定されなければならないことを指摘し、この異説を厳しく批判している。灌頂の批評は先に確認した吉蔵の批評における第二の問題点と共通するものがある。三乗を『法華経』の宗と規定することは、『法華経』の思想そのものを否定しかねない論理的欠陥を含んでいるため、灌頂はより明確に『法華経』の宗として三乗（＝権）を用いるべきでないとの批判を展開したものと考えられる。

（3）異説⑦　地論宗の異説

次に異説⑦について検討する。『法華玄義』の異説⑦を紹介する箇所は、下に引用するように初めに異説が紹介され、次にそれに対する『法華玄義』の立場からの批評がなされている。ただし、『法華玄義』が紹介する異説⑦は、他の箇所と同様に『法華玄論』を参照しているはずであるが、実際には異説⑦に関して『法華玄論』と『法華玄義』は真逆の内容を紹介している。これは『法華玄義』の成立の過程において生じた誤写であると予想される。またすでに確認した異説③を除くと、その他の異説においては『法華玄義』の立場からの批評とは灌頂による批評を意味している。すなわち、それらの異説に対しては灌頂の私記であることを明示する「私謂」「今謂」といった表現が確認される。ところが異説⑦に対する批評にはこれらの表現はみられない。そのため、この箇所が智顗自身の批評として解釈されることもある。[55]しかし以下に示すように、異説⑦に対する『法華玄義』の批評は、実際には『法華玄論』における吉蔵の批評を採用したものである。そこで以下に『法華玄義』が紹介する異説⑦とそれに対する批評、『法華玄論』が紹介する該当学説と吉蔵の批評とを順次確認し、異説⑦の紹介において生じた誤りと、灌頂が『法華玄論』の批評を採用した意図を考察する。初めに異説⑦とそれに対する灌頂の批評部分を合わせて引用する。

【玄義】　また、［ある］師は、「これを妙法蓮華と名づける。［これは］そのまま名を宗と規定している。「妙法」とは仏が証得する根本真実の法性である。この性は惑によって汚染されたものと異ならないが、惑と同じではないので、妙と称する。［これは］そのまま宗を名と規定しているだけである」と言っている。

【灌頂批評】　これは地論宗の師の用いる［学説］であり、八識は究極の果である［という認識］に基づいている。今、『摂大乗論』はこれを批判して、「これは生死の根本である」と言っている。

又師云、此名妙法蓮華。即以名為宗。妙法是仏所得根本真実法性。此性不異惑染、不与惑同、故称妙。即宗為名耳。

此是地師所用、拠八識是極果。今摂大乗破之、謂是生死根本。（T33・794c27–795a1）

異説⑦は地論学派の学説が取り上げられているとされる。ここに紹介される異説部分では、「妙法蓮華」という『法華経』の名称が宗と規定されている。そして「妙法」とは仏の証得する対象の法性であるとして、この法性の特徴を煩悩によって汚染されたものと同じである（染）が、煩悩と同じものではない（浄）と説明し、法性に染と浄の両面があることを指摘している。

また批評部分では、この異説が八識を極果と認識する地論宗の学説であることが指摘され、この説が『摂大乗論』を研究する学派（摂論宗）によって、八識は生死の根源であると批判されている。八識を生死の根源と見なすということは、八識を真識と見なすことへの批判であり、八識を真妄和合識として認識していることを意味している。したがって、ここで批判される異説⑦（地論宗）は八識を極果＝真識と理解しているはずである[56]。しかしすでに確認したように『法華玄義』が紹介する異説⑦は法性（妙法）に染と浄の両面があることが指摘されているため、異説⑦はすでに八識を真妄和合識として認識しているとみることができ、異説に対する批評と議論がかみ合わなくなっている。これは異説⑦の心識論が特殊な真妄和合説であるということも想定されうるが、灌頂が参照したと考えられる『法華玄論』の議論をみれば、これが単純な誤表記であることがわかる。『法華玄義』が参照したと考えられる『法華玄論』の記述は以下の通りである。

【玄論】 第七に［ある］師は、「妙法と名づけている以上、そのまま妙法蓮華を宗と規定する。「妙法」とは、すなわち仏が証得する根本真実の法性である。この法性は惑によって汚染され、惑と同じではない。これを浄と名づける。これが浄であるから、妙と称するのである。それゆえ、これを題目とすることを、そのまま宗と規定する。

「蓮華」とは、前に『大集経』を引用した通りである。さまざまな徳を取り上げ華としており、世間の蓮華を用いないのである」と言っている。

第七師云、既名妙法。即以妙法蓮華為宗。

妙法者、即是仏所得根本真実法性也。此法性不受惑染、不与惑同。名之為浄。以是浄故、称為妙也。故用此為題、即以為宗。

蓮華者、如前引大集経。取衆徳為華、不用世間蓮華也。（T34・380b9-14）

『法華玄論』の紹介するこの異説は「妙法蓮華」という『法華経』の題目を宗と規定している。そして『法華経』の題目を「妙法」と「蓮華」に分けて、「妙法」は「仏所得根本真実法性」のことであり、『法華経』の題目を宗と規定する根拠として、この法性の特性である「浄」を解説している。また「蓮華」については、多くの徳を華にたとえたもので、一般的な意味での蓮華ではないと指摘されている。

『法華玄義』は、上記の『法華玄論』の中で「蓮華」に関する議論を除いた、「妙法蓮華」を宗と規定する箇所と「妙法」についての議論を引用している。ただし「妙法」に関する議論における『法華玄論』の「此法性不受惑染」という記述は、『法華玄義』に引用される際に「此性不異惑染」という表現に変更されている。これが『法華玄義』において先に確認したような内容面での大きな矛盾を生じさせているのである。

ここで「妙法」についての議論を中心に改めて考察の対象となる地論宗の師の学説を検討してみたい。『法華玄論』と『法華玄義』はともに、この異説が「妙法」とは「仏所得根本真実法性」であるとした上で、この法性が

「妙」であることを論じていると理解する点は共通している。そして、『法華玄論』はその内容を「この法性は惑によって汚染されないので、惑と同じではない。これを浄と名づける。これが浄であるから、妙と称するのである（此法性不受惑染、不与惑同。名之為浄。以是浄故、称為妙也）」と紹介するのに対し、『法華玄義』は「この性は惑によって汚染されたものと異ならないが、惑と同じではないので、妙と称する（此性不異惑染、不与惑同、故称妙）」（T33・794c27-29）と紹介するのである。『法華玄論』の内容に基づけば、ここにいう法性とは、煩悩によって汚染されない浄法として理解される。したがって、これは第八真識を如来蔵と捉える地論宗南道派の用いる標準的な心識説を指したものと見てよいだろう（青木隆［二〇一〇：七三―七八］）。これに対して上記の『法華玄義』の記述に基づくなら、この法性には染と浄の両面があると理解され、『法華玄義』が批評として採用し引用している『摂大乗論』の主張に通じる内容となってしまっているのである。そして問題はこの『法華玄義』による表現の改変がなんらかの意図のもとになされたかどうかという点にある。地論宗の心識説といっても実にさまざまな学説があり、一概に論じえないものである。(57) もしこの『法華玄義』による改変が吉蔵の著作に基づきながらも、それとは異なる特定の思想に対して独自の批判をしているのであれば、灌頂をとりまく思想状況や『法華玄義』の成立に関する重要な手がかりとなるだろう。ところが、この問題は次に確認する吉蔵の批評を確認することで答えが自ずと導かれることとなる。異説⑦に対する吉蔵の批評は次の通りである。

【吉蔵批評】　批評して言う。この師の学問を探求し集めてここに提示する。まさに「第八識は自性が清浄である」と考え、また「八識を」「性が清浄である涅槃（性浄涅槃）」と名づけ、これにより「妙法」と規定している。「これは仏の証得する対象である」と言っている以上、やはり果の義であり、前の批評したことと同じである。また、阿僧伽（アサンガ）菩薩が造った『摂大乗論』と婆藪（ヴァスバンドゥ）が造った『十八空論』とは、いずれも「八識は妄識である」と言い、「これは生死の根本である」と考えている。昔の地論宗の師は［八識を］用いて仏性と規定し、「これは真実の極致であり、昔の般若（智慧）ではまだ救済できない」と考えた。遠師（慧遠）はすでに真空を悟るが、涅槃は究めていない。生公（道生）は仏性を明察している。地論宗の師たちは先見の明を恥ずかしく思うのである。

また、この経が起こる理由は、正しく八識を明かすことではない。八識の意義は別であるが、他の解説を付したに過ぎない。

評曰、尋此師学集出此。方謂第八識自性清浄、亦名性浄涅槃、以為妙法。既云是仏所得、還是果義、同前評也。又摂大乗論、阿僧伽菩薩所造、及十八空論、婆藪所造、皆云八識是妄識、謂是生死之根。先代地論師用為仏性、謂是真極、昔般若未度。遠師已悟真空、涅槃不尽、生公照知仏性。諸地論師、有慚先見之明矣。又此経所興、不正明八識。八識之義別、付余解説耳。（T34・380b14–23）

まず、この吉蔵の批評の中で注目すべきは、先に紹介された学説、すなわち異説⑦が地論宗の学説であり、その思想基盤として八識説があるという点を指摘していることである。そして、その論旨からみれば『法華玄義』における「これは地論宗の師の用いる［学説］であり、八識は究極の果である［という認識］に基づいている。今、『摂大乗論』はこれを批判して、「これは生死の根本である」と言っている（此是地師所用、拠八識是極果。今摂大乗破之、謂是生死根本）」（T33・794c29–795a1）との記述が吉蔵の批評を参照したものであることは明らかとなり、異説⑦に対しては灌頂自身による批評が存在しないことが明らかとなる。これは同時に、異説⑦に対する『法華玄義』の議論は異説と批評とを含めて『法華玄論』の議論を要約したものという事実を提示している。したがって、『法華玄義』の「此性不異惑染」という表現の改変は、灌頂によって何か特別な意図のもとに改変されたのではなく、『法華玄義』の成立の過程で生じた文字の誤写であると推断されるのである。

このことは、『法華玄義』の他の箇所における地論宗と摂論宗の心識説への言及を確認すればより明確となる。『法華玄義』は三法妙を明かす中で、三軌と三識との関係を「菴摩羅識（第九識）はそのまま真性軌であり、阿黎耶識（第八識）はそのまま観照軌であり、阿陀那識（第七識）はそのまま資成軌である（菴摩羅識即真性軌、阿黎耶識即観照軌、阿陀那識即資成軌）」（T33・744b19-20）と明示した後に、地論宗と摂論宗の学説を次のように紹介している。

地論の人は「阿黎耶識（第八識）は真実常住の浄識である」と明かす。『摂大乗』の人は、「［阿黎耶識は］無記・無明・随眠（煩悩の種子）の識であり、また無没識と名づける。第九識はかえって浄識と名づける」と言っている。［彼らは］互いに言い争っている。云々。

若地人明、阿黎耶是真常浄識。摂大乗人云、是無記・無明・随眠之識、亦名無没識。九識乃名浄識。互諍。云云。（T33・744b20-22）

上記の引用文に基づけば、地論宗は第八識の阿黎耶識（アーラヤ識）を浄識とする立場であり、摂論宗は第九識の菴摩羅識（アマラ識）を浄識とし、第八識については、必ずしも明らかではないが「無記・無明・随眠」と特徴づけていることから、これを妄識（あるいは真妄和合識）と規定している立場と理解される。

また智顗の親撰と見なされる著作である『維摩経玄疏』(58)には、地論宗と摂論宗の間に心識説について論争があったことを次のように紹介している。

（無明はもともと生起するものでない、生起の源は空である。）もしそうであれば、どうして地論師が真如・法性から一切法を生じると考えることと完全に同じことがあろうか、どうして摂大乗師が阿黎耶識から一切法を生じると考えることと完全に同じことがあろうか。質問して言う。それぞれの考えにどのような誤りがあるのか。回答して言う。理は二つ存在しない。この二つの大乗の論師（地論師・摂論師）は、共に天親［の教え］を受けているのに、どうして水と火のように争うことができるのか。

若爾、豈全同地論師計真如法性生一切法、豈全同摂大乗師計黎耶識生一切法也。問曰、各計何失。答曰、理無二。是二大乗論師倶稟天親、何得諍同水火。（T38・528b16-19）(59)

上記の『維摩経玄疏』では地論宗と摂論宗の学説を簡潔に挙げているが、これによると、第八識において一切法が生起するとみる場合に、地論宗は第八識を真如・法性として理解し、摂論宗は第八識を阿黎耶識（アーラヤ識）と理解していることがわかる。ここに挙げた地論宗・摂論宗の学説に対する理解の構造は、先の『法華玄義』における地論宗・摂論宗の学説に対する理解と同じものである。

さらに『摩訶止観』には、第八識に対する地論宗と摂論宗の論争について次のような記述がある。

地論の人は、「一切の解性・惑性、真性・妄性は法性を依持している。法性は真・妄を支え、真・妄は法性に依るのである」と言っている。『摂大乗論』（の人）は、「法性は惑によって汚染されず、真如によって浄化されないので、法性は依持ではない。「依持する」と言うのは阿黎耶識のことである」と言っている。

地人云、一切解惑・真妄依持法性。法性持真妄、真妄依法性也。摂大乗云、法性不為惑所染、不為真所浄、故法性非依持。言依持者、阿黎耶是也。（T46・54a23-26）

上記の『摩訶止観』によれば、地論宗は一切法の生起する根拠を法性に求めているのに対して、摂論宗は法性が一切法の生起する根拠であることを否定し、その根拠を阿頼耶識に求めている。以上のように智顗の地論宗・摂論宗に対する理解は、地論宗は第八識を浄識と認識して、それを法性・真如に求め、摂論宗は第九識を浄識と認めたため、地論宗の説を否定し、第八識を妄識と規定していた、というものであったことがわかる。したがって、智顗の学説の一貫性という点からみても、『法華玄義』の異説⑦に対する批評には問題があるのであり、これを『法華玄論』からの引用時において生じた誤表記と捉えることは妥当なものといえる。

（4）異説⑧・⑨　常住を宗と規定する異説

次に異説⑧と異説⑨について検討する。異説⑧と異説⑨はいずれも常住を『法華経』の宗と規定している。初めに異説⑧から確認する。『法華玄義』に紹介される異説⑧は次の通りである。

【玄義】有師云、常住為宗。但未極上、是覆相明常。（T33・795a1-2）

ある師は、「常住を宗と規定する。ただ［『法華経』が］まだ極上（常住を明かすこと）でなく、真相を隠す仕方で常住を明かしているのである」と言っている。

この異説は、『法華玄論』の次の内容を引用、要約したものと考えられる。

【玄論】第八師云、此経以常住為宗。所以然者、大論仏教、所宗在常。是故此経以常為宗。但教門未極止(60)、是覆相明常耳。（T34・380b23-25）

第八の師は、「この経（『法華経』）は常住を宗とする。そうである理由は、大いに仏教を論じると、宗とするものは常住にあるからである。したがって、この経は、常住を宗と規定している。ただ教門がまだ到達しておらず（常住を明かしていないこと）、［経の］真相を隠す仕方で常住を明かしているだけである」と言っている。

『法華玄論』によれば、この異説は仏教の宗は常住と規定されることが多いため、『法華経』の宗も常住と規定されるというものである。しかし、『法華経』に直接的には常住が明かされていないので、異説⑧ではこれを『法華経』が真相を隠す仕方で「常住」を明かしていると解釈している。吉蔵はこの異説に対して次の異説⑨の批評と合わせて以下のように批評している。

【吉蔵批評】　批評して言う。この［第八、第九の］二師は、「覆（隠すこと）」と「顕（明瞭にすること）」とに違いがあるが、常住の義を明らかにするのは同じである。しかしながら、［『法華経』に］常住の文がないわけではない。常住の義は開近顕遠の意であるが、［『法華経』］一経の全体の説ではないだけである。また、『釈論』（『大智度論』）には、「『法華経』は秘密の法であり、羅漢の授記と作仏を明かす」とあるが、［この羅漢作仏は］正しく常住の義を明らかにするのではない。［常住の］「覆相（相を覆うこと）」と「顕了（明瞭にすること）」と［の義］は寿量品に至って自らこれを明らかにするのである。

評曰、此二師雖有覆顕為異、而明常義同。然非無有常住之文。但常義是開近顕遠之意、非一経始末之説也。又釈論云、法華経是秘密法、明羅漢授記作仏。非正明常義也。覆相之与顕了至寿量品自具詳之。

（T34・380b27－c3）

吉蔵は「この二師（＝異説⑧、⑨）は「覆（隠すこと）」と「顕（明瞭にすること）」とに違いがあるが、常住の義を明らかにするのは同じである（此二師雖有覆顕為異、而明常義同）」（T34・380b27－28）と述べ、異説⑧、⑨は常住を問題にするという点で本質的には同じ内容であるとして、一括して批評している。この意味では、異説⑧と異説⑨それぞれに対して個別に批評した灌頂の批評は、吉蔵の批評とは関わりなく灌頂が独自に展開した学説といえる。灌頂の批評は次の通りである。

【灌頂批評】　私は思う。［この説は］すべて経（『法華経』）の意ではない。常住がもし覆われてしまうのなら、宗はどうして顕わされるのだろう。常住が覆われていないのなら、常住は宗ではない。

私謂、都非経意。常若被覆、宗何所顕。常不被覆、常則非宗。（T33・794a2–4）

常住を宗とする異説⑧は、仏教一般では常住が宗とされるため、『法華経』もまた常住を宗とすると主張している。しかし『法華経』は直接的に常住を説いているわけではないので、異説⑧はこれを常住が隠されて説かれていると解釈する立場を取っている。灌頂はこの説を否定して、常住が隠れているとするのであれば、隠された常住はどうして顕わになるのか、また常住が隠されていないとするのであれば、経の宗にはならないと反論している。異説⑧に対する吉蔵と灌頂の批評には『法華経』に常住がどのように説かれるかという問題について全く異なる解釈が提示されている。吉蔵は異説⑨と同じく寿量品において開近顕遠の義が明かされることが『法華経』における常住に相当するという解釈を採用している。これに対して、灌頂の批評では『法華経』に常住が説かれていることを前提にして、異説⑧の『法華経』には常住が隠されているというロジックを否定している。

続いて異説⑨について確認する。『法華玄義』が紹介する異説⑨は次の通りである。

【玄義】　ある師は、「［『法華経』は］明瞭に常住を明らかにする。『大般涅槃経』と広・略［を異に］するだけである」と言っている。

有師云、是顕了明常。与涅槃為広略耳。（T33・795a4–5）

異説⑨は異説⑧と同様、常住を宗とする立場である。異説⑨は常住を宗とする経典として『大般涅槃経』を取り上げ、これと『法華経』は「広」「略」の違いがあるだけであると主張している。『法華玄義』のこの記述は以下の『法華玄論』を参照していると考えられる。

【玄論】　第九の師は、「この経は明瞭に常住を明らかにするために、常住を宗とする。下の文（寿量品）に、

「常住不滅」とある通りである。ただ『大般涅槃経』と、常住を明かす点で、広・略の相違があるだけである」と言っている。

第九師云、此経以顕了明常故、以常住為宗。如下文云、常住不滅。但与涅槃明常広略為異耳。
（T34・380b25–27）

異説⑧に対する吉蔵の批評はすでに確認したが、そこでは、異説⑧と異説⑨はいずれも常住を宗とする学説であるとされ、両者の相違点は常住であることを経典に明確に示しているかどうかという点にあると指摘されていた。異説⑧では『法華経』には常住は明示されていないという立場であり、そのため常住の義は隠されていると解釈された。一方、異説⑨は『法華経』寿量品の「常住不滅」の文に基づき、『法華経』には常住が明示されているという理解に立つ。吉蔵は、『法華経』に常住が明示される点について「常住の文がないわけではない。常住の義は開近顕遠の意であるが、［『法華経』］一経の全体の説ではないだけである（然非無有常住之文。但常義是開近顕遠之意、非一経始末之説也）」（T34・380b29–c1）と同意している。これに対し、灌頂は『法華経』に常住が説かれることを否定することなく、常住が宗でないと次のように批評している。

【灌頂批評】私は思う。常住を宗とするとは、常住には因果がないので、常住にはまた宗が存在しない。云云

私謂、常為宗者、常無因果、常亦無宗。云云　（T33・794a5–6）

灌頂は、異説⑨と吉蔵の批評がともに寿量品の経文を挙げて『法華経』に常住が説かれることを論じているのに対して、灌頂はその点については言及せず、常住が宗となりえない根拠として、因果が存在しない点を指摘している。灌頂の批評は『法華玄義』において宗が次のように規定されていることに基づいている。

宗とは、要である。いわゆる仏の自行の因果を宗と規定するのである。

宗者、要也。所謂仏自行因果以為宗也。（T33・683a9）

『法華玄義』において宗は「仏の自行の因果（仏自行因果）」と規定されているため、常住に因果がなければ、宗と規定することはできないと主張する。灌頂の批評は智顗の学説からの必然的な帰結であることは確かであるが、『法華経』に常住が説かれるという主張自体に対しては反論していない。灌頂は『法華経』に常住が説かれることと、常住が宗であることとを別の問題として捉えることで、たとえ、『法華経』が常住を説く経典という異説の主張を認めたとしても、それと常住が宗に規定されるかは別の問題であるという観点によって、天台仏教の理解からみてこの異説が妥当でないことを主張するのである。

（5）異説⑩・⑪　万善を宗と規定する異説

次に異説⑩と異説⑪について検討する。異説⑩と異説⑪はいずれも万善を『法華経』の宗と規定する学説である。初めに異説⑩について確認する。『法華玄義』に紹介される異説⑩は次の通りである。

【玄義】　ある［人］は、「あらゆる善を宗と規定する。ただ善でありさえすれば、すべて成仏できる」と言っている。

有言、万善為宗。但使是善、皆得作仏。（T33・795a6-7）

異説⑩は、万善を宗と規定する学説とされる。『法華玄義』によれば、この学説は善によって成仏が可能となることを説明している。これは以下の『法華玄論』の記述を参照したものと考えられる。

【玄論】　第十の師は、「あらゆる善を体と規定する。ただ一つ一つの善が必ず朽ちることさえなければ、すべて当然成仏するはずである」と言っている。

第十師云、以万善為体。但使是善善必無朽、皆当作仏也。（T34・380c3–5）

『法華玄論』は異説⑩について、万善を『法華経』の「体」と規定する学説として紹介している。異説①について検討した際にすでに確認したが、『法華玄論』が紹介するこの異説は『法華遊意』において紹介される『法華経』の宗に関する異説と類似した内容であることが指摘されている（菅野［一九九四：五〇六―五〇七］）。『法華遊意』に紹介される異説は「万善という因をこの経の宗とする（以万善之因為此経宗）」（T34・636c12）というもので、「仏果を完成させるためのすべての善なる行為が仏果に相対して因と規定される」学説であった（菅野［一九九四：五〇五］）。『法華玄論』がここで紹介する内容には因という側面は強調されていないが、この学説は論理的に考えれば万善を仏因に規定しているものといえる。異説⑩について『法華玄義』と『法華玄論』はほぼ同じ内容を紹介しているが、灌頂は『法華玄義』をまとめる際に、万善を「体」と規定する『法華玄論』の記述を、万善を「宗」とする学説であると訂正し、『法華玄論』にあった「善必無朽」という記述を省略し、「皆当作仏也」の「当」の字を「得」の字に変更した。これらの変更点の中で「体」を「宗」に改めた点には注意を要する。吉蔵は衆生の悟りを重視する立場から「体」と「宗」を区別する立場と、区別しない立場の両方を柔軟に取り入れているが、智顗は「宗」と「体」が相即するという前提のもとにおいて、両者を区別して論じるという立場を取っている（池田魯参［一九七一：三九三―三九四］、菅野［一九九四：四九六―五〇四］）。『法華玄義』において「名」・「体」・「宗」・「用」・「教」の五つの観点から経題を解釈する五重玄義を採用している点からみれば、事実上は「体」と「宗」に明確な区別を設けているといえる。したがって、『法華経』の宗旨を論じるに当たり、万善が「体」と規定されることは、吉蔵にとってはさして大きな問題にはなりえないが、智顗の立場を継承する灌頂においては、大問題となり、引用元の表現を「体」から「宗」へと改変することになったと推測される。

さて、この異説に対して吉蔵は次のように批評している。

【吉蔵批評】　批評して言う。あらゆる善を体と規定するのは、やはり因の義を宗と規定することである。〔『法華経』の〕長所は最初の章についてであり、短所は後段についてである。また前に批評したことと同じである。

評曰。万善為体、猶是因義為宗。得在於初章、失在於後段。復同前評也。（T34・380c5-6）

吉蔵がここで「また前に批評したことと同じである（復同前評也）」としているのは、異説①のことと考えられる。異説①は一乗を宗と規定していたが、吉蔵は『法華経』において一乗説は『法華経』の前段に見られる説であるため、これは因だけを用いて果を取らないと批判している。ここでは「万善」という曖昧な概念が宗と規定されるが、吉蔵は、善によって作仏（果）を得るという異説の展開する論理に基づき、善は因であると解釈し、この学説が因を宗と規定する学説と同義であることを指摘している。これは先に紹介した『法華遊意』における「万善という因をこの経の宗とする（以万善之因為此経宗）」学説が異説①ならびに異説⑩と類似していることと無関係ではないだろう。吉蔵は異説①と異説⑩は同一系統の学説として理解していたのである。一方、異説⑩に対する灌頂の批評は以下の通りである。

【灌頂批評】　私は思う。もし成仏がそのまま果であるならば、どうして果を取り上げて宗と規定しないのか。

私謂、若作仏即是果、何不取果為宗。（T33・794a7）

灌頂は「ただ善でありさえすれば、すべて成仏できる（但使是善、皆得作仏）」という異説の主張を善によって「作仏」という果が得られると理解している。そして、もし異説が主張するように、善によって「作仏」という果が成就するのであれば、果を宗と規定すべきであると批判している。これは吉蔵の解釈とも共通するものである。したがって異説⑩に対する灌頂の批評は吉蔵の批評と同じ方向性のものといえよう。

次に異説⑪について検討する。『法華玄義』に紹介される異説⑪は次の通りである[61]。

【玄義】　ある人は、「あらゆる善の中で、無漏を取って宗とする」と言っている。

有言、万善中取無漏為宗。（T33・795a8）

この説は万善の中の無漏善を『法華経』の宗と規定する学説である。『法華玄義』では無漏善を宗と規定していることと以外に情報が記されていない。この箇所は『法華玄論』が挙げる次の説を参照していると考えられる。

【玄論】　第十一の師は、「あらゆる善を体とする。これは非常に範囲が広い。この経は一乗を明らかにしている以上、ただ乗の装飾品を取り上げるだけである。一乗を体とすべきである。乗の装飾品とは、下（『法華経』譬喩品）に、「その車は大きくて広く、［車を］ひくのに白い牛を用いる」という通りである。ただ無漏の大乗を取って、有漏の法を簡び捨てるのである」と言っている。

第十一師云、万善為体。此大通漫。此経既明一乗、但取乗之飾具。宜用一乗為体。乗飾具者、如下云、其車高広、乃至駕以白牛。但取無漏大乗、簡除有漏之法也。（T34・380c6-10）

灌頂は、異説⑪を万善の中の無漏善を『法華経』の宗とする学説としてまとめているが、『法華玄論』によれば、この説は基本的に一乗を体と規定しており、その際に無漏によって有漏を排除しているのである。この説に対する吉蔵の批評は次の通りである。

【吉蔵批評】　批評して言う。この解釈によると一乗を体と規定している。初師（慧遠の一乗を宗とする学説）と同じではない。初師は総合的に一乗を明らかにしているが、今［の説］は、ただ無漏を取って意義を明らかにしている。［意義が］限定されている以上、用いるものではない。

評曰、尋此釈用一乗為体。与初師不同。初師総明一乗、今但取無漏明義。既局、非所用也。（T34・380c10-12）

吉蔵は、宗に関する異説を挙げる中で第一に挙げた慧遠の学説（異説①）とこの異説とが、一乗に焦点を当てる点において共通しているが、両者の学説には大きな相違があることを指摘している。すなわち、吉蔵は慧遠の学説は一乗を総合的に論じたものであると評価する一方で、この異説⑪は無漏を用いて一乗の意義を限定的に明らかにしたもので、普遍性がないため用いることはできないと批判している。異説⑩と異説⑪は同じく万善を宗と規定した学説として紹介されているが、吉蔵は慧遠の学説を基準としてこれらの学説を批評している。上述のように異説⑩は異説①である慧遠の学説と関連する内容であることが指摘され、異説⑪はその思想内容が限定的である点が、慧遠の学説との比較によって指摘されるのである。

以上の議論を踏まえ、次に灌頂の批評を確認する。灌頂は異説⑪について次のように批評している。

【灌頂批評】　私は思う。［この説は］非常に限定されている。また小乗の涅槃と混同される。

私謂、太局。又濫小涅槃。（T33・795a8-9）

異説⑪に対する灌頂の批評は極めて短いものであるが、灌頂は無漏善だけを用いることは限定し過ぎであり、小乗の涅槃とも混同されてしまうと批判している。灌頂の批評と吉蔵の批評は、異説⑪を限定的な議論しかなされない不十分なものであると理解している点で共通している。堀内［一九九一］は、異説⑪に対する灌頂の批評について、これは『法華玄論』の「［意義が］限定されている以上、用いるものではない（既局、非所用也）」（T34・380c12）という表現を踏まえたものであると指摘している。異説⑩と異説⑪に対する吉蔵の批評が一連のものであり、異説⑩に対する灌頂の批評が吉蔵の批評と同じ方向性のものであったことを考慮すれば、異説⑩と異説⑪に対する灌頂の批評が、吉蔵の批評を踏まえた表現であることは明らかであろう。ただし、灌頂の批評の後半部分は、異説⑪によれば小乗の涅槃と混同されてしまうという批判であるが、このような批評内容は吉蔵には確認されない。また灌頂の批評は極めて短くその内容は必ずしも明らかではない。しかし批評の短さ、また小乗の涅槃を引き合いに出している点から類推すれば、灌頂にとって、この異説の評価は詳細な批評を必要とするまでもないものであったと思われる。したがって、そのような、取るに足らない異説に対して、参照していた『法華玄論』の批評をもとに、簡単に自身の批評を記したというのが実情ではないかと推測される。

(6) 異説⑫ 吉蔵の学説

次に異説⑫について検討する。これまで確認してきたように、『法華経』の宗に関する十二の異説として『法華玄義』が紹介する異説は、その第一説から第十一説までが吉蔵の『法華玄論』に紹介される十三の旧説の中の第一説から第十一説までの学説を参照したものであった。そして『法華玄義』が最後に紹介する異説⑫は、『法華玄論』に説かれる吉蔵自身の学説である。ここでは、初めに『法華玄義』が紹介する吉蔵の学説を確認し、その学説に対する灌頂の批評を検討する。『法華玄義』が紹介する吉蔵の学説は次の通りである。

【玄義】 ある人は、「もしその異説を受けて、それぞれ利益を受ける場合には、多くの解釈に非とすることのできるものはない。［異説を］聞いて悟らない場合には、多くの師［の解釈］に是とすることのできるものはない。ある師の意義において、ただ大事なことは悟りにあるだけである。悟りを経の宗と規定するのは適当である。『大経』（『大般涅槃経』）に、「もし固定的な相があれば、これは生死の法であり、これは魔王の相である。仏法には固定的な相はない。したがって、如来は、道でないものを道と説き、道を道でないものと説くのである」とある。当然、ただ悟りだけに従うと知るべきである」と言っている。

有人言、若稟斯異説、各蒙益者、衆釈無可為非。聞而不悟、衆師無可為是。一師之意、唯貴在悟。宜以悟為経宗。大経云、若有定相、是生死法、是魔王相。仏法無定相。是故如来、非道説道、道説非道。当知唯悟是従。
（T33・795a9−14）

異説⑫は『法華玄論』における『法華経』の宗旨についての学説の一部である。『法華玄義』で紹介される吉蔵の説は、さまざまな異説も、衆生が悟れるならば否定することはできないし、逆に悟らなければ肯定することはできないとして、衆生の悟りを『法華経』の宗旨と規定する学説と、『大般涅槃経』に基づき仏法に固定的な説は存在しないとする学説との二つである[62]。吉蔵のこの二つの観点は『法華玄論』では実際にはそれぞれ以下のように展開されている。

衆生の悟りを『法華経』の宗旨と規定する点については、『法華玄論』には以下のように述べられている。

【玄論】質問する。すでに異説を聞いたが、まだ今の宗を見ていない。［今の宗は］多くの師と異なるのか、多くの師と同じなのか。

答える。もし悟りによって言うならば、その異説を受けて、それぞれ利益を受ける場合には、多くの師の解釈に非とすることのできるものはない。もし［異説を］聞いて悟らなければ、多くの師に是とすることのできるものはない。ある師の意義について、ただ大事なことは悟りにあるだけである。悟りを経の宗として、［今の宗と異説との］同異を論じないことは適当である。

問、已聞異説、未見今宗。為異衆師、為同諸匠耶。

答、若以悟而言、稟斯異説、各蒙益者、則衆師釈無可為非。若聞而不悟、則衆師無可為是。一師之意、唯貴在於悟耳。宜以悟為経宗、無論同異也。
（T34・381a8−13）

そして、『大般涅槃経』に基づいて仏法に固定的な説は存在しないという主張は以下の部分にみられる。

【玄論】　質問する。ただ悟り［を宗とする］という言葉は、やはり道に合致するはずである。まだこの説が、どの経文に出るのか知らない。

答える。（悟りを宗とすること）これは依然として多くの聖者の本懐であり、経論の要点である。ただ理を会通するだけでなく、また誠文（経論）もある。それゆえ『大経』（『大般涅槃経』）に、「一切諸法に固定的な相はない。もし固定的な相があれば、生死の相であり、魔王の相であって、仏法の相ではない。［仏法は］固定的でない相によるのである。したがって」、「如来は道でないものを道と説き、道を道でないものと説き」、「常を常でないものと説き、常でないものを常と説くのである」とある。もし法に固定的な相があれば、是については是と説くはずであるし、非については非と説くはずである。しかしながら、是・非はひっくり返って論じ、真・偽は互いに説き［一定しない］ものである。それゆえ、法に固定的な相はなく、ただ悟りに従うだけであると知るのである。

問。唯悟之言、乃応会道。未知此説出在何文耶。

答。斯乃衆聖之本懐、経論之宗領。非但会理、亦有誠文。故大経云、一切諸法無有定相。若有定相、是生死相、是魔王相、非仏法相。以無定相。是故、如来非道説道、道説非道。常説非常、非常説常。法若有定、是応説是、非応説非。而是非反論、真偽互説者。故知法無定相、唯悟是従。（T34・381a21–29）

『法華玄義』において紹介される吉蔵の学説は以上であるが、これに対して灌頂は次のように批評している。

【灌頂批評】　私は思う。もし［衆生の］悟りを宗と規定するのなら、やはり果の証得のことであって、修行の因のことを言うのではない。南［はどの方角］かと質問されて北を指し、四方四隅の選別を混乱している［ようなものである］。

また、固定的に悟りを宗と規定すれば、固定したものとなってしまう。どうして固定したものでないと言えるのか。［このような説を］説く者は非常に多いため、詳しく出すことはできない。

私謂、若悟為宗、乃是果証、非謂行因。問南指北、方隅料乱。
又定以悟為宗、是為定定。何謂不定。説者甚多。不能具出也。（T33・795a14–17）

灌頂は、吉蔵の衆生の悟りを『法華経』の宗とする学説に対して、衆生の悟りを宗と規定してしまえば、悟りは果証であるので修行の因がないことになってしまい、仏の自行の因果を宗と規定する『法華玄義』の宗の概念と矛盾が生じてしまうことを指摘し、また悟りを宗と固定的に捉えてしまうと、仏法には固定的な説はないとする吉蔵の学説自体に矛盾が生じてしまうと批判している。灌頂の批評は吉蔵の学説を厳しく批判するもので、天台仏教の教学、とりわけ『法華玄義』における教義に基づけば一定の妥当性を備えているといえる。しかし、灌頂の批評の後半の論点については、吉蔵が衆生の悟りを宗とする立場を強調することは、自分の批評に対しても絶対視することがないよう戒めるという意図があった、と菅野［一九九四］が考察しているように[63]、吉蔵自身の立場はむしろ悟りを宗とすることで、自身の批評が固定的な考えに陥ってしまうことに配慮していたという点を考慮しておかなくてはならないだろう。たしかに灌頂が指摘するように、吉蔵が宗として衆生の悟りを重視していることは、吉蔵の宗旨観の大きな特徴といえる。しかし、吉蔵はこれを基礎として、「かえって積極的に、実相正法を『法華経』の宗と定め、諸師の因果を宗とする考えに対して、因果は実相正法の体に相対すれば、用にすぎず、しかも、その用として認められる因果は諸師の規定する因果とは異なって、すぐれた内容（因については仏性、縁因を備え、果については完全な徳を備え、すべての煩悩を断ち切っていること）を持つことを明かしている」のである（菅野［一九九四：五一七］）[64]。したがって、本来の吉蔵の意図は、衆生の悟りを宗と規定することで、諸師の宗を因果と規定するような学説を止揚することにあったともいえ、この意味においては灌頂の批評は吉蔵の学説を一面的にしか理解していないことになる。『法華玄義』においては、仏の自行の因果が『法華経』の宗と規定されているため、灌頂のこのような理解は、吉蔵と灌頂のそれぞれの宗に対する定義の相違に起因しているといえようが、しかし同時に、このような吉蔵説の一面的な理解は、灌頂自身が批評に際して恣意的に対象の学説を取捨選択していることを明らかにしているともいえよう。

以上、『法華玄義』が紹介する『法華経』の宗に関する十二の異説について、『法華玄義』と『法華玄論』のそれぞれの記述を比較検討することを通して、灌頂が『法華玄論』に提示された異説と吉蔵の批評をどのように受容し、それに対して自身の批評をどのように展開しているのかを検討した。

第三項　十二の異説と灌頂の批評に対する『法華玄義釈籤』の注釈態度

前項では、『法華玄義』が紹介する『法華経』の宗に関する十二の異説について、『法華玄義』と『法華玄論』のそれぞれの記述を比較検討し、『法華玄義』において『法華玄論』に提示された異説と吉蔵の批評がどのように受容されているのか、またそれらの異説に対して灌頂がどのように批評を展開しているのかを確認した。本項では、さらに宗に関する十二の異説とそれに対する灌頂の批評について、湛然が『法華玄義釈籤』においてどのような注釈を展開しているのかを検討する。平井［一九八五：二八一―三〇五］は、湛然が『法華文句記』の撰述において『法華玄論』を参照していないために、その注釈において「重大な過誤」（二八七頁）を犯していると主張しているが、[65]湛然は『法華玄義釈籤』の撰述においても、『法華玄論』を参照していなかったものと推察される。もし灌頂が『法華玄論』を参照した箇所の注釈において、湛然がそれに基づき天台教学上の重要な思想を展開しているのであれば、平井［一九八五］の指摘の通り、湛然は天台教学の理論形成において「重大な過誤」を犯していることになるだろう。本項は、『法華玄義』の紹介する十二の異説とその批評に対する湛然の注釈を検討することを通して、湛然が『法華玄義釈籤』においても『法華玄論』を参照していなかった事実を確認しつつ、その理由とそのことが湛然の『法華玄義』理解にどのような影響があったのかという問題についても言及していきたい。以下、異説①から異説⑫、ならびにそれぞれの異説に対する灌頂の批評に対する湛然の注釈を順に取り上げて検討する。

（1）異説①

すでに確認したように、『法華玄義』が紹介する異説①は、廬山慧遠の学説で一乗を『法華経』の宗と規定する学説であった。吉蔵はこの学説に対して、一乗は因果を備えていないため実際には『法華経』の宗として因だけを採用している点、また果門を備えない不完全な因行を宗と規定している点の二つの観点から批評しており、灌頂は、慧遠が理解する一乗は三乗という麤に相対する概念としての一乗であり、妙因ではないと批評している。湛然はこの灌頂の批評に対して注釈しているわけであるが、湛然の注釈には吉蔵の批評に用いられるのと同様の観点がみられ注目される。異説①に対する灌頂の批評について、『法華玄義釈籤』は以下のように注釈している。

［遠師が］明らかにする一乗は、ただ三乗を批判する一乗であり、麤に相待する妙であり、ただ因であるだけで果ではない。これは［『法華経』の］始（迹門）にあり、［『法華経』の］末（本門）を含まない。それゆえ［灌頂は］「始・末を該ねず」と言うのである。まして批判される三乗はどの教えにあるのか。

所明一乗、但是破三之一、待麤之妙、則但因而非果。是則在始而不該末。故云不該始末。況所破之三為在何教。

（T33・944c5-7）

ここでは、灌頂の批評における慧遠の一乗説の理解について、三乗（麤）に相待するという意味での一乗（妙）との解釈が提示され、この一乗説には因だけが説かれて果はないため、『法華経』全体を包括した思想ではない、と解釈している。このように湛然は、灌頂の批評を解釈する際に、慧遠の説が因だけを説き果を備えていないという吉蔵の批評と同様の視点によって、慧遠の一乗思想が因だけを説く迹門の思想である点を強調している。この点に関して、『法華玄義釈籤講義』は灌頂の批評と湛然の注釈に微妙な理解のずれがあることを次のように指摘している。

〔『法華玄義』の〕「為破三故一、待麤非妙因」とは、引用した箇所はただ能待の妙を提示することで、もっぱら廃三の辺に基づく意義を明らかにして、〔灌頂は〕「待麤非妙因」と言っている。『籤』（『法華玄義釈籤』）は能待〔の妙〕が果を欠いているという欠点を明らかにして、「待麤之妙」と言っている。〔両者の〕語調は異なっている。

為破三故一、待麤非妙因、所引但以挙能待妙、彰偏拠廃三辺意、云待麤非妙因。籤彰能待闕果過、云待麤之妙。語勢不同。[66]

すなわち、『法華玄義釈籤講義』によれば、灌頂が「待麤非妙因」というのは、能待の妙を提示することで、慧遠の一乗思想が三乗を捨てる立場に基づいていることを明らかにしており、一方、湛然はそれを「待麤之妙」と注釈し、能待の妙は果を欠いているという欠点があることを明らかにしているのである。

このように湛然の注釈では、吉蔵の批評において提示された論点に近い解釈が展開されている。しかしこの箇所をもって湛然が『法華玄論』を参照した形跡と判断することはできない。むしろ以降に確認する湛然の注釈態度から判断すれば、湛然は『法華玄論』を参照していなかったと判断する方が妥当である。おそらく灌頂は吉蔵の批評を知っていたであろうから、あえて吉蔵とは異なる独自の批評を提示しようと意図したことは十分に想定されうる事態であるが、湛然は灌頂の批評を理論的に補足しようとして、図らずも吉蔵説に近い解釈を導き出したのではないかと推察される。

（2）異説②

次に異説②に対する『法華玄義釈籤』の注釈を確認したい。異説②は果を『法華経』の宗とする慧龍の学説である。この説に対して吉蔵は果だけを宗と規定して因を宗と認めていない点について慧龍の学説を批判しているが、慧龍の学説自体については好意的な立場であった。一方、灌頂の批評では果とは単独では成立するものでないことが指摘され、吉蔵と同じく果だけを宗と規定する慧龍の学説が批判された。ただし、灌頂は吉蔵とは異なり慧龍の学説が経文の解釈として妥当でないという点を指摘している。湛然の注釈においてはその点がさらに強調されている。慧龍の学説に対する灌頂の批評について『法華玄義釈籤』は次のように述べている。

次に龍師（慧龍）を批判するとは、この経（『法華経』）はもともと因果を宗としている。龍師は因を捨てて、単独で果を立てている。「文に乖く」と言うのは、今経（『法華経』）の本門と迹門はそれぞれに因果を立てて経の宗と規定している。詳しくは下に本門・迹門の二文を引用する通りである。それゆえ［慧龍の説が］経文に背くことがわかる。

次破龍師者、此経本以因果為宗。龍師棄因、独存於果。言乖文者、今経本迹各立因果以為経宗。具如下引本迹

二文。故知乖文。（T33・944c7‐10）

湛然は、初めに因果を『法華経』の宗と規定すべきであることを指摘して、「果は単独では成立しない。（果不孤立）」（T33・794c16）という灌頂の説を受けて、慧龍の説を「因を捨てて、単独で果を立てている（龍師棄因、独存於果）」とまとめている。そして吉蔵の批評と灌頂の批評との相違点である「［慧龍の説は］また、文に背いているのである。（又乖文也）」（T33・794c17）について、『法華経』は、本門・迹門のそれぞれに因果を宗として立てていると指摘して、慧龍の説が『法華経』の宗を理解していないことをより明確に提示している。ここでは吉蔵の批評と灌頂の批評との相違点が取り上げられているが、『法華玄義釈籤』には吉蔵の学説について全く言及しておらず、湛然が『法華玄論』を参照したという積極的な証拠は確認できない。したがって、この箇所は湛然が『法華玄義』と『法華玄論』の記述の相違点を意識的に強調したというわけではなく、灌頂の批評が簡潔なものであるため、その意味を湛然の立場から明確化したものと考えるのが妥当であろう。

（3）異説③

異説③は慧観の学説であるが、この異説③に対しては灌頂の批評が確認されない。慧観の学説は「妙一」を『法華経』の名と規定し、「真慧」を『法華経』の体と規定する学説である。『法華玄義』が紹介する慧観の学説は、『法華玄論』を要約したものであるが、『法華玄論』が紹介する慧観の学説は、慧観の『法華宗要序』の内容を独自に要約し、さらに鳩摩羅什が慧観の学説を讃歎したという逸話を加えたものである。吉蔵は慧観の学説に対して、「文旨允契。如什所歎也」（T34・380a9‐10）と肯定的に評価している。灌頂は慧観の学説に対して批評していないが、『法華玄義』の文脈からは、鳩摩羅什による慧観への讃歎が慧観の学説に対する評価として理解できる。少なくとも慧観の学説に対する否定的な言説は確認できない。このような灌頂の態度は、後に天台仏教の正統性を強く強調する立場にあった湛然において大きな問題となる。異説③に対して灌頂自身による批評が存在せず、慧観の学説を肯定したままとなっていることは、智顗による『法華経』解釈が『法華経』の正統な解釈であるという彼の立場を揺るがすことになるからである。そこで『法華玄義釈籤』は慧観の学説に対する『法華玄義』の態度について次のような解釈を提示している。

慧観師の解釈に今［灌頂の］批判がないのは、什公（鳩摩羅什）がすでに讃歎しているので、今家は［慧観の説を］おおよそ認めている。遠公［の説］は果を捨て因を残し、龍師［の説］は因を捨て果を残すからであり、観（慧観）には［乗の］始めがあり、［乗の］盛りがある以上、これは［仏の因果の］両方がある。［しかし］やはり全てが妥当なのではない。それゆえ、また［慧観の説に］依らない。なぜならば、もし『法華経』が三乗を集めて一乗に帰着させること（「会三帰一」）を乗の始めとするならば、どうして『法華経』一部［の内］に、乗の終わりがないことがあろうか。もし［『法華経』一部の内に乗の］終わりがなければ、「直至道場」とは、どのようなものであろうか。もし精神を澄ますこと（「（滅影）澄神」）を『大般涅槃経』を指すとするのであれば、『大般涅槃経』一部の内に、どうして乗の始めがないことがあろうか。もし［『大般涅槃経』一部の内に乗の］始めがなければ、［『大般涅槃経』が］初めに［劣の］三修を批判し、初発心から常に涅槃を観察することは、どのようなものであろうか。

慧観師釈今無破者、什公已歎、今家粗許。以遠公棄果而存因、龍師棄因而存果、観既有始、有盛、即是両存。仍非全当。故亦不依。何者、若以法華会三帰一為乗始者、豈法華部無乗終耶。若無終者、直至道場為是何等。若以澄神指涅槃者、涅槃部内豈無乗始。若無始者、初破三修及初発心常観涅槃為是何等。（T33・944c10-18）

湛然は冒頭、灌頂が慧観の学説を批判しなかった理由について、「什公（鳩摩羅什）がすでに讃歎しているので、今家は［慧観の説を］おおよそ認める。（什公已歎、今家粗許）」と述べ、慧遠の因を宗とする学説や慧龍の果を宗とする学説に比べると、慧観の学説は仏の因と果の両方を宗としているため、一応は天台仏教の理解に近い立場とみることができるとの見解を示している。しかしその一方で、「やはり全てが妥当なのではない。それゆえ、また［慧観の説に］依らない。（仍非全当。故亦不依）」と述べ、智顗・灌頂の法華経観に基づけば慧観の学説が全て採用されるわけではないことを指摘している。慧観の説を採用しないことについては、『法華経』の「会三帰一」を乗の始めと規定してしまえば、『法華経』に乗の終わりがないことになってしまうという点と、『大般涅槃経』を「（滅影）澄神」として乗の終わりと規定してしまえば、『大般涅槃経』には乗の始めがないことになってしまうという点の二点から、慧観の学説の問題点を指摘している。しかし、湛然の理解に基づけば、慧観は『法華経』には乗の「終」が説かれず、『大般涅槃経』には乗の「始」が示されていないことを主張したということになっているが、実際にはすでに確認したように、慧観の学説では「会三帰一」と「（滅影）澄神」は『法華経』の乗の「始」と「終」に対応している。すなわち、慧観が始・盛・終の三段落を提示したのはいずれも『法華経』について展開された議論であったのであり、ここでの湛然の慧観の学説に対する理解は妥当なものとは言い難い。この点については宝地房証真も『法華玄義私記』において次のように疑義を呈している。

「どうして『法華』の部に始終がないことがあろうか」等とは、質問する。彼の師（慧龍）は『法華序』（『法華宗要序』）を著して、ただ［『法華経』］一経の始・中・終を明らかにしただけである。『大般涅槃経』に焦点をあわせていない。どうして『大般涅槃経』に焦点を合わせて、このような批判をするのだろうか。彼（慧龍）は迹門の弟子が三乗を集めることを始めと規定し、迹仏の果を盛りと規定し、本門の［仏の］寿命を終と名づけるのである。……『玄論』（『法華玄論』）はまた非常にこれを賞賛している。云云。

豈法華部無始終耶等者、問。彼師作法華序、但明一経始・中・終。不約涅槃、何約涅槃、作此難耶。彼以迹門弟子会三為始、以迹仏果為盛、以本門寿名終。……玄論亦太讃之。云云。[67]

湛然の理解によれば、慧観の説は『法華経』と『大般涅槃経』をそれぞれ始・終と規定するものであるが、証真は『法華玄論』を参照して、慧観の説は『法華経』の始・中・終を明らかにしたもので、『大般涅槃経』には焦点が当てられていないことを指摘している。ただし証真は慧龍が提示した「始」・「盛」・「終」という三段階の説を「迹門の弟子が三乗を集めることを始めと規定し、迹仏の果を盛りと規定し、本門の［仏の］寿命を終と名づけるのである（以迹門弟子会三為始、以迹仏果為盛、以本門寿名終）」と理解しているが、「始」・「盛」・「終」を『法華経』のストーリーに対応させるのであれば、「盛」を「迹仏果」と規定することは問題があるだろう。「始」・「盛」・「終」の三段階は『法華経』に説かれる釈尊の活動を分類、整理したものと捉えれば、「盛」は「悟りの智慧が完全なものになることが乗の盛りである（覚慧成満乗之盛也）」（T34・380a4）と規定される以上、迹仏としての仏果の完成ではなく、本仏としての仏果の完成を示していると解釈すべきであり、「盛」は寿量品における久遠の釈尊の開示を指していると理解すべきだろう。

また湛然の解釈の妥当性については痴空が『法華玄義釈籤講義』において次のように湛然を擁護している。

今、思う。『序』（『法華宗要序』）の文章の意味が明らかではないので、『籤』（『法華玄義釈籤』）のように［「始」・「終」を『法華経』と『大般涅槃経』の］二経に対応させて、［「終」を］『大般涅槃経』と規定し［慧観の説の］欠点を明らかにしても、その意義（湛然の注釈）はまた通用する。

今謂、序文義不分明、如籤対二経、為涅槃顕過、其義亦通。[68]

痴空は『法華玄義』に引用される慧観の『法華宗要序』は意味が明瞭でないため、湛然の解釈にも一定の妥当性が認められるとしている。たしかに痴空の指摘するように『法華玄義』の記述にのみよれば、湛然の注釈のような解釈を展開することも可能ではあろう。しかしこのことは同時に、湛然が『法華玄義』の注釈に際して、『法華玄義』の記述の引用元である『法華玄論』や『法華宗要序』を確認する作業を行わずに『法華玄義』を解釈していたということを意味している。すなわち、この箇所は湛然が『法華玄義釈籤』において『法華玄論』を参照しなかったことの一つの証左を提示しているのである。

（4）異説④

異説④は、僧印の学説である。彼は一乗の妙境と智慧とを『法華経』の宗と規定した。『法華玄論』の記述によれば、僧印の学説は『法華経』の宗を智慧（果）と規定する慧龍の学説に、境を加え、境と智慧とを『法華経』の宗と規定する学説とされている。この説に対する『法華玄論』の批評は、僧印の学説が果を宗と規定する慧龍の学説を継承している点を指摘していることから、事実上は僧印の学説に因が明示されていない点を批判している。これに対して灌頂の批評では、僧印の学説には果を欠いていることを明確に指摘している。よって、この点において両者の僧印の学説に対する理解にはなお大きな隔たりがある。この問題は、次に挙げる湛然の注釈においてより明確化されている。この箇所に対する『法華玄義釈籤』の注釈は以下の通りである。

印師（僧印）を批判する中に、「[僧印の説は] 境を加えて果を欠く」というのは、ここではゆったりとそれ（僧印の説）が智を用いることを許している。智は因果に通じるので、やや経の宗に似ている。もし三法妙に対せば、[この説は] ただ因について説いているだけで、果を欠くのである。ましてや、さらに境を加えた場合は言うまでもない。境は体に属しており、宗の義を助ける。［見かけは］ふくれても［中身は］増えない［ようなものである］。

破印師中云、加境闕果者、此乃従容許其用智。智通因果、稍似経宗。若望三法、然但在因、而闕於果。況復加境。境属於体、将陪宗義。腫不益肥。（T33・944c18-21）

ここでは最初に『法華経』の宗を規定するのに智慧を用いることは許されるという立場が提示されているが、湛然は三法妙という観点からみると、僧印の提示する学説には因について説いているだけであり、果を欠いているため認めることはできないと批判している。この箇所での湛然の解釈は灌頂の批評の趣旨と変わらないものである。ただし湛然はこの注釈において三法妙という観点を導入して解釈を展開している。三法妙とは、迹門の十妙の一つであり、『法華玄義』においては、次のように規定されている。

三法妙とは、これは［境・智・行によって］かえって妙位の住する法である。三法とは、そのまま［真性・観照・資成の］三軌である。軌は軌範に名づけている。やはり三法は軌範とすることができるだけである。

三法妙者、斯乃妙位所住之法也。言三法者、即三軌也。軌名軌範。還是三法可軌範耳。（T33・741b7-9）

三法とは三軌のことであり、三軌とは、具体的に真性軌・観照軌・資成軌を指す。そして『法華玄義』ではこの真性軌・観照軌・資成軌の三軌と境・智・行・位との関係について次のように規定している。

前に諸諦（境）の、あるいは開、あるいは合、あるいは麤、あるいは妙等を明かしたのは、すでにこれは真性軌の相であった。前に諸智の、あるいは開、あるいは合、あるいは麤、あるいは妙を明かしたのは、これは観照軌の相であった。前に諸行の、あるいは開、あるいは合、あるいは麤、あるいは妙を明かしたのは、すでにこれは資成軌の相であった。前に諸位を明かしたのは、ただこれは、この三法を修行して証得する果であるだけである。

前明諸諦若開、若合、若麤、若妙等、已是真性軌相也。前明諸智若開、若合、若麤、若妙、是観照軌相也。前明諸行若開、若合、若麤、若妙、已是資成軌相也。前明諸位、秖是修此三法所証之果耳。（T33・741b23-27）

すなわち、「境」は真性軌、「智」は観照軌、「行」は資成軌に対応し、「位」はそれら三法を修行することで証得する果であると規定されている。天台教学においては、三軌は「境」・「智」・「行」を総合的に理論展開したものであり、この三軌が一体不離の概念として、真性軌は真如実相、観照軌は実相を観察する智慧、資成軌は智慧を補助する修行と理解されるのである。そして、これを因果という視点から見れば、「境」・「智」・「行」に対応する三軌は因であり、三軌によって証得される「位」が果となる。今、問題としている湛然の注釈の文脈から考えれば、異説において「境」や「智」が提示されるといっても、「行」については提示されていないため、三軌は完備されていない。三軌が不完全であればそれを修行して獲得される果は備わっていないことになるのである。

灌頂がこの箇所において『法華玄論』を参照していたことは事実であるが、さらに灌頂が自身の批評においても『法華玄論』の説を流用していたかという問題は、それを完全に肯定する根拠も否定する根拠も見いだすことはできない。しかし、以上に確認した湛然の注釈によれば、たとえ灌頂の批評が吉蔵の説に基づいていたとしても、少なくとも天台仏教的な理解によって解釈を展開する余地は残されており、しかもそれは『法華玄論』との論点の相違に起因するものであったことが明らかとなるのである。

なお、以上に確認した湛然の注釈からは、湛然自身が『法華玄論』の説を参照していたかどうかを判断することは難しい。しかし灌頂の説については、その注釈態度からそれを細部まで研究し、その説を天台仏教の正統な解釈として肯定的に補足説明していたことが窺われる。

（5）異説⑤

異説⑤は法雲の学説である。『法華玄義』には、法雲が『法華経』の前段には因が明かされ、後段には果が明かされると解釈していたことを根拠として、法雲は『法華経』の宗旨を一乗の因果と規定していたと指摘されている。吉蔵は法雲の説に対して、『法華経』の前半部分、すなわち開三顕一の部分には因と果の両方が認められなければならないと批判しているが、灌頂は前半部分ばかりでなく、『法華経』の前半・後半のそれぞれに因果が明かされなければならないという立場から法雲の学説を批判している。湛然は異説⑤に対する灌頂の批評について、次のように注釈している。

次に光宅（法雲）を批判するのは、正しく［灌頂が］解釈する中に、自然と［『法華経』の前段・後段の］両処における師弟の因果を設定している。

次破光宅者、正釈中自立両処師弟因果。（T33・944c21-22）

以上のように、異説⑤への灌頂の批評についての湛然の注釈は、簡潔な補足的説明が見られるだけである。すなわち、灌頂の『法華経』の前半・後半にはそれぞれ因果が明かされているという学説を受けて、その明かされる因果の内容を、師弟の因果であると補足的に解釈している。

（6）異説⑥

異説⑥は権実の二智を宗と規定する学説である。『法華玄義』が紹介する異説は非常に簡潔であり、ある人が権実の二智を宗と規定していることとしか記されていない。この学説に対して吉蔵は『法華経』に権実の二智が説かれているという点には同意しつつ、理論的には果を宗と規定する学説と同じである点、一乗だけでなく三乗も体と規定しなければならない点、仏身と智慧を混同してしまう点の三点を批判している。これに対して灌頂は吉蔵の指摘する第二の問題点と同じ内容の批評をしている。この箇所に対して湛然は、

次に、権実および名を宗とするのを批判する。〔言わずとも〕明らかである。

次破用権実及名為宗。可見。（T33・944c22‐23）

と分科を示すのみで、『法華玄義』本文に対しては特別な注釈をしていない。これは『法華玄義』の本文、すなわち異説⑥とそれに対する灌頂の批評について、湛然がこれ以上の説明の必要がないと判断していることを意味している。

もし湛然がこの箇所について『法華玄論』を参照していたとすれば、灌頂の批評が吉蔵の批評の一部と共通する内容であることを認識していたはずであり、さらに吉蔵の批評の方がより詳細な分析を行っているので、それらに対して何かしらの言及があってもおかしくない。しかし、異説⑥に対する注釈において、湛然はほぼ全く独自の注釈を付していない。このことも、湛然が『法華玄論』を参照していなかった状況証拠の一つといえるだろう。

(7)　異説⑦

異説⑦は、地論宗の学説であり、この異説では「妙法蓮華」という『法華経』の名称が宗と規定されている。そして、異説⑦には灌頂による批評が確認されず、異説⑦に対する批評にあたる箇所には『摂大乗論』を用いた批判が提示されている。この箇所について湛然は次のように注釈している。

次に［『法華経』の］名を用いる［説］を批判する中に、［『法華玄義』に］「これは地論宗の師の用いる［学説］であり、八識は究極の果である」と言うのは、前の「惑によって汚染されたものと異ならないが、染と共

にあるのではない」を指す。今、さらに摂論師［の説］を批判する。摂論師の批判する対象が、批判する主体ではない以上、［この説は］今経の宗ではない。

次破用名中、言此是地師用、八識極果者、指向不異惑染、不与染俱。今尚破摂師。摂師所破、既非能破、非今経宗。（T33・944c24–25）

上記の『法華玄義釈籤』の引用箇所の前半部分は『法華玄義』の内容に対する注釈であり、後半部分は湛然による『法華玄義』の記述内容に対する補足的説明である。

前半部分は、『法華玄義』において「これは地論宗の師の用いる［学説］であり、八識は究極の果である［という認識］に基づいている（此是地師用、拠八識極果）」（T33・794c29–795a1）との、ある師の学説を考察する部分（実際には『法華玄論』を要約した部分）が、『法華玄義』の実際に紹介するある師の「不異惑染、不与染俱」という説に対応していることを指摘した箇所である。湛然の解釈に基づけば、地論宗が極果と認定する第八識は「不異惑染、不与染俱」と規定されることになる。すなわち、第八識は染と浄の両方の側面が備わることになる。これは第八真識を如来蔵と捉える一般的な地論宗南道派の心識説とは異なり、北道派的、あるいは摂論宗的な心識説になっている。ただし、「不異惑染、不与染俱」という『法華玄義』の記述自体は、すでに確認したように灌頂が『法華玄論』から異説の内容を引用する際に生じたであろう誤写であり、本来は「不受惑染、不与染俱」という記述であった可能性が高い。地論宗の思想についての知識は、湛然よりも時代の近い吉蔵の方が正確な情報を持っていたはずであるし、湛然は『法華玄義』が『法華玄論』を参照して撰述されたということを認識していなかったと考えられるため、この箇所の湛然の注釈は確実な根拠を持ってなされたのではなく、『法華玄義』の本文から論理的に推定されたものと考えられる。

また後半部分は、『法華玄義』が『摂大乗論』の学説を採用していることについて、湛然はそれが地論宗を批判するためのもので、全面的にその説を採用しているわけではないことを論証しようとしている。すなわち、異説⑦では『法華玄義』は摂論宗の説によって地論宗の学説を批判するという構造をとっているため、形式的には『摂大乗論』の説を採用していることになる。これは智顗による解釈が正統な『法華経』解釈であるという立場に立つ湛然にとって大いに問題となる事態であり、異説⑦に対する『法華玄義釈籤』の注釈の後半部分は、この問題を解決することに主眼が置かれ、『摂大乗論』の依用が地論宗の師を批判するためだけのものであることを、天台仏教の立場から摂論師を批判することで示している。

（8）　異説⑧・異説⑨

異説⑧と異説⑨はともに常住を『法華経』の宗と規定する学説である。ただし、『法華経』には直接的に常住を明かしているわけではないので、異説⑧は、『法華経』は真相を隠した仕方で「常住」を明かしていると解釈し、異説⑨は明確な仕方で常住を明かす『大般涅槃経』を「広」と規定し、これに対して『法華経』を「略」と位置づけている。灌頂は異説⑧に対して、「［この説は］すべて経（『法華経』）の意ではない（都非経意）」と厳しく批判している。このような灌頂の批評に対して湛然は次のように注釈している。

次に常住を宗とすることを批判するとは、上の句（「常若被覆、宗何所顕」）は、しばらく許して言っている。［常住は］我が今の宗が顕わすものではない。もしこれ（常住）が顕わすものであれば、［その］顕わすものは宗ではない。覆われないという（「常不被覆」）のもまた［宗では］ない。［この異説は］まだ全く妥当であるのではない。

次破常住為宗者、上句且与而言、非我今宗所顕。若是所顕、所顕非宗。不覆亦非。未為全当。（T33・944c25－28）

灌頂は異説⑧に対して「常住がもし覆われてしまうのなら、宗はどうやって顕わされるのか。常住が覆われないのなら、常住は宗ではない（常若被覆、宗何所顕。常不被覆、常則非宗）」（T33・795a3－4）と批評しているが、これは常住を宗とする学説を前提にしてその学説の矛盾点を指摘するという形式をとっている。そのため常住を認めるかのような誤解を招かぬよう湛然は、改めて常住を宗とすることが『法華経』の本意ではないことを強調している。しかし、灌頂の立場は冒頭に「［この説は］すべて経（『法華経』）の意ではない（都非経意）」とあるように、非常に明確なものである。「［この異説は］まだ全く妥当であるのではない（未為全当）」と述べられる湛然の立場は、あくまでも灌頂の立場を受容したものといえる。

また異説⑨に対して、灌頂は『法華経』に常住が説かれているかどうかという問題を、常住が宗になりえない理由を指摘することで、常住を宗と規定できるかどうかという問題に置き換えて論じている。すなわち、宗を仏の自行の因果と規定する智顗の宗に対する考えにおいては、常住は因果が備わっていないため宗たりえないのである。そして、この灌頂の批評に対する湛然の注釈は次のような簡潔なものである。

次の師［について］は、上（異説⑧）に準じて知るべきである。

次師準上可知。（T33・944c28）

異説⑨に対する灌頂の批評は、常住を宗とする学説全般に対する批判であり、異説⑨の内容を直接批評したものではない。その点においては灌頂の批評は、個別の異説に対する批評としては妥当なものとはいえないが、湛然はその点については言及していない。

またこの箇所には特別な注釈はなく、異説⑧と同様に理解すべきであるとの指摘があるだけである。これは吉蔵が「この二師（＝異説⑧・⑨）は「覆（隠すこと）」と「顕（明瞭にすること）」とに違いがあるが、常住の義を明らかにするのは同じである（此二師雖有覆顕為異、而明常義同）」（T34・380b27−28）として異説⑧と異説⑨を一括して批評する立場に近い。これまで見てきたように湛然が『法華玄義釈籤』の執筆において『法華玄論』を参照していたという可能性は低い。ならば『法華玄義』の紹介する異説が『法華玄論』の記述に基づいて書かれているという点を考慮すると、湛然の注釈が吉蔵の批評に近づくということは、湛然が吉蔵説を受容したというよりも、むしろ湛然が注釈対象の文脈を正確に読み取っていたと理解することが妥当であろう。

(9)　異説⑩・異説⑪

異説⑩と異説⑪はともに万善を宗とする学説である。異説⑩は善によって成仏が可能になると主張する説である。異説⑩について、吉蔵は因を宗と規定することと同じであると指摘し、灌頂は善によって成仏という果を得るのであれば、この説は善ではなく果を宗と規定すべきであると批評している。湛然は灌頂の批評に対して次のように注釈している。

万善［を宗と規定する説］を批判するとは、［灌頂は］その説が果を捨てて因を取り上げていることを批判している。

破万善者、責其棄果而取因。（T33・944c28−29）

灌頂の批評は反語的に「どうして果を取り上げて宗と規定しないのか。（何不取果為宗）」（T33・794a7）と、異説⑩に果の側面が足りないことを指摘したものであるが、湛然はこの批評の意図は異説⑩が果を備えず因のみを宗と規定している点にあると説明している。異説⑩が因を宗と規定している点を批判することは、吉蔵の批評の仕方に近い。ただし、万善を因と理解することは特殊な解釈ではない。吉蔵は異説⑩が因を宗と規定する学説と捉えることで、「また前に批評したことと同じである（復同前評也）」（T34・380c6）と異説①についての批評を参照するように指示しているのに対して、湛然は灌頂の批評を簡単に補足しているのみであり、両者の記述に特別な関係性があるとはいえない。

異説⑪は、万善の中の無漏善を『法華経』の宗と規定する学説である。『法華玄義』の異説⑪についての批評は、一部『法華玄論』を参照して書かれたとの指摘もある箇所であるが、湛然は、この箇所に対して次のように注釈している。

次に無漏［を宗とするの］を批判するとは、［人、天、声聞、縁覚、蔵教・通教・別教の菩薩の］七方便の因果は、すべて我が家（天台仏教）の因となる。どうして限定されて、ただ無漏だけを立てるのか。もし初住位以降［の菩薩］を取り上げれば、真因であるといっても、無漏の名称は、また小乗の果と混同されてしまう。

次破無漏者、七方便之因果、倶為我家之因。何得局促独立無漏。若取初住已去、雖是真因、而無漏之名復濫小果。（T33・944c29–945a2）

すなわち、湛然は、天台家の立場からすると、人、天、声聞、縁覚、蔵教・通教・別教の菩薩の七方便の因果はすべて因と規定されるので、あらゆる善の中の無漏善だけを宗と規定することは誤りであり、また初住位以降の菩薩にあっては、無漏善が因であったとしても、その名称は小乗の果と混同されてしまう、と批評している。ここでの湛然の注釈は、『法華玄論』を参照したという形跡はなく、灌頂の説を踏まえ、その内容を「七方便」また「初住已去」という衆生の機根に対応させた天台仏教の理論を用いて補足的に説明している。これはすでに確認した異説④に対する灌頂の批評に対する湛然の注釈態度と同様であり、ここでも湛然自身が『法華玄論』の説を参照していたかどうかを判断することできないが、少なくとも灌頂の学説に焦点を合わせて研究し、肯定的に補足説明していたことは明らかである。

(10)　異説⑫

異説⑫は『法華玄論』に説かれる吉蔵の宗に関する学説である。『法華玄義』が紹介する吉蔵の学説は、衆生の悟りを宗と規定するものであった。すなわち、異説についてそれが悟りに貢献するのであれば採用し、悟りに貢献しないのであれば採用しないという柔軟な思想である。灌頂はこの学説について、二つの点から批判した。一つは衆生の悟りを宗と規定すると、悟りは果証であるので因がないことになってしまうという点であり、もう一つは悟りを宗として固定的に捉えてしまうと仏法には固定的な説はないとする吉蔵自身の学説と矛盾してしまうという点である。異説⑫についての灌頂の批評に対して湛然は次のように注釈している。

次に悟り［を宗とする説］を批判するとは、悟りは因果に通じるが、やはり特に言えば真因にある。［ある人の説には悟りについての］確実な指示がない以上、［灌頂は］しばらく果によってこれを批判している。また、［ある人が］みだりに『大経』（『大般涅槃経』）を引用し、擁護して［仏教は］固定したものではない、という思想を立てることを批判している。もし諸法が固定的でないのであれば、どうして悟りを固定的に捉えることができるのか。

次破悟者、悟通因果、仍別在真因。既無的指、且以果責之。又破妄引大経救立不定門。若諸法不定、何得定悟。（T33・945a3-5）

湛然はここで、灌頂の挙げた二つの批判点に対してそれぞれ補足的な説明を加えている。灌頂が挙げた第一の批評は「もし［衆生の］悟りを宗と規定するのなら、やはり果の証得のことであって、修行の因のことを言うのではない（若悟為宗、乃是果証、非謂行因）」（T33・795a14-15）というものである。すなわち「悟」とは修行の結果として獲得されるものという意味で果に分類され、そこには修行としての因は含まれないというものであった。これは悟りには因果が完備されていない点を指摘し、悟りを宗と規定することができないと批判したものであると理解できる。これに対して、湛然は灌頂の批評とは逆の意味を用いて注釈をしている。すなわち、悟りは一般的には因果に通じているが、特に言えば「真因」に属していると指摘している。ただし、ここでは湛然に灌頂の説を批判するという意図はないようで、続いて「有人」の提示する「悟」が明確に規定されていないため、灌頂は果に基づいて上記のような批判をしているとの補足がなされている。湛然は「真因」について、直前の異説⑪に対する注釈では「もし初住位以降［の菩薩］を取り上げれば、これが真因であるといっても、無漏の名称は、また小乗の果と混同されてしまう（若取初住已去、雖是真因、而無漏之名、復濫小果）」（T33・945a1-2）と述べており、菩薩の初住位以降を真因と規定していることがわかる。この真因についてより詳細な規定は、たとえば『法華玄義』の迹門の位妙を明かす段において円教の位と因果の関係を明かす箇所には次のような記述がある(69)。

［円教位を因・果によって］区別する義に焦点を合わせると、伏忍・柔順忍の二忍は、まだ真因ではない。無生忍の一忍は、まだ真果ではない。十住位より以降［等覚位まで］を真因と名づけ、妙覚位を真果と名づく。どうして伏忍と柔順忍の二忍は真因でないのか。たとえば、小乗の方便の位を修道とは名づけずに、見諦（声聞の預流果、菩薩の初地以上の聖者）以降は真の修道に焦点を当てる通りである。この義は知るべきである。今、柔順忍の中で見思惑を断じるのは、水の表面の油は虚妄であっても吹いて［除き］やすいようなものである。

無明惑は同体の惑である。水の中の牛乳のようなものである。ただ十住位以上に登った菩薩という鵝の王だけが、［牛乳の混じった水から］無明惑という牛乳をふるい分けて、法性という水に浄化するのである。［したがって］これ（十住）以降は、かえって真因であると判断する。

約分別義者、伏順二忍未是真因。無生一忍未是真果。従十住去名真因、妙覚名真果。云何伏順非真因。例如小乗方便之位不名修道、見諦已去約真修道。此義可知。今順忍中断除見思、如水上油虚妄易吹。無明是同体之惑。如水内乳。唯登住已去菩薩鵝王、能唼無明乳、清法性水。従此已去、乃判真因。

（T33・736a29–b7）

『法華玄義』では上記の引用文に先立ち、別教の位を明かす中において、伏忍・柔順忍・無生忍の三忍を三乗に共通する位としつつ、別しては菩薩のために立てられたものと規定しているが、引用文においては、円教の立場から見ればこれら三忍はいずれも真因・真果には当たらず、円教の十住位から等覚位が真因、妙覚位が真果に当たると規定している。このことから、湛然は『法華玄義』に提示される吉蔵説の「悟」は円教の菩薩の十住位から等覚位までと理解していたことがわかる。ただし『法華玄義釈籤』が異説の提示する「悟」の内容について「確実な指示がない（無的指）」と指摘していることから、湛然自身がなにかしらの根拠があって吉蔵説の「悟」の内容を分析したのではなく、おそらく初めに異説として提示される吉蔵説はあくまでも天台仏教の立場からの批判対象であるとの認識があったため、漠然とした「悟」の内容を真因のみを指すと認定したものと考えられる。そして、さらにその漠然とした「悟」という概念を利用して灌頂説との整合性を図ったものと推測される。

また、灌頂が提示する第二の批評は、「固定的に悟りを宗と規定すれば、定まった固定したものとなってしまう。どうして固定したものでないと言えるのか（定以悟為宗、是為定定。何謂不定）」（T33・795a15–16）というものである。湛然はこの批評の意図を解釈して、ある人（吉蔵）が『大般涅槃経』を都合のいいように引用していることを批判したものであると指摘している。しかし、すでに吉蔵の学説に対する灌頂の批評を考察した際に指摘したように、吉蔵の学説は衆生の悟りを宗と規定することで、宗を因果と規定するような諸学説を止揚しようとしたと理解することができ、灌頂は吉蔵の学説の一部分のみを恣意的に引用したことを意味していた。この意味では、湛然の注釈は異説の提唱者である吉蔵を批判しながら、実質的な批判の焦点は灌頂の批評に向いてしまっているのである。ただし、これは灌頂がこの箇所において『法華玄論』を参照して『法華玄義』を撰述したという前提のもと、吉蔵の学説と灌頂の批評とを比較した上で湛然の注釈を検討することで明らかになる事実である。

そして、この箇所は『法華玄論』の説の明らかな引用であるにもかかわらず、『法華玄義釈籤』には『法華玄論』あるいは吉蔵について全く言及することがない。もし湛然が『法華玄論』を参照していたのであれば、上記のような注釈をなすとは考えにくく、このような湛然の注釈態度からは、少なくとも『法華玄義釈籤』を撰述していた当時において湛然は『法華玄論』を参照していなかったということを指摘することができるだろう。

第四項　結び

最後に本節で検討した内容を簡潔にまとめ、本節の結論とする。

まず、灌頂による『法華玄論』の引用について言えば、十二の異説のうち、①から⑤までの異説、すなわち慧遠、慧龍、慧観、僧印、法雲らの学説については、いずれも『法華経』の宗として因果を問題とする学説であった。本節の冒頭において示したように、『法華玄義』によれば智顗・灌頂の中国天台宗における宗に対する考えは、仏の自行の因果、すなわち、本門久遠仏の因果を『法華経』の宗と規定するというものである。したがって、因果を宗と規定する諸学説は、天台宗の宗に対する考えを明らかにする上で必ず解決しなければならない課題となっていたはずである。ところが、これらの学説に対する『法華玄義』の批評はいずれも簡素なものばかりである。これは灌頂自身がそれぞれの異説に対して大きな関心を示していなかったということを意味しているといえよう。灌頂のそのような認識の背景には、灌頂にとって智顗の『法華経』に対する宗に対する考えは他の学説と比べるまでもなく優れたものであるとの認識が存在したか、あるいは、そのように印象づけようとする意図があったと推測される。そして、これは灌頂が『法華玄論』に基づいて、『法華経』の宗に対する異説をまとめたことと無関係ではないだろう。おそらく、『法華玄義』のひな型となった智顗による『法華経』の講義においては、『法華経』の宗に対する異説は詳細に取り扱われておらず、灌頂が智顗の講義を『法華玄義』としてまとめていく過程において、『法華経』の宗を因果に関連づけて論ずる諸学説を智顗の宗に対する考えから批評する必要が生じ、その諸学説の情報源として、当時流布していたと考えられる吉蔵の『法華玄論』を参考にして『法華玄義』を撰述していったと推測できるのである。このような推測が成り立つならば、灌頂が智顗の『法華経』の講義を注釈書としてまとめる際に、義解の僧としての師匠の徳を宣揚するため、当時の最新の法華経研究である吉蔵の研究成果を取り入れたと理解する平井［一九八五：一五二］の推論は妥当なものであったと考えられる。

　また、先行研究に指摘されるように灌頂の批評の中には吉蔵の批評を取り入れているかのような形跡も確認された。僧印の学説においては、先行研究により灌頂の批評の一部が『法華玄論』の記述を踏まえたものであり、この箇所の灌頂の批評部分は吉蔵の説によっていると指摘されている。本節では『法華玄論』の批評が僧印の学説に因が明示されていない点を批判したものであるのに対し、灌頂の批評は僧印の学説には果を欠いている点を強調しており、この点において両者の論点には、なお相違があることを指摘した。

さらに異説⑪に対する灌頂の批評について、先行研究ではこれは『法華玄論』の「既局、非所用也」（T34・380c12）という表現を踏まえたものと指摘されている。たしかに、異説⑩と異説⑪に対する吉蔵の批評が一連のものであり、異説⑩に対する灌頂の批評が吉蔵の批評と同じ論点からなされていることを考慮すれば、異説⑩と異説⑪に対する灌頂の批評が、吉蔵の批評を踏まえた表現であることは明らかである。ただし、灌頂の批評の部分には、僅かだが吉蔵の批評にない内容も含まれている。批評の短さ、また小乗の涅槃を例に出しているという点から類推すれば、灌頂にとってこの異説は詳細な批評を必要としないものとして認識されていたといえる。

また、異説③と異説⑦については灌頂による批評が確認されない。これらの異説に対して灌頂の批評が存在しないのは、異説③では異説に対する鳩摩羅什の評価、異説⑦では異説に対する摂論宗による批判が『法華玄義』にそれぞれ記載されているためである。そして、それら鳩摩羅什の評価と摂論宗の批判とはすべて『法華玄論』における吉蔵の批評を採用したものであった。異説③に対する鳩摩羅什の評価は異説に対して肯定的なものであったし、異説⑦に対する摂論宗の批評そのものに対しては、独自の批評がない以上、灌頂が『法華玄論』の内容を肯定的に採用していると判断せざるをえない。これらの箇所は後に湛然の注釈において問題とされる。

次に『法華玄義』が『法華玄論』を参照した部分に対する湛然の注釈態度についていえば、『法華玄義釈籤』はこれらの箇所を注釈する際に全く『法華玄論』に言及することはなく、内容に関しても『法華玄論』を参照した形跡はみられない。

平井［一九八五：二八八―二八九］がすでに指摘するように、湛然は『法華文句記』において吉蔵を批判する際に「「伏膺」という言説を、施すことがなく、「頂戴」という言説を、どうして［智顗に］寄せようか（伏膺之説、靡施、頂戴之言、奚寄）」（T34・213b16‒17）と述べている。これは『国清百録』[70]の第一〇二条「吉蔵法師書」にみられる「久しく願うことは、［智顗の］甘露［のような教え］を心から信奉し、［智顗の］法の橋（教え）を頂戴することです（久願伏膺甘露、頂戴法橋）」（T46・821c26‒27）という記述に基づいていることは明らかである。『国清百録』ではこの第一〇二条がいつの記録であるのか記していないが、平井［一九八五：二二八］は第一〇三条「吉蔵法師請法華経疏」に、「謹んで禅衆・一百余の僧とともに、智者大師をお招きして、『法華』の一部を明らかになされますよう申し上げます（謹共禅衆一百余僧、奉請智者大師、演暢法華一部）」（T46・822a22‒23）と吉蔵が智顗に『法華経』の講義を依頼しており、第一〇二条の冒頭に「さて、［私は］発熱のお加減はわかりませんが、ご尊体はいかがでしょうか。伏して願いますには、この手紙の後に、寝食が普段より優れますように。ご教授［を請うことは］師の［建康を］損うことになりましょうか。吉蔵は僅かな間、衆にしたがって受けましたが、まだ拝観には至っておりません。伏して恋結［の念］が増しております。願わくは珍重なさいますことを（薄熱不審、尊体何如。伏願信後、寝膳勝常。誨授無乃上損。吉蔵粗豪随衆、拝覲未即。伏増恋結。願珍重）」（T46・821c22‒24）と病気を見舞う内容が記されていることから、吉蔵が依頼した智顗の『法華経』講義が、智顗の病気のために実現しなかったという状況を想定し、第一〇二条は第一〇三条以降の書簡であると推定している。これらの吉蔵の書簡が後代の天台宗側による捏造という説（Chen, Jinhua［1999：6‒23］）もあるが、『続高僧伝』の「灌頂伝」には、類似した内容として「求借義記、尋閲浅深。乃知体解心酔、有所従矣。因廢講散衆、投足天台、餐稟法華」（T50・584b16‒18）という記述がみられ、吉蔵が「義記」を借りて閲覧し、深く感じ入って、衆を散じて天台に身を寄せ、法華を受けたとされる。これらの記述が史実であったかは別として、湛然にとってこれらの記述は信憑性の高い情報であり、史実として認識されていたことは想像に難くない。したがって、湛然の基本的な認識としては、吉蔵の法華経注釈書が智顗の法華経疏に及ばない一段評価の下がる注釈書として認識されていたという可能性は高い。このような態度は『法華玄義釈籤』だけでなく、『法華文句記』においても一貫して確認されるものであり、池田［一九九〇：三四八―三四九］は『法華文句記』は『法華文句』が『法華玄論』を引用する箇所について『法華義疏』を用いて注釈していることから、湛然は『法華玄論』は参照しなかったと推測している。また管見の限り、唐代の天台系法華文句注釈書において、『法華義疏』はたびたび引用されているが、『法華玄論』の引用については確認できない。またすでに末光愛正［一九八六］が論証しているように、基の『法華玄賛』は吉蔵の『法華義疏』を数多く参照引用していることから、吉蔵の教学を非常に意識していたことは明らかである。しかし、平井［一九八七：一一二―一一三］によれば、『法華玄賛』は、『法華義疏』を参照しているものの、同じ吉蔵の著作である『法華玄論』を参照した形跡がない(71)。したがって、これらの事実を総合的に判断すれば、『法華玄義釈籤』において湛然が『法華玄論』に言及することがないのは、湛然が『法華玄論』を意図的に無視したというような湛然個人の事情に起因する問題ではなく、唐代中期までには吉蔵の法華経疏＝『法華義疏』との認識が浸透するのに伴って、一般的に『法華玄論』を参照することがなくなっていたか、あるいは『法華玄論』が流布した範囲が限定的であり、時代とともに顧みられることがなくなっていったという時代的要因に起因していると推測できる(72)。

また異説に対する態度についてみると、異説に対して吉蔵と灌頂の批評が異なる論点からなされている場合に、湛然は灌頂が用いない吉蔵と同じ論点から注釈する場合が見られた。上述のように、湛然は『法華玄論』を参照していた可能性は低いので、それらの注釈箇所は灌頂の批評を理論的に補足しようとして図らずも吉蔵説に近い解釈を採用することになったのであろう。また『法華玄義』において独自の批評が提示されなかった異説③と異説⑦について、湛然は異説③には慧観の学説が用いられない理由を、彼の始・盛・終の三段落説を『法華経』と『大般涅槃経』とに対応させることによって説明した。しかし、慧観の始・盛・終の三段落説は『法華経』一経に対してなされた説であるので、湛然の注釈は本来の慧観の学説から見ると妥当性がない。しかし、もし『法華玄論』を大幅に要約した『法華玄義』の記述にだけよるなら、湛然の解釈にも一定の妥当性が見いだされる。また異説⑦については、『法華玄義』が『摂大乗論』の学説を採用していることについて、地論宗を批判するためで、全面的にその学説によっているわけでないことを論証しようとし、『法華玄義』にはない摂論学派への批判を展開している。

最後に、吉蔵の学説に対する灌頂の批評について、湛然は灌頂の挙げた二つの批判点に対してそれぞれ補足的な説明を加えている。ただし、この箇所は『法華玄論』の学説からの明らかな引用であるにもかかわらず、『法華玄義釈籤』には『法華玄論』あるいは吉蔵について全く言及することがない。上述のように、このような湛然の注釈態度は、少なくとも『法華玄義釈籤』を撰述していた当時に湛然が『法華玄論』を参照していなかったということを意味している。

註

（1）「私謂」について、佐藤哲英［一九六一：三一五―三一八］は灌頂撰『大般涅槃経疏』において「私謂」という表現が三十回近く見られることから「私謂」だけが灌頂の私記であり、それ以外が智顗の真説であるとするのは誤りであると指摘した。しかし、この点に関して堀内伸二［一九八七］は『大般涅槃経疏』が灌頂撰・湛然再治の著作である点と、行満『涅槃経疏私記』に「私謂」とは湛然の解釈を述べたものであるとしている点から、「私謂」とは湛然の再治の際に付加されたものであると、佐藤［一九六一］の説の誤りを指摘している。

（2）堀内［一九八七：六二七］は、智顗の自説を展開している部分に灌頂が施した私記［I］を中心に検討し、智顗独自の説に対する灌頂の補釈には「師説を忠実に伝えようとする態度」があるとして、師匠である智顗の教学に忠実であろうとした灌頂の姿を提示しているが、巻末の灌頂による追記部分を検討の範囲から除いている。また藤井教公［一九八八：一五八］も、灌頂の私記部分について（1）異説として採り入れ引用する箇所、（2）地の文に取り込んで自説とする箇所に分け、（2）の中をさらに（a）異解として紹介する箇所、（b）異解として批判する箇所に分類している。

（3）「私録異同」の意義について、坂本広博［一九八七：九四―九五］は「『法華玄義』の末尾、灌頂の私録は、たぶんに天台以降の教判をまとめ、批判ないし会通したものと思われる」と推測している。また加藤勉［一九九六：五九―六八］は雑録撰述の目的は地論学派の教学にあるとし、さらに「法上の教判と、四教との類通こそが、雑録を増補した中心課題である」と論じている。筆者も「私録異同」の中心課題は会通にあると考えるが、「私録異同」には現存する文献には確認できない灌頂独自の思想がみられ、また灌頂が参照したと考えられる『大乗義章』も法上の著作であるのか、法上の著作をもとにした慧遠の著作であるのかも判定できないため、法上の教判との会通を中心課題と確定することは難しいと考える。

（4）「初料簡般若与法華以辨同異、二明経論諸蔵離合、三明四教名義所凭、四破古五時七階不同。」（T33・962a7―10）

（5）佐藤［一九六一：一三七―一三八］、平井［一九八五：一〇四―一〇八］、坂本［一九八七：九四―一〇〇］を参照。『法華玄論』における『法華経』と『般若経』に関する吉蔵の見解については、菅野博史［一九九四：四三一―四四七］を参照。なお、この問題に関連して、末光愛正［一九八一：二三〇］は、『大乗義章』衆経教迹義の部分は吉蔵の著作などを参照して、慧遠の弟子らによって後から追加されたものであると論じており、これによれば灌頂は慧遠の弟子らによって増補された『大乗義章』、慧遠の『大乗義章』、そのもとになったと推定される法上の『大乗義章』のいずれかを参照していたことになる。これに対し、加藤［一九九六：六二］は、灌頂が引用した『法華玄論』の該当箇所と『大乗義章』衆経教迹義の一部との内容に共通点があることを根拠として、この箇所は吉蔵が慧遠の『大乗義章』あるいは法上の『大乗義章』を参照して執筆したのではないかと推測している。

（6）①「何謂会通。会通者、有共般若不共般若。不共般若最大。余経若明不共、其義正等云云」（T33・811c13―15）②「故非秘密。秘密則深、般若則浅。何者」（T33・811c17）③「具六神通、並秘密、並深、並大。就秘密更論秘不秘。般若不明二乗作仏。闕此一条、故言不秘耳」（T33・811c26–27）④「問既言深大、何不説二乗是方便令得作仏。此義未了。亦何大乎。答非独自釈」（T33・812a3–4）⑤「問雖引叡師、如攀枯求力、不覚人杌倶倒。釈猶未了。今謂不共般若。何時不明二乗作仏。与法華平等大慧、更復何殊耶」（T33・812a8–11）。平井［一九八五：一〇四―一〇八］を参照。

（7）『法華玄論』巻三、「第二文明法華是秘密法明二乗作仏、波若非秘密法不明二乗作仏」（T34・385a23–24）、「問。波若不明二乗作仏、何故是顕示教。法華明二乗作仏、何故是秘密教耶。答。前已釈竟。今当広述。波若但明菩薩是仏因故作仏。二乗非仏因故不作仏。此義於昔易解故名顕示。法華経明二乗作仏与昔教相違。於昔難解故名秘密。論主云如用薬為薬其事即易。用毒為薬其事即難。波若明菩薩作仏如用薬為薬。不明二乗作仏如不用毒為薬。法華経明二乗作仏如用毒為薬。其義即難解所以為秘也」（T34・385b2–11）。平井［一九八五：一〇六―一〇七］。

（8）『法華玄論』巻三、「問。秘密与顕示、為深、為浅、為大、為小。答。総論此二義、即有両途。一者小乗為顕示、大乗為秘密。如論第四巻云、仏法有二種。一顕示、二秘密。顕示教中、明阿羅漢断煩悩清浄、諸菩薩未断煩悩未清浄、即菩薩不及阿羅漢。故列羅漢在前、而菩薩居後。秘密法中、明諸菩薩得六神通、断一切煩悩、智慧清浄、超出二乗之上。此文正約小乗浅易為顕示、大乗甚深為秘密。若爾者、則波若之与法華、皆明菩薩得無生忍、具六神通、並属秘密、甚深教摂。即指三蔵教為顕示也。二者以明義猶浅為顕示。明義甚深為秘密」（T34・385b12–23）。平井［一九八五：一〇七］。

（9）『天台大師全集［法華玄義］』五（日本仏書刊行会、一九七〇年）六一八頁。

（10）『天台大師全集［法華玄義］』五（同）六一八頁。

（11）『法華玄義』第一巻において教相が体系的に説かれた、いわゆる「一巻教相」では秘密教を「此座説頓、十方説漸、説不定。頓座不聞十方、十方不聞頓座。或十方説頓、説不定、此座説漸。各各不相知聞。於此是顕、於彼是密。或為一人説頓、或為多人説漸、説不定。或為一人説漸、為多人説頓。各各不相知、互為顕密。或一座黙十方説、十方黙一座説、或倶黙倶説。各各不相知、互為顕密。」（T33・683c26–684a4）と説明している。ここではいくつかの具体的な状況を提示しながら秘密教が説明されている。すなわち、初めは、場所に焦点を当てて、仏がこの場所では頓教を説くと同時に他の場所で漸教を説く場合、また反対にこの場所で漸教を説くと同時に他の場所で頓教を説く場合を挙げ、この場所の聴衆と、他の場所の聴衆とは互いにそれぞれの説法の内容を聞くことができない。そのため、この場所では顕教であり、他の場所では秘密教となるとしている。次に説法を聞く人に焦点を当てて、一人のために頓教を説くと同時に多くの人のために漸教を説く場合、また反対に一人のために漸教を説くと同時に他人のために頓教を説く場合とを挙げ、ある人にとっては顕教であっても他の人にとっては秘密教となるとしている。また最後に説黙に焦点を当てて、仏が一座において沈黙し同時に他の場所では説法する場合、反対に他の場所では沈黙し同時に一座では説法する場合、また一座と他の場所との両方でともに沈黙し説法する場合を挙げて、それぞれの場合においても一座の聴衆と十方の他の場所の聴衆が互いに仏が沈黙しているか説法しているかわからないため、互いに顕密の関係が成立するとしている。このように『法華玄義』において、化儀の四教として知られる秘密教は、顕教との相対的概念としてその在り方が示されている。

(12)『講義』の注釈に基づき、「時節節」を「時節」に改める。

(13)『菩薩処胎経』巻第七、「最初出経、胎化蔵為第一、中陰蔵第二、摩訶衍方等蔵第三、戒律蔵第四、十住菩薩蔵第五、雑蔵第六、金剛蔵第七、仏蔵第八。是為釈迦文仏経法具足矣」(T12・1058b20)

(14)『出三蔵記集』巻第一、「菩薩処胎経出八蔵記、第三　菩薩処胎経云、迦葉告阿難言、仏所説法、一言一字、汝勿使有欠漏。菩薩蔵者集著一処、声聞蔵者亦集著一処、戒律蔵者亦著一処。爾時阿難最初出経。胎化蔵為第一、中陰蔵第二、摩訶衍方等蔵第三、戒律蔵第四、十住菩薩蔵第五、雑蔵第六、金剛蔵第七、仏蔵第八。是為釈迦文仏経法具足矣」(T55・4a22–29)。

(15)『菩薩処胎経』は自らを「胎化経典」(T12・1057a16)と称して、母親の胎内での説法の様子を描いているように、「胎化蔵」とは胎中での説法により説かれた経典を指していると考えられる。しかし「中陰蔵」以下の七蔵の内容について、『菩薩処胎経』には明確な規定は見られない。なお、『法華玄義』では「胎化蔵」「中陰蔵」について阿難のために説かれれば不定教となり、阿難のために説かれなければ秘密教となると規定されている。『菩薩処胎経』には仏が胎中説法(胎化蔵)を知らなかった阿難のために胎中説法を行う様子が描かれている。これによれば阿難が聞いた『菩薩処胎経』の胎中説法は不定教であり、阿難が聞いたことがない胎中説法は秘密教となると考えられる。「中陰蔵」は、『菩薩処胎経』において中陰での説法は描かれていないので、阿難が聞いていない説法として秘密教と位置づけたと考えられる。

(16)『法華玄義』巻第一下、「一時一説一念之中、備有不定。不同旧義専判一部」（T33・643c22−24）。

(17)灌頂が『法華玄義』を修治している段階での『菩薩処胎経』の流行状況は明らかではないが、灌頂がこの経典の概念を天台教判にかなり強引に当てはめていることは、この経典が当時、ある程度の影響力を持っていたことを示していると考えられる。

(18)『法華玄義』巻一の教相の段では、『華厳経』を頓教の相として、三蔵教・方等教・『般若経』を漸教の相として規定し、さらに『法華経』を漸円教として規定している（T33・683b11−c6）。

(19)「是合等者、是開権之円。故云是合。不同諸部中円。故云非不合。合者、祇是会之別名。此即已当約蔵等四以簡権実、故不復云是円非三。既知非是法華之前顕露已竟、則了法華倶非七教。此即対於八教簡也」（T33・825c16−21）を参照。

(20)『長阿含経』巻第三、遊行経、「於負弥城北、止尸舎婆林。仏告諸比丘、当与汝等説四大教法。諦聴諦聴、善思念之」（T1・17b29−c2）を参照。

(21)達磨鬱多羅は、証真の『法華玄義私記』により法上であることが推定されている（坂本［一九八七：九六、一〇〇　註13］）。法上は慧光（四六八—五三八）の弟子で、地論宗南道派の系統に属していたとされる。『続高僧伝』巻八十一に伝記がある（T50・485a1−486a6）。

(22)『菩薩地持経』巻三、力種性品「十二部経、唯方広部是菩薩蔵。余十一部是声聞蔵」（T30・902c21−23）。

(23)『菩薩地持経』巻十、建立品「如来為諸菩薩声聞縁覚、行出苦道、説修多羅。結集経蔵者、以説菩薩行立菩薩蔵、説声聞縁覚、行立声聞蔵」（T30・958b29−c2）。

(24)「方等如門」は複数の経典名を意味すると推察されるが、詳細は不明である。

(25)達磨鬱多羅の引用する龍樹の説は、具体的にはどの論を指すのか明らかではない。

(26)以下の地論学派文献において、ほぼ同様の内容が述べられている。
『大般涅槃経義記』巻一、「聖教万差、要唯有二。謂声聞蔵及菩薩蔵。……聖教雖衆、不出此二。故龍樹云、仏滅度後、迦葉阿難、於王舎城、結集三蔵、為声聞蔵。文殊阿難、於鉄囲山、集摩訶衍経、為菩薩蔵。地持亦云、仏為声聞菩薩、行出苦道、説修多羅。結集経者、集為二蔵。以説声聞所行、為声聞蔵。説菩薩所行、為菩薩蔵。彼論復云、十二部中、唯方広部是菩薩蔵。余十一部是声聞蔵。此経亦云、唯方広部菩薩所持、余十一部二乗所持。菩薩所持、猶菩薩蔵。二乗所持、猶声聞蔵。故知聖説無出此二。此二亦名大乗小乗半満教等。名雖改変、其義不殊」（T37・613a6–b11）。

『維摩義記』巻一、「聖教雖衆、要唯有二。其二是何。謂声聞蔵及菩薩蔵。……聖教雖衆、不出此二。故龍樹云、仏滅度後、迦葉阿難、於王舎城、結集三蔵、為声聞蔵。文殊阿難、在鉄囲山、集摩訶衍、為菩薩蔵。地持亦云、仏為声聞菩薩、行出苦道、説修多羅。結集経者、集為二蔵。以説声聞所行、為声聞蔵、説菩薩所行、為菩薩蔵。地持復言、十二部経、唯方広部是菩薩蔵。余十一部是声聞蔵。故知聖教無出此二、此二亦名大乗小乗半教満教等。名雖変改、其義不殊」（T38・421a23–b27）。

『大乗起信論義疏』巻一、「雖衆多、要唯有二。一者声聞蔵、二者菩薩蔵。教声聞法、名声聞蔵。教菩薩法、名菩薩蔵。何以故知仏教但二。有事、有文。言有事者、仏滅度後、迦葉阿難、於王舎城、結集三蔵、名声聞蔵。文殊阿難、於鉄囲山、集摩訶衍、名菩薩蔵。故知仏教無出此二。言有文者、涅槃経言、十二部中、唯方広部菩薩所持。余十一部声聞所持。地持論中亦同此説。下復説言、声聞菩薩、出苦道、説修多羅、結集経者、謂集二蔵。説声聞行、為声聞蔵、説菩薩行、為菩薩蔵。故知所説無出此二。亦名大乗小乗半満教也。名雖有異、其義不殊」（T44・175a17–28）。

『勝鬘経義記』巻一、「聖教万差、要唯有二。謂声聞蔵及菩薩蔵。……聖教雖衆、要不出此。故龍樹云、仏滅度後、迦葉阿難。於王舎城、結集三蔵、為声聞蔵。文殊阿難、於鉄囲山、集摩訶衍経、為菩薩蔵。地持亦云、仏為声聞菩薩、行出苦道、説修多羅。結集経者、集為二蔵、説声聞行、為声聞蔵。説菩薩行、為菩薩蔵。地持復云、十二部経、唯方広部、是菩薩蔵。余十一部、是声聞蔵。涅槃亦云。十二部経、唯方広部、菩薩所持。余十一部、二乗所持。菩薩所持、猶菩薩蔵。二乗所持、猶声聞蔵。故知聖教無出此二。此二亦名大乗小乗半満教等。名雖変改、其義不殊」（X19・862b9–863a2）。

『無量寿経義疏』巻一、「聖教不同、略要唯二。一声聞蔵、二菩薩蔵。……聖教雖衆、不出此二。故龍樹云、仏滅度後、迦葉阿難、於王舎城、結集法蔵、為声聞蔵。文殊阿難、於鉄囲山、集摩訶衍、為菩薩蔵。地持亦云、仏為声聞菩薩、行出苦道、説脩多羅。結集経者、集為二蔵。以説声聞所行、為声聞蔵。説菩薩行、為菩薩蔵。故知聖教無出此二。此二亦名大乗小乗半満教等。名雖反改、其義不殊」(T37・91a6-b9)。

『十地経論義記』巻一、「聖教万差、略要唯二。謂声聞蔵及菩薩蔵。……聖教雖衆、無出此二。故龍樹云、仏滅度後、迦葉阿難、於王舎城、結集三蔵、為声聞蔵。文殊阿難、於鉄囲山、集摩訶衍経、為菩薩蔵。又地持云、十二部経、唯方広部、是菩薩蔵。余十一部、是声聞蔵、彼文復言、仏為声聞菩薩、行出苦道、説修多羅。結集経者、集為二蔵、以説声聞所行、為声聞蔵、説菩薩行、為菩薩蔵。故知聖教無出此二。此二亦名大乗小乗半満教等。名雖変改、其義不殊」(X45・23a21-c2)。

『仁王経疏』巻一、「聖教雖衆、略要唯二。一声聞蔵、二菩薩蔵。……聖教雖衆、要不出此。故龍樹云、仏滅度後、迦葉阿難、於王舎城、結集三蔵、為声聞蔵。文殊阿難、在鉄囲山、結集摩訶衍、為菩薩蔵。地持亦云、仏為声聞菩薩、行出苦道、説修多羅。結集経者、集為二蔵。以説声聞所行、為声聞蔵。説菩薩行。為菩薩蔵。地持復言。十二部経。唯方広部。是菩薩蔵。余十一部。是声聞蔵。故知聖教無出此二。此二亦名大乗小乗半満教等。名雖変改、其義不殊」(T85・166c24-167a28)。

　これらの例の中には、「顕正義」の段には引用されず、下記の『法華玄義』において引用される『大般涅槃経』の文がそのまま用いられている例も確認される。これは慧遠が二蔵の引証として経論を引用する際に、引用経論に特にこだわりがなく、随意に用いていたという可能性もあるが、少なくとも達磨鬱多羅や慧遠を含めた地論学派においては、これらの経論が常識的に用いられていたことを意味しているといえよう。

(27)　この箇所における『法華玄義釈籤』巻二十の本文による分科と『法華三大部科文』巻五における分科の対照表を**表3**に示す。ここでは、分科の仕方とその名称は完全に一致するが、『法華玄義』の本文の提示の仕方について、『法華玄義釈籤』の方が詳しい場合、『法華三大部科文』の方が詳しい場合の両方が確認された。

表3　当該箇所に対する『法華三大部科文』と『法華玄義釈籤』の分科対照表

『法華三大部科文』巻五	『法華玄義釈籤』巻二十本文
初結生	先結生
二摩得下正釈（五）	摩得下正釈
初引文立蔵（三）	先引文立蔵
初引摩得勒論文	初引摩得論文
二又仏下引結集者	次又下引結集者
三龍樹下引大論	三龍樹下引大論
二然教下対蔵分人（二）	次然教必下対蔵分人
初略分	初略分
二声聞下釈出所以（二）	次声聞蔵中下、釈出所以
初釈二種声聞	先釈二種声聞
二菩薩下釈出二菩薩	次菩薩蔵下釈出二菩薩
三然此下簡於傍正明立蔵意	三然此下簡於傍正明立蔵意
	（三四如文）
四問仏下問答釈妨	四問答釈妨
	（三四如文）

五今之下開蔵対教（二）	五今之下開蔵対教。
初正対	初正対。
二非唯下歎結	次非唯下歎結。

（28）T33・963b29-c9を参照。

（29）註25を参照。この学説は、地論学派系文献においてはすべて「龍樹」の説とされるが、具体的な書名が明かされていない。しかし、吉蔵の『法華玄論』巻三には「又釈論云、仏滅後、迦葉与阿難、結集三蔵。文殊弥勒亦与阿難、結集摩訶衍蔵。」（T34・382c1-3）という記載があり、同様の説を『大智度論』の説と認めている。灌頂は『大乗玄論』を参考にして、達磨鬱多羅の説が「龍樹云」とした箇所を「釈論云」に修正したという可能性もある。なおこの文の前半部分の内容、すなわち、仏滅後に迦葉と阿難が三蔵を結集したという内容に関しては、澄観が『大方広仏華厳経随疏演義鈔』巻十七において、「三智論第二云、迦葉阿難、於王舎城、結集三蔵。是時長老大迦葉謂阿難言、仏嘱累汝、令持法蔵。汝応報仏恩。仏在何処最初説法。仏諸大弟子能守護法蔵者、皆已滅度。唯汝一人在。汝今応随仏心、憐愍衆生故。集仏法蔵」（T36・132b26-c2）と述べていることから、これは『大智度論』巻二、序品、「長老阿泥盧豆言、「是長老阿難、於仏弟子、常侍近仏、聞経能持、仏常歎誉。是阿難能結集経蔵。」是時、長老大迦葉摩阿難頭言、「仏嘱累汝、令持法蔵、汝応報仏恩。仏在何処最初説法。仏諸大弟子能守護法蔵者、皆以滅度、唯汝一人在。汝今応随仏心、憐愍衆生故、集仏法蔵」」（T25・69a24-b2）を指すと考えられる。ただし、後半部分については対応する箇所を見いだすことはできない。

（30）『大般涅槃経義記』巻一（T37・613a6-b11）、『維摩義記』巻一（T38・421a23-b27）、『勝鬘経義記』巻一（X19・862b9-863a2）、『無量寿経義疏』巻一（T37・91a6-b9）、『十地経論義記』巻一（X45・23a21-c2）、『仁王経疏』巻一（T85・166c24-167a28）にも同様の説が見られる。

（31）声聞声聞と縁覚声聞については、『大乗義章』巻十七に「経説声聞縁覚之別、略有二種。一約所観法門以別。観察四諦、而得道者、悉名声聞。観十二縁、而得道者、皆称縁覚。若従是義、声聞人中乃至七生須陀洹人、於最後身、出無仏世、藉現事縁、而得道者、亦名声聞。此声聞中、細分有二。一声聞声聞。是人本来求声聞道。楽観四諦成声聞性。於最後身値仏為説四真諦法、而得悟道。本声聞性、今復声聞而得道。故説之以為声聞声聞。二縁覚声聞。是人本来求声聞道。観察四諦道悟初果。以鈍根故於現在世不得涅槃。天上人中七返受生、於最後身不値仏世藉現事縁而得悟道。以藉事縁而得覚、故説為縁覚。本声聞性、観察四諦而得道、故説為声聞。是故名為縁覚声聞。此是第一約対所観法門以別。二約得道因縁以別。従仏声聞而得道者悉名声聞。藉現事縁而得道者皆称縁覚。若従是義声聞人中、従仏聞説十二縁法而得道者亦名声聞。此声聞中細分有二。一声聞声聞。義如前解。二縁覚声聞。是人本来求縁覚道。常楽観察十二縁法成縁覚性。於最後身値仏為説十二縁法而得悟道。本縁覚性今復声聞而得道。故説之以為縁覚声聞。如迦葉等則其人也。対中如是」（T44・789a12‐b7）とある。

　漸入の菩薩と頓悟の菩薩については、『大乗義章』巻十七に「菩薩有二。一是漸入、二是頓悟。」（T44・809b16‐17）とある。

(32)『開元釈教録』巻十三にも次のような記述あり、唐代においても法救と『雑阿毘曇心論』との関係は知られていた。「阿毘曇心論四巻（尊者法勝造。或無論字）東晋罽賓三蔵瞿曇僧伽提婆訳（単本）。法勝阿毘曇心論経六巻（大徳優波扇多造。或七巻）高斉天竺三蔵那連提耶舎共法智訳（単本）。上二論十巻同帙。雑阿毘曇心論十一巻（亦云、雑阿毘曇毘婆沙。尊者法救造。或十四巻）宋天竺三蔵僧伽跋摩等訳（第四訳四訳三闕）。右上三論倶名阿毘曇心。然其所釈、広略有異。（雑阿毘曇心論第一巻初注云、諸師釈法勝。阿毘曇心義広略不同。法勝所釈、最為略也。優波扇多有八千偈釈。又有一師万二千偈釈。此二論名為広也。和修槃頭以六千偈釈。又論初頌云、敬礼尊法勝。所説我頂受。我達摩多羅、説彼未曾説。故上三論初四巻者、是法勝本論。次六巻者是優波扇多釈。故彼論末云、大徳優波扇多為利益弟子。故造此阿毘曇心論。故知此即釈法勝論。非法勝造、而論外題有法勝字者。或恐不然。論巻中題無此二字。群録皆云、法勝阿毘曇。或云、別訳法勝阿毘曇。後雑心論是法救造。比前二論文義稍広）」（T55・621a3‐15）。

(33)『天台大師全集［法華玄義］』四（日本仏書刊行会、一九七〇年）一〇七頁を参照。

(34) 松森秀幸［二〇〇六a］を参照。

(35)『法華玄義』巻九、「遠師以一乗為宗。所謂妙法。引文云、是乗微妙、為無有上。私謂、為破三故一待麤非妙因而不該始末。龍師云、但以果為宗。妙法者、是如来霊智体也。衆麤斯尽為妙、動静軌物為法。法既真妙、借蓮華譬之。所以果智為宗也。私謂、果不孤立、云何棄其因。又乖文也。慧観序云、会三帰一、乗之始也。慧覚成満、乗之盛也。滅影澄神、乗之終也。什師歎云、若非深入経蔵、豈能作如此説。印師云、諸法実相是一乗妙境。用境智為宗。境無三偽故、称実相也。光宅用一乗因果為宗。前段為因、後段為果。私謂、二文各有因果。若互存互没、則害経文。有人、用権実二智為宗。私謂、用権応明三是経宗。三是今経所棄。云何取所棄為宗。又師云、此名妙法蓮華。即以名為宗。妙法是仏所得、根本真実法性。此性不異惑染、不与惑同、故称妙。即宗為名耳。此是地師所用。拠八識是極果。今摂大乗破之、謂是生死根本。有師云、常住為宗。但未極上、是覆相明常。私謂、都非経意。常若被覆宗、何所顕。常不被覆常、則非宗。有師云、是顕了明常与涅槃為広略耳。私謂、常為宗者、常無因果。常亦無宗（云云）。有言、万善為宗。但使是善、皆得作仏。私謂、若作仏即是果。何不取果為宗。有言、万善中、取無漏為宗。私謂、太局又濫小涅槃。有人言、若稟斯異説、各蒙益者、衆釈無可為非。聞而不悟、衆師無可為是。一師之意、唯貴在悟。宜以悟為経宗。大経云、若有定相、是生死法、是魔王相。仏法無定相。是故如来、非道説道、道説非道。当知、唯悟是従。私謂、若悟為宗。乃是果証非謂行因。問。南指北方隅料乱。又定以悟為宗是為定定。何謂不定説者。甚多不能具出也」（T33・794c11–795a17）。

(36)　佐藤［一九六一：三二一―三二二］を参照。

(37)　『出三蔵記集』巻十二には「妙法蓮華経序（釈慧遠）」（T55・83c9）とあり、慧遠の著作に『法華経』に対する経序が存在していたことを伝えている。本書は現存しない。

(38)　『法華遊意』巻一、「一云、以万善之因為此経宗。所以然者、斯経文雖有七軸、而宗帰一乗。是者即因也。故乗以運出為義。運載行人従因至果。至果則更無進趣。是故非乗。如大品云、是乗従三界出、到薩波若中住。智度論釈此語云、乗到菩提変名種智。故知以因為乗。勝鬘経云、於仏果上更無説一乗法事。故則知果非乗矣。問、此経初分明因門、後分辨果門、云何偏以因乗為宗。答、後章辨果為成前因。以行一乗之因、得寿量之果、故挙果成因、以因為宗」（T34・636c12–22）を参照。山川智応［一九三四：一七五］はこの『法華遊意』が紹介する宗に関する三つの説の第一の学説が『法華玄論』の慧遠の異説と同じと考えており、菅野［一九九四：五〇六―五〇七］はその説を受け、さらに『法華遊意』の該当説は『法華玄論』の一乗を宗とする慧遠の異説だけでなく、万善を体とする異説とも類似していることを指摘している。

(39) 菅野［一九九四：五〇五］は「万善之因」について「仏果を完成させるためのすべての善なる行為が仏果に相対して因と規定されるので、万善の因と言われる。すなわち、万善＝因なのである」と解説している。

(40) 廬山慧龍については、『高僧伝』巻八の僧印の伝記に「後進往廬山、従慧龍諮受法華。龍亦当世著名、播於法華宗旨。」（T50・380b3-5）と言及されている。

(41) 『法華遊意』巻一、「二者有人言、此経以果為宗。所以然者、夫欲識経宗、宜観経題。題云妙法者、謂如来霊智為体也。陶冶塵滓、衆塵斯尽、故名為妙。動為物作軌、即所以称法。自因位以来、麤法未尽、不得称為妙。既以果徳為妙法、即以果徳為経宗。是以釈迦以玄音始唱歎仏智甚深、多宝讃善称大恵平等。即其証也」（T34・636c22-28）参照、菅野［一九九四：五〇五—五〇六］。

(42) 『法華玄論』巻二、「評曰、光宅受経於印、印稟承於龍。龍為法華之匠。然此釈以文義両推実、符会経致。何以知之。開宗之始、広説之初、皆歎仏慧。故云為説仏慧故諸仏出於世。又云、我所得智慧微妙最第一。故知、一経始終皆明仏慧也。以理推者、三乗智慧猶未円満、唯仏智慧乃称究竟。既欲引三趣一、宜令皆学仏慧。則以仏慧為宗也。然此慧照無不円、累無不尽、称之為妙。体可軌模、名之為法。唯此一慧為実、余二非真、称為一也。虚通自在縦任無礙、目之為乗。詳此釈意、応無間然矣。但既有妙果、必有妙因。考経始終、因果斯備。若偏以果為宗、即得在於果、失在於因。義亦未允也」（T34・379c11-24）。

(43) 菅野［一九九四：五〇九—五一一］は慧龍の学説に対する吉蔵の批評について「慧龍の果＝如来の霊智を『法華経』の宗とする解釈は、文と義の両面から考えるとき、経の趣旨に合致していると認めている。なぜなら、『法華経』の全体は仏の智慧を明かしており、三乗の智慧が完成でないのに対して、仏の智慧こそ完全であるからである。ただし、妙果がある以上、それをもたらした妙因があるはずであり、『法華経』にも因果がともに備わっているのであるから、慧龍のように果のみを宗とすることは片手落ちになると批評しているのである」と分析している。

(44) 道場寺慧観については、『高僧伝』巻七に伝記がある。T50・368b8-c1を参照。なお『法華宗要序』における慧観の法華経観について、菅野［一九九四：二〇四］は「慧観の法華経観の特徴としては、妙法の意味を唯一で最高の存在である乗と規定し、その乗について三段あることを述べ、その中で「乗之盛」と規定される仏の悟りの智慧を『法華経』の経体として、『法華経』の思想内容を整理していることが挙げられる。三乗が一乗に統合される、いわゆる開三顕一の思想は「乗之始」として位置づけられてはいるが、仏の智慧の強調の方がはるかに目だつことは容易にわかるであろう」と指摘している。

(45)『出三蔵記集』巻八、T55・57a4-b15を参照。

(46)『法華遊意』「又、羅什学士、道場恵観著法花序云、秤之為妙、而体絶精麤。寄花宣微、道玄像表。頌曰、是法不可示、言辞相寂滅。二乗所以息慮、補処所以絶崖。作序竟示羅什。羅什歎曰、善男子、自不深入経蔵、不能作如是説也」（T34・642a7-12、傍線引用者）。

(47)菅野［一九九四：二二二］は三段落説の「乗之終」が「滅景澄神」と規定されることについて、「「乗之終」は仏の本地（五百塵点劫の成仏）の立場から、迦耶成道の迹の立場を捨てることを指す」と解釈している。

(48)堀内［一九九一］は、異説④、⑪に対する灌頂の批評には『法華玄論』を踏まえた表現があると指摘している。

(49)僧印については、『高僧伝』巻八に伝記がある。T50・380b1-14を参照。

(50)『高僧伝』巻八、「後進往廬山、従慧龍諮受法華」（T50・380b3-4）。

(51)『法華玄義』は異説②において「龍師云、但以果為宗。妙法者、是如来霊智体也。衆麤斯尽為妙、動静軌物為法。法既真妙、借蓮華譬之。所以果智為宗也。」（T33・794c13-16）と、慧龍の説を紹介している。

(52)法雲についての伝記は、『続高僧伝』巻五、法雲伝（T50・463c13-465a19）に詳しい。

(53)法雲の『法華経』に対する分科は三重に分けられる。第一重は序・正説・流通の三段に分ける。第二重は、序・正説・流通の三段をそれぞれ二段に分ける。すなわち、序は通序・別序、正説は因の義、果の義、流通は化他・自行である。第三重は通序・別序をそれぞれ五段に分け、因の義・果の義をそれぞれ四段に分け、化他・自行をそれぞれ三段に分ける（菅野博史［一九九六：二六八］）。なお、『法華義記』の分科については菅野［一九九六：二六一―三〇］を参照。

(54)ただし、二経六段という構造の分科は智顗が初めて提唱した分科というわけではない。吉蔵は『法華義疏』において、『法華経』の分科に関する南北朝期の代表的な学説を紹介しているが、その中で龍光寺僧綽（生没年未詳）の学説を次のように説明している。「龍光法師開此経為二段。従初品竟安楽行品十三品、是開三顕一。次従涌出品以下十四品、是開近顕遠。於両段中、各開序正流通三段、合成六段也」（T34・452c19–22）。平井［一九八五：二一〇］はこの僧綽の分科と二経六段の分科は何らかの関連があると指摘している。

(55) たとえば、崔箕杓［二〇一〇：三一三］は地論宗の「阿頼耶識説の相異に対する批判」についての考察において異説⑦を取り上げているが、異説への批評を智顗によるものと解釈している。崔［二〇一〇：三二二］は『法華玄義』が紹介する十二の異説が『法華玄論』にも同様の内容があることについて、吉蔵は智顗より後輩であるため『法華玄義』が『法華玄論』を引用することはない、との『法華玄義釈籤講義』の説を採用している。たしかに智顗と吉蔵の歴史的な前後関係は、『法華玄義釈籤講義』の指摘の通りであろうが、近年、『法華玄義』と『法華玄論』の関係について、すでに佐藤［一九六一］や平井［一九八五］といった研究がなされている以上、灌頂の存在を無視し、単純に智顗と吉蔵の歴史的な前後関係だけからこの問題を処理することには説得力がない。

(56) 摂論宗の九識説は、一般的には六識・第七阿陀耶識（執識）・第八阿梨耶識（真妄和合識）・第九阿摩羅識（無垢識）とされる。阿梨耶識が真妄和合識とされるのは、八識は基本的に迷いをもたらす妄識として捉えられるが、その中に解性の側面も備わるとされるからである（青木隆［二〇一〇：八〇］）。したがって、異説⑦は実際には八識が真識であることを示さなければならない。

(57) 地論宗の心識説については、伊吹敦［一九九九a］ならびに［一九九九b］、大竹晋［二〇一〇］に詳しい。

(58) 佐藤［一九六一］は、維摩経疏を智顗の親撰の書か、智顗により監修を受けた準親撰の書と認めている。平井［一九八五：四五―九九］は『維摩経文疏』に吉蔵の維摩経疏が参照・引用されていることから、天台維摩経疏は智顗の親撰ではないと指摘している。近年、小野嶋祥雄［二〇〇九］は平井［一九八五］を受け、『三観義』・『四教義』・『維摩経玄疏』においても吉蔵説が見られることを指摘し、「天台維摩疏」の智顗親撰説に疑義を呈している。

(59) 『維摩経玄疏』から別行された『三観義』にも同じ文がある（X55・673a19–22）。

(60) 「極止」は、『法華玄義』が「極上」として引用している。「極」も「止」も「至」・「到」の意味があるので、「到達」の意に訳した。『大般涅槃経疏』巻十四に「善男子苦受下、是第二点三受者、但昔教亦点三受。謂苦苦点苦受、壊苦点楽受、行苦点捨受。此乃小乗之教。其義未極止是単点。即成論人所用。今此極教、則複点此。初苦受具三苦。」（T38・127a12-16）とある。
(61) 堀内［一九九一］は、異説④、⑪に対する灌頂の批評には『法華玄論』を踏まえた表現があると指摘している。
(62) 吉蔵の宗旨観については、菅野［一九九四：五一二―五一七］を参照。
(63) 菅野［一九九四：五一四―五一五］は、吉蔵が『法華玄論』において、「諸師の説はそれ自体において正邪があるものではなく、その説を聞く衆生の悟・不悟に正邪を決定する鍵がある」としているにもかかわらず、十三家の異説を批評する理由について、「吉蔵はこの問に答えて、衆生の悟・不悟と諸説の正邪との関係を三点に整理している」として、「一者於縁並悟、則衆釈無非。二者聞悉失迷、則異説無是。三者自有於此即悟於彼生迷、則此説成正彼言為邪」（T34・381b17-19）の三つの基準を引用し、「これらの三箇条を批評の基準とすることは、一貫して衆生の悟りを宗とする立場に立つことを意味している」と指摘している。そして「実際には、十三家の異説に対する吉蔵の批評は、『法華経』の内容に一致しているかどうか、理論的に不都合な点はないか、という視点からなされているのである。これは、ある意味で当然のことで、衆生の悟りを宗とすると言っても、十三家の異説を理論的に批判するためには、一応は衆生を棚上げにして、説の内容そのものを批判しなければならないからである。したがって、吉蔵が衆生の悟りを宗とすることを、くどいくらいに強調するのには、自分の批評を絶対視することを戒め、批評の限界を設定するという配慮が込められていると考えられる」と結論づけている。
(64) 菅野［一九九四］は、さらに吉蔵の宗旨観の考察に基づき、灌頂の吉蔵に対する批評について「この批判の対象となっている説は、吉蔵の重層的な宗旨観の一部を捉えたものにすぎない」と評価している。
(65) 平井［一九八五：二九二］は、証真の『法華玄義私記』の記述に基づき、湛然が『法華文句記』において吉蔵の『法華義疏』を参照した形跡はあっても、『法華文句』の成立に直接影響を与えている『法華玄論』を参照した形跡がないことを指摘している。平井［一九八五］の指摘の通り、湛然は『法華義疏』を参照することはあっても、『法華玄論』を参照することはない。
(66) 『天台大師全集［法華玄義］』五（日本仏書刊行会、一九七〇年）二四三頁。
(67) 『天台大師全集［法華玄義］』五（同）、二四四頁。
(68) 『天台大師全集［法華玄義］』五（同）、二四四頁。

(69) この他、『法華玄義釈籤』には次のような例がある。「今且用約位一釈、開即十住真因也。入即十地真果也。又開等四位、真因也。直至道場、真果也」(T33・827a15-17)、「次引両品中、初譬喩意者、宝乗是諸子所乗。乗必従因至果。果必究竟道場。既先遊四方、非因何謂諸声聞等。既得記已、即入初住。験知、即是真因位也。此因無易。故云直至」(T33・890b7-11)。

(70) 『国清百録』については、池田[一九八二]に詳細な訳注がある。本稿では『国清百録』の内容理解において大いに参照した。

(71) 平井[一九八七:一一三—一一四]は『法華玄賛』が『法華玄論』を参照しなかった理由を、『法華玄賛』はタイトルに「玄」という文字を用いるものの、その内容の大半が随文釈義的な注釈であることから、『法華義疏』を参照したと類推し、さらに『法華玄賛』が六門分別(その内容は関係性を見いだせないが)という形式を採用し、『法華論』を重視している点から、「基は必ずしも『玄論』に無関心であったとは思えない。……『義疏』という同じ吉蔵の註疏の影響が予想外に大きいものであることを勘案すると、一概に引用が見られないとはいっても、同じ吉蔵の註疏である『玄論』の影響が全くなかったとは言い切れないであろう」と論じている。しかし、平井[一九八七]が『法華玄賛』と『法華玄論』の構造上の共通点とする六門分別は、平井[一九八七:一一三]自身が「数は一致するが、内容は全く異なっている」と指摘するように、基本的には別の概念である。また同じ吉蔵の著作であるから影響があるはずであるという論法は、『法華玄論』と『法華義疏』に対する扱いが『法華玄賛』と湛然の時代の『法華文句』注釈書との間で共通しているという事実を考慮すればいささか強引な論理といわざるをえず、平井[一九八七]の仮説は妥当なものといえない。

(72) 平井[一九八七:一一三—一一四]は、基の『法華玄賛』が吉蔵の『法華義疏』を参照・引用しているという末光愛正[一九八六]の研究成果を踏まえて、『法華玄賛』は基本的に随文解釈の書であるが、「如是我聞」以下を六門で解釈している点や、『法華論』を重用している点から、「基は必ずしも『法華玄論』の存在に無関心であったとは思えない」とし、「むしろ、『玄論』に対する反立として、『玄賛』の撰述がなされたのであって、そのために『玄論』の依用は故意に無視したような形になっているが、『義疏』という同じ吉蔵の註疏の影響が予想外に大きいものであることを勘案すると、一概に引用が見られないからといっても、同じ吉蔵の註疏である『玄論』の影響が全くなかったとは言い切れないのであろう」と論じている。しかし、第四項によって論じた内容が正しければ、平井［一九八七］の説は否定される。

第三章　湛然述『法華経大意』の研究

第一節　問題の所在

本章で問題とする『法華経大意』とは、続蔵経に「湛然述」として収録されている『法華経大意』のことを指す[1]。本書は『妙法蓮華経』の二十八品を一品ずつ取り上げて概説した著作である。その構成は『法華経』二十八品のそれぞれについて、初めに四六騈儷体を用いて品の大意を述べ、次に品の名称について字義的な解釈を加え、最後にその品のおおまかな分科を提示するというものである。

本書の冒頭には、次のような一文が記されている。

この一部の妙典二十八品を解釈しようとするのに、諸宗［のもの］が多くある。今はしばらく天台宗［の解釈］に基づく。

将釈此一部妙典二十八品、多有諸宗。今暫帰天台宗。（X27・532a5-6）

この記述に基づき、多くの学者が「天台宗」という名称は湛然によって初めて使用されたとしている[2]。しかし、このように本書が「天台宗」という語を最初に使用した文献として言及される一方で、本書には古来より湛然の著作ということについて疑問が持たれ続けている。もし本書が湛然の著作ではないということになれば、「天台宗」

という語を湛然が最初に用いたとする従来の説はその文献的な根拠を失うことになるし、またもし本書が湛然の著作であると認められるのであれば、本書は湛然の法華経観を端的にまとめた著作として、より正当な評価を受けなければならない。いずれの場合であっても、真偽問題の解決によって、本書の位置づけは大きく改めなければならない。

そこで本章では、本書の真偽問題を視野に入れつつ、基礎的研究として、その内容を分析・検討し、本書に対する従来の評価の妥当性を問うことにしたい。

第二節　真偽問題の論点

従来の『法華経大意』の真偽問題を扱った研究は、中里貞隆［一九三二］、塩入亮忠［一九三二］、日比宣正［一九六六］、Penkower, Linda［1993］などがある。

日比［一九六六］は、中里［一九三二］・塩入［一九三二］に基づきながら、独自の視点を加え、真偽問題の論点を五つにまとめている(3)。本節では日比［一九六六］の挙げた五つの論点を参考に先行研究の論点を、①諸伝記・目録資料への収録状況、②『法華経大意』の奥書、③『法華経二十八品由来』との関係、④明治十二年刊本、⑤引用書目の五点に整理し、先行研究における本書の真偽問題の議論を検証する(4)。

第一項　諸伝記・目録資料への収録状況について

諸伝記・目録資料における本書の収録状況については、先に挙げたすべての先行研究が言及するところである。それらに指摘されるように、諸伝記・目録資料において、湛然を『法華経大意』の著者と認定するものは、玄日の『天台宗章疏』（九一四年）だけである。

また、『法華経大意』を湛然の著者として認定しないものの、『法華経大意』という書名が確認できる伝記・目録資料は、最澄の『伝教大師将来台州録』（八〇五年）、円珍の『日本比丘円珍入唐求法目録』（八五七年）、円珍の『智証大師請来目録』（八五八年）、義天の『新編諸宗経蔵総録』（一〇九〇年）、永超の『東域伝灯目録』（一〇九四年）の五つの文献がある。

『伝教大師将来台州録』には「法華経大意」について次のように記されている。

妙法蓮華経大意一巻　荊渓明曠座主述　（十一紙）　（T55・1055b20）

妙法蓮華経大意一巻　（五紙）　（T55・1055b24）

『伝教大師将来台州録』は「荊渓明曠」を著者とする『法華経大意』と、著者不明の『法華経大意』の二書を記載している。「荊渓明曠」について、塩入［一九三二：四七］は、「『台州録』の意は「荊渓所住の沙門明曠述」なること他註に類して明らかなり」と指摘しているが、日比［一九六六：四六九］は、いわゆる湛然門下の「明曠（大暦十二年〈七七七年〉頃在世）は支那台州黄巌県（浙江省台州府巌県）の人」であり、『伝教大師将来台州録』が「荊渓明曠座主」と記した理由が不明としている。この点に関しては、Penkower［1993：287］も、明曠が台州の人であるという同様の理由で、『伝教大師将来台州録』の記述には問題があるとしている。Penkower［1993：287］は、明曠が湛然の後を継いで、荊渓における寺院の座主となったという可能性も考慮しているが、その可能性を裏づける証拠はないとも指摘している。さらに日比［一九六六］とPenkower［1993］は「荊渓」を湛然と解釈し、『伝教大師将来台州録』に伝わる『法華経大意』とは湛然と明曠の共著、あるいは湛然の講義を明曠がまとめたものという可能性を考慮して検討しているが、両者ともこの解釈は根拠がないとして退けている。

『日本比丘円珍入唐求法目録』には、次のような『法華経大意』への言及がある。

法華大意一巻　（T55・1099a8）

ここには、著者についての情報が記載されていない。だが、同じく円珍の『智証大師請来目録』には、次のような著者にまで言及した記述がある。

妙法蓮花経大意一巻　明曠　（T55・1104b6）

この『智証大師請来目録』の記述には、明曠による『法華経大意』の名が記載されている。

『新編諸宗経蔵総録』では『智証大師請来目録』と同様に、

［法華経］大意一巻　明曠述　（T55・1169a9）

と明曠による『法華経大意』だけを記載している。

また『東域伝灯目録』は、

同（妙法蓮華）経大意一巻　亦云大綱、灌頂撰　（T55・1149a16）

同（妙法蓮華）大意一巻　剡渓明曠　（T55・1149a17）

と、灌頂『法華経大綱』と伝えられる『法華経大意』と、剡渓明曠による『法華経大意』の二書を記載している。

「剡溪明曠」についての詳細は明らかではないが、いずれの先行研究でも「剡溪」についての言及はない。おそらく「剡溪」とは中国の浙江省にある曹娥江の上流地域のことを指すとも考えられるが[5]、明曠の伝記が明らかではないため、明曠が「剡溪」に住していたかは定かではない。しかし、前述の『伝教大師将来台州録』の「荊溪明曠」という記述の場合と同様に、「剡溪明曠」という表記は、転写の時のミスか、あるいは「剡溪」に住する明曠を指しているのかなどの可能性を指摘することはできるが、現段階ではそれを特定することはできない。

また、唯一『法華経大意』を湛然の著作として認めている『天台宗章疏』には、湛然による『法華経大意』の他に、明曠を著者とする『法華経大意』の存在も記載されている[6]。これは当時において『伝教大師将来台州録』以来、明曠の著作として伝えられる『法華経大意』とは、別に湛然述とされる『法華経大意』とが存在していることを示すものであり注目される。ただし、これが『伝教大師将来台州録』に著者未表記として将来された「妙法蓮華経大意一巻」が湛然の著作として伝えたものであるのか、『天台宗章疏』の成立以前に、湛然に仮託されて成立した『法華経大意』が収録されたものであるのか、あるいは『天台宗章疏』の成立までのいずれかの段階で、湛然の『法華経大意』が中国より伝えられたのか、詳細は明らかではない。

このように、諸伝記・目録資料のうち、『法華経大意』に関する記述のあるものは五つの文献があるが、それらのうち『法華経大意』を湛然の著作とするものはわずかに『天台宗章疏』のみである。『天台宗章疏』は、湛然の示寂（七八二年）後、およそ百三十年後の日本において成立したものであり、『天台宗章疏』において初めて湛然を著者とする『法華経大意』が登場してくることは不自然である。

また『天台宗章疏』の大正蔵の甲本には、湛然の『法華経大意』について、『天台教観目録』・『仏祖統紀』によれば記載されておらず、『東域伝灯録』には「[『法華経大意』は」また『大綱』ともいう。灌頂の撰である」とある。

按教観統紀並不出、東域云亦云大綱。灌頂撰。（T55・1135脚注⑨）

と記された割註がある。この点について中里［一九三二：四二］は「玄日録に初めて湛然の大意の名が出るが、分註に教観統記並不出と註して疑義を存している」と指摘し、『天台宗章疏』の記載について疑義を提示している。さらに、塩入［一九三二：四七］は『天台宗章疏』が「荊渓述」とするのは、『伝教大師将来台州録』に「妙法蓮華経大意一巻（荊渓明曠座主述）十一紙」（T55・1055b20）とあることから、玄日が「荊渓」の文字のみを見て「明曠」の文字を見過ごしたのではないかと推測している。

これらの説に対し日比［一九六六：四六九］は、「玄日が湛然撰なる一書を明曠とは別に伝えているのは、別して何等かの根拠があったことと考えられる」と述べ、結論として「いずれにしても『玄日録』に湛然撰の本書を伝えている以上、それに対して具体的な資料を以って本書を湛然撰とすることの誤りを指摘することが出来ないならば、本書の撰者は湛然としておかなくてはならない。結局目録の上からでは、本書の偽作を論断することは不可能なのである」（日比［一九六六：四七二］）と、真偽問題を目録間の相違だけで判断することはできないとの慎重な態度を示している。

以上、諸伝記・目録資料における『法華経大意』の収録状況について確認した。実際に伝記・目録資料を確認すると、『法華経大意』を湛然の著作とするものは少なく、明曠の著作と考えるものが多いことがわかる。しかし、明曠を著者とする『法華経大意』は現在伝えられていないため、それと続蔵経に収録された湛然述『法華経大意』との関係性を明らかにすることはできない。湛然述『法華経大意』という文献が、はたして湛然によるものか、明曠によるものが湛然の著作とされて収録されたのか、はたまた第三者が湛然に仮託したものであるのか、この問題は日比［一九六六］が指摘している通り、安易に断定することはできないが、諸伝記・目録資料間の異同という状況証拠のみによってみるならば、『法華経大意』が湛然の著作として疑義を持たれていることは当然のことといえるだろう。

第二項　『法華経大意』の奥書について

日比［一九六六］は『法華経大意』の真偽問題における偽撰説の根拠の一つに『法華経大意』の奥書の記述があり、中里［一九三二］、塩入［一九三二］がこの点に特に注目していることを指摘している。続蔵経所収の湛然述『法華経大意』には、次のような後代に付された奥書がある。

明暦［年間］の丁酉、初秋の十七日に謹んで訓点を施した。窃かに考えると言葉遣いは［湛然の著作には］似ておらず、祖（湛然）の筆力を失っている。『仏祖統紀』の典籍志にもこの名はない。真撰であるのか、偽撰であるのか、具眼の者はこれを選ぶであろう。見たり聞いたりして、たがいに善知識となり、たがいに解行を助け合い、ともに妙法を証得しよう。

明暦丁酉初秋十七謹点訳焉。窃謂語辞不類、失祖筆力。統紀典志亦無此目。真虜贋虜、具眼択之。若見若聞、互為善識、相助解行、共証妙法。（X27・550a4-6）

この奥書が記された年代については、「明暦丁酉」とあり、日比［一九六六：四七二］はこれが明暦年間（一六五五―一六五八）の丁酉に当たる年、すなわち一六五七年であることを明らかにした。ただし、この奥書を記した者については他に情報がないため、その詳細はわからない。

日比［一九六六：四七二］が「従来、この文のあることによって、本書を偽作であるとする意見を強めているようであり、事実、中里・塩入両氏はこの文について関説している」と述べるように、中里［一九三二］や塩入［一九三二］にもこの奥書についての言及がある。両者には真偽問題に対する態度の違いはあるものの、この奥書が近年の真偽問題に関する議論に少なからず影響を与えていることは確かである。(7)

この奥書から得られる真偽の判断基準は、「語辞」と「筆力」とが湛然のものとはいえないという点と、『仏祖統紀』（一二六九年）に湛然の著作として『法華経大意』の記載がないという点である。このうち前者の「語辞」と「筆力」とについては、本書を読むとたしかに全体的にそのような印象を受けることはあるかもしれない。しかし、この奥書にはこれ以上の詳しい記載がなく、具体的には何を指して「語辞」と「筆力」が異なっているのか判断できない。(8)後者については、すでに確認したように『仏祖統紀』以前に成立している『天台宗章疏』（九一四年）において、『法華経大意』が湛然の著作として記載されており、『天台宗章疏』が真に湛然述『法華経大意』の存在を伝えているという可能性を排除できない以上、『仏祖統紀』に記載がないからといって、これを直ちに偽作と見なすことはできない。

日比［一九六六］は、近年の研究において本書を偽作と疑う論調が強くなってきた背景には、この奥書の存在があると推定している。しかし、『天台宗章疏』の大正蔵の甲本の割註は、『天台教観目録』や『仏祖統紀』に『法華経大意』についての記載がない点、また『東域伝灯目録』に灌頂の撰とする異説が紹介されている点を挙げて、『法華経大意』を湛然の著作とすることに疑義を示している。

この割註は『天台宗章疏』より成立の遅い『東域伝灯目録』に言及しているので、割註自体は『天台宗章疏』の成立時（九一四年）に付されたものでなく、『東域伝灯目録』の成立（一〇九四年）以降に書き込まれたものと考えられる。

この割註と『法華経大意』の奥書のどちらがより古い時点での疑義であるかは判断できないが、伝記・目録資料という点からみると、割註は『天台教観目録』・『東域伝灯目録』・『仏祖統紀』の三文献をもとにして記されているのに対し、奥書は『仏祖統紀』にしか言及していない。このように伝記・目録資料に基づいて疑義を提示する割註の態度は、近年の研究態度と通じるものがある。

しかも『法華経大意』を湛然の著作と認める唯一の目録である『天台宗章疏』に対して疑義を提示することは、『法華経大意』を湛然の著作とする根拠を否定するものであり、『法華経大意』の奥書の記述よりも、『天台宗章疏』の甲本の割註の方が、本質的には近年の研究傾向に影響を大きく与えていると評することができよう。

第三項　『法華経二十八品由来』との関係について

次に湛然述『法華経大意』と内容がほぼ一致する『法華経二十八品由来』について検討する。『法華経二十八品由来』は伝教大師全集第三巻に収録される『法華経二十八品由来各品開題』のことであり、「各品開題」の四字は原本にはなく伝教大師全集編纂者が加えたものとされる。『法華経二十八品由来』の冒頭には、「伝教大師之作」（『伝教大師全集』三、六七九頁）とあり、伝統的には最澄（七六七―八二二）の著作と伝えられている。(9)

『法華経大意』と『法華経二十八品由来』との関係については、塩入［一九三二］が最初に言及した。

此の本、題下に「伝教大師之作」とあれども、従来荊渓の著と称せらるる「法華経大意」一巻の文と殆んど相同じきを以て、具眼の士は之れを荊渓の踏襲或は転録と疑い、本書を以て「与荊渓大師法華大意文稍相同也。

是足証非伝教大師撰述歟」と奥書を為せり。両書を望め観るに全く此の感あり。（塩入〔一九三二：四七〕）

塩入〔一九三二〕が指摘するように、『法華経二十八品由来』の奥書には『法華経二十八品由来』が『法華経大意』と共通の部分が多いため、『法華経二十八品由来』は最澄の著作ではないのではないかと疑義を提示している。しかし、上記の理由のみでは全く同じ理由によって逆に湛然の著作ではないということもできる。なお、塩入〔一九三二〕もこの記述の後に『法華経大意』の偽撰の可能性を指摘している。

湛然述『法華経大意』は『法華経』二十八品の各品について「大意」・「釈名」・「入文判釈」の三つの視点から解説しているが、一方の『法華経二十八品由来』は、大まかに言えば「大意」・「釈名」の二つの視点から解説したものである。しかも、両者は互いに異本であるかのようにほぼその内容が一致している。『法華経大意』と『法華経二十八品由来』の間には、非常に密接な関係があることは確かであるが、この二書の比較のみによって、両者の関係性を明らかにできるような何らかの証拠を見いだすことはできない（日比〔一九六六：四七九〕）。

そこで注目されるのが、次項で述べる『法華経大意』の明治十二年（一八七九）刊本である。

第四項　明治十二年刊本について

『法華経大意』の明治十二年刊本については、塩入〔一九三二〕、日比〔一九六六〕が言及している。本刊本は朝山晴霞による訓点で、明治十二年に刊行された『法華経大意抄』という表題のテキストである。本書の序には、そもそも、この『法華経大意抄』の古本は甚だ少ない。私が今新たに［本書を］再興することによって同志の人に流布することは、仏法報恩の一つの勤めである。

夫此大意抄古本甚少。依我今新再興、而以布同志之人、是仏法報恩之一勤也。（『法華経大意抄』、四頁）

と記されている。塩入［一九三二］が指摘するように、本書はどのテキストによっているかはわからないが、本書の内容は『法華経大意』の「大意」・「釈名」・「入文判釈」の中から、「大意」の部分を取り出したものとほぼ一致している。この点は本書の特色として特に注目すべきところである。

また真偽問題という点からみると、本書には平山日静による湛然の伝記と湛然図が収録されており、積極的に『法華経大意』を湛然の著作として位置づけている。(10)

日比［一九六六：四八〇］は塩入［一九三二］による明治十二年刊本の存在の指摘を受けて、(11)本書と『法華経大意』と『法華経二十八品由来』との三書の関係を『法華経大意』の成立過程として関連づけ、二つの可能性を示唆している。すなわち、「大意」のみで構成された『法華経大意抄』の存在を、『法華経大意』の原初形態を示唆するものとして捉え、最初に「大意」だけで構成されていたテキストに、後に「釈名」・「入文判釈」が加わっていったという可能性と、全く逆に「大意」・「釈名」・「入文判釈」の三つがそろったテキストが原初形態であって、それが「大意」だけのもの、「大意」・「釈名」のものというように分離・別出したという可能性の二つを指摘する。

日比［一九六六］が指摘するように、『法華経大意』と『法華経二十八品由来』『法華経大意抄』の三つの文献は同一テキストの異本である可能性は高い。この三つの文献の文字の異同を調査したところ、「大意」の部分に限っていえば、この三つの文献は大きく意味が異なるところはなかった。ただしさらに厳密に見るならば、『法華経大意』と『法華経大意抄』との間の相違は、『法華経大意』と『法華経二十八品由来』との間の相違よりも明らかに少ない。現存する資料から判断すると、『法華経大意』のテキストは湛然の著作と見なされる系統のテキストと、最澄の著作と見なされる系統のテキストとの大きく二つの系統に分けることができる。これは著者名が異なるテキスト同士であるため、当然の帰結ともいえるが、続蔵経所収の『法華経大意』は、「大意」という原初形態から段階的に成立したのか、あるいは原初形態は「大意」・「釈名」・「入文判釈」であったものが、後に「大意」のみのもの、「大意」・「釈名」のものと分離してきたのかという問題を考えるに当たり重要な意味を持つものと思われる。(12)

第五項　引用書目について

『法華経大意』の引用書目に着目したのは日比［一九六六］の研究だけである。日比［一九六六：四七四―四七八］は「著者が本書に引用されるところの文献を調査した限りにおいては、本書には『法華文句』を引用していることを知ったのみである」、「『摩訶止観』・『法華玄義』の書名を出さず、しかも釈名の段には『法華文句』の本文をそのままに引用しながらその典拠を挙げていないことは、本書を湛然の著作として肯定し難い点がある」と述べ、「釈名」の段に『法華文句』だけが引用されていること、またその引用の際に典拠を明示していないことを理由に、「釈名」の部分に関しては湛然の著作とは考えられないと推定している。

しかし、筆者が調査した限りにおいては、『法華経大意』と『法華経二十八品由来』においては、序品の「釈名」として『法華玄義』の序に相当する部分、すなわち智顗が述べたとされる「序王」が部分的に引用され、さらに灌頂が述べたとされる「私序王」がまとまって引用されている。また基本的に「釈名」に相当する部分がないはずの『法華経大意抄』には、序品に限って「釈名」で引用される『法華玄義』の「私序王」の部分がそのまま序品の「大意」として引用されている。(13)

また日比［一九六六］は『法華文句』の引用が確認できても『法華文句記』の引用が確認できないことを指摘している（四七四頁）。日比［一九六六］の指摘する通り、釈名の部分において『法華文句』の引用は発見できても湛然の著作の引用は確認できない。「釈名」の部分の記述は、品名に用いられる語句の字義的な解釈を行うことに焦点が当てられている。したがって、『法華経大意』が『法華文句』のみを引用するのは、語句の解釈は『法華文句』を引用すれば十分で、さらに踏み込んで解釈する必要はないという態度の現れであるといえ、湛然の著作であれば、『法華文句記』における研究成果が反映されていない点が不可解である。

さらに『法華経大意』は他書を引用する際にその典拠を示すことはない。このことも、日比［一九六六］が指摘する通り、『法華経大意』が湛然の著作であるとすれば、他の湛然の著作とは一貫しない態度である。ただし、古代中国の学術界においては、自説と矛盾しない限りにおいて、前代の優れた文章をそのまま用いることは、特に問題とならなかったため[14]、このことは本書が湛然の著作であることを否定することの根拠にはなりえない。

以上、湛然述『法華経大意』の真偽問題の論点について、日比［一九六六］の指摘する五点に基づきながら概観した。これまでの先行研究はそれぞれ若干の立場の相違はあるものの、『法華経大意』が湛然の著作であると見なすことについて、基本的には懐疑的な立場に立っている。しかもいずれの先行研究も、『法華経大意』は湛然の撰述であるとする伝統的な考えを否定するのに十分な根拠を提示できておらず、湛然に仮託された著作であると断定できない以上、安易に真偽問題を解決することはできないという立場を崩していない[15]。

筆者も先行研究の慎重な態度に賛同するものであるが、以上の五つの論点によって『法華経大意』の真偽問題が論じ尽くされたとはいえないと考える。そこで次節では、真偽問題解決に向けた基礎的研究として、これまで注目されてこなかった『法華経大意』自体の内容分析を通して、本書の性格の一端を明らかにしたい。

第三節　『法華経大意』の法華経解釈

前節で確認したように、『法華経大意』の真偽問題を扱う先行研究は、いずれも本書が湛然の著作であるという点に疑義を提示している。しかし本書の真偽問題を解決するだけの根拠を提示するまでに至っていない。そこで本節では、従来の研究においては十分になされていない本書の内容分析を行い、『法華経大意』の法華経解釈の特徴を明らかにしたい。

第一項　『法華経大意』の構成

本書は鳩摩羅什訳『妙法蓮華経』の概説書であり、『法華経』二十八品それぞれについての「大意」（品の大意）・「釈名」（品名の解釈）・「入文判釈」（品の科文）の三つの段から構成されている。

ここで方便品を例にして、より詳しく続蔵経に収録されている湛然述『法華経大意』の構成を説明したい。続蔵経収録の『法華経大意』では、初めに「妙法蓮華経方便品第二」と、品のタイトルを挙げる。そしてタイトルの下に割註で「品四千七百一十六言」と表記する。この割註はこの品の中に四七一六文字あるということを表していると考えられる。[16]おそらく註は後代の挿入であろう。

次に『法華経大意』では品を解釈する方法の提示がなされる。

今この品を解釈するのに、三門を用いる。第一に大意を述べる。第二に品の名称を解釈する。第三に入文判釈する。

今釈此品、用三門。第一述大意。第二釈品名。第三入文判釈。（X27・533a3-4）

この解釈方法の提示は、序品を除く二十七品のすべてにおいてほぼ同じ文が用いられている。そして提示された解釈方法の第一として、「第一大意者……此品大意蓋如是」と各品同様の形式で品の「大意」が述べられる。ちなみに「大意」が四六騈儷体で書かれている点は本書の大きな特色であり、「大意」と「釈名」・「入文判釈」の文体の違いが真偽問題の提示される原因にもなっていると考えられる。

「大意」が終わると、次に「第二釈名者、方者秘也。……故言方便品」と品の名称についての解釈が述べられる。そして最後に「第三入文判釈者、従此品下、訖分別功徳品……」と、具体的に経文を引用しながら各品の分科を紹介している。

このようにして本書は『法華経』二十八品のそれぞれについて解説を行っていくが、その解釈法は形式的にみると非常に整理されたものといえる。

第二項　「大意」の内容

本項は「大意」の記述の中から、『法華経大意』の法華経理解を特によく表している部分と、湛然の他の著作と比べて『法華経大意』独自の見解が見られる部分とを取り上げ、品ごとに順次検討する。

（1）序品

序品以外の「大意」では、その品の内容についての要約が必ず存在するが、序品の「大意」は、序品の内容にはほとんど触れず、『法華経』の全体的な特徴や有名な譬喩について言及している。このことから序品の「大意」の主眼は、『法華経』全体の序章として経典全体の「大意」を述べることにあったと考えられる。以下に序品の「大意」の記述のなかから、他の品の内容について言及した部分や経典全体について言及した部分を取り上げ検討する。

初めに、他の品の内容に言及した部分には、次のような一節がある。

［譬喩品で子供に三］車を［与えることを］許可した長者は、三車を開会してあまねく一実の妙車を与え、（信解品で）子供を探し求める慈悲深き天（仏）は、［親族・国王など］多くの人々を集めて同様に［子供に］一家の財産と生業を与える。

許車長者、開三車遍与一実之妙車、覓子慈天、集百属同付一家之財業。（X27・532a12–14）

引用文の前半部分は、長者が子供に三車ではなく「一実の妙車」を与えたという記述であり、譬喩品の三車火宅の譬えに基づいた表現であることは明らかである。[17]また後半部分は内容から判断すると信解品の長者窮子の譬えに基づいた表現であると考えられる。すなわち「覓子慈天」とは長者＝仏のことを指し、「集百属同付一家之財業」とは長者が親族や国王、大臣などを集めて窮子に自分の財産と生業を与えたことを指していると理解できる。

片片たる慈氏（弥勒）の質問は、微塵の国土に広く影響を与え、明明たる能仁（仏）の教えは現在・未来を平等に潤す。

片片慈氏之問、普被塵国、明明能仁之訓、等霑現当。（X27・532a18–19）

上記の引用文中に「慈氏之問」とあり、弥勒菩薩についての言及が見られる。『法華経』において弥勒菩薩が聴衆の疑問を代表して質問する部分は、序品と従地涌出品の二ヵ所である。序品での弥勒菩薩の質問は文殊菩薩に対してなされたものであり、その質問を契機として、序品のストーリーが展開されていく。一方の涌出品では、弥勒菩薩は釈尊に対して地涌の菩薩について質問をする。この問いに答える形で釈尊は如来寿量品を説き、久遠実成の釈尊が明かされる。ここで「慈氏之問」と対句の関係にある「能仁之訓」という表現を考慮に入れ、弥勒菩薩と釈尊の関係性を考えれば、序品において弥勒菩薩が現前に起こる数々の瑞相の意味を文殊菩薩に問うことと方便品以降の釈尊の説法とは直接的に関係はない。一方で涌出品での弥勒の質問は、釈尊が久遠実成を明かす寿量品を誘引するという重要な役割を果たしており、『法華経』全体から見てもとりわけ意味のある問いになっていることがわかる。この意味において、「慈氏之問」の指す内容は、涌出品での質問を指すと考える方が妥当であろう。またこの他の部分でも序品の「大意」では直接的に序品について言及される箇所はない。

また、序品の「大意」の最後の定型文の部分を見ると、他の品の最後は、ほぼ「……此品大意、蓋如是」という表現で統一されているのに対し[18]、序品の「大意」の最後は「教大意、蓋在此哉。」（X27・532a22）と記されている。この最後の定型文の部分において、「品大意」ではなく「教大意」と明確に表現されている点からも、序品の「大意」の意図は、序品の「大意」を述べることにはなく、序品を経典全体の序として、『法華経』の全体像を提示しようとしていることは明らかである。

以上のように「大意」の中でも序品の「大意」は特殊な内容となっているが、このことは『法華経大意』の法華経観の基調を知る上で非常に重要な手がかりとなる。そこで、次に序品の「大意」における法華経観を見てみることにする。

今、この経は、開権顕実の玄門であり、果海円実の格言である。[『法華経』が] さまざまな経典を括る綱紀は、巨大な海が千の潮流を呑み込むようなものであり、さまざまな経典を統一する枢要は、空があらゆるものを抱くようなことである。

今此経者、開権顕実之玄門、果海円実之格言。宏括衆経之綱紀、巨海之呑千潮、広統群典之枢要、猶大虚之抱万有。（X27・532a12−14）

引用文中では、『法華経』を「開権顕実の玄門」「果海円実の格言」と規定し、他のさまざまな経典を統合するという『法華経』の特徴を、巨大な海があらゆる潮流を呑み込むことと、虚空が万物を包含していること、という二つの譬えを挙げて説明している。このように、あらゆる教えを会通し統合すること、すなわち『法華経』の円融性を強調することが、序品の「大意」における法華経観の特徴ということができる。このような視点は取り立てて目新しい解釈ではないが、「大意」全体の法華経観の基調をなす考えとなっている。

(2) 方便品

次に方便品の「大意」では、『法華経』があらゆる機根の衆生を救済することを以下のように記している。

これは一大事因縁の金色の烏によって［人・天・声聞・縁覚・菩薩の］五姓を照らし輝々とさせ、［教・行・人・位の］四一の銀色の兎によって［人・天・声聞・縁覚・蔵教の菩薩・通教の菩薩・別教の菩薩の］七人に臨んで皎々とさせる。どうして仏種を焦がし寂滅に趣くものといえようか。［彼らも］法雨にあたって再び仏の芽をめばえさせ、死ぬと決まっている闡提も、妙薬を服して後によみがえる。教えの縦糸と、意義の横糸とで、修行という錦を五仏章の機根に織りなし、智慧の針と、修行の線とで、果徳の刺繍を三世の帳に縫い込む。諸仏の［出世の］本懐は、すべてこの部（法華経）において完成する。出世の大意は、すべてこの章（方便品）

に満ちている。執着を破って疑いを解決する。「法華は最も第一」である。迷いを開いて覚りを照らす。あえてこの経典と争う者がいようか。

是以一大金烏、照五姓而輝輝、四一銀兎、臨七人而皎皎。豈謂焦種趣寂。値法雨而更萌仏芽、畢死闡提、服妙薬而復甦後生。教経義緯織成行錦於五仏機、智針行線縫飾果繍於三世帳。諸仏本懐、皆円此部。出世大意、悉満此章。破執而決疑。法華最第一。開迷而照覚。誰敢争斯典哉。（X27・533a15–21）

引用文中の「金烏」と「銀兎」については、『止観輔行伝弘決』の「俗典にいう、月の中に兎がいて日の中には烏がいると。（俗典中云、月中有兔、日中有烏）」（T46・374c14–15）という記述を参照すると、「金烏」は太陽、「銀兎」は月をたとえていると考えられる。また「一大」と「四一」とは、それぞれ方便品の教説である「一大事因縁」と「教行人理の四一」のことを指していると考えられる。『法華経』の救済の力を光にたとえて、『法華経』が太陽の光によって五姓を、月の光によって七種の方便の人をそれぞれ照らし出している様子を表している。ここはあらゆる衆生を救済する『法華経』の力用を強調している箇所と考えられる。「七人」とはおそらく『法華玄義』などに用いられる「七種方便」（T34・683a20）と同義で、人・天・声聞・縁覚・蔵教の菩薩・通教の菩薩・別教の菩薩のことを指し、「七人」と対句的関係にある「五姓」[19]は、声聞定性、独覚定性、菩薩定性、不定性、無種性のことを指すと考えられる。ここでは『法華経』の衆生救済の力が、「五姓」や「七人」というあらゆる機根を救済するものとして位置づけられている。

（3）譬喩品

譬喩品では、三車火宅の譬えを用いて方便品で説かれた一乗と三乗の関係をよりわかりやすく明示している。三車火宅の譬えは長行と偈頌の両方の箇所に見られるが、その内容は、長行の部分より偈頌の部分の方が詳しい。偈頌の部分では衆生が住まう三界をたとえ、さまざまな獣や鬼などが跋扈する長者の家の恐ろしい様子を詳細に記述している。譬喩品の「大意」ではその偈頌に説かれる火宅の様子を取り上げ、そこに登場するさまざまな獣や鬼などを、貪・瞋・痴・慢・疑の五鈍使、身見・辺見・邪見・見取見・戒取見の五利使の十使と対応させて説明をしている。

憍慢の［「鵄・梟・雕・鷲・烏・鵲・鳩・鴿[20]」の］八種の鳥は、翼をはばたかせて［行・住・坐・臥の］四威儀の壮大な平原を翔び、瞋恚の［「蚖・蛇・蝮・蠍・蜈・蚣・蚰・蜒[21]」の］八種の虫は、目を怒らして［色・声・香・味・触の］五境の広大な平野において争う。愚痴の「蜣蜋[22]」は、［常・楽・我・浄の］四つに執着する顚倒した考えに迷って飛び回り、貪欲の「狐狼[23]」は、［色・声・香・味・触の］五塵を抱いて踏みつける。邪見の「夜叉[24]」は、因果を否定して人と犬を食べる。戒取の「荼鬼[25]」は、火宅［の中］を巡って遊び戯れる。身見の大鬼は、我所に思いを巡らして慚愧することがない。見取の咽喉[26]は、その命に執着して［命を］保つ。辺見の「牛頭[27]」の左角は、断見・常見に執着して因果を滅ぼす。辺見の右角が、前後に執着して「蓬乱のよう[28]」である。

憍慢八鳥、翔振翮於四儀遥原、瞋恚八虫、闘怒目于五境広野。愚凝蜣蜋、迷四倒而馳走。貪欲狐狼、抱五塵而践蹋[29]。邪見夜叉、撥因果而食人狗。戒取荼鬼、旋火宅而事嬉戯。身見大鬼、計我所而無慙愧。見取嗤喉、着其命而作保。辺見牛頭左角、着断常而滅因果。辺見右角、執前後而如蓬乱。（X27・534a14‒20）

三車火宅の偈頌に登場する獣や鬼を十使に対応させる考えは、『法華義疏[30]』や『法華文句[31]』において提示されるものである。上記の引用文は、特に『法華文句』の記述を元にしていると考えられる[32]。これは『法華文句』の独特

な表現である「八鳥」という語を「大意」が採用している点からも明らかである。(33)

また『法華文句』の分段の説明には、

（火宅の炎に）焼かれる者たちを明かして、衆生の十使をたとえる。……（炎に）焼かれる者たちについて二つに分ける。（偈頌の）始めの六行は、鳥や獣が焼かれることを明かし、五鈍使の衆生をたとえる。後の十行は鬼神が焼かれることを明かし、五利使の衆生をたとえる。

明所焼之類、譬衆生十使。……就所焼中又二。初六行明禽獣被焼、譬五鈍使衆生。後十行明鬼神被焼、譬五利使衆生。（T34・75a18-26）

とあり、「禽獣」が「五鈍使」に、「鬼神」が「五利使」にそれぞれ対応することが明言されている。これに対し『法華経大意』は、

五鈍使の鳥や獣は行者を朝夕に驚愕させ、五利使の醜い鬼は、智者を昼夜に煩わせる。

五鈍禽獣、驚愕行者於朝夕、五利陋鬼、煩擾智者於昼夜。（X27・534a20-21）

と述べ、「禽獣」と「五鈍」、「陋鬼」と「五利」という対応関係を示している。このように「大意」には『法華文句』の記述を参照したと思われる形跡が存在する。

なお、「於朝夕」や「於昼夜」といった表現は、日本漢文的なもののように思われる。

また譬喩品の「大意」には文末に次のような一節がある。

十方によく求めても、さらに［仏乗以外に］他の乗り物はない。だれが三乗に留まるだろうか。十方の仏土には、ただ［仏乗という］一つの乗り物だけがある。だれが五姓にとどまるだろうか。人を誹謗し、法を誹謗すれば、災いを［地獄・餓鬼・畜生の］三途に受け、友を求め、法を求めれば、幸いを万代に掲げる。

十方諦求、更無余乗。誰留三乗。十方仏土、唯有一乗。誰存五姓。謗人謗法、受殃三途、求友求法、挙祥於万代。[34]（X27・534a22-b1）[35]

中里［一九三二：四二］は上記の引用文中の「十方仏土、唯有一乗。誰存五姓。謗人謗法、受殃三途、求友求法、挙祥於万代」を取り上げて、「慈恩家を対手とするが如き口吻が所々に散見せらるるは注意すべきであろう」と指摘している。ここでは「だれを三乗にとどまるだろうか（誰留三乗）」と「だれが五姓をとどまるだろうか（誰存五姓）」とが対句的に用いられており、三乗と五姓の間に深い関連性が見いだされていることがわかる。これらの表現は、現前に一仏乗の教えがあれば「三乗」や「五姓」に執着する者などいるはずもないという批評であり、「三乗」と「五姓」はいずれも方便と理解されている。ここでの「五姓」の用法は前述の「五姓」の例と同様に、声聞定性、独覚定性、菩薩定性、不定性、無種性を指すと考えられる。

（4）信解品

『法華経』信解品には次のような偈頌がある。

私たちは、今、真実に声聞である。仏道の声を、すべてのものに聞かせよう。私たちは、今、真実に阿羅漢である。さまざまな世間の天・人・魔・梵天など、広くその中において、当然、供養を受けるべきである。

我等今者、真是声聞。以仏道声、令一切聞。我等今者、真阿羅漢。於諸世間、天人魔梵、普於其中、応受供養。（T9・18c19-22）

上に引用した信解品の偈頌について、信解品の「大意」はその内容を要約して、円教の声聞は、仏道の声をすべてのものに聞かせ、道理を備えた阿羅漢は、さまざまな世間において、当然、[36]

供養を受けるべきである。

円教声聞、以仏道声、令聞一切、具詮羅漢、於諸世間、応受供養。（X27・535a2-3）

と述べ、さらに次のような注釈を加えている。

法華以前では、分段［の生死］における［恩・断・智の］三徳が三界の内に顕わされ、法華以後は、変易［の生死］における三徳が三界の外に示される。［一乗は］恩を知り恩に報いることを、先年には疎く、徳を知り徳に感謝することを、今時に理解する。誠に次のようにわかる。三乗の区別に執着することは、暗闇の中の暗闇であって、一乗の円融することは、明かりの中の明かりである、と。

法華以前、分段三徳顕於界内。法華以後、変易三徳示於界外。知恩報恩、闇先年、知徳謝徳、覚今時。誠知、三乗別執闇中亦闇、一乗円融明中亦明（X27・535a3-6）

上記の引用文は、信解品の偈頌の同じ箇所を注釈した『法華文句』や対応する『法華文句記』に見られない解釈である。『法華経大意』はその内容の大半が『法華経』の要約と『法華文句』に基づいた注釈ではあるが、上記の引用からは、単に『法華経』や『法華文句』を要約しただけの著作でもないことが確認される。内容については、「三乗別執」を「闇」に、「一乗円融」を「明」にたとえており、他の箇所でもみられるように、開三顕一という『法華経』中心思想の一つを円融性という観点から理解している点が特徴的である。

なお引用文中に「知恩報恩、闇先年」と、「知徳謝徳、覚今時」という対句的表現があるが、これらは中国語の語順としてやや不自然な印象を受ける。内容的には「闇」・「覚」の対象はそれぞれ「知恩報恩」・「知徳謝徳」を指すはずであり、「先年闇知恩報恩」・「今時覚知徳謝徳」とする方が自然な語順と思われる。ただし、これは日本語の語順の影響を受けた、日本漢文の文体とも言い難く、テキストの混乱がある可能性も考慮すべきであろう。

（5）　薬草喩品

薬草喩品の「大意」の冒頭には以下のような記述がある。

茫茫たる智慧の基礎は、大地に等しく五姓を載せ、森森たる衆生は、草木を争って五乗を異ならせている。すなわち、一乗の法の雲は、三千［大千世界］を覆っていて清涼である。一味の教えの雨は、五乗に注いで特に繁茂させる。

茫茫智地、等大地而載五姓、森森群生、争草木而異五乗。乃有一乗法雲、覆三千而清涼。一味教雨、澍五乗而殊茂。（X27・535b10-12）

上記の引用文では「五姓」と「五乗」とが対句的な対応関係にある。ここでも「五姓」という語が用いられている。『法華経大意』における「五姓」の用例は全部で四例あるが、これまでの方便品や譬喩品における用例では、「七人」と「三乗」という語が「五姓」と対句的に対応していた。また法師品における用例は方便品と同じく「七人」という語と対句的に対応するものである（X27・538b18）。これらはいずれも人（衆生）の種類を分類する概念として用いられている。

（6）　授記品

授記品の「大意」の末尾には次のような記述がある。

［小乗の］涅槃の深奥の坑穴に堕する者が、［極楽の］八功徳池に生まれて仏蓮華を生じさせ、仏種を焦がす小乗の涅槃の者が、一味の雨に潤って仏性の芽を育む。［これは］赫赫たる妙法の深き名称の功徳であり、明明たる蓮華が広く茂る功徳である。不退の菩薩は、そのはてを考えないのに、煩悩の残る凡愚の者が、そのはて

を知ることがあろうか。

無為深坑、成八功池、而生仏蓮華、正位焦種、潤一味雨、萌仏性芽。赫赫妙法深号功、明明蓮華広茂徳。不退菩薩、不思其辺、有漏凡愚、何知其際。（X27・536a5–8）

引用文中の「深坑」とは深奥の坑穴のことであり、また「焦種」とは仏になるための種子を焦がしてしまった者のことである。いずれも二乗の涅槃を証得する者や断善根の者をたとえた表現といえる。ここでは成仏がかなわないとされる者たちに対しても仏性の芽を育み、成仏を可能にさせる『法華経』の功徳の偉大さが称えられている。

(7) 化城喩品

化城喩品の「大意」では化城の譬えを以下のように要約している。

悦悦たるかりそめの城は、尋香と同様にたちまちに消滅する。急急たる楼閣は、陽炎と同様に隠れ滅びる。定性の二乗は、旅の途中で休む地を失って宝処から退く。記憶力の優れた釈迦は、商人たちを連れて本宅まで帰還する。明明たる導師は、［宝処への］途中の道で休息させて宝の城市に至らせる。擾擾とした商人たちは、遠く険しい道を嫌がって退いてはならない。

悦悦化城、等尋香而忽滅。急急楼閣、同陽炎而隠泯。定性二乗、失旅次而退宝処、強識釈迦、得商人而還本宅。明明導師息中路而致宝城、擾擾商人憚遠険而不可退。（X27・536b23–c2）

引用文中の「尋香」とは乾闥婆城のことである。乾闥婆城とは、乾闥婆という天の楽人が幻術により作った城市のことで、ここでは幻の城市という点が『法華経』の化城と等しいとされている。また「定性二乗」とは、五性の中の声聞定性、独覚定性のことをいい、小乗の修行によって独覚や阿羅漢となるが、無余涅槃に入るため成仏することができないとされる衆生のことである（吉村誠［二〇一〇：一一二］）。ここでは文脈上「記憶力の優れた釈迦（強識釈迦）」と対比して用いられ、「定性二乗」は宝処への旅を途中であきらめてしまう存在、すなわち成仏に至る前に修行を放棄してしまう存在として描かれている。『法華経大意』はここで定性二乗が修行を放棄することを批判していると考えられるが、五姓各別説が成立した『成唯識論』においては「本有無漏種子」の有無によって種姓の差別を規定しており、これによれば定性二乗は、それぞれ独覚定性は独覚の無漏種子を備える者、声聞定性は声聞の無漏種子を備える者と規定される。

（8）法師品

法師品は、如来の滅後の弘経の心構えとして「衣座室の三軌」を説く。法師品の「大意」では、衣座室の三軌を以下のように規定する。

慈悲という芳しい部屋は、五姓をいっしょくたにして同様に庇護する。忍辱という妙なる衣は、七人（七種方便）に着させて［見た目を］同じ階位［の者］にする。法空という広々とした床は、必ず死ぬ［一闡提］を遮らずに安らかに座る。理姓という平たい長いすは、怠ける心を捨てることなく信受する。(37)

慈悲芳室、混五姓而同庇。忍辱妙衣、著七人而倶位。法空広床、不遮畢死而安坐。理姓平榻、不捨懈怠而信受。（X27・538b18-20）

引用文中の「平榻」とは、「榻」は長いすの意味があるので、平らな長いすと解釈した。『法華経』の本来の意味は、如来の滅後の弘経の心構えを衣座室の三軌として表現していたが、法師品の「大意」では衣座室の三軌を『法華経』の働きとして捉えているようである。「慈悲という芳しい部屋は、五姓をいっしょくたにして同様に庇護する（慈悲芳室、混五姓而同庇）」と「忍辱という妙なる衣は、七人（七種方便）に着させて［見た目を］同じ階位にする（忍辱妙衣、著七人而倶位）」は、慈悲や忍辱によって「五姓」や「七人」という差別性が打破されることを述べたものであり、これは『法華経』を讃歎する『法華経大意』の特徴の一つをよく表しているといえる。

（9）見宝塔品

見宝塔品の偈頌について、「大意」では以下のような記述がある。

十五［の難事］により強いてたとえられる［仏滅後に『法華経』を受持する難しさ］は、妙高と等しく六宗より抜きんでている。一乗の円満なる智慧は、沿海でなく［遠海であって］三乗よりも優れている。［この経を］「少しでも受持する」(38)功徳は、諸仏に賞賛され、［この経を］「読んでたもつ」(39)という力は、まじり気のない善の境地に住まわせる。人や天［にとって］すばらしい眼であり、人や天［の者が］供養するはずである。

十五強況、等妙高而秀六宗。一乗円智、無浜海而勝三乗。暫持之功、諸仏所歎、読持之力、住純善地。人天好眼、人天応供。（X27・539b10-12）

引用文中の「十五強況」とは、見宝塔品の偈頌に説かれる、いわゆる「六難九易」のことを指す。すなわち、六難と九易の両方を合わせた十五の難事の譬えを「十五強況」と表現している。なお「六難九易」という言葉自体は、『法華文句』を初め中国の法華経注釈書では確認できず、『法華文句記』でも触れられていない。

また『法華玄義』は北地の教判として六宗判を紹介している。そこで紹介される六宗判とは、因縁宗、仮名宗、誑相宗、常宗、真宗、円宗という内容である。(40)もしここにいう「六宗」が六宗判の提示する「六宗」を指すのであれば、「六宗」とは仏の説いた教えのすべて、全体という意味で用いられているといえる。引用文中では「六宗」

は、「三乗」と対句的に用いられており、通常、三乗とは声聞乗・縁覚乗・菩薩乗を指すため、もし菩薩乗＝仏乗と見なす、所謂三車家の立場であれば、「三乗」は仏の教えの全体として理解することも可能であろう。ただし、この場合は四車家とされる天台宗の立場と矛盾が生じる。『法華経大意』はその性質上、厳密な教理解説書とは考えにくいので、そのような矛盾が放置されているという可能性もあるが、本書の著者を湛然とするのであれば、湛然がそのような矛盾を見過ごすかといえば疑問が残る。

「純善地」は、『法華経』の原文には「淳善地」（T9・34b20）とある。ただし『添品法華経』の対応する箇所は『法華経大意』と同じく「純善地」（T9・168c29）となっている。「淳」は意味において「純」に通じるので「純善地」と「淳善地」に意味における相違はない。

また引用文には「応供」という語が見られる。一般に「応供」とは仏の十号の一つ、あるいは小乗の阿羅漢の訳語のことをいうが、引用文に対応する『法華経』の原文には「すべての天・人［の衆生］は、みな供養するはずである。（一切天人、皆応供養）」（T9・34b22）とある。したがって、引用文中の「応供」とは「応供養」の省略であると理解できる。『法華経大意』の「大意」の部分では、字数を調えるためにこのような思い切った省略がたびたびなされており注意を要する。

また、ここでは「一乗の円満なる智慧は、沿海でなく［遠海であって］三乗よりも優れている（一乗円智、無浜海而勝三乗）」と述べて、一乗すなわち『法華経』の教えが三乗よりも優れていることを称えている。

⑽　勧持品

勧持品では仏の滅後における『法華経』の受持と弘通が説かれている。勧持品の最後には、仏の滅後に『法華経』を弘通しようとすればさまざまな迫害が必ずあり、それらの迫害に忍辱の鎧を着て耐えぬくべきことを述べた、二十行からなる偈頌がある。勧持品の「大意」はこの偈頌を以下のようにまとめている。

願うことは、忍辱の鎧を［身に］着けることで、罵詈という矢を遮り、慈悲の甲冑を［身に］まとうことで、悪口の矛をはね返し、慈悲の部屋に住することで、軽慢の風から［身を］守り、空禅の床に安坐することで、悪鬼の辱めを忘れることである。ただれやすい臭く汚れた身を惜しまずに、得がたい金剛の体を獲得する。濁悪世における追放については、心のうちに恨むことなく、末法の世における求道については、初めに説法を希望する。誓願をたてた開士（菩薩）の山は、三千［大千世界］にそびえたち、誓願をたてた賢哲の海は、百億［大千世界］に広々としている。一乗という妙なる経典はどの国で講じないことがあろうか。円教の格調高き経文は、どの家で書写されないことがあろうか。像法・末法の仏子には、その誓願と同じくする者がいようか。濁悪世の行者には、この態度に学ばない者がいようか。

所願、着忍辱鎧、遮罵詈箭、被慈悲甲、却悪口鉾、住慈悲室、障軽慢風、住空禅床、忘悪鬼辱。不惜易爛臭穢身、獲得難得金剛体。濁世擯出、不恨心里、末世求法、先望説法。発誓開士山峙三千発願賢哲海浩百億。一乗妙典何国不講。円教高文何家不写。像末仏子誰可同彼願。濁世行者誰不学此風哉。（X27・540b18-24）

勧持品の二十行の偈頌について、『法華文句』は次のように段落分けをしている。

偈に二十行あって［八十万億那由他の諸菩薩が］『経』を護持することを請願する。また詳細には分けない。経文をたずねてみればわかるはずである。最初に十七行は忍辱の衣を着て経を弘める。次に第二に一行は［慈悲の］部屋に入って経を弘める。次に第三に一行は［一切空の］座に安坐して経を弘める。次に第四に一行は総結して請願する。

偈有二十行請護持経。不復細分。尋文可解。前十七行被忍衣弘経。次第二一行入室弘経。次第三一行坐座弘経。次第四一行総結請。（T34・117b19–22）

先に引用した「大意」の引用文には、「忍辱鎧」（T9・36c16）以外に経文と対応した表現はないが、後に引用した『法華文句』は勧持品の偈頌と「忍衣」「室」「座」とを対応させている。これは偈頌の内容から、仏の滅後の弘経の心構えを説いた衣座室の三軌を対応させたと考えられる。

衣座室の三軌は「忍辱の衣」・「一切空の座」・「慈悲の室」のことをいうが、勧持品の「大意」ではこの三軌に対応した「忍辱鎧」・「慈悲室」・「空禅床」という表現が見られる。また「大意」では「慈悲甲」という『法華文句』にはない表現[41]を用いており、また「忍辱鎧」・「慈悲甲」・「慈悲室」・「空禅床」に対応する迫害をそれぞれ「罵詈箭」・「悪口鉾」・「軽慢風」・「悪鬼辱」と規定している。

第三項　「入文判釈」における法華経観

『法華経大意』を構成する「大意」・「釈名」・「入文判釈」の三段のうち、前項において「大意」の内容を確認した。「釈名」については、序品以外はほぼ『法華文句』からの引用であることはすでに述べた[42]。そこで本項は、残された「入文判釈」の内容について検討する。

「入文判釈」は『法華経』の科文を品ごとに提示する段である。したがって、「入文判釈」の記述は、『法華経』の経文を引用して、その引用部分がどのように位置づけられるかが簡潔に記されている。ただし唯一の例外として、序品の「入文判釈」の冒頭部分に『法華経』全体の概略を示した記述が存在する。その部分の文体は「大意」の部分と類似している点が特徴的である。

本項では、初めに序品の冒頭部分を引用して紹介する。次に入文判釈で示される分科と『法華文句』の分科の相違する例を提示し、『法華経大意』における入文判釈の意義を考察する。

(1) 序品の入文判釈の冒頭部分

序品の「入文判釈」の冒頭部分に、次のような『法華経』全体の概略が記載されている。

そもそも顒顒たる普機の者は、如来の主旨を受け止める。巍巍たる法雷は、平等の雨を降らす。今、［この］経をたもつとは、久遠の実仏が説いたものであって、三世の諸仏の至極の経典である。［またこの経は、］方便の姿を現じた阿難が伝えたものであって、［母の］胎に宿った時より弁才であった鳩摩羅什[43]が翻訳したものである。［またこの経は、］宿命通や天耳通を得た優れた弟子が請願するものであって、白象に乗った遍吉（普賢菩薩）が守護するものである。［次のことを］明らかに理解する。この間の多くの衆生は、［その］機根を［『法華経』という］円教によって整え、［仏の］感ずる力を聖人によって招いた、と。

夫顒顒普機、受如来旨。巍巍法雷、雨平等雨。今維経者、久遠実仏之所説、三世諸仏之至極経也。権現阿難所伝、胎辨羅什所訳也。宿明聴耳所請、乗白遍吉所護也。明知、此間群生、応機於円教、招感於霊聖也。

（X27・532b9-13）

「大意」と序品の「入文判釈」の冒頭部分は、一句ごとの字数が整理され、きらびやかな修飾語が盛んに用いられている点で共通性がある。

しかし、引用文中の「乗白遍吉」とは、普賢菩薩が『法華経』において「私はその時、六本の牙のある白象王に乗って（我爾時乗六牙白象王）」（T9・61a28）と発言しているように、白象に乗った普賢菩薩のことを示した表現である。白象に乗ることを「乗白」とだけ表現することについては、「白」にそもそも「象」の意味はなく、他の湛然の著作でも見られない特徴である。これは一句の字数を六字に調えるために「白象」の字を省略した表現と解釈できるが、『法華経大意』の普賢菩薩勧発品の「大意」において、普賢菩薩が白象に乗るということを「乗象」（X27・549b3）と表現している点との整合性がない。この点だけをもって、「大意」と「入文判釈」とが別の人物によって執筆されたと断定することはできないが、一つの判断材料とはなるであろう。またこういった表現は、日本漢文的な特徴を有していると思われ、その点も注意を要する。

（2）『法華文句』における『法華経』科文との相違について

次に「入文判釈」で提示される『法華経』分科の特性を確認する。ここでは『法華文句』の提示する『法華経』の分科と「入文判釈」の分科を比較し、両者の相違点を検証する。

1　通序の区分け

「入文判釈」は『法華経』の通序を「初序には六段がある。（初序有六）」（X27・532b23）と規定し、①所聞の法体（「如是」）、②能持の人（「我聞」）、③聞持の時（「一時」）、④聞持の所従（「仏陀」）、⑤聞持の処（「王舎城耆山」）、⑥聞持の伴（「与大比丘衆」より以下）の六段に分類する。これに対して『法華文句』は「通序は五段、あるいは六段、あるいは七段とする。（通序為五、或六、或七云云）」（T34・3a22）と述べ、通序の数を定めるという厳格な態度はない。ただし、具体的に経文を解釈する際には、「入文判釈」の段落分けでいう③と④に相当する箇所を合わせて

「聞持和合」と規定し、通序を五段としている。

2　方便品の冒頭の長行における段落分け

方便品の冒頭の長行について『法華文句』は次のように段落を規定する。

> 略開三顕一には、長行と偈頌とがある。長行を二段にする。一つには言葉を用いて［権実の］二智を讃歎し、二には言葉を絶って［権実の］二智を讃歎する。……言葉を用いて二智を讃歎する段を二段にする。一つには諸仏の権実［の二智］を明かし、二つには釈迦の権実［の二智］を明かす。
>
> 略開三顕一、有長行偈頌。長行為二。一寄言歎二智、二絶言歎二智。……寄言為二。一明諸仏権実、二明釈迦権実　（T34・40a27–b5）
>
> ちょうど言葉を絶とうと思って、さらに権実を挙げて［言葉を］絶って讃歎する理由とする。文を二段にする。最初に［言葉を］絶って讃歎する理由を挙げ、次に言葉を絶った境地を指す。
>
> 将欲絶言、更挙権実為絶歎之由。文為二。初挙絶歎之由、次指絶言之境。　（T34・42c24–26）

『法華文句』は、方便品冒頭の長行を「寄言歎二智」と「絶言歎二智」との二段に分け、さらに「寄言歎二智」を諸仏の権実二智と釈迦の権実二智との二段に分け、「絶言歎二智」を「絶歎之由」と「絶言之境」との二段に分けるという構造を提示している。一方で「入文判釈」は全く同じ箇所を、

> 第一に略開三顕一を明かす。［略開三顕一に］中に約して長行と偈頌とがある。長行の中に二段がある。［方便］品の最初から「随宜所説意趣難解」までは、第一に諸仏の権実の二智を明かす。「舎利弗吾従成仏已来」からは、第二に釈迦の権実の二智を明かす。

第一明略開三顕一。約中有長行偈頌。長行中有二。従品初下訖随宜所説意趣難解、第一明諸仏権実二智。従舎利弗吾従成仏已来下、第二明釈迦権実二智。（X27・533b14－16）

と規定する。両者の分科は、方便品冒頭の長行を二段に分けるところまでは一致している。「入文判釈」は「諸仏権実二智」と「釈迦権実二智」を規定するだけで、『法華文句』でいう「絶言歎二智」の段については全く言及していない。これは『法華経大意』が『法華文句』ほど詳細な分科をする意図がなかったと想定するならば特に大きな問題とならない。ただし、実際には次条に上げるように『法華経大意』の「入文判釈」の分科の方が『法華文句』より詳しい記述をしている箇所も確認されるのである。

また引用文中に「約中」という表現がある。これは本来「約［A］中」という表現だったものから［A］を省略した用法であり、『法華経大意』では三十五ヵ所で用いられる。このような「約中」の用法は管見の限り中国撰述の文献に見られないものであり、日本漢文的な省略表現と考えられる。

3　寿量品の冒頭部分

寿量品の冒頭部分の分科は、『法華文句』よりも「入文判釈」の方が詳しい。「入文判釈」では以下のように分科を規定している。

第二に広開近顕遠の段を明かす。［広開近顕遠に］約す中で大きく二段に分ける。第一段では如来の誡信を明かし、第二段では如来の正答を明かす。第一段に約す中に四段がある。［寿量］品の最初から以下は、第一段では如来の誡を明かす。「是時菩薩大衆」から以下は、第二段で菩薩の三請を明かす。「復言唯願説之」から以下は、第三に菩薩の重請を明かす。「爾時世尊」から以下は、第四に如来の重誡を明かす。

第二明広開近顕遠段。約中大段有二。第一明如来誡信、第二明如来正答。約第一段中有四。従品初下、第一明如来之誡。従是時菩薩大衆下、第二明菩薩三請。従復言唯願説之下、第三明菩薩重請。従爾時世尊下、第四明如来重誡。（X27・542c16-21）

この部分に対応する『法華文句』には、「広開近顕遠は、経文を二段にする。初めは誡信で、次は正答である。……この文には三誡、三請、重請、重誡がある。（広開近顕遠、文為二。先誡信、次正答。……此文有三誡・三請・重請・重誡）」（T34・129b26-29）とあるだけであり、「三誡」「三請」「重請」「重誡」が経文のどの部分に対応するかを具体的に示していない。また湛然はこの部分に対応する『法華文句記』で「この品［寿量品］の文句は、注釈の文がやや煩瑣であり、前後がわかりづらい。それゆえ前に［分科を］書き記す。（此品文句、疏文稍繁、前後難見、故前録出）」（T34・332c5-6）と述べ、続けて寿量品の詳細な科文を『法華文句』から書き記しているが、そこでは「三誡」「三請」「重請」「重誡」については、全く触れられていない（T34・332c5-333a16）。「三誡」「三請」「重請」「重誡」が具体的にどの経文に対応するかという問題は、『法華文句』の指示を待たずとも、実際に『法華経』を読めば理解できるかもしれない。「入文判釈」が実際に何かの文献に基づいて具体的な分科を記したのかどうかは定かではないが、少なくとも「入文判釈」の分科は『法華文句』や『法華文句記』の記述をそのまま採用しているわけではないことは確かといえよう。

4　嘱累品の構成

嘱累品に関しては『法華文句』と「入文判釈」とでは、理解している文章構造が異なる。嘱累品は「入文判釈」においては以下のような構造で理解されている。

この品（嘱累品）は、嘱累流通の中で、第二に如来の摩頂付嘱を明かす。［如来の摩頂付嘱の］中に三段がある。［嘱累］品の初め「爾時釈迦牟尼仏」以下は、第一に如来の付嘱を明かす。［如来の付嘱の］中に三段がある。第一段に如来が正しく付嘱することを明かす。「所以者何」以下は、第二段に解釈付嘱を明かす。「於未来世」以下は、第三段に誡訓付嘱を明かす。「時諸菩薩摩訶薩」以下は、第二に菩薩の領受を明かす。「爾時釈迦牟尼」以下は、第三に事が終わって散会を唱えることを明かす。［その］中に二段ある。第一段に正しく散会を唱えることを明かす。「説是語時」以下は、第二段に大衆が歓喜することを明かす云云。

此品、属累流通中、第二明如来摩頂付属。中有三。従品初爾時釈迦牟尼仏下、第一明如来付属。中有三。第一明如来正付属。従所以者何下、第二明解釈付属。従於未来世下、第三明誡訓付属。従時諸菩薩摩訶薩下、第二明菩薩領受。従爾時釈迦牟尼下、第三明事畢唱散。中有二。第一明正唱散。従説是語時下、第二明大衆歓喜云云。（X27・546a4-10）

このような「入文判釈」の理解に対し『法華文句』は次のように嘱累品の構造を解説する。

経文を二段にする。初めに付嘱、次に時衆の歓喜である。初め［の付嘱の段］を三段とする。一には如来の付嘱、二には菩薩の領受、三には事が終わって散会を唱える。初め［の付嘱］をまた三段にする。一には正しく付嘱し、二には付嘱を解釈し、三には誡の付嘱である。

文為二。初付嘱、次時衆歓喜。初為三。一如来付嘱、二菩薩領受、三事畢唱散。初又三。一正付、二釈付、三誡付。（T34・142b28-c1）

以上の『法華経大意』の嘱累品に対する「入文判釈」と『法華文句』の嘱累品の分科をそれぞれ図示して、その対応関係を示せば**表1**の通りとなる。

嘱累品に関して、『法華経大意』の「入文判釈」と『法華文句』の記述は、基本的な段落の分け方に大きな相違がないものの、その構造理解の仕方において大きな隔たりがある。すなわち、「入文判釈」は嘱累品の基本的な構造を「如来付嘱」・「菩薩領受」・「事畢唱散」の三段に分けて理解しているのに対して、『法華文句』の理解する嘱累品の構造は、嘱累品全体を「付嘱」・「時衆歓喜」の二段に分け、「付嘱」の中を「如来付嘱」・「菩薩領受」・「事畢唱散」の三段に分けるというものである。したがって、『法華文句』では重視されていた「時衆歓喜」が、『法華

表1　「入文判釈」と『法華文句』の嘱累品の分科

嘱累品「入文判釈」（如来摩頂付属）	『法華文句』（如来摩頂付属）
1　如来付属	1　付嘱
1―1　如来正付属	1―1　如来付嘱
	1―1―1　正付
1―2　解釈付属	1―1―2　釈付
1―3　誡訓付属	1―1―3　誡付
2　菩薩領受	1―2　菩薩領受
3　事畢唱散	1―3　事畢唱散
3―1　止唱散	
3―2　大衆歓喜	2　時衆歓喜

経大意』においては「事畢唱散」の中の一項目として位置づけられているのである。『法華経』方便品の法説周に対する分科において、一般的な法華経疏は「法説」・「領解」・「述成」・「授記」の四段に分けて理解するのに対して[44]、『法華文句』はこれを「法説」・「領解」・「述成」・「授記」・「歓喜」の五段を用いて論じているように[45]、『法華文句』には衆生の領解（歓喜）を強調するという注釈の傾向がみられるが、上記の『法華文句』と『法華経大意』「入文判釈」の分科についての理解の相違は、『法華経大意』がこのような『法華文句』の傾向性を意識していなかったことを示しており注目される[46]。

以上、『法華経大意』「入文判釈」と『法華文句』の科文の相違点を中心に確認した。『法華文句』の分科と「入文判釈」の分科とは必ずしも完全に一致するものではない。『法華経大意』の「入文判釈」はその作成過程において『法華文句』を参考にしていたことは確実であるが、『法華文句』を参照しつつ独自の解釈によって『法華経』を理解していることが明らかとなった。

第四節　結び

本章では、湛然述『法華経大意』の基礎的研究として、真偽問題の論点の整理、ならびに『法華経大意』の内容の分析・考察を行った。以下に、本章の結論として、本書の真偽問題を考察したい。

第一項　真偽問題に関する先行研究

『法華経大意』は『妙法蓮華経』二十八品を「天台宗」の立場から、品ごとに「大意」（品の大意）、「釈名」（品名の解釈）、「入文判釈」（品の科文）の三つの観点から概説した著作である。日比宣正［一九六六：四八〇］は続蔵経所収の湛然述『法華経大意』と、その異本ともいえる『法華経二十八品由来』（伝教大師の作とされる）、『法華経大意抄』の二書との関係を考察し、それらを『法華経大意』の準備稿として位置づけている。日比［一九六六］はさらに『法華経大意』の成立について、「大意」の部分のみから構成されたテキストが「釈名」の部分や「入文判釈」の部分を取り入れて段階的に成立したという仮説と、もともと「大意」「釈名」「入文判釈」がそろっていたテキストが、時代とともに「大意」だけの『法華経大意抄』、また「大意」「釈名」だけの『法華経二十八品由来』へと分離していったという仮説の二つを提示し、その上で「釈名」の段が『法華文句』からの抜粋で構成されているという事実によって、少なくとも現行の『法華経大意』のように「大意」「釈名」「入文判釈」がそろったテキストは湛然の撰述ではないと推定している（日比［一九六六：四八〇］）。また中里［一九三二］・塩入［一九三二］・Penkower［1993］など他の先行研究も、『法華経大意』を湛然の著作と見なすことについて、基本的に懐疑的な立場に立っている。しかし、これらの先行研究は、湛然の著作であることを否定する確たる証拠がない以上、真偽問題に決着をつけることはできないとする点においても、おおよその見解の一致をみている。

第二項　『法華経大意』「大意」段の思想傾向

「大意」段について、まずその形式上の特徴を挙げれば、序品の「大意」は『法華経』全体の大意が述べられるが、序品以外では、「第一大意者、……此品大意、蓋如是」というように、各品ほぼ同様の形式が用いられている。また、文体上の性質としては、四六駢儷体が用いられている点に大きな特徴が認められる。これら「大意」の段における形式上の特徴は、「釈名」や「入文判釈」が一般的な経典注釈の形式に則っている分、余計に目立った特徴となっている。おそらくこのよう特徴が本書に対して真偽問題が提出される背景の一つになっているのだろう。

さて「大意」の段における思想的な傾向については、本章では『法華経』の円融性が強調されている点を指摘した。これは序品の「大意」において『法華経』が「開権顕実の玄門」「果海円実の格言」と規定されており、その特徴をたとえて「巨海之呑千潮」「大虚之抱万有」と述べていることからも明らかである。そして序品の「大意」が経典全体の大意となっているように、この思想的傾向は各品の「大意」においても散見される。方便品の「大意」においては、『法華経』は「五姓」や「七人」という機根の違いにかかわらず衆生を救済するものとし、譬喩品においては、「三乗」や「五姓」を超越する『法華経』の一乗思想が指摘される。信解品においても「三乗別執」と「一乗円融」を、それぞれ「闇」と「明」にたとえ、開三顕一の核心を円融性にみている。ただし、法師品の「大意」における「慈悲芳室、混五姓而同庇」という表現や、見宝塔品「大意」における「一乗円智、無浜海而勝三乗」という表現をみると、『法華経』の円融性を強調することが、ただ差別性をなくすこととして解釈される傾向も見受けられる。管見の限り、このような解釈は湛然の他の著作にはみられないものである。したがって、本書が湛然の著作であれば、非常に特異な著作といえるだろう。だがこのことは逆に湛然の著述としての信頼性を著しく落としているともいえよう。

第三項 「釈名」段の特徴

従来の研究では『法華経大意』の「釈名」の段は、ほぼ『法華文句』からの引用で構成されているとされている（日比［一九六六：四七四―四七八］）。本章では序品の「釈名」は『法華玄義』の序王・私序王の引用によって構成されていることを指摘した。

なお本書の「釈名」の段において、五百弟子受記品、薬王菩薩本事品、観世音菩薩普門品、妙荘厳王本事品の四品には他書からの引用が全く確認されない。それらの「釈名」の段は、共通の形式に則って注釈されている。たとえば薬王菩薩本事品の「釈名」は次のような記述がある。

第二に釈名とは、「薬王菩薩」とは、人を提示する。「本事」とは、法を表示する。この品は人と法とを両方提示している。よって「薬王菩薩本事品」という。

第二釈名者、薬王菩薩者、挙人也。本事者、標法。此品人法双挙。故言薬王菩薩本事品。（X27・546b4―5）

とある。ここでは薬王菩薩本事品の品名を「薬王菩薩」と「本事」とに分け、それぞれを人と法に対応させて、人と法との両方を挙げているので「薬王菩薩本事品」となると、形式的な注釈をしている。このように「釈名」段は『法華文句』『法華玄義』からの引用が大半を占める中、それらの引用でない部分においては、ほぼ同様の形式的な注釈で構成されている点が大きな特徴である。また同時に「釈名」段が、他の湛然撰述の注釈書における注釈態度とも異なる特徴を有していることを示すものである。

第四項　「入文判釈」における科段の独自性

「入文判釈」では『法華経』の略科段が示されている。全体的には『法華文句』に示される『法華経』の科文を踏襲していると考えられるが、『法華文句』の記述と『法華経大意』の「入文判釈」を比較し、両者に相違する箇所があることを指摘した。たとえば、寿量品の冒頭部分の分科は、『法華文句』よりも「入文判釈」の方が詳細である。[47]そこでは、「入文判釈」段は、「如来之誡」「菩薩三請」「菩薩重請」「如来重誡」という分科がそれぞれ具体的に経文のどこからどこにまで対応するかを明確に規定している。これに対し『法華文句』は、「広開近顕遠、文為二。先誡信、次正答。……此文有三誡、三請・重請・重誡」（T34・129b26-29）という記述があるだけで、経文のどの部分がどの分科に対応するのかという具体的な言及はない。また『法華文句記』では、『法華文句』のこの部分の記述について、

此品の『文句』は、経文を分けるところがやや多く、前後してわかりにくいので、先に書き記す。

此品文句、疏文稍繁、前後難見、故前録出。（T34・332c5-6）

と述べ、続いて『法華文句』の寿量品の分科に関する記述を抜き出して記載している。しかし、そこでも「三誡」「三請」「重請」「重誡」については全く注目されていない。これらの箇所は実際には『法華文句』の指示を待たずとも、『法華経』を読めば理解できる箇所ともいえるかもしれない。しかし、少なくとも「入文判釈」の分科は『法華文句』や『法華文句記』の記述をそのまま採用しているわけではないということは確かであり、経文を読め

ば明らかに理解できる箇所であっても、そこに対しても細かく分科を指示していることは『法華経大意』「入文判釈」段の大きな特徴といえる。

『法華経大意』の分科は冒頭で略科段と規定されているが、実際には上記のように『法華文句』や『法華文句記』よりも細かく科段を規定している。『法華経大意』が湛然の著作であるなら、これは湛然が『法華経』に対して『法華文句』の分科よりも詳細なものを示したということである。実際に『法華文句記』における『法華経』の分科は、たとえば勧持品の二十行の偈頌に対する分科のように、『法華文句』のそれよりも詳細な箇所が見受けられる。しかし、湛然が『法華経大意』において、『法華文句』の従来の分科に基づきつつも、新しい分科を提示したとするなら、その研究成果を湛然の後期の著作である『法華文句記』に反映させていないことは不自然である。また『法華経大意』が『法華文句記』の撰述以降に著されたものであったとしても（本章において、すでに確認したように『法華経大意』には『法華文句記』を参照したと考えられる箇所がある）、湛然が『法華文句記』の撰述によって新たに示した分科を『法華経大意』の「入文判釈」段において提示していないこともまた不自然である。したがって「入文判釈」も湛然の撰述という可能性は低いと考えられる。

以上のように、『法華経大意』は「大意」「釈名」「入文判釈」のいずれの段においても、湛然の著作とすることが疑わしいという結論に至った。ただし、本章が序品の「入文判釈」における考察で指摘したように、『法華経大意』は「白い象に乗る」ということを表現する際に、「大意」段と「入文判釈」段とでそれぞれ「乗象」「乗白」という別々の略語を用いている。これは「大意」段と「入文判釈」段とが別の人物によって執筆されたという可能性を示唆するものである。また本章ではいくつか日本漢文的な漢文があることを指摘した。この問題は言語学的な視点からより精密に検討しなければならないが、本書の日本成立の可能性を示すものとして注目される。いずれにせよ、本書が湛然の著作でないにしても、「大意」「釈名」「入文判釈」の三段が個別に成立したのか、同一人物によって撰述されたのかという問題は、誰によって、いつ頃にどこで成立し、湛然に仮託されて現行の『法華経大意』となったのかという問題と合わせて、今後の研究課題としたい。

註

（1）本書の名称は、続蔵経の本文のタイトルと続蔵経の目録との間で相違がある。すなわち、目録では「法華経大意」とされるが、本文のタイトルでは「法華大意」となっている。本章では、本書の名称として『法華経大意』を採用する。

（2）湛然が「天台宗」という語を初めて用いたとする説は、硲慈弘［一九六九：七］、鎌田茂雄［一九七八：一九二］、平井俊栄［一九七六：四九］、Penkower, Linda［1993：284–291］、吉村誠［二〇〇四：四四］、兪学明［二〇〇六：二〇八］などが採用している。

（3）日比［一九六六］は『法華経大意』について、次の五つの論点を用いて考察している。1　目録等に伝えられる本書、2　本書の奥書、3　本書の引用書目、4　法華経二十八品由来との関係、5　明治十二年刊本について。

（4）Penkower［1993］は、宗派意識の形成について論じることに重点が置かれ、真偽問題については、中里［一九三二］、塩入［一九三二］に基づいて理解している（Penkower［1993：284–291］）。

（5）『漢語大詞典』縮刷本、上巻、漢語大詞典出版社、一〇四〇頁中段を参照。

（6）「法華大意一巻（湛然述）／法華大意一巻（明曠述）」（T55・1135b16–17）。

（7）中里［一九三二：四二］は奥書の記述から湛然述ということについて疑義を感じながらも慎重な態度であるのに対し、塩入［一九三二：四七］は奥書の記述を重視し、より強く偽撰説を支持している。

（8）ただし、日比［一九六六：四七三］は奥書の記載は具体的な点を指摘していないが、「本書に、（一）人意・（二）釈名・（三）入文判釈とあるうちの（二）の項は正しく湛然の文章でないことは明らかである。又、総括的に本書を考察するとき、そこに説かれているものは、湛然の真撰書と考えられるものと相違している」と指摘している。

（9）『法華経二十八品由来』には「伝教大師之作」と記されているが、最澄自身が「伝教大師」と記したとは考えられない。日比氏はこの点に触れて、題号は最澄より後の人がなしたと考えている（日比［一九六六：四七八］）。

（10）ただし、湛然の著作であることを証明する何か特別な根拠を示しているわけではない。

（11）日比［一九六六］の記述をみると、直接『法華経大意抄』を確認してはいないようである。

（12）そもそも『法華経大意抄』というタイトル自体が、『法華経大意』からの抄録であることを示唆している可能性がある。

（13）序品の「釈名」と引用元の『法華玄義』との対応関係は下記の通り。

（序品）『法華経大意』
第二釈名者、今妙法蓮華経者、本地甚深之奥蔵也。
自行権実之妙法也。
四華六動開方便之門。三変千涌表真実之地。
咸令一切普得見聞。
是以先標妙法。
次喩蓮華。蕩化城之執教。廃草庵之滞情。
会衆善之小行。帰広大之一乗。
上中下根皆与記莂。
発秘密之奥蔵称之為妙。示権実之正軌故号為法。
指久遠之本果喩之以蓮。会不二之円道譬之以華。
声為仏事称之為経。円詮之初目之為序。
序義相従称之為品。衆次之首名第一。

（引用元）『法華玄義』
此妙法蓮華経者、本地甚深之奥蔵也。（T33・681c9）
又妙者、自行権実之法妙也。（T33・681c17）
四華六動開方便之門。三変千踊表真実之地。
咸令一切普得見聞。（T33・681c1–2）
是以先標妙法。（T33・681b12）
次喩蓮華。蕩化城之執教。廃草庵之滞情。（T33・681b12–13）
会衆善之小行。帰広大之一乗。
上中下根皆与記莂。（T33・681b14–15）
会衆善之奥蔵称之為妙。示権実之正軌故号為法。
指久遠之本果喩之以蓮。会不二之円道譬之以華。
声為仏事称之為経。円詮之初目之為序。
序類相従称之為品。衆次之首名為第一。（T33・681c3–7）

若存梵声可言薩達摩分陀利伽蘇怛攬。今順唐語、故道妙法蓮華経序品第一。

応云薩達磨分陀利修多羅。薩達磨。此翻妙法。分陀利。此翻蓮華。已如上釈。修多羅。（T33・775a6-7）

(14) たとえば、湛然の弟子とされる智度の『天台法華疏義纘』は巻第一の冒頭部分において、経題に対する注釈として五重玄義の概説を付しているが、智度はこの際に『法華玄義』の書名に言及することはない（松森秀幸［二〇一〇：六〇七］）。

(15) 先行研究の中で最も偽撰説を強調するのは、塩入氏である。塩入氏は「蓋し此の三科は同一人の筆になれるものなるや否や、その構文筆致より観て、多少の疑を容るる余地あるものと云うべし」（塩入［一九三一：四七］）、「従来坊間「湛然」と称し、続蔵亦湛然と録したるは、一は章疏録に発し、一は流麗精巧なる構文筆致の聯想に起因するものなるには非ざるか」（塩入［一九三一：四八］）と述べる。しかしその一方で、「但し『法華経大意』の如きもの其の類書甚だ多し、故に灌頂・湛然・明曠三本等の同異存否、其の上にて続蔵所収『法華経大意』の著者名を「明曠」と訂すの可否、従ては更に『二十八品由来各品開題』を最澄とするの当否如何等の事、猶未だ詳なりと云うべからず。更に研討を俟つ」（塩入［一九三一：四八］）と慎重な態度を示している。

(16) 方便品の文字数は四九一七文字であった。

(17) 「許車」は、『法華義記』以来、『法華玄論』や『法華文句』、湛然の『法華文句記』でも三車火宅の長者の説明の際に用いられている。また「妙車」は譬喩品に「以是妙車、等賜諸車」（T9・14c16-17）とあり、大白牛車のことを指している。

(18) 例外は勧持品・安楽行品・従地涌出品の三つ。勧持品は他の品にある定型文のような表現はない。また安楽行品は「蓋斯安楽行矣」、涌出品は「蓋斯□□□歟」となっており、定型文との相違はあるが「蓋斯……」という表現が用いられている点は類似した表現であるといえる。

(19) あるいは人・天・声聞・縁覚・菩薩の「五乗」のことを指すか。

(20) 「鵄梟雕鷲烏鵲鳩鴿」（T9・13c24）。

(21) 「蚖蛇蝮蠍蜈蚣蚰蜒」（T9・13c25）。

(22)「蜣蜋」（T9・13c27）。
(23)「狐狼」（T9・13c28）。
(24)「夜叉」（T9・14a4）。
(25)「鳩槃荼鬼」（T9・14a8）。
(26)「咽如針」（T9・14a13）。
(27)「牛頭」（T9・14a14）。
(28)「蓬乱」（T9・14a15）。
(29)『法華経大意』は「踰」の字であるが『法華経大意』の注と法華経の引用元を参考に「踢」とする。
(30)T34・534b–536bを参照。
(31)T34・75a–76bを参照。
(32)ちなみに、『法華文句』に基づいた表現は確認できたが、湛然の著作である『法華文句記』を参考にしたと考えられる箇所は、管見の限り確認することはできなかった。
(33)『法華文句』は、経文の「鵄梟雕鷲烏鵲鳩鴿」という表現を「八鳥」とまとめ、「八鳥は八憍をたとえている（八鳥譬八憍）」（T34・75a29）と注釈している。また『法華文句記』（T34・270c9–271a1）では「八鳥譬八憍」についてさらに詳細な注釈が加えられている。
(34)「□」を『法華経二十八品由来』を参考に「十」に改める。
(35)「攀」を『法華経大意抄』を参考に「挙」に改める。
(36)「具詮」の意味は明らかではない。「具詮」は「羅漢」を修飾している語であると考えられるので、ここでは「詮」を物事にそなわった道理と解釈し、「道理を備えた」と訳した。
(37)「理姓」の意味は明らかではない。「理性」の意味かもしれない。
(38)「暫持」（T9・34b15）。
(39)「読持」（T9・34b14）。
(40)「更開六宗。指法華万善同帰、諸仏法久後、要当説真実、名為真宗。大集染浄倶融、法界円普、名為円宗。余四宗如前。」（T33・801b18‐20）。

(41) 大正蔵には、「慈悲甲」という用例は二ヵ所、「慈悲甲冑」という用例も二ヵ所ある。そのうち三つは金剛智と不空の訳した密教経典であり、あとの一つは澄観の『大方広仏華厳経随疏演義鈔』であった。

(42) 「釈名」の中で『法華文句』からの引用が全くないのは、序品、五百弟子受記品、薬王菩薩本事品、観世音菩薩普門品、陀羅尼品、妙荘厳王本事品の六品である。この内、序品については前述した。陀羅尼品の「釈名」の一部（「陀羅尼者、此梵語也。此翻総持」）は『法華義記』巻八、「陀羅尼者、外国之音。此間言総持」と類似する（T33・672a27）。

(43) 「胎辨」とは、鳩摩羅什の徳をたたえた修飾語と考えられる。鳩摩羅什の伝記に、鳩摩羅什伝には「什之在胎、其母慧解倍常、往雀梨大寺聴経、忽自通天竺語、衆咸歎異。有羅漢達摩瞿沙曰此必懐智子、為説舎利弗在胎之証。既而生什、岐嶷若神、什生之後還忘前語」とある（T55・100a2‐6）。

(44) 以下に代表的な法華経疏の該当部分に対する分科を上げる。『法華義記』巻三、「就第一法説化上根人中、自有四段、第一従汝已慇懃三請尽此巻末以来、詺為正法説化上根人、第二従第二巻初長行及偈、明上根人舎利弗等示同領解也。第三従爾時仏告舎利弗以下、明如来述成上根人得解之相也。第四従汝于未来劫以下、為上根人授記也。又此四段之中各開為二段。」（T33・602a14‐21）、『法華義疏』巻三、「就法説中、開為四段。第一従此文去、竟方便品、正明法説。第二譬喩品初一長行一偈、明上根人領解。第三従爾時仏告舎利弗、竟為諸声聞説大乗経名妙法蓮華経仏所護念、明如来述成。第四従舎利弗汝于未来世、竟尽迴向仏道明授上根人記。」（T34・493a20‐26）、『法華玄賛』巻三、「第一周中有四。初世尊暁喩。次鶖子領解。次如来述成。後仏為記別。」（T34・696a21‐22）。

(45) 「初周法説文為五。一従殷勤三請豈得不説下訖巻、正是法説。二従第二巻初訖偈頌、是身子領解。三従吾今於天人下訖仏所護念、是仏述成。四従汝於来世訖宜応自欣慶、是与授記。五従四衆訖尽迴向仏道、是四衆歓喜。」（T34・48c13‐18）。

(46) ただし『法華経大意』「入文判釈」も、法説周に対する分科は『法華文句』と同様に五段に分科している。法説周における五段の分科は、他の注釈書と比較して初めて理解される『法華文句』の注釈傾向の特徴である。これは『法華経大意』の著者が他の法華経疏に対して詳細な研究をしていなかったことを示唆しているとも考えられるが、同時にその著者が単純に他の注疏よりも『法華文句』を重視していたことを示しているだけである可能性もある。

(47)「入文判釈」段「第二明広開近顕遠段。約中大段有二。第一明如来誡信、第二明如来正答。約第一段中有四。従品初下、第一明如来之誡。従是時菩薩大衆下、第二明菩薩三請。従復言唯願説之下、第三明菩薩重請。従爾時世尊下、第四明如来重誡」(X27・542c16–21)、『法華文句』巻九、「広開近顕遠、文為二。先誡信、次正答。……此文有三誡三請重請重誡」(T34・129b27–29)。

第四章　『法華文句記』所引の「十不二門」

第一節　問題の所在

湛然は『法華文句記』の撰述に当たり、自身の著作である『止観輔行伝弘決』や『法華玄義釈籤』などを頻繁に参照している（日比［一九六六：六、三二八］）。これらは、『法華文句記』が『止観輔行伝弘決』や『法華玄義釈籤』などの他の主な著作よりも遅く成立したことを示すものであるが、それらの中には「具如不二十門所説」（T34・214a25-26）、「具如事理不二門明」（T34・215a15）、「具如修性不二門明」（T34・215b20）、「具如染浄不二門明」（T34・215b28-29）、「具如修性不二門説」（T34・340a14-15）、「染浄二類具在十門」（T34・292b16-17）といった、『十不二門』に言及したと考えられる箇所が存在している。

「十不二門」とは、『法華玄義釈籤』において『法華玄義』の迹門の十妙に対する注釈と本門の十妙に対する注釈の中間に、両者を橋渡しするかのように挿入されるもので、色心・内外・修性・因果・染浄・依正・自他・三業・権実・受潤の十種の不二を論じた『法華玄義釈籤』の中心的思想の一つである。大正蔵には『法華玄義釈籤』より別行されたとされる『十不二門』一巻が収録されている。この大正蔵所収の『十不二門』と『法華玄義釈籤』の「十不二門」との記述は、内容面においてはほぼ一致しているが、両者のテキスト間の文字の異同は少なくない。

このテキストをめぐる問題は、宋代に著された『十不二門』に対する注釈書間で議論がなされており、『十不二門』研究史の視点からみると非常に重要問題といえる。[1]

現存する「十不二門」の主なテキストは、『十不二門』（T46・701c f-）、『十不二門義』[2]（X56・304a4f-）、『法華十妙不二門示珠指』[3]所収本（X56・308b6f-）、『法華玄義釈籤』所収「十不二門」（T33・918af-）の四種がある。[4]また『十不二門』の別行者とその時期については、すでに田島徳音［一九三三］、平了照［一九六一］、日比宣正［一九六六］、池田魯参［一九七八］・［一九七九］・［一九八〇］などの研究がある。[5]

田島［一九三三：二〇〇］の基本的立場は「誰が何年に別行したかはといふことは全く不明」というものである。田島［一九三三：二〇〇―二〇一］は『法華文句記』に「具如不二十門所説」（T34・214a25-26）とあることから「或は荊渓自ら別行した」と、湛然自身が別行した可能性を指摘しているものの、一方で「乍然荊渓門下の者が荊渓滅後別行したと見るべきが正しかろう」とも論じている。詰まるところ、田島［一九三三：二〇〇］は次の二つの根拠から『十不二門』が湛然示寂の前後に別行されたと考えているようである。すなわち、一つは最澄（七六七―八二二）や円珍（八一四―八九一）などの将来目録の記述に基づくものであり、最澄の『伝教大師将来台州録』に「十不二門義一巻」（T55・1056a16）、『伝教大師将来越州録』に「十不二科文一巻」（T55・1059a12）とあり、円珍の『智証大師請来目録』に「十不二門義、妙楽」（T55・1104c22）とある点を根拠にしている。またもう一つは大宝守脱（一八〇四―一八八四）の『十不二門指要抄講義』に「弧山智円の十不二門正義の文を引用して「行満法師の涅槃記には法華玄記十不二門と指称している」とある」点を根拠にしている。

平［一九六一］は、『十不二門』の別行時期に関しては、田島［一九三三］の説とほぼ同じ考えで、最澄の『伝教大師将来台州録』『伝教大師将来越州録』の記載に基づき、「湛然在世か、或は寂後幾ならずして別行されたものに相違ない」とする。しかし別行者に関しては、『法華文句記』に「具如不二十門所説」とあること、最澄の『守護国界章』中上に「不二十門」という名の著作の引用があること、了然（一〇七六―一一四二）の『十不二門枢要』が湛然別行説を採用していることなど、湛然自身が別行したと解釈する説の論拠を取り上げ、それらの説に対して「大宝守脱の指要抄講義上巻にも述べてをる如く、不二十門とは釈籤の科段を指す意味のもので、別行と解することは適当ではない」と反論している。そして、具体的な別行者に関して、延喜十四年（九一四）の『天台宗章疏』に「十不二門義一巻　止観和尚述」とあることに注目し、「止観和尚述」の「述」とは書き記しの誤りであるとしつつ、この「止観和尚」を道邃と解釈し、『天台宗章疏』の記述に基づき「台州録所収の十不二門義一巻は道邃に依って別行されたもの」と考えるべきであると主張している。ただし一方で、平［一九六一］は「指要抄詳解に依れば行満の涅槃経記に法華玄記十不二門の名が見えるとあるから、行満も亦、十不二門を別行した如く思はれる」とも述べており、別行者の可能を道邃あるいは行満に求めているといえよう。

日比［一九六六］は『法華玄義釈籤』の成立に関する研究の中で『十不二門』の別行時期について言及している。日比［一九六六］は田島［一九三三］、平［一九六一］の説を受けて「別行者と別行の時期については未だ確定的な結論は出ていない」としながらも、「『十不二門』が台嶺で湛然が籤下に所録した原本にあったか否か、毘陵において整理されたときに付け加えられたものか、或は完成時に加えられたものか」というように、『法華玄義釈籤』の成立段階のどの過程で「十不二門」の内容が挿入されたのかを考察する必要があると指摘し、「その叙述経過から考えるときには、恐らく故郷毘陵で整理する際に加筆されたものと思われる」との仮説を提示している。また日比［一九六六］は『法華文句記』と『法華玄義釈籤』の関係を論じる中で、『法華文句記』には、田島［一九三三］や平［一九六一］が指摘する「具如不二十門所説」という用例以外にも、巻四上に「具如事理不二門明」、「具如修性不二門明」、「具如染浄不二門明」、巻十上に「具如修性不二門説」、巻七下に「染浄二類具在十門」との表現があり、それぞれが「十不二門」の内容を示している可能性があることを指摘している。このように日比［一九六六］は『十不二門』の別行という問題とは別に、「十不二門」は『法華玄義釈籤』の成立の過程において挿入されたものという観点を導入した点において注目すべき研究といえる。ただし、「十不二門」が挿入された時期についての根拠は必ずしも説得力があるものではないし、「十不二門」が『法華玄義釈籤』に挿入されなければならなかった理由については触れられていない。

池田［一九七八］、［一九七九］、［一九八〇］の一連の研究は、最澄の『伝教大師将来台州録』や『伝教大師将来越州録』の記述をもとに「十不二門」の別行時期について「最澄の留学当時（七九四―八〇五）[6]には、すでに行われていた」と推定し、「このことは案外、湛然自身によって意図されていたことかもしれない」と湛然別行説を支持している。池田［一九七八］は湛然による「十不二門」の別行の可能性について、「『摩訶止観』の研究において『止観義例』のような著書をのこした湛然の教学が、『法華玄義』の研究において、『十不二門義』を著すことはごくありそうなこと」と推測している。また、たとえ別行が湛然の手によらなかった場合でも、「『十不二門』の研究が、そのような湛然の意向にそった門下の人たちによって開始されたことは確かであろう」と指摘している。池田［一九七八］の見解は従来の研究の傾向とは異なり、『十不二門』の別行が湛然の意図に沿ったものという点を強調している点が注目される。

以上の先行研究における議論を踏まえると、「十不二門」の別行が誰の手によるものかという問題は残るものの、それが湛然の手によるにしろ、その弟子の手によるにしろ、湛然の直弟子である道邃・行満の時代までに、正確には最澄の入唐期間（八〇四―八〇五）までには、別行本の『十不二門』が成立・普及していたことが推測される。

したがって、『十不二門』は湛然の生前に湛然自身の手によって別行されたか、あるいは湛然自身が「十不二門」の別行を意図していなかったとすれば、湛然の死後二十余年間のうちに、湛然の弟子たちの間で「十不二門」が重視され、別行されたということになるだろう。ただし、湛然の「十不二門」別行の意図の有無にかかわらず、湛然自身が「十不二門」において展開される思想そのものを、非常に重視されていたことは確かといえよう。

以上のように、『十不二門』は湛然自身、あるいは彼の弟子によって『法華玄義釈籤』から別行された著作であると推測されるが、その詳しい別行の経緯はわかっていない。本章で問題とする『法華文句記』における「十不二門」への言及についても、その対象が別行した『十不二門』であるのか、あるいは『法華玄義釈籤』所収の「十不二門」を対象としたものであるのかは明らかでない。したがって、『法華文句記』に「十不二門」への言及が存在するからといって、それが必ずしも湛然自身によって「十不二門」が『法華玄義釈籤』から別行されたということを示す根拠になっているわけではない。

ただし『法華文句記』における「十不二門」への言及は、湛然自身が「十不二門」をどのように位置づけていたのか、また『法華玄義釈籤』において展開される重要な議論が『法華文句記』においてどのように受容・展開されているのかを理解する上で非常に重要な箇所と考えられる。そこで、本章は湛然が『法華文句記』において「十不二門」に言及している箇所、すなわち、具体的には日比［一九六六］が指摘する「具如不二十門所説」「具如事理不二門明」「具如修性不二門明」「具如染浄不二門明」「具如修性不二門説」「染浄二類具在十門」の六ヵ所を中心にその思想内容や『法華玄義釈籤』との関係性を考察することを通して、『法華文句記』において「十不二門」の思想がどのように受容・展開されているのかを明らかにしたい。

第二節　「具如不二十門所説」における理の強調

「具如不二十門所説」は、『法華文句』の方便品の品題を解釈する箇所における『法華文句記』の注釈に確認される。初めに、『法華文句記』において「具如不二十門所説」という表現が、『法華文句』のどのような文脈を注釈する中に現れるのかを確認したい。

『法華文句』は方便品の品題を解釈する際に「略釈」と「広釈」を用いている。『法華文句』はこの中の「広釈」において、権実二智についての旧来の学説を取り上げ批判した後に、(7)

当然、知るべきである。今品（方便品）は、すなわち如来の方便であるので、一切法をおさめることは、空が色を包むようなものであり、海が流れを納めるようなものである、と。どうして諸師の一枝一派によって、法界の大都を解釈できようか。

当知、今品乃是如来方便、摂一切法、如空包色、若海納流。豈可以諸師一枝一派、釈法界之大都耶。（T34・37a24-27）

と述べ、方便品において用いられる権実の二智とは、「如来方便」であり、これは一切法をおさめるという性質を有していることを指摘している。そして、『法華文句』はさらにその権・実を次のように四句分別することによって自身の立場をより明確に提示している。

いま権実を明らかにするのに、初めに四句とする。「一切法は皆な権である。一切法は皆な実である。一切法は権でもあり実でもある。一切法は権でなく実でない」をいう。

今明権実者、先作四句。謂、一切法皆権、一切法皆実、一切法亦権亦実、一切法非権非実。（T34・37a27–29）

『法華文句』は、この四句のそれぞれが、『法華経』においてどのように見いだされるのかを、方便品を中心に具体的に経文を引いて指摘し、さらに権実の四句がそれぞれどのように具体的な相として見いだされるのかを解説した上で、この四句の意味を次のように論じている。

直接に［権実の］名を列挙することでさえ、なおこの通りである。遥かに観察し奥深く観察すれば、広々と開かれ高く明るいことはこの通りとなる。まして宗旨を論じるならばなおさらである。

直列名、尚自如此。遥観玄覧、眩蕩高明為若此。況論旨趣耶。（T34・37b27–28）

『法華文句』は、それまでの議論を「直接［権実の］名を列挙すること（直列名）」であると規定し、より深く宗旨の次元から論じれば、この四句の意義がいっそう明確になるとしている。

以上の『法華文句』の論述を踏まえ、『法華文句記』は「まして宗旨を論じるならばなおさらである（況論旨趣耶）」の示す内容について、さらに踏み込んで解釈を展開している。その際に、「具如不二十門所説」は次のように言及される。

「四句」とは、ただ一つの法性［のこと］である。法性は、ただ真如・実相・如如・涅槃［のこと］である。法性の体は、諸法と異ならず、諸法を受容せず、諸法に留まらず、諸法に入らないために、一つ一つの名字、一つ一つの心法、一つ一つの句偈、一つ一つの因果、一つ一つの凡聖、一つ一つの依正、ないし、十双は法界でないものはない。自在で妨げが無ければ、この義を成就することができる。詳しくは不二十門に説かれた通りである。

四句祗一法性。法性祗是真如・実相・如如・涅槃。以法性体不違諸法、不受諸法、不住諸法、不入諸法故、一一名字、一一心法、一一句偈、一一因果、一一凡聖、一一依正、乃至、十双無非法界。自在無礙、其義可成。具如不二十門所説。（T34・214a20-26）

湛然は、上記の引用文箇所において、『法華文句』の「一切法皆権、一切法皆実、一切法亦権亦実、一切法非権非実」という四句は、法性のことを述べたものであると解釈し(8)、さらに法性とは、真如・実相・如如・涅槃といった仏教的真理と同義であることを指摘している。そして「法性体」の性質を「諸法と異ならず、諸法を受容せず、諸法に留まらず、諸法に入らない（不違諸法、不受諸法、不住諸法、不入諸法）」と規定し、これによって、名字、心法、句偈、因果、凡聖、依正、十双などの二項対立的な概念が法界において止揚されると理解している。『法華文句記』によれば、この義についての詳細は、「不二十門」に説かれているとされている。

ここでは「十双無非法界」という表現に注目したい。『法華文句記』は、名字、心法、句偈、因果、凡聖、依正、十双といった対立概念を挙げているが、この中で因果と依正以外は、直接的に「十不二門」と関係しない概念である。特に「十双」に関しては、一見して二項対立的な関係性を見いだすことはできない。そこで、この「十双」という概念が「十不二門」とどのような関係にあるのかを以下に考察したい。

『法華文句』は、いま問題としている権実の四句の議論の直後に、

いま「権があり実がある」という句について、さらに十法に開く、十法の中において、八番の解釈とする。

今就有権有実句、更開十法。就十法中、為八番解釈。（T34・37b28-29）

と述べて、権実の四句の第三「一切法亦権亦実」について、これを「十法」に展開し、それを八つの観点から解釈している(9)。この「八番解釈」の第一は「列名」であり、ここには「十法」の名を、事理、理教、教行、縛脱、因果、体用、漸頓、開合、通別、悉檀と挙げている。『法華文句記』のいう「十双」とは、この「十法」のことを指すも

のと考えられる。湛然は『法華文句記』においてこの箇所を注釈する中で、「一切法皆権、一切法皆実、一切法亦権亦実、一切法非権非実」の四句は、そのいずれの句をとっても、そこには実が備わっているということを改めて指摘した上で、『法華文句』が「「権があり実がある」という句（有権有実句）」（T34・37b28）、すなわち権実の四句の第三「一切法亦権亦実」を取り上げていることについて次のように解釈している。

第一には、名称が都合がよい。［「亦権亦実」は名に］権・実を備えるからである。第二には、意義が都合がよい。［「亦権亦実」が］おさめる対象が広いからである。他の三句は、意義は都合がよくても、名称は都合がよくない。他の三句は権の意義と権の名称があっても、第三句が［権実を］名称に即してそのまま備えることには及ばない。この実に即する権を用いて、今品（方便品）とする。それゆえ、下の十双は、それぞれにすべて権実の名称を備える。すべて実に即する権を取って、方便品とする。……もしそうでなければ、方便品の事理ないし悉檀（＝十双）ではなく、方便品の中の法相の名称を列挙することではなく、今経の本迹の十義ではない。十義は無二のものであっても、本迹は殊なるようである。本迹は異なっているが、不思議であることは同一である。十義の相に区別があっても、実相は一如である。

一者名便。具権実故。二者義便。所摂遍故。余句義便、而名不便。余三雖有権義権名、不如第三即名即具。用此即実而権、為今品也。故下十双、双双皆具権実之名。皆取即実而権、為方便品。……若不爾者、非方便之事理乃至悉檀、非列方便中法相之名、乃至非今経之本迹十義。十義無二、本迹似殊。本迹雖殊、不思議一。十義相別、実相一如。（T34・214b10–18）

湛然は、上記の引用文中において『法華文句』のいう「十法」を「十双」また「十義」として言及している[10]。そして、『法華文句』が以後に展開する十双（十法）について、その十双の各項目に権・実の名を見いだすことができ、それらで採用される権（方便）とは「実に即する権（即実而権）」であると指摘している。これは「方便」という品題を解釈する中で、権の特徴を権実の相即関係から指摘したものであるが、ここで示される相即関係は、「実」を基準あるいは中心として、「権」がそれに相即するという側面のみが示された一方向的な相即関係であり、「権」よりも「実」の方に価値的比重がかかっているといえる。

また、上記の引用において、もう一ヵ所注目しなければならないのは、「本迹は異なっているが、不思議であることは同一である（本迹雖殊、不思議一）」という表現である。これは、僧肇の『注維摩詰経』序の「本でなければ垂跡することができず、跡でなければ本を顕わすことはできない。本跡は異なっているが、不思議であることは同一である（非本無以垂跡、非跡無以顕本。本跡雖殊、而不思議一也）」（T38・327b3-5）に基づく表現であり、同様の引用は『法華玄義』の〝本門に約して十妙を明かす（本門十妙）〟段において多く用いられている。すなわち、『法華玄義』は本門十妙の段において、理事、理教、教行、体用、実権、今已の六つの項目から本迹を論じており、それぞれの項目の最後には「本迹は異なっているが、不思議であることは同一である（本迹雖殊、不思議一）」という一句を引用している(11)。玉城康四郎［一九六一：四三八—四四〇］はこの箇所に「不思議一」と引用されていることについて、「少なくとも智顗の右の文（筆者注：『法華玄義』の理事・理教・教行・体用・実権・今已の引用部分）においては、理と事、理と教、教と行、体と用、実と権、今と已が、それぞれ互いに他によってのみ自己を顕わし得るという意味において、本迹は不思議一なのであって、それらの関係を超えて一なる理由の為の形而上的観念が設定されることによって、そう云われているのではない」と述べ、さらに、これに対する湛然の論述について、「不思議一という場合、事理のうち理の方に片寄せて、不思義一（ママ）なる根拠を理体に求めているのは、智顗の態度とは明らかに異なっている」と指摘している。いま、理事を例にとって『法華玄義』と『法華玄義釈籤』を比較してみると、『法華玄義』には次のような記述がある。

第一に、理事に焦点を合わせて本迹を明かすとは、「固定的な状態のない本から、一切の法を立てる」[12]と。固定的な状態のない理とは、そのまま本時における実相の真諦である。一切の法とは、そのまま本時における森羅万象の俗諦である。実相の真諦の本によって、俗諦の迹を示し、俗諦の迹を探求して、そのまま真諦の本を顕わす。本迹は異なるが、不思議であることは同一である。

一約理事明本迹者、従無住本、立一切法。無住之理。即是本時実相真諦也。一切法。即是本時森羅俗諦也。由実相真本、垂於俗迹。尋於俗迹、即顕真本。本迹雖殊、不思議一也。（T33・764b19-23）

『法華玄義』は、『維摩経』の「従無住本、立一切法」（T14・547c22）によって、「無住本」（「無住理」）を「本時における実相の真諦（本時実相真諦）」と解釈し、また「一切法」（事に相当）を「本時における森羅万象の俗諦（本時森羅俗諦）」と解釈して、本（理）によって迹（事）を示し、迹（事）を探求して、本（理）を顕わすことを指して、「本迹は異なるが、不思議であることは同一である（本迹雖殊、不思議一）」としている。ここには本から迹、また迹から本という双方向的な相即関係が提示されている。

次に『法華玄義釈籤』の注釈を確認する。『法華玄義釈籤』は、理事から今已の六項目による『法華玄義』の本迹の解説を注釈する前に、上記に『法華玄義』が引用する『維摩経』の「従無住本、立一切法」について、次のように注釈している。

初めに理事について、「従無住本、立一切法」というのは、無明は一切法のために本となる。無明がそのまま法性であれば、無明はまた法性を本とする。当然、諸法も法性を本とすることを知るべきである。法性がそのまま無明であれば、法性も無明を本とする。法性がそのまま無明であれば、法性は固定的な状態のない場所である。無明がそのまま法性であれば、無明は固定的な状態のない場所である。無明と法性とはみな固定的な状態がないが、一切の諸法のために本となる。それゆえ「従無住本、立一切法」という。「無住之本」とは共通するものである以上、したがって真諦は理を指す。一切の諸法は事である。そのまま三千を指してその森羅万象とする。「従本垂迹」とは、これは理性の本迹であり、これによって初めて外用の本迹がある。したがって［本迹を論じるのに］理事から始まり已今に終わる。

初理事中、云従無住本立一切法者、無明為一切法作本。無明即法性、無明復以法性為本。当知、諸法亦以法性為本。法性即無明、法性復以無明為本。法性即無明、法性無住処。無明即法性、無明無住処。無明法性雖皆無住、而与一切諸法為本。故云従無住本立一切法。無住之本既通、是故真諦指理也。一切諸法事也。即指三千為其森羅。言従本垂迹者、此理性之本迹、由此方有外用本迹。是故始従理事終乎已今。

（T33・920a24–b5）

この箇所では、初めに「理性の本迹（理性之本迹）」として、無明と法性が双方向的な相即関係にあることが指摘されている。また無明と法性とは、本来いずれも固定的な実体のない概念であるが、無明と法性が一切法（事）からみた場合に本となることが指摘されている。これにより無明と法性の両者において双方向的相即関係が構築される起点には「本（理）」が想定されているということがわかる。また、『法華玄義釈籤』はこの箇所において、「理性の本迹（理性之本迹）」によって「外用の本迹（外用本迹）」が基礎づけられるとしているが、「理性の本迹（理性之本迹）」と「外用の本迹（外用本迹）」との間に、双方向的な相即関係を認めてはいない。以上のような議論を経て、『法華玄義釈籤』はさらに「不思議一」について、次のような解釈を提示している。

いま「不思議」というのは、事に焦点をあわせれば本は昔であり、迹は今である。理に焦点をあわせれば、また今昔［の区別］はない。よって、理体はすべて思議を超えたものであると知る。もし今の［理事・理教・教行・体用・実権の］五重の本迹に焦点をあわせて義に準じていうならば、事に焦点をあわせれば、本の中の事理と、迹の中の事理とがある。理に焦点をあわせれば、また本迹に事理の違いはない。したがって、すべて「不思議であることは同一である」という。

今言不思議者、約事、則本昔迹今。約理、則無復今昔。故知理体皆不思議。若約今之五重本迹準義説者、約事、則有本中事理、迹中事理。約理、則無復本迹事理之殊。是故皆云不思議一。（T33・920b12-16）

上記の引用文は、『法華玄義』が理事・理教・教行・体用・実権・今已の六項目から本迹を論じる中の今已についての記述に対する『法華玄義釈籤』の注釈に見られる内容である。この箇所は、先ほどの『法華文句記』の引用中に確認した「外用の本迹（外用本迹）」を論じた箇所に相当すると考えられる。ここには、初めに本迹と今昔（今已）の対応関係が指摘されているが、いま問題とする理事についていえば、「事」に焦点を当てた場合は、事の中に本門における事理と迹門における事理とがあるとされ、「理」に焦点を当てた場合は、本門と迹門の事理に違いがなくなるとしている。したがって、「事」とは本迹を差別的、対立的に認識することであり、「理」とは本迹に差別的、対立的な認識がなくなることであると規定されており、ここには本迹という差別性を備える「事」からその差別性を超越した「理」へという力点の移動が示唆されていると考えられる。またこれは「本迹は異なるが、不思議であることは同一である（本迹雖殊、不思議一）」という文脈からみれば、「事」における本迹の差別性が「理」において超越されるという構造として理解されているということができよう。

以上のように、『法華玄義』と『法華玄義釈籤』の記述を比較してみると、『法華玄義』において、理と事の双方向的な相即関係が示されていたものが、『法華玄義釈籤』において、「理性の本迹」といった理の内部における本迹の相即的関係として展開され、理と事の関係においては、理によって事が基礎づけられるという一方向的な関係性のみが強調されるものとなっていることが明らかとなった。

さて、このような理によって事が基礎づけられるという、いうなれば、事から理への方向性の強調は、上述の『法華文句記』の引用文中においても見いだされるものであった。すなわち、そこには方便品で用いられる権（方便）について、「実に相即する権（即実而権）」でなければ、方便品における十法（十双）・法相の名・『法華経』の「本迹十義」は成立しないとの指摘がなされているが、「即権而実」という方向性は提示されない。また『法華文句記』は「十義は無二のものであっても、本迹は異なるようである。本迹は異なるといっても、不思議であることは同一である。十義の相に区別があっても、実相は一如である（十義無二、本迹似殊。本迹雖殊、不思議一。十義相別、実相一如）」（T34・214b17-18）と述べていることから、十法（十義、十双）に本迹の違いがあるとしても、それは「本迹雖殊、不思議一」であるので、十義の相における区別も、実相としては一如に帰結していくことが指摘されている。つまり、『法華文句記』においても、『法華玄義釈籤』と同様に差別の相としての事が超越されて、無差別の理に帰結するということが示されているのである。

この傾向は、玉城［一九六一：四四〇］の指摘するところの不二一体なる観念の定立（観念化）へと向かう「十不二門」の思想傾向と一致するものといえよう。そして、このような傾向は、次に確認する「具如事理不二門明」においても確認することができる。

第三節　「具如事理不二門明」について

「具如事理不二門明」は『法華文句』が方便品の品題を解釈する中で、権実の四句の第三「一切法亦権亦実」について、事理の観点から解釈する箇所における『法華文句記』の注釈にみられる。以下に該当する箇所の『法華文句』の記述を挙げる。

第三に解釈とは、理は真如であり、真如はもともと浄である。［理は］仏がいようとも仏がおらずとも、常に変化するものではないので、理を実と名づける。事は心・意・識などのことである。［事は］浄と不浄の業を起こし、変動して定まらないので、事を権と名づける。もし理でなければ、それによって事を立てることはない。事でなければ、理を顕わすことができない。事には理を顕わす働きがある。それゆえ［仏は］方便を、心をこめて称賛する。

三解釈者、理是真如、真如本浄。有仏無仏、常不変易故、名理為実。事是心意識等。起浄不浄業、改動不定故、名事為権。若非理無以立事。非事不能顕理。事有顕理之功。是故殷勤称歎方便。（T34・37c11-15）

『法華文句』は、理・事に関して、理は変化することのない（不変易）性質を持つものとして、これを「真如」・「本浄」と規定し、また事は心意識が浄・不浄の業を生起させ、変動して定まらない（改動不定）性質を持つものと規定している。そして同時に、理と事とが互いに不可分な相即関係であることを指摘している。ここで指摘される相即関係には、理が事を立てるという側面と、事が理を顕わすという側面とがあり、理と事の双方向的な相即関係が指摘されている。『法華文句』のこのような議論について、『法華文句記』は次のように注釈している。

［『法華文句』の］「解釈」［の段］の中に、初めに理を解釈して、「理は真如である」から「実とする」（「理是真如、真如本浄。有仏無仏、常不変易故、名理為実」）と言うのは、［その］「理実」とはどこにあるのか。［理は］心・意・識にある。ゆえに理は存在するところがなく、事に遍在する。ゆえに事を権と名づける。したがって、『倶舎論』に「［心所が］集起することを心と名づけ、思考することを意と名づけ、識別することを識と名づける」というが、彼にあっては完全に理に相即することはない。大乗の中のように、八識を心と名づけ、七識を意と名づけ、六識を識と名づけて、彼の教えを迷いとすることも、また理に相即することはない。それゆえ偏小の教えや有漏の法は全く性が浄であることがない。すなわち常住の理は、これを知る者は少ない。それゆえ、有漏［の法］は縁が浄であることがあるなどといっても、同様に事に属するのである。詳しくは事理不二門に明かした通りである。

それゆえ［『法華文句』の］「所以」［の段］には、「理でなければ事を立てることがない。事には理を顕わす働きがある。それゆえ［仏は］方便を称嘆する」とある。誰があえて三界の有漏の心などに基づき、それが如来の称嘆する方便品であると思うだろうか。もしそうでなければ、「為令衆生［開仏知見］(13)」の意義はどこにあるのか。「世間相［常住］(14)」の言葉はどのように解釈するのか。

釈中先釈理云理是真如至為実者、理実何在。在心意識、故理無所存、遍在於事、故事名権。故倶舎云、集起名心、思量名意、了別名識、在彼一向全無即理。若大乗中、八識名心、七識名意、六識名識、彼教為迷、又無即理。故偏小教有漏之法、全無性浄。即常住理、知之者寡。故知、有漏雖縁浄等、同属於事。具如事理不二門明。故所以中云、非理無以立事、事有顕理之功、故称歎方便。誰肯以三界有漏心等、以為如来之所称歎方便品耶。若不爾者、為令衆生其義安在。世間相言、如何消釈。（T34・215a7-19）

この段において『法華文句記』は、『法華文句』において提示された理・事の解釈に基づきながら、『法華文句』の前半の理についての議論を中心に注釈し、特に「「理実」とはどこにあるのか。［理は］心・意・識にある。ゆえに理は存在するところがなく、事に遍在する。ゆえに事を権と名づける（理実何在。在心意識。故理無所存、遍在於事。故事名権）」」（T34・215a11-12）と述べているように、理（真如）が事（心意識）に遍在することを、理が事に相即することとして、その重要性が強調されている。

また、『法華文句記』は、『倶舎論』の説と、それを批判した大乗（＝唯識学派）の説を紹介して、それらはいずれも「理」を相即するものではないと批判している。引用文中に引かれる『倶舎論』とは、玄奘訳『阿毘達磨倶舎論』を用いたものである。該当する部分を『阿毘達磨倶舎論』に求めると、分別根本品第二の二の、心と心所の異名を明かす段に次のような記述が確認される。

偈頌に、心・意・識の本体は一つである。心・心所は有依であり、有縁であり、有行相であり、相応である。意義は五つある、と言う。

論じて、［心所を］集起するので心と名づける。思考するので意と名づける。識別するので識と名づける、と言う。

また、ある人は、「浄・不浄（＝善・不善）の界がある。種々に差別するので、心と名づける。すなわち、この心が他のために依拠する所とされるので、意と名づける。依拠するとされるので、識と名づける。それゆえ、心・意・識の三名が明らかにするところは、義は異なるが体は一つである」と解釈している。

頌曰、心意識体一。心心所有依、有縁、有行相、相応。義有五。

論曰、集起故名心。思量故名意。了別故名識。

復有釈言、浄不浄界、種種差別故名為心。即此為他作所依止故名為意。作能依止故名為識。故心意識三名所詮、義雖有異、而体是一。（T29・21c17―24）

『阿毘達磨倶舎論』は、偈頌に「心・意・識の本体は一つである。（心意識体一）」と述べた上で、心（心王）が備える、種々の精神作用（心所）を集め起こすという側面を「心」、思考するという側面を「意」、認識するという側面を「識」と見なしている。湛然は『倶舎論』における心・意・識の理解を小乗阿毘達磨の代表的理解と見なし、さらに『法華文句』が心・意・識を「事」と規定していることに基づき、『倶舎論』の理解が『法華文句』の理解に及ばないことを、『倶舎論』は「事」が「理」に相即していないとして批判している。また、湛然は、『倶舎論』が心・意・識を六識の異名と見ているのに対して、大乗の唯識学派が心・意・識をそれぞれ、心を八識、意を七識、識を六識に当て、『倶舎論』の説を「迷」と認定して批判していることを取り上げ、この唯識学派の学説に対しても「事」が「理」に相即するものではないと、重ねて批判している。そして、『法華文句記』は、さらに「偏小の教えや有漏の法は、全く性が浄であることがない。すなわち常住の理は、これを知る者は少ない。（偏小教有漏之法、全無性浄。即常住理、知之者寡）」（T34・215a16―17）と批判を展開し、仏果を得ていない小に偏った教えや大乗（唯識）の者について、「常住の理」を理解している者が少ないために「性浄」（真如としての理）がないと指摘している。

ここで湛然は智顗や灌頂が用いる「常住理」とはやや異なる意味として「常住理」という概念を用いているようである。たとえば、智顗は『摩訶止観』巻五において、「また［別教の］四門の不可説がある。別教の人は常住の理を観察するのに、言説を用いない（亦有四門不可説。別教人観常住理、無言無説）」（T46・68a16―17）と述べ、「常住理」を別教の観察対象と規定している。これは『四念処』巻二に「別家は初地に常住の理を見て、無明を断じ、中道を見る（別家初地、見常住理、断無明、見中道）」（T46・563c16-17）とあることとも同様の視点である。

また灌頂の『大般涅槃経疏』（湛然の再治本）巻十二には、「今、この三文を用いて［日・月・星の］三光を結し、教・理・行を讃歎することをたとえる。日の譬喩を結して常住の教を讃歎する。月の譬喩を結して常住の理を讃歎する。星の喩を結して常住の行を讃歎する（今用此三文、結三光喩歎教理行。結日喩歎常住教。結月喩歎常住理。結星喩歎常住行）」（T38・113a6-8）とある。ここでは教・理・行のそれぞれの常住が日・月・星の三光の譬喩の意味として規定されている。この『大般涅槃経疏』の「常住理」については、行満が『涅槃経疏私記』巻六において、「「月喩歎常住理」とは理は法身の智・断が具足することである（月喩歎常住理者、理即法身智断具足也）」（X37・4a11）と注釈し、「常住理」と法身との関連を指摘している。このような観点は、『法華玄論』巻九に「河西の道朗は、「以上は開三顕一であり、法華の体を明かした。これより以下は果門を論じて、法身が常住し、理に生滅はない、という」という（河西道朗云、上来開三顕一、明法華体竟。従此去辨果門、謂法身常住、理非存没）」（T34・433b14-15）とあり、道朗の、法身の常住と理に生滅がないこととを関連づける学説を紹介されていることから、むしろこちらの解釈が一般的であったかもしれない。いずれにせよ、これらの「常住理」の用例は、湛然が用いるものとは異なっており、湛然においては、「常住理」が「性浄」と関連づけられ、より普遍的、形而上的な概念として認識されているといえよう。

なお、ここでは理が事に即することが強調される一方で、事が理に即することに関して積極的な言動が見られないという点にも注意しなければならない[15]。『法華文句記』の当該箇所において「事理不二門」といわれている内容は、基本的には『法華文句』の事と理の相即関係を指していると解釈できるが、『法華文句』における事・理の関係が・並列的・双方向的な相即関係であるのに対し、『法華文句記』においては、その関係が理に重点を置いた縦列的・一方向的な相即関係に変化している。これは『法華文句』においては事理を権実の関係で規定していることがその一因と考えられるが、『法華文句記』に「常住理」とあるように、この箇所の湛然の解釈は、理の価値を強調し、その解釈を形而上的な理へと展開している例として注目される。

第四節　「事理不二門」とは何か

さて「事理不二門」は、「十不二門」にその名称がみられないため、それが具体的に何を指しているかということについて、古くより解釈が分かれている。従来の学説をまとめると「事理不二門」の示す内容については、色心不二門、修性不二門、染浄不二門、十不二門の総称という四つの可能性が考えられている[16]。

「事理不二門」が「色心不二門」を指すという可能性についていえば、「十不二門」の中の「色心不二門」には事理の語が直接的には用いられていない。ただし、色と心にわたる諸法が心性を根拠として不二一体となることを論じている（玉城［一九六一：四四一］）。したがって、この点からみれば「色心不二門」を事理の概念を用いて、事＝諸法、理＝心性という構造として理解することは可能であろう。しかしもし「十不二門」全体に、「不二一体なる形而上的な観念」を定立する思想的傾向が存在するとするなら（玉城［一九六一：四四一—四四五］）、「色心不二門」が事理についての議論をしていると解釈できるからといって、「色心不二門」だけがそのまま「事理不二門」に対応していると理解することの根拠とはなりえない。

次に「事理不二門」が「修性不二門」を指すという可能性については、「十不二門」の「修性不二門」では、その冒頭に次のように修・性の関係性を規定している。

性徳はただ十界十如における一念である。この内の十界十如に［真性軌・観照軌・資成軌の］三法が備わる。性（真実性）は本来そのままのものであるが、智慧によって修（修行）を生起する。修によって性を照らしだし、性によって修を発揮する。性にあるときには、修を完全にして性を成就し、修を生起するときには、性を完全にして修を成就する。性は変化することがなく、修は常に明らかである。

性徳秖是界如一念。此内界如三法具足。性雖本爾、藉智起修。由修照性、由性発修。在性則全修成性、起修則全性成修。性無所移、修常宛爾。（T33・918c8–11）

ここには、修性不二について、初めに性徳とは十界十如の一念であり、そこには三軌が備わることが指摘され、「性」と「修」の関係性を三軌になぞらえて、真実性を「性」に、またその真実を顕わすための智慧の働きと、それを助ける万行とを「修」に規定し、修・性の両者は相互の成立に影響し合っていること、すなわち両者の双方向的な相即関係が指摘されている。この「十不二門」における「修性」は、『法華文句』における事理の関係性に通じるものといえるかもしれないが、これを『法華文句記』において「事理不二門」として言及される、理に重点を置いた一方向的な事理の相即関係性として理解することは難しい。ただし、湛然は「修性不二門」における当該箇所において、「修」と「性」の相即関係を確認した上で、さらに「修」に「順修」・「逆修」の二種があることを指摘し、次のように述べている。

修は二種がある。順修と逆修である。順修とは性を了解して行とすることを言う。逆修とは性に反して［修が］迷と成ってしまうことを言う。［心に］迷・了の二心があれば、心は不二であるといっても、［そこには］逆・順の二性質がある。性と事（逆・順の二性）は常に異なる。事が心を変化させないからには、迷いの修（逆修）に了解を成就させなければならない。したがって一期の迷・了（逆・順の二性）は、性を照らし出して修を成就させなければならない。性を見て心を修養すれば、［順・逆の］二修（二心）はともに消滅する。

又二種。順修・逆修。順謂了性為行。逆謂背性成迷。迷了二心、心雖不二、逆順二性。性事恒殊。可由事不移心、則令迷修成了。故須一期迷了、照性成修。見性修心、二修倶泯。（T33・918c12–16）

湛然によれば、修には「順修」・「逆修」の二種類があるが、これは迷いの「逆修」によって、心に「迷と了の二つの心（迷了二心）」、すなわち逆順の二性（逆・順という二つの性質）が備わってしまうことで生じる相違である、とされる。そして、この逆順の二性に関して、迷いの修である逆修を、性を正しく了解すること（順修）によって解消しなければならない、と指摘している。

上記の引用文中の「性と事は常に異なる（性事恒殊）」という表現は、理（性）と事の関係への言及と見られる箇所である。ただし、ここにいう「性」が理に近い概念であるとしても、「事」が何を指しているのかは問題である。もし、性＝二性、事＝二修と理解してしまうと、直前の議論において逆順の二修と逆順の二性との関連性を指摘していることと、「性事恒殊」の直後に「事が心を変化させない（事不移心）」として、「事」が「心」に対して影響を与えないということを指摘していることとが矛盾してしまう。これは、この箇所を、より単純に「性」＝理、「事」＝修と理解した場合でも、同様の理由で矛盾が生じることになる。そこで、この箇所は直前の議論を受けて「性」＝理、「事」＝「逆順二性」（逆・順の二つの性質）と理解したい。「逆順二性」は、逆・順の二修によって心に生じる迷・了の二つの性質を示しているが、この「逆順二性」は逆・順の二修に対して影響を与えるものではない。したがって、これは「事不移心」という記述にも矛盾しない。このように見ると「修性不二門」における具体的な事理についての言及は、事・理を修・性に配当するものではなく、事＝「逆順二性」・理＝性として理解されていることがわかる。しかしながら、これは『法華文句記』の「事理不二門」が提示する「事理不二」とはやはり異なるものであるといえよう。

次に「事理不二門」が「染浄不二門」を指すという可能性について考察する。日比［一九六六：三三〇］は『法華文句記』にある「事理不二門」とは、「十不二門」の「染浄不二門」の一段を指すと推測しているが、その根拠は「その所説の内容」によるとしか述べていない。おそらくは、『法華文句記』において「事理不二門」の直前に浄法・有為の法（染法）についての議論が展開されていることから、そのように判断したのではないかと考えられるが、その真意は定かではない。

「十不二門」の「染浄不二門」全体を通して見ても、直接的に事・理という概念を論じている箇所は確認されない。ただし「染浄不二門」では冒頭で次のような議論を展開している。

第五に染浄不二門とは、もし無始より法性に即して無明となると認識するなら、必ず今、無明に即して法性となることを了解すべきである。法性と無明とは広く諸法を造ることを染と称する。無明と法性とは広くさまざまな縁に対応することを浄と称する。［たとえば］濁水と清水とは、波ができるという点と湿性があるという点には違いがない。清浄と汚濁［との違い］はそのまま縁によるといっても、濁りが本来の性質となる。濁ることが［水の］本来の性質であるといっても、その体を完成させることで清浄となる。［濁った水と清らかな水の］二つの波は理において共通するので、その本体を取り上げることは作用である。それゆえ三千の因果をともに縁起と名づける。迷悟の縁起は刹那を離れない。刹那の性が常であれば、［迷悟の］縁起の理は一つである。一つなる理の内に浄と穢を分けるのである。別してはそのまま［地獄・餓鬼・畜生・修羅・人・天の］六道は穢であり、［声聞・縁覚・菩薩・仏の］四聖は浄である。通じてはそのまま十界は浄と穢に共通する。

五染浄不二門者、若識無始即法性為無明、故可了今(17)即無明為法性。法性之与無明、遍造諸法、名之為染。無明之与法性、遍応衆縁、号之為浄。濁水清水波湿無殊。清濁雖即由縁、而濁成本有。濁雖本有、而全体是清。以二波理通、挙体是用。故三千因果倶名縁起。迷悟縁起不離刹那。刹那性常、縁起理一。一理之内而分浄穢。別則六穢四浄。通則十通浄穢。（T33・919a9‐20）

上記の引用箇所は「染浄不二門」の前半部分で、染法と浄法の定義と、濁水と清水の譬喩を通して染法と浄法の関係性が明かされている箇所である。この中で、特に注目されるのは、濁水と清水の譬喩を受けて、「三千の因と果を、ともに縁起と名づける。迷悟の縁起は、刹那を離れない。刹那の性が常であれば、［迷悟の］縁起の理は一つである（三千因果、倶名縁起。迷悟縁起、不離刹那。刹那性常、縁起理一）」と述べられている点である。ここには「刹那の性」が常住であれば、「迷悟の縁起」の理が一つになることが示されている。この「刹那の性」を理、「迷悟の縁起」を事と規定するならば、「刹那の性」の常住と、「事理不二門」における「常住の理」との間に関連性を見いだすことができ、「事理不二門」と「染浄不二門」の内容的な関連性を指摘することが可能となるだろう[18]。ただし、これも「色心不二門」の場合と同じく、「事理不二門」が「染浄不二門」だけを指すことの根拠とはいえない。

第五節　『法華文句記』における「事理不二門」と「染浄不二門」の関係について

さて、「事理不二門」とは「染浄不二門」を指した名称であるかという問題については、もう一つの別の視点から検証されなければならない。これまで見てきた「事理不二門」という記述のある段と『法華文句記』巻四上の「具如染浄不二門明」（T34・215b29）という記述が確認できる段落との関係である。まず「具如染浄不二門明」との記述がある『法華文句記』と、そこに対応する『法華文句』を合わせて確認する。初めに『法華文句』には次のような記述が見られる。

体用者、前方便為因、正観入住為果、住出為体用。体即実相、無有分別。用即立一切法。差降不同。如大地一生種種芽。（T34・38a3-6）

体用とは、［十住］以前の方便を因とし、正しく観察して十住に入ることを果とし、十住から出ることを体用とする。体とはそのままで実相であり、区別して認識することはない。用とはそのままで一切法を立てる。［菩薩の階位の］差異は一様ではない。一つの大地に種々の［植物の］芽が生じるようにである。

上記の『法華文句』に対して『法華文句記』は次のように注釈する。

次に「体用」とは、還って初住［の位］を指して随分覚の果とする。この果に百界の働きがある。「立一切法」というのは、以前に事理の中にそのまま染縁を一切法とした。この［体用の］中はそのまま浄縁の諸法のことである。詳しくは染浄不二門に明かした通りである。

次体用者、還指初住為随分果。此果即有百界之用。言立一切法者、前事理中即以染縁為一切法。此中即是浄縁諸法。具如染浄不二門明。（T34・215b25-29）

引用した『法華文句記』は、『法華文句』が方便品の品題を解釈する中で権実の四句の「一切法亦権亦実」について体用の観点から論じている箇所に対する注釈である。この段には「具如染浄不二門明」とあるように、「染浄不二門」についての明確な言及が確認できる。『法華文句記』は、簡潔なものであり、『法華文句』が「一切法を立てる（立一切法）」と述べていることについて、以前に事理について論じた際には、染縁を一切法であると解釈したが、今、体用について論じる際には、「一切法」は浄縁の諸法の意味に解釈すると指摘し、詳しくは「染浄不二門」を参照するように指示している。これはすなわち「以前に事理の中にそのまま染縁を一切法とした（前事理中即以染縁為一切法）」という一節についての説明も「染浄不二門」を参照するように指示していることになるであろう。そうすると、ここで「以前に事理の中に（前事理中）」という表現が示す具体的な場所は、体用に対応する意味での事理、すなわち、『法華文句』が方便品の品題を解釈するのに用いた、事理・理教・教行・縛脱・因果・体用・漸頓・開合・通別・悉檀の十項目の事理に相当する部分であると考えられることになる。すでに確認したが、「事理不二門」に関する記述は、この『法華文句』の事理の観点からの論述箇所に対する『法華文句記』の注釈の中に見いだされるものであった。したがって、「以前に事理の中に（前事理中）」とは『法華文句記』の「事理不二門」に関する記述も視野に入れていると考えられ、「事理不二門」と「染浄不二門」とが関連性のあるものとして理解されていたという可能性が生じてくるわけである。それでは、「具如事理不二門明」にみえる「事理不二門」と「具如染浄不二門明」にみえる「染浄不二門」とは、同じ意味として捉えてよいのであろうか。

「具如染浄不二門明」にみえる「染浄不二門」は、事理においては一切法を染縁に基づくものと規定し、体用においては浄縁に基づく諸法であると規定している。一方、「十不二門」における「染浄不二門」には染法と浄法の働きを説明して、「法性と無明とは広く諸法を造る。このことを染と名づける。無明と法性とは広くさまざまな縁に対応する。このことを浄と名づける（法性之与無明、遍造諸法、名之為染。無明之与法性、遍応衆縁、号之為浄）」（T33・919a10-12）とする。ここでは法性が無明に相即することで遍く諸法をつくり出すという側面が染法と規定され、無明に法性が相即することで遍くさまざまな縁に対応することができるという側面を浄法と規定している。したがって、解釈上は「具如染浄不二門明」の段における「染浄不二門」と「十不二門」における「染浄不二門」との間に内容面における共通性を見いだすことは可能といえよう。

次に「具如染浄不二門明」の段の中の「以前に事理の中に染縁を一切法とした（前事理中即以染縁為一切法）」という内容が、前述の事理を論じる段における湛然の注釈内容と一致しているのかという問題を検討したい。

すでに確認したように事理の段に対する『法華文句記』の注釈には、「事理不二門」という語が用いられる背景として、常住の理に対する理解が足りないことが指摘され、それを強調して、常住の理を理解せず、理と事が相即しない状況においては、いくら浄法に接しようとも理に相即することはないと述べられていた。そして、さらに次のように『法華文句』を引用している。

それゆえ［『法華文句』の］「所以」の段には、「理でなければ事を立てることがない。事には理を顕わす働きがある。それゆえ［仏は］方便を称嘆する」とある。誰があえて三界の有漏の心などに基づき、それが如来の称嘆するところの方便品であると思うだろうか。

故所以中云、非理無以立事、事有顕理之功、故称歎方便。誰肯以三界有漏心等、以為如来之所称歎方便品耶。（T34・215a15–18）

『法華文句記』によれば、「事」が「理」に基づくこと（相即すること）によって、浄・不浄の業を生起する「事」の働きのうちに、真如・本浄としての「理」を顕在化することが可能になるというのが『法華文句』の主張であると理解される。この理と事の関係性は、『法華文句記』が体用の段に対する注釈において提示される、実相の本体（体）とそこから一切法を生起させる働き（用）という体・用の関係に類似した解釈といえよう。ただし、事理の段に関して、『法華文句記』は、常住の理を理解しないことに対する批判を中心に論理を展開しており、常住の理を理解しない以上は、事と理の相即関係は成立せず、事は常に染法となってしまうということを強調している。したがって、湛然は先の『法華文句』の引用を受けて、「誰があえて三界の有漏の心などに基づき、それが如来の称嘆するところの方便品であると思うだろうか（誰肯以三界有漏心等、以為如来之所称歎方便品耶）」と常住の理を理解しないことを批判するのである。

しかしながら、上記に引用した『法華文句記』は、『法華文句』を引用した箇所であるため、上述した事理の相即に対する見解は、湛然の学説ではなく、『法華文句』の学説をそのまま受容したものであるという解釈も可能であろう。だが、この箇所において湛然が引用する『法華文句』の記述は『法華文句』の原文を一部省略して用いているため、両者のニュアンスは微妙に異なっており、湛然がこの相違に自覚的であったかどうかは別にしても、上記に引用した『法華文句記』は『法華文句』の引用を含め湛然の学説が反映されていると判断すべきであろう。今、問題となる『法華文句』の原文と『法華文句記』に引用された文を表によって対比させると以下の通りとなる。

『法華文句記』における『法華文句』引用

法華文句	若非理無以立事、非事不能顕理、事有顕理之功。是故殷勤称歎方便。
法華文句記	非理無以立事、　　　　　　事有顕理之功、故　　称歎方便。

『法華文句』は、理が事を成立させていると指摘すると同時に、理が顕在化するためには事が必要であるということを重ねて強調している。一方、湛然は『法華文句』を自説の証明として引用する際に、「事でなければ理を顕わすことができない（非事不能顕理）」（T34・37c14–15）の一句を省略している。湛然が省略した箇所は、もともとの『法華文句』の記述では事の働きに関する内容が重複しているため、湛然が煩瑣を避けるためにそれを省略しよ

うとしたものとも解釈できるだろう。しかし、この箇所は本来「理でなければ事を立てることがなく、事でなければ理を顕わすことができない（非理無以立事、非事不能顕理）」（T34・37c14-15）というように、理から事への方向と、事から理への方向の双方向的な相即関係が述べられた対句的表現である。この対句的な表現から、湛然が意図的に事に力点が置かれている部分を省略したという事実は重要である。ここに湛然による引用文の取捨に作為的な操作の可能性を認めることができる。したがって、前述した「具如染浄不二門明」の段と「十不二門」の「染浄不二門」との内容に共通性が見いだされることも考慮すれば、「具如事理不二門明」にみえる「事理不二門」と、「十不二門」の「染浄不二門」とは、同じ意味として捉えることができるといえよう。

最後に、「事理不二門」が十不二門の総称として用いられていたという可能性について述べる。これまでの論述において確認してきたように、「事理不二門」は従来指摘されてきた通り「色心不二門」や「染浄不二門」と内容的な関連性が強い。「事理不二門」が、「色心不二門」や「染浄不二門」に関わる概念であることを考慮すれば、「事理不二門」は「十不二門」の中の特定の内容を指すのではなく、「十不二門」という概念全体を想定したものとして理解することが妥当といえよう。ただし、「修性不二門」については、厳密な意味で「事理不二門」の内容と共通性を見いだすことはできない。玉城［一九六一：四四〇］は、「十不二門」について「智顗の不思議一なる観念」を展開（あるいは変貌）して、「十不二門の一一の門が不二一体なる観念の定立へ向かっている」と主張し、「十不二門」のそれぞれについて「不二一体なる観念の定立」を検討しているが、この検討の過程においても「修性不二門」だけはその定立が見いだされない箇所としている。これは逆に「十不二門」において「修性不二門」が、他の九つの不二門とは異なる特殊な位置づけにあることを示しているのかもしれない。あるいはまた、「事理不二門」という表現自体が厳密に定義されたものではなく、漠然と「十不二門」全体を指しているという可能性もある。

第六節　湛然における「事理不二」の用例

なお、「事理不二」という概念は、『法華文句記』の他の箇所ならびに湛然の他の著作においても数ヵ所において用いられており、それらの箇所ではしばしば「修性不二門」においてみられたような修行実践と関連づけられた議論が展開される。

『法華文句記』には、「事理不二門」の他に、さらに二ヵ所において「事理不二」についての言及がみられる。「僮僕」等とは、「方便波羅蜜」であり、〔菩薩の〕自行の権（方便）が完全となることに焦点を当て、「屈曲」より以下は、〔菩薩の〕利他の権（方便）の働きを明かす。〔これらは〕ならびに僮僕の功徳である。布の衣が用いられるように、〔自行・化他の権は〕共に貴位に至れば、同様に体内の権を成就する。（「称事称理」というのは、）事理不二であるので、ともに「称」と言う。

僮僕等者、方便波羅蜜、約自行権満、屈曲去、明利他権用。並僮僕之功也。如布衣所使、共至貴位、同成体内権也。事理不二、故倶云称。（T34・277b29‐c3）

上記の『法華文句記』の記載は、『法華文句』巻六上が「僮僕」（下僕）について解釈する箇所、すなわち「「僮僕」とは、方便知見波羅蜜をすべて具足し、屈曲して機に随い、事に合致し理に合致する。（僮僕者、方便知見波羅蜜、皆悉具足、屈曲随機、称事称理）」（T34・81b8‐9）に対する注釈である。『法華文句記』は、『法華文句』に「称事称理」と述べられていることを受けて、この根拠を「事理不二」に求めている。この箇所の「事理不二」の具体的な内容は明らかではないが、湛然の弟子とされる道暹の『法華天台文句輔正記』によると「事」は化他であり、「理」は自行であると注釈されている[19]。これによれば、菩薩の自行・化他にわたる方便が一体不二であると理解されているといえよう。これは菩薩の実践的側面を事理に配当して理解したものといえる。

第三に「如此」の下、結とは、ただこれまでの事理が不二であり二であるなどを収束して、同じく「一随」と名づける。

三如此下、結者、秖是収束向来事理不二而二等、同名一随。（T34・344b23-25）

上記の引用文は、『法華文句記』が『法華文句』の随喜功徳品の「随」の字を解釈する箇所について注釈した箇所の一部である。ここには「これまでの事理が不二であり二である（向来事理不二而二）」とあるが、「これまで（向来）」とは、『法華文句』が「理に随順するとは、仏の本地が非常に深遠なことを聞いて、信順して逆らわず、少しも決定をためらうことがない。事に随順するとは、仏の三世にわたる衆生の利益は、横・竪を包括し、一切の場所に遍在しており、また少しも決定をためらうことがない。広大な事に相即して深遠な理に到達し、深遠な理に相即して広大な事に到達する。［事と理は］不二であって二であり、不別であって別である。［事と理は］二であるといっても、別であるといっても、二ではなく、別ではない（順理者、聞仏本地深遠深遠、信順不逆、無一毫之疑滞。順事者、聞仏三世益物、横竪該亘、遍一切処、亦無一毫疑滞。即広事而達深理、即深理而達広事、不二而二、不別而別。雖二雖別、無二無別）」（T34・138b21-26）と述べている箇所を指していると考えられる。ここには「事理不二」の語を見いだすことはできないが、『法華文句』において「広事」と「深理」との相即関係が提示されており、湛然はこれを「事理不二而二」と表現しているに過ぎない。

これらの「事理不二」の用例は、『法華文句記』の「具如事理不二門明」の箇所における唯識説と関連づけられた「事理不二」とは異なる用例と考えられる。

また、「事理不二」については、『摩訶止観』に関連する著作において以下に示すような言及がみられる。『止観輔行伝弘決』には、次の三ヵ所に「事理不二」への言及がある。

①「妙証」より下は、文の元意を判定する。意は法を証得することにあり、真似を証する。似とはそのまま近く相似即の位に入ることである。真とはそのまま遠く初住位に入ることである。初品において権実の理が相即し、第五品において事理不二になるからである。

妙証下、判文元意。意在証法、証於真似。似即近入相似位也。真即遠入初住位也。以初品中権実理即、第五中事理不二。（T46・192c21-23）

②「若能」より下は、正しく円教の位を解釈する。その中において、初めに五悔の功能によって品位に入ることができることを明らかにする。この五法によって初品を助開し、乃至、十入・十住は遠くこの五法に由る。[五品の]一一の品の文について、すべて初めに正しく解釈し、次に引証して解釈する。初品について文を引くのは、『疏』の分文に依拠すれば、すなわち現在の四信の文である。「四信」というのは、第一は一念が随喜することであり、第二はその言葉の意味を理解することであり、第三は広く他人のために説法することであり、第四は深く信じて観心が成就することである。[四信の第一と]仏の滅後の五品の最初との両処の随喜の文の意義は大変共通している。それゆえ、いま互いに引用することで初品を証明する。第三品に文を引用する中に、「不須復起塔寺」等というのは、この第三品は観行がやはり弱いので、しばらく説法によってその観心を増強する。観心の成就はまさに第四品を修行することである。第四品はまだ事理が相即できない。それゆえ「旁行」という。第五品になると事理不二して、そのまま「もし人は[塔を]起て僧坊を建立し、声聞の衆僧を供養し讃歎するなら、乃至、六を備える」という。どうして第三品に執着して、永く事を捨てさせようか。どう

して第五品に執着して、一概に修行させるのか。それゆえ修行者は教の意をよく理解すべきである。

若能下、正釈円位。於中、初明五悔功能入品位。由此五法助開初品。乃至入住遠由此五。一一品文皆先正釈、次引証釈。初品引文。拠疏分文、乃是現在四信之文。言四信者、一者一念随喜、二者解其言趣、三者広為他説、四者深信観成。与仏滅後五品之初、両処随喜文義大同。故今互引以証初品。第三品引文中、云不須復起塔寺等者、此第三品観行猶弱、且以説法増其観心。観心成就方行第四。第四未能事理相即。故云旁行。至第五品事理不二。即云若人起立僧坊、供養讃歎声聞衆僧、乃至具六。豈執第三、永令捨事。豈執第五、一概令行。故修行者応善教意。（T46・384c19-385a3）

③第四品の中に「戒少急」と言うのは、前の三品は［戒を］完全に持っていないということではない。ただし正しく理観を尊ぶが、事相は正しくはない。したがって、自護の止持［戒］・作持［戒］に必ず欠点がない。あるいは多くの法の行を作すことは当然やや［戒が］緩い。また止持の中に、［二戒を］両方に持ち、両方に犯すなら、事相は必ず備わらなければならない。［戒を］単独で持ち、別に犯すなら、作持の中に止持はない。あるいは当然［事相は］まだ備わらない。また止・作において、自行が教制に従うならば、事相は必ず破棄されない。衆生のために開に従うならば、あるいはまだ備わらないはずである。また理観は完全であり、事相が欠落するのは、これを「寛」と名づける。それゆえ前の四品は共通して「緩」と名づけられる。第五品位に入ると事理不二となる。多くの行は別行し、作であれ止であれ、性であれ機であれ。一切は具足する。

第四品中、云戒少急者、前之三品、非全不持。但正尚理観、事相非正。所以自護止作、必無虧点。衆法作行、或当稍緩。又止持中、双持双犯、事必須具。単持別犯、作中無止。或当未具。又止作中、自行従制、事必不廃。為物従開、或可未具。又理全事闕、名之為寛。故前四品、通名為緩。入第五品、事理不二。衆行別行、若作若

止、若性若機、一切具足。（T46・430a28－b7）

上記①、②の「事理不二」に関する言及は、いずれも行位説に関するものであり、③の例は戒律に関するものである。いずれも五品弟子位の第五品の特徴として「事理不二」が指摘されている。また『止観義例』の「心境釈義例」の第十と第十三の問答において、「事理不二」という表現が見られる。

①第十に質問する。諸文にみな「色心不二」という。もし［色心不二を］観察しようと思えば、どのように観を立てるのか、と。

答える。心・色は、本体は一つであり、前・後はなく、すべて法界である。修観の次第は、必ず内心を先とする。内心が浄であれば、この浄心によって一切法を経由し、自然に任せて混合する。また先に万法が唯心であることを了解して、初めて観心ができる。諸法を了解すれば、諸法の唯心・唯色を見ることができる。当然知るべきである。一切は心によって諸法を区別する、と。どうしてかつて自ら同異があると言おうか。それゆえ『占察経』に、「観に二種がある。一には唯識であり、二には実相である」という。実相は理を観察し、唯識は事を経由するが、事・理は不二である。観道が少し開き、このことを了解することができれば、ともに道を論ずることができる。

十問、諸文皆云色心不二。若欲観察、如何立観。

答、心色一体、無前無後、皆是法界。修観次第必先内心。内心若浄。以此浄心歴一切法、任運溜合。又亦先了万法唯心、方可観心。能了諸法、則見諸法唯心唯色。当知一切由心分別諸法。何曽自謂同異。故占察経云、観有二種、一者唯識、二者実相。実相観理、唯識歴事、事理不二。観道稍開、能了此者、可与論道。（T46・452a20－28）

②第十三に質問する。そのままこの文の中に、あるいは、「諸法はそのまま法性である」（T46・75a22–23）といい、あるいは「四運・四性によって推検する」（T46・17a28）という。どちらを要とするのか。答える。そもそも心法を観察するのに、事と理とがある。理［の観］に従えば、ただ法性に到達するだけで、さらに他の方途はない。事［の観］に従えば、ひたすらに［未念、欲念、正念、念已と］生起する心を照らし出し、四性は不可得である。［理と事の観法を］また本・末と名づければ、本・末は相互に映し合い、事・理は不二である。

十三問、即此文中、或云諸法即是法性、或云四運四性推検。何者為要。答、夫観心法有事有理。従理、唯達法性、更不余塗。従事、則専照起心、四性叵得。亦名本末、本末相映、事理不二。（T46・452b10–14）

『止観義例』における「事理不二」の用例は、①は「色心不二」を観心行として実践する場合を解説する箇所であり、①では『占察経』の提示する唯識観と実相観の二種の観について、唯識観は事、実相観は理に当たると規定し、これらの関係性を「事理不二」としている。②は「諸法即是法性」と「四運四性推検」という表現が矛盾するのではないかという問いが想定され、それに対して①と同様に理観と事観を用い、諸法をそのまま法性と観察することを理観、四運心を四句分別して推検する四性観を事観とそれぞれ規定し、さらに観心を本末から論じる場合に、これらが事理不二となることを指摘している。『止観義例』の①・②の例はいずれも観心に約して理観と事観の相即が指摘されたものといえる。

以上のように、『止観輔行伝弘決』や『止観義例』などにおいて用いられる「事理不二」とは、行位や観心行など修行実践が強く意識されている。これは「十不二門」の中の「修性不二門」が三軌に基づき修行と真理の関係性を論じる内容と関連性があるとも解釈することが可能であろう。しかし、これら実践的な「事理不二」の用例は、いずれも『法華文句記』の「事理不二門」において言及される唯識説を視野に入れた「事理不二」とは関連性があるようには思われない。

第七節　「修性不二門」と「染浄不二門」の重視

『法華文句記』には「修性不二門」と「染浄不二門」について言及している箇所がそれぞれ二ヵ所ずつある。これらは他の色心・内外・因果・依正・自他・三業・権実・受潤の八項目についての言及がないことから考えると非常に大きな特徴といえる。以下に『法華文句記』における「修性不二門」と「染浄不二門」に対する重視と、それに関連する問題について考察する。

『法華文句記』における「修性不二門」への言及は、『法華文句』が方便品の品題を解釈する中で「一切法亦権亦実」について束縛（縛）・解脱（脱）の視点から解釈する箇所に対する注釈と、寿量品の良医の子息について解釈する段に対する注釈の二ヵ所において確認できる。

前者の例は、次に挙げる『法華文句』の記述に対する『法華文句記』の注釈にみられる。

縛・脱とは、行為が理に一致しなければ縛である。縛は虚妄であるため、権と称する。行為が理に随順すれば解脱が生じる。解脱は理に合致するので、実と称する。縛でなければ脱を求める手だてがない。脱を得るのは縛による。屍体によって海を渡るようなものである[20]。屍体には岸を渡るという力があるので、方便を称歎する。

縛脱者、為行違理則縛。縛是虚妄、故称権。為行順理則生解。解冥于理、故称実。非縛無由求脱。得脱由縛。

如因屍渡海。屍有済岸之力、故称歎方便。（T34・37c24–27）

『法華文句』は束縛（縛）とは行為が理に違背することと、解脱（脱）とは行為が理に合致することと規定し、さらにそれらを権実に対応させ、縛・脱の両者が不可分な関係であることを指摘している。『法華文句記』は、このような『法華文句』で説かれる束縛・解脱の関係性が、「修性不二門」における修性の関係性に対応すると指摘するのである。

次に「縛脱」とは、行の名称はなお共通しているようである。すなわち違・順を兼ね備えている。したがって縛・脱によって権・実を見分けて、「縛脱」と名づける。また、昔に共通するとは、諸経の地前［の菩薩］はなお理に一致しない。まだ権を開会しないからである。この経に弾指することは仏因でないことはない。実を顕わすからである。誰が知ろうか、この経の仏が悪行を用いて、また善巧方便と名づけることがあることを。屍体の譬喩は普遍的に一切に通じる。詳しくは修性不二門に明かす通りである。

次縛脱者、行名猶通。仍兼違順。故以縛脱而甄権実、名為縛脱。又通昔者、諸経地前尚自違理。未開権故。此経弾指無非仏因。以顕実故。誰知、此経仏以悪行、亦得名為善巧方便。死屍之譬遍通一切。具如修性不二門明。（T34・215b15–20）

『法華文句記』が、この箇所において「縛」を諸経、「脱」を『法華経』と想定している点は注目すべきである。ただし『法華文句記』は縛・脱と事・理の関係性に関して、基本的には『法華文句』の縛脱の定義を踏まえているようであり、新たな解釈を展開していない。

上記の『法華文句』・『法華文句記』解釈に対し、「十不二門」の「修性不二門」では、すでに確認したように、「修」には順修と逆修の二種があるとして、「順修とは性を了解して行とすることを言う。逆修とは性に反して（理解しないで）［修が］迷と成ってしまうことを言う（順謂了性為行、逆謂背性成迷）」（T33・918c12–13）と規定し、さらに「［心に］迷・了の二心があれば、心は不二であるといっても、［そこには］逆・順の二性質がある。性と事は常に異なる（迷了二心、心雖不二、逆順二性、性事恒殊）」（T33・918c13–14）と指摘している。したがって、ここに『法華文句』の縛・脱と「十不二門」の順・逆の二修との内容上の共通性を見いだすことは、ひとまず可能といえよう。ただし『法華文句』は縛・脱の不可分な関係性を強調しているだけであるのに対し、「十不二門」では順・逆の二修が心性において一体不二であるとしつつも、順逆の二修に相違する面があることが強調されている。しかし、『法華文句記』に縛・脱の関係の解釈において、諸経と『法華経』の関係性が導入されていることを考慮すれば、それらの相違は湛然の解釈において生じた独自の展開であり、その相違性を強調する解釈に、むしろ湛然における一貫した思想性が示されていると理解できよう。

また『法華文句記』は、寿量品の良医の子息に関する『法華文句』の解釈に対して注釈する中で、次のように「具如修性不二門説」に言及している。

「多諸」より以下、「菩薩之子凡有三」までは、……菩薩の中をさらに三種［の仏子］にするのは、修・性における［正因・縁因・了因の］三因に離・合があるからである。……修・性の三因は『玄文』・『摩訶止観』にともにこの意がある。ただこの文の中の文相が顕著であるので、昔の聞経の力の大きさと比較するために、性徳仏性の三因をまとめて、ともに正因とし、縁因・了因ではそれぞれ［三因を］統合して、ともに一因（縁因の性・了因の性など）と名づけた。したがって知るのである。諸文は修に焦点を当てて説けば、縁・了はそれぞれ三因となることを。あるいは、ただ理性について論じれば、終始、三因を具足する。たとえば三道・三徳・三仏性などと言うようなものである。詳しくは修性不二門に説いた通りである。［修性以外の］九門はともに成就すれば、初めにこの旨を了解する。もしこの意を理解すれば、円教の行理の骨目は自ら成就する。

多諸下至菩薩之子凡有三者、……於菩薩中、更為三者、修性三因、有離合故。……修性三因、玄文止観俱有此意。唯此文中文相顕著、為欲望昔聞経力大。故束性三俱為正因、縁了各合俱名為一。故知諸文約修以説、縁了各三。或但論理性、始終具三。如云三道三徳三仏性等。具如修性不二門説。九門共成、方了此旨。若得此意、円教行理骨目自成。

（T34・339c7-340a16）

上記の『法華文句記』からの引用文は、『法華文句』が良医の子息を声聞・辟支仏・菩薩に分類し、菩薩をさらに正因・縁因・了因の三種に分けて論じる段に対して、修・性と三因仏性との離合を論じた箇所である。『法華文句記』は、この段に対する注釈において、詳細は「修性不二門」を参照するように指示しており、修・性と三因の関係を領解し、「十不二門」の他の九門とともに成就することで、さらに円教の修行における理の骨目も成就することができると指摘している。この注釈にみられる「修性不二門」についての言及は、明らかに「十不二門」における「修性不二門」を想定した議論といえよう。

『法華文句記』における「染浄不二門」への言及は二ヵ所に確認されるが、両者はいずれも『法華文句』の「立一切法」という表現に対する注釈である。

「具如染浄不二門明」については「事理不二門」との関連で前述したが、『法華文句』は方便品の品題の体用について解釈する中で、体を実相、用を一切法を成立させる働きと規定するのに対し、『法華文句記』では「一切法」について染縁に基づく側面と、浄縁に基づく側面が想定され、この体用の解釈においては、浄縁に基づくべきであるとし、その詳細は「染浄不二門」を参照するように指示している。[21]「染浄不二門」では、法性が無明に相即することで遍く諸法をつくりだす働きを染法とし、無明が法性に相即することで遍くさまざまな縁に対応していくことができる働きを浄法と規定している。したがって、『法華文句記』において「具如染浄不二門明」とされる内容と「十不二門」の「染浄不二門」の内容とは対応するものと見なすことができよう。

また、『法華文句記』には「染浄二類具在十門」という表現が見られる。この表現について、日比［一九六六：三二九―三三〇］は「この場合の十門とは、『玄籤』の迹門の十門、或は本門の十門を指すのか、いまこゝにいう十不二門を指すのか明らかでないが、恐らく、染浄不二門が十不二門の一つとして説かれていることから、十門とは十不二門を指すものと考えられる」と推測している。「染浄二類具在十門」は、具体的には『法華文句記』の以下の箇所において確認される。

「解脱」以下は、広く相・味について解釈している。最初は相について、次は味について［解釈する］。最初に相を解釈する中で、性徳はただ本有の［苦・煩悩・業の］三道である。「解脱相」とは、業道に即するのは解脱の徳である。「離相」とは、煩悩に即するのは般若の徳である。「寂滅相」とは、苦道に即するのは法身の徳である。「無生死等」とは、修徳に寄せて解釈する。「唯有」以下は結論であり、それゆえ「実相」とある。「一相」以下は、転じて「一相」について解釈する。つまり無住の本から一切法が立つのである。理とは性徳の縁因仏性・了因仏性であり、事とは修得の［正・縁・了の］三因仏性であり、迷えば［苦・煩悩・業の］三道に流転し、悟れば果の中の勝れた働きがある。このように［理・事・迷・悟の］四重はならびに迷の中の実相によって成立している。この無住の本について詳しくは『法華玄義釈籤』の第七ですでに注釈した通りである。それゆえ無明と実相とはともに無住と名づけるのである。今は無相によって区別に対し、もっぱら実相を指して無住の本と名づける。無住とはそのままで本であるから無住の本と名づける。随縁不変の道理はここにある。『起信論』の［心真如・心生滅の］二門における意義は準じて理解すべきである。染・浄の二類は詳しくは十門にある。

解脱下広釈相味。先相次味。初釈相中、性徳祇是本有三道。解脱相者、即於業道是解脱徳。離相者、即於煩悩是般若徳。寂滅相者、即於苦道是法身徳。無生死等、寄修以釈。唯有下結、故云実相。一相下、転釈一相。即無住本立一切法。理則性徳縁了、事則修得三因、迷則三道流転、悟則果中勝用。如是四重並由迷中実相而立。此無住本具如釈籤第七已釈。故無明実相倶名無住。今以無相対於差別、専指実相名無住本。無住即本名無住本。随縁不変理在於斯。起信二門義準可識。染浄二類具在十門。（T34・292b5–17）

「染浄二類具在十門」は、上に引用したように『法華文句記』で「無住の本（無住本）」についての議論がなされる箇所の最後の部分に見いだされる。『法華文句記』は随縁真如の理論的根拠として「無住本」を位置づけ、『大乗起信論』の心真如・心生滅の二門についての言及に続いて、「染浄の二類（染浄二類）」といっている。『大乗起信論』との関係から見ても、「染浄二類」が染法と浄法の二法のことを意味していることは明らかである。

また、「染法と浄法の二法について詳しくは十門にある（染浄二類具在十門）」という表現に至る文脈から判断すれば、ここに示される「十門」、すなわち十種にまとめられた範疇の中に、染法と浄法に関する詳細が解説されていることになる。この「十門」に相当する箇所は、日比［一九六六］も指摘するように、『法華玄義』の迹門の十妙、本門の十妙、ならびに『法華玄義』と『法華玄義釈籤』の本迹十門への注釈、「十不二門」のいずれかの箇所であると想定されるが、実際に『法華玄義』と『法華玄義釈籤』において「染浄」の二法について言及されている箇所を確認すると、『法華玄義』には染浄の二法について直接的に言及している箇所はなく[23]、『法華玄義釈籤』には二ヵ所において染浄の二法についての言及がみられる。そのうちの一ヵ所は、「十不二門」の中の「染浄不二門」であるが、もう一ヵ所は『法華玄義』が迹門十妙・三法妙の中で類通三法を論じる段に対する注釈箇所である。したがって、「十うな記載がある。

性に絞られることになる。そこで、『法華玄義釈籤』の類通三法の中の類通三識に対する注釈をみると、以下のよ

門」の示す内容は、『法華玄義釈籤』の迹十門への注釈箇所か、「十不二門」の「染浄不二門」かという二つの可能

言転依者、転於染依而依於浄。是故在染則種子依於黎耶、在浄則転於能依以成第九。当知黎耶不離染浄。

（T33・899a23-26）

「転依」と言うのは、染法への依拠を転じて浄法に依拠する。それゆえ染法にあっては業種子が阿黎耶識に依拠し、浄法にあっては依拠する主体を転じて第九識を成就する。当然、阿黎耶識は染法からも浄法からも離れないことを知るべきである。

以上、明らかなように、『法華玄義釈籤』は類通三識を説明するために染浄の二法を用いていることは確かである。しかし、すでに確認した「十不二門」における「染浄不二門」の記述に比べると、上記の類通三識についての注釈は非常に簡素なものであり、さらにこれは上述の「染浄二類具在十門」における議論よりも簡素なものである。したがって、「染浄二類具在十門」として説明を譲っている以上、「十門」とは「染浄二類具在十門」における染法・浄法の議論よりも詳細なものでなければならない。よって、この「十門」とは迹門の十妙を指すのではなく、「十不二門」を指していると判断して問題ないであろう。

第八節　『法華玄義釈籤』「十不二門」と『法華文句記』「十不二門」

最後に「十不二門」における理の強調に関連して、『法華玄義釈籤』において湛然がどのような意図によって

「十不二門」を展開したのかという問題を検討したい。湛然は『法華玄義釈籤』の「十不二門」の導入箇所において、『法華玄義』の迹門の十妙を解説した後に「十不二門」を用いる理由を明かしている。ここにその該当箇所を引用する。

このようにこの迹門［の十妙］に、その因果および自他［との対応］を語るのは、［仏の］一代の教門を調和させ、［その教門を］妙に入らせるためである。およそ［『法華玄義』の］諸釈はみな［蔵・通・別・円の］四教ならびに［乳・酪・生蘇・熟蘇・醍醐の］五味に焦点を当てている。その意味は、四教［・四味］を開会してすべて醍醐味に入らせることにある。観心はすなわち教法と行法の枢機（要となるところ）である。［『法華玄義』は］まさにいま［観心を］略して論じ、諸説に預けている。［観心への言及が］あったり、なかったりするのは、［『法華玄義』］一部の正意ではないからである。たとえ［『法華玄義』が観心を］立てることがあっても、事相に託したり、法相に付したりし［行に従うことはなく］(24)、あるいは［観不可思議境・起慈悲心・巧安止観・破法遍・識通塞・修道品・対治助開・知次位・能安忍・無法愛の］十乗観法を論じることはあっても、名称を列挙するだけである。［『法華玄義』が］明らかにする理境・智・行・位・法・能化・所化［の十妙］とは、その意は、［真理を］明らかにする主体にある。［それを］明らかにする過程（＝境・智・行・位・三法・感応・神通・説法・眷属・利益）において、すべて妙となることにある。［真理を］明らかにする過程に［教法の］始・末、自行・化他を論じているので、［『法華玄義』は］詳細に［迹門の］十妙をのべて釈尊一代の教化を包括するのである。［仏の］出世の大意は［その意を］尽くして尽きないことはない。それゆえ十妙の大綱を必ず了解しなければならない。それゆえ十妙を選び集めて［十乗］観法の本質とする。もし迹門の十妙を了解すれば、本門の十妙は遥か［遠く］にあるのではない。ただ離・合の違いがあるだけである、と知るべきである。

［迹門と本門の十妙では］因・果の意味するところは一つである。自行・化他［の意味するところ］はどうして異なることがあろうか。それゆえ下の文に「本と迹は異なっているが、不思議であることは同一である」とある。ましてや体・宗・用は、ただ自他の因果の法であるからである。ましてやまた教相は、ただ前の［名・体・宗・用の］四章を区別して認識し、前の四章を諸の経文と大いに異ならせるのである。もしこの旨を明らかにすれば、［仏の］教化には帰着するところがある。［仏の］生涯［にわたる教化］は縦においても横においても、一念三千世間、即空仮中を越え出ることはない。［迹門の十妙の］理境から利益までもすべて同様である。つまり『摩訶止観』の十乗［観法］は、今［の迹門の十妙］の自行の因果（境・智・行・位・三法）を成就し、［『摩訶止観』に説く］起教章の一章は、今［の迹門の十妙］の化他（感応・神通・説法・眷属・利益）の能化・所化（主体とその対象）を成就する。つまり、それらは互いに明らかであって、『法華経』の修行は完成する。［修行の］努力を無駄にさせず、明かされる理は認識できる。それゆえ、さらに［不二の］十門によって［迹門の］十妙をまとめるのである。なぜならば、実のために権を設けるときには、［実と権の関係は］不二であり、二である。権を開会して実を顕わすときには、［実と権の関係は］二であり、不二である。法が教や部である以上、すべて開会して妙を完成させるからである。それゆえこの十門は不二を名目とするのである。［十不二門の］一つ一つの門の下に［理・名字・観行・相似・分真・究竟の］六即によってこのことを検討しなさい。［『法華玄義』の］本文に、すでに広く真実であることの証明［となる経論］を引用している。これより以下は、ただ直ちに一なる理について述べ、［『法華経』］一部の経旨を目前に明らかにしよう。

然此迹門、譚其因果及以自他、使一代教門融通入妙故。凡諸義釈、皆約四教及以五味。意在開教悉入醍醐。観心乃是教行枢機。仍且略点、寄在諸説。或存或没、非部正意故。縦有施設、託事附法、或辨十観、列名而已。

所明理境智行位法能化所化、意在能詮。詮中咸妙、為辨詮内始末自他故、具演十妙、捜括一化。出世大意、罄無不尽。故不可不了十妙大綱。故撮十妙為観法大体。若解迹妙、本妙非遥。応知、但是離合異耳。因果義一、自他何殊。故下文云、本迹雖殊、不思議一。況体宗用、秖是自他因果法故。況復教相、秖是分別前之四章、使前四章与諸文永異。若暁斯旨、則教有帰。一期縦横、不出一念三千世間、即空仮中。理境乃至利益咸爾。則止観十乗、成今自行因果、起教一章、成今化他能所。則彼此昭著、法華行成。使功不唐捐、所詮可識。故更以十門収摂十妙。何者、為実施権、則不二而二。開権顕実、則二而不二。法既教部、咸開成妙。故此十門不二為目。一一門下、以六即撿之。本文已広引誠証。此下、但直伸一理、使一部経旨皎在目前。（T33・918a13-b6）

上記の引用文の冒頭箇所に「観心はすなわち教法と行法の枢機（要となるところ）である。（観心乃是教行枢機）」と述べられていることからも明らかなように、湛然は「十不二門」の導入に際して、「観心」の実践の重要性を指摘している。しかし『法華玄義』においては、基本的に「観心」を直接的に論じる箇所はない。湛然は、それを『法華玄義』の目的が「観心」を明かすことにないからであると理解している。したがって、『法華玄義』において「観心」に言及している箇所であっても、具体的な修行に焦点が当てられていないとされたり、ただ十乗観法の名称が挙げられているだけであると見なされたりしている。湛然は『法華玄義』に「観心」の実践が直接的に明かされていないとしながらも、『法華玄義』が詳説する迹門の十妙を、釈尊一代の教化が「妙」であることを明かしていると捉え、またそれが本門の十妙、さらに『法華玄義』全体における一貫したテーマであることを指摘して、この釈尊一代の教化とは実践面から見れば「観心」の実践に外ならないと主張する。湛然は『法華玄義』に説かれる十妙を実践論として再解釈するのに、「十不二門」を用いるのである。湛然が指摘しているように法華経疏である『法華玄義』は、『法華経』の思想を総合的に解釈した著作であって、その論述には「観心」の実践を明らかにしようとする意図はなかったであろう。『摩訶止観』と『法華玄義』が、本来別の意図を持って著された著作であるということは当然のことであるが、それを確認した上で『法華玄義』の記述を「観心」の実践として再解釈することからは、『法華玄義』と『摩訶止観』という両著作が、智顗において本来深く関連づけられていた著作群であるということを強く印象づけようとする湛然の意図を読み取ることができるだろう。

また、湛然が「十不二門」によって迹門の十妙をまとめる理由について、「実のために権を設けるときには、[実と権の関係は] 不二であり、二である。権を開会して実を顕わすときには、[実と権の関係は] 二であり、不二である。法が教や部である以上、すべて開会して妙を完成させるからである。(為実施権、則不二而二。開権顕実、則二而不二。法既教部、咸開成妙)」と述べている点に注目したい。本章では、これまで湛然が不二という概念を用いて提示する相即関係は、智顗の理解する並列的・双方向的な相即関係から、理を中心とした縦列的・一方向的な相即関係に変化しており、そこに湛然における理の強調が見られるということを指摘した。これは玉城康四郎 [一九六一] が指摘する湛然における理の定立化の傾向と同質のものといえる。しかし、これは湛然が智顗の並列的・双方向的な相即関係を理解せず、縦列的・一方向的な相即関係を提示して理を強調したということを意味しているのではない。すなわち、上記の箇所において湛然は権実の相即関係を「実のために権を施す(為実施権)」側面と、「権を開して実を顕わす(開権顕実)」側面という双方向的な相即関係として認識しているのである。ただし実際には「法が教や部である以上、すべて開会して妙を完成させる(法既教部、咸開成妙)」として、「権を開して実を顕わす(開権顕実)」の立場から「十不二門」を展開している。これは、上記引用文の最後の箇所において「[『法華玄義』の] 本文に、すでに広く真実であることの証明 [となる経論] を引用している。これより以下は、ただ直ちに一なる理について述べ、[『法華経』] 一部の経旨を目前に明らかにさせよう。(本文已広引誠証。此下、但直伸一理、使一部経旨皎在目前）」と述べられているように、最終的には「一なる理（一理）」という理の強調として展開されていくものである。

この意味では、『法華玄義釈籤』の「十不二門」におけるこのような問題意識は、『法華文句記』において「十不二門」に言及する際にも強く意識されていたと理解することができよう。『法華文句記』の「十不二門」言及箇所には、実相論の観点からみれば、理の強調という側面が認められ、一方で「修性不二」の強調にみられるような実践論への注目がみられた。また「事理不二門」における「常住の理（常住理）」の強調などには、単純に理の強調ということに留まらず、理の観念化、理の絶対化という方向を見いだす余地が芽生えている。この点に関しては、教相論において、いわゆる「超八」という『法華経』の絶対化の思想を主張したこととの関係が注目されよう。唐代は湛然が属する天台の系統に関わりのないところで、『法華経』に関するさまざまな解釈・行法が氾濫した状況であったが、[25]湛然は『摩訶止観』『法華玄義釈籤』『法華文句記』という注釈書を中心とした天台止観の実践によって所謂正統派の「天台宗」の地位を確立しようとした。おそらく、湛然による『法華経』の絶対化とは、その正統性の確立の過程において、相対的な経典観の関係性の枠組みを取り払って、『法華経』そのものを絶対的な真理として位置づけようとしたものであろうが、これが結果的に理の観念化も推し進めることになったと推測される。この問題については、さらに今後の課題としたい。

第九節　結び

以上、本章では、『法華文句記』の「十不二門」に関する言及箇所について、その問題点に検討・考察を加えた。

以下に本章で論じた要点を示す。

①「十不二門」とは、色心・内外・修性・因果・染浄・依正・自他・三業・権実・受潤の十種の概念が不二であることを論じた『法華玄義釈籤』の中心的思想の一つであり、『法華玄義釈籤』においては『法華玄義』の迹門十妙に対する注釈と本門十妙に対する注釈の中間部分に設けられている。大正蔵に収録される『十不二門』は、『法華玄義釈籤』からの別行であると推測されているが、この別行の詳しい経緯は明らかではない。本章で扱った『法華文句記』における「十不二門」への言及箇所は、湛然自身が「十不二門」を重視していたことを示すものであるが、これはそのまま湛然による『十不二門』の別行を示すものではない。しかし、『法華文句記』における「十不二門」への言及は、湛然の思想における「十不二門」の位置づけを明らかにするための重要な手がかりとなる。

②本章では、初めに「具如不二十門所説」（T34・214a25-26）において理が強調されていく過程を明らかにした。「具如不二十門所説」は、『法華文句』の方便品の品題を解釈する箇所に対する『法華文句記』の注釈に確認される。湛然は「不二十門」を参照するように指示する上で、その内容について、『法華文句』の提示する「一切法皆権、一切法皆実、一切法亦権亦実、一切法非権非実」の四句は法性のことを述べており、その法性の性質によって、名字・心法・句偈・因果・凡聖・依正・十双などという二項対立的な概念が法界において止揚されると論じている。本章は「具如不二十門所説」と「十不二門」の関係性を理解するためには、これらの概念のうち「十双」が重要であると考え、「十双無非法界」という表現を中心に考察を進めた。そして、ここにいう「十双」とは『法華文句』において後に「十法」として提示される、事理・理教・教行・縛脱・因果・体用・漸頓・開合・通別・悉檀のことであると推定し、「十双」の各項目に見いだされる「権」・「実」の「権」を『法華文句記』は「即実而権」と理解していることを指摘した。ここに示される権実の関係は、「実」を中心として「権」がそれに相即するという縦列

的・一方向的な相即関係である。

③また「具如不二十門所説」に関連する『法華文句記』の記述には、「本迹雖殊、不思議一」という言葉が引用されている。本章はこれに着目し、同じく「本迹雖殊、不思議一」という言葉が多く引用される『法華玄義』とそれに対応する『法華玄義釈籤』の議論を検討して、『法華玄義』には本から迹、迹から本という双方向的な相即関係が提示されていたものが、『法華玄義釈籤』においては理によって事が位置づけられるという一方向的な相即関係のみが示されていることを明らかにした。またこのような関係性は『法華玄義釈籤』のみに限ったことではなく『法華文句記』においても同様のことがいえる。したがって、湛然の不二に関する基本的な発想には、差別相としての「事」を超越し、無差別の「理」に帰結させるという理解が反映されていると考えられる。

④本章は「具如事理不二門明」における思想傾向においても、上述の「具如不二十門所説」の傾向と同様の傾向がみられることを確認した。「具如事理不二門明」は、『法華文句』が方便品の品題を解釈する中で、権実の四句の中の「一切法亦権亦実」について、事理の観点から解釈する箇所についての『法華文句記』の注釈部分にみられる。『法華文句』で提示される事・理の関係は、理が事を立てる側面と、事が理を顕わす側面という、事と理の双方向的な相即関係であったが、『法華文句記』では理が事に遍在すること、すなわち理が事に相即することの重要性が強調されている。ここに『法華文句』の事と理の並列的・双方向的な相即関係から、『法華文句記』の、理に重点を移した縦列的・一方向的な相即関係への変化を見いだすことができる。また『法華文句記』に見られる「常住理」という表現は、湛然が理を形而上的な概念として理解していたことを示す例として重要であることを指摘した。

⑤『法華文句記』の「具如事理不二門明」が具体的に何を指しているのかについては、従来の学説では、「十不二門」の中の「色心不二門」「修性不二門」「染浄不二門」「十不二門」の総称という四つの可能性が指摘されている。

本章は、そのそれぞれの可能性について検討し、「十不二門」の中の「色心不二門」「染浄不二門」については、「事理不二門」の内容として解釈することが可能であることを確認した。これにより「事理不二門」は「十不二門」の特定の内容を指すのではなく、「十不二門」全体を想定していたことが示唆されることになる。ただし、「修性不二門」に関しては、厳密にいえば「事理不二門」の内容と共通するものではない。玉城［一九六一：四四〇］は「十不二門」を智顗の「不思議一なる観念」（事と理の相即関係）から「不二一体なる観念」を定立しようと展開されたものとして理解しているが、「十不二門」のそれぞれに「不二一体なる観念の定立」を確認する過程において、「修性不二門」にだけはその定立が見いだされないと指摘している。したがって、玉城［一九六一］の論考を考慮すれば、「十不二門」において「修性不二門」は他の九門とは異なる特殊な位置づけがなされているといえるのかもしれない。また「事理不二門」という表現自体に、厳密な規定がなされているわけではなく、漠然と「十不二門」全体を指しているという可能性も考慮しなければならないだろう。

⑥本章では『法華文句記』における「具如事理不二門明」以外の「事理不二」の用例、ならびに『止観輔行伝弘決』『止観義例』における「事理不二」の用例についても考察し、それらで提示される「事理不二」の意味を検討した。これらの箇所において提示される「事理不二」は、「事」と「理」が行位や観心行など修行実践として意識された内容であった。したがって、これら「事理不二」は三軌に基づいて修行と真理の関係性を提示する「十不二門」の「修性不二門」と関連づけて解釈することは可能である。ただし、『法華文句記』の「具如事理不二門明」において展開される「事理不二」とは関連性が見いだされない。

⑦一方、『法華文句記』の「十不二門」への言及箇所においては、「修性不二門」や「染浄不二門」という「十不二門」の具体的名称を想起する固有名に言及する箇所がある。本章は、これらが「十不二門」の「修性不二門」や

「染浄不二門」のことを述べた箇所であることを確認した。

⑧「十不二門」における理の強調に関連して、『法華玄義釈籤』において湛然がどのような意図によって「十不二門」を展開したのかという問題を検討した。湛然は『法華玄義釈籤』の「十不二門」の導入箇所において「観心」の実践を強調しており、『法華玄義』の迹門の十妙を実践論として再解釈して「十不二門」を展開している。本章は、このように湛然が「十不二門」によって「観心」の実践（あるいは『摩訶止観』・十乗観法）と『法華玄義』との間に深い関連性を見いだしているところに、『法華玄義』と『摩訶止観』の両著作が、智顗においては本来的に深く関連づけられた著作群であるということを強く印象づけようとする湛然の意図がみられると指摘した。

⑨また、本章では湛然に理の強調の傾向があることを指摘してきたが、湛然は智顗のいう事理の双方向的な相即関係を無視していたわけではなく、それを踏まえた上での思想的な展開であったことを確認した。ただし、その主張は最終的には「一なる理（一理）」という理の強調として展開されている。このような理の強調は『法華文句記』における「十不二門」言及箇所においても同様に見られるものであるが、そこには「常住の理（常住理）」というように、理の強調から、理の観念化・絶対化という方向への力点の変化を見いだすことができた。

これは教判論の「超八」という『法華経』の絶対化の思想との関連性が考えられる。湛然による『法華経』の絶対化の理論は、相対的な経典観の関係性の枠組みを取り払い、『法華経』そのものを絶対的な真理として位置づけようとしたものといえるが、これが結果的に理の観念化も推し進めることになったと推察される。ただし「超八」の思想については次章において詳しく述べるが、その思想自体は、湛然が自派の正統性を確立しようとする運動の中から成立したものである。湛然においては『法華経』の絶対性と智顗の正統性とは疑う余地のないものであり、またそこに連なる自身の正統性と一体のものであったのである。

註

（1）『十不二門』の注釈書間のテキストをめぐる論争に関しては、平了照［一九六二］が詳しい。また、『十不二門』の注釈書についての研究史に関しては、古愚学人・渋谷亮泰［一九三七］がある。これには付録として「十不二門義流伝史年表」が付されている。またテキスト論・研究史・内容解説などについて「十不二門」を総合的に研究したものに、池田魯参［一九七八］・［一九七九］・［一九八〇］がある。

（2）続蔵経に収録されたこの本には、跋文とテキスト間の異同を収めた考異が付されている。

（3）『法華十妙不二門示珠指』は源清（?—九九七）の著した現存する最古の『十不二門』注釈書である。源清は『法華玄義釈籤』の古写本に基づき独自にテキストの校訂を行い、当時流布していた『十不二門』のテキストと二十余字にわたって異同のあるテキストを作成した。本書には上巻の末に「十不二門」のテキストを収録している（平［一九六二］、池田［一九七八］）。

（4）大正蔵所収の『十不二門』は、『法華玄義釈籤』所収の「十不二門」や『十不二門義』と比べると単体のテキストとして整理された形跡が見受けられる。また、『法華玄義釈籤』所収の「十不二門」は『十不二門義』や、『法華十妙不二門示珠指』所収本とも相違することが認められる。本論文では湛然自身の教学における「十不二門」の位置づけを問題にするので、ひとまず別行されたものは『十不二門』と示し、また『法華玄義釈籤』所収本を「十不二門」と表記して区別することにする。

（5）田島［一九三三］、平［一九六二］、日比［一九六六］の第二篇「第三期時代の著作」、第三章「法華玄義釈籤」第七節「十不二門について」ならびに第三篇「第四時代の著作」第三章「法華文句記」第三節「法華玄籤との関係」、池田魯参［一九七八］・［一九七九］・［一九八〇］を参照。

（6）原文ママ。最澄の留学期間が七九四年から八〇五年となっているが、七九四年は最澄の出家の年である。おそらく八〇四年の誤植と思われる。

（7）『法華文句』の「広釈」における旧来の学説への批判について、平井［一九八五：三〇九—三二二］はこの箇所が『法華玄論』（「方便品」の品題を解釈する箇所）の四種の権実の二智を論じる箇所における「有人」説と吉蔵自身の説を参照していることを指摘している。また、平井［一九八五：二八九—二九二］は「湛然の吉蔵疏に対する照会が如何に杜撰であるか」の例としてこの箇所に対する湛然の注釈を挙げている。この平井［一九八五］の学説については、本書第一章第三節を参照。

（8）『法華文句記講録』は、この「四句」が古来より権実の「四句」と理解されてきたことについて、「今謂、諸説皆非。以牽強故。若以此四句為権実四句、亦応以向真如等四、配於四句。彼既不配、此何必爾。」（『天台大師全集［法華文句］』二〈日本仏書刊行会、一九七〇年〉六一八頁）と述べて批判している。しかし、『法華文句記講録』が否定する旧説には、『法華天台文句輔正記』や『天台法華経疏義纘』など、その著者が湛然と直接交流があった可能性のある唐代天台宗の『法華文句』注釈書も含まれており、『法華文句記講録』の解釈が湛然の意図に沿ったものであるとは考えにくい。本章で『法華文句』の文脈を確認したように、『法華文句』はここまで一貫して権実の四句について論じてきているし、湛然も『法華文句記』において権実の四句を基調として注釈を展開していると考えられる。

（9）八つの観点、すなわち「八番解釈」とは「一、列十名。二、生起。三、解釈。四、引証。五、結十、為三種権実。六、分別三種権実、照三種二諦。七、約諸経、判権実。八、約本迹、判権実」（T34・37b29–c3）である。

（10）この箇所では「下十双」となっているが、これは『法華文句』の以下の記述が、「一、列十名。二、生起。三、解釈。四、引証。五、結十、為三種権実。六、分別三種権実、照三種二諦。七、約諸経、判権実。八、約本迹、判権実」（T34・37b29–c3）の八つの観点に沿って十法（十双）について論述していることを指している。

（11）「一約理事明本迹者、従無住本立一切法。無住之理、即是本時実相真諦也。一切法、即是本時森羅俗諦也。由実相真本垂於俗迹、尋於俗迹、即顕真本。本迹雖殊、不思議一也。故文云、観一切法空如実相。但以因縁有従顛倒生。云云。二理教明本迹者、即是本時所照二諦、倶不可説。故皆名本也。昔仏方便説之。即是二諦之教。教名為迹。若無二諦之本、則無二種之教。若無教迹、豈顕諦本。本迹雖殊、不思議一。文云。是法不可示。言辞相寂滅。以方便力故、為五比丘説。三約教行為本迹者、最初稟昔仏之教以為本。則有修因致果之行。由教詮理而得起行。由行会教、而得顕理。本迹雖殊、不思議一也。文云、諸法従本来常自寂滅相。仏子行道已来世得作仏。云云。四約体用明本迹者、由昔最初修行契理。証於法身為本。初得法身本故、即体起応身之用。由於応身得顕法身。本迹雖殊、不思議一。文云、吾従成仏已来、甚大久遠若斯。但以方便教化衆生、作如此説。五約実権明本迹者、実者最初久遠、実得法応二身、皆名為本。中間数数唱生唱滅、種種権施法応二身、故名為迹。非初得法応之本、則無中間法応之迹。由迹顕本。本迹雖殊、不思議一也。文云、是我方便諸仏亦然。六約今已論本迹者、前来諸教已説事理。乃至権実者皆是迹也。今経所説久遠事理乃至権実者、皆名為本。非今所明久遠之本。無以垂於已説之迹。非已説迹、豈顕今本。本迹雖殊、不思議一也。文云、諸仏法久後要当説真実。」（T33・764b19–c21）。

(12)『維摩詰所説経』巻二、「従無住本、立一切法」（T14・547c22）。

(13)『法華経』には、実際に「為令衆生」という表現はない。しかし、『法華玄義』や『法華文句』においては、以下に挙げる用例がみられ、「為令衆生」は「開仏知見」あるいは「開示悟入」とセットとして、『法華経』方便品の経文として理解されている。

『法華玄義』

「如経、為令衆生、開示悟入仏之知見。」（T33・693a5–6）。

「今経、為令衆生、開仏知見。」（T33・734b23–24）。

「方便品云、諸仏為一大事因縁、故出現於世、為令衆生、開仏知見四句。」（T33・735a29–b2）。

「故云、為令衆生、開仏知見。」（T33・792c5–6）。

「又云、為令衆生、開仏知見。即了因仏性」（T33・803a9）。

『法華文句』

「諸仏為大事因縁、故出現於世、為令衆生、開示悟入仏之知見故者、……」（T34・38b16f–）。

「経云、為令衆生、開仏知見。」（T34・51a27–28）。

(14)『法華経』、「世間相常住」（T9・9b10）。

(15)理が事に即することへの強調とは、事理と権実の関係性からみれば、「即実而権」の強調として理解できるだろう。湛然の著作において「即実而権」は以下の数ヵ所に確認できる。

『法華玄義釈籤』では「云華実具足等者。為蓮故華、華掩於実。為実施権、実在権内。体復不異。故云即実而権」（T33・820b4–5）と言及している。これは『法華玄義』に「為蓮故華、華実具足、可喩即実而権。又華開蓮現、可喩即権而実。又華落蓮成、蓮成亦落、可喩非権非実」（T33・682b18–20）とある箇所の「為蓮故華」について注釈したもので、注釈対象の『法華玄義』において、すでに「為蓮故華」を「即権而実」、「華落蓮成、蓮成亦落」を「非権非実」と規定し、権実の双方向的な相即関係が指摘されている。ただし『法華玄義釈籤』においては「即実而権」の側面にしか言及されていない。

また『法華玄義釈籤』には、「次円教中、言自行三諦者、即権而実、故云三一。化他三諦者、即実而権、故云一三。不分而分且作此説。」（T33・912c26-29）との言及も見られる。これは『法華玄義』の「若円教法門明眷属、自行三諦一諦為実。化他一諦三諦為権。随情一諦三諦為権。随智三諦一諦為実」（T33・757c14-16）に対する注釈である。ここでも注釈対象の『法華玄義』において、「即権而実」と「即実而権」の両側面について言及されている。

『法華文句記』では『法華文句』の「但観己心之高広、扣無窮之聖応、機成致感、逮得己利。故用観心釈也」（T34・2b9-10）の「己心之高広」に対する注釈において、「又即権而実故名為高。即実而権故名為広」（T34・155c11-12）と言及している。この箇所は権実の双方向的な相即関係が提示されている。

また『法華文句記』は、『法華文句』の「方便品」の諸義の解釈を注釈する中で、「有人問云、今方便品以何為体。他答、有人云、以後得智為体。引唯識説、後五波羅蜜皆後得智。我今以根本智為体。今謂、所言体者、為取所依、為用当体。若取所依、即権而実為体。若取当体、即実而権為体。此之二義、根本後得、奚嘗暫分。況唯説五、則後得無体。況分本迹、唯一久成、而為根本、余皆後得」（T34・218c19-26）と述べている。ここでも、権実の双方向的な相即関係が指摘されている。

さらに『法華文句記』は、『法華文句』如来寿量品における「以如実智、乗如実道」（T34・128a4-5）という注釈に対して、「先以報為本。前釈真身。乗実道三字属因。今因成果全属果用。用本所証契境之智。乗於果上利物権道。即実而権故云実道。故以方便生於三界」（T34・329c27-330a1）と言及している。ここでは「権道」と「実道」とを出して「即実而権」を「実道」に当てて解釈している。

『法華文句記』には「諸経説権智等者、権不即実、致令教法、皆非自在。諸機不融、故教主別爾。諸経明実智等者、並是権外之実、故破疑不遍、尚不及此経説施権意。已破諸疑、故云即実而権。況復今経本為顕実有疑皆断、故云即権而実。所以権実之語、非独今経相即之言、出自於此。不収於小、是故異也」（T34・355a20-27）という箇所

があり、ここには「即実而権」と「即権而実」の両側面が指摘されている。ただし、これは注釈対象である『法華文句』を踏まえたものである。『法華文句』には「星月同是陰精、倶於夜現。星無虧盈、不及於月。諸経説権智、不得自在。此経明権即実実即権。盈虧相指不二而二。如此説権智勝余教也。日是陽精、独能破闇。諸経明実智破惑。尚不及即実而権。那得並即権而実。故知、此経明実智最為第一」（T34・143c16–21）とある。

なお、湛然が「即実而権」を用いず「即権而実」という表現だけを用いる箇所は、以下の箇所に確認できる。『法華玄義釈籤』には、「当知、二十幷是空拳。雖復空拳、漸誘方便、皆不唐捐。況復開時、即権而実、今従勝説、故曰双非。故権即是非権非実」（T33・864c23–26）とある。これは、『法華玄義』の「若就妙悟、同於聖人心中所照者、則不見有権実故、非権非実。空拳誑小児、誘度於一切。方便説権、方便説実。会理之時、無復権実故、称非権非実為妙也」（T33・709c11–15）に対する注釈箇所に当たる。『法華玄義』では「権」と「実」を止揚する概念として「非権非実」の「妙」を規定しており、『法華玄義釈籤』は「非権非実」の内容として「即権而実」を想定している。

また『法華文句記』には、「今身見仏、合掌表実。故云即権而実。意亦昔未解実。今以念而表之。故云解実即是権」（T34・254c15–17）とある。これは『法華文句』の「瞻仰尊顔者、表其解実。実即仏境、非方便法。瞻仰尊顔、無余思念、表開仏知見。意解於実、亦即解権。身領於権、亦解於実、互挙一辺」（T34・64a29–b3）に対する注釈箇所である。

さらに、『法華文句記』には「喜心有二者、横竪二釈。又二、先正釈、次融通。初自二、初竪論随喜為三。初即権而実、次即於下双非」（T34・305c14–16）とある。ここは、『法華文句』の「随喜喜心有二。若聞開権顕実、即於一念心中、深解非権非実之理、信仏知見」（T34・109a20–22）に対する分科の一部で、『法華文句』の「随喜喜心有二。若聞開権顕実」を「即権而実」、「即於一念心中、深解非権非実之理、信仏知見」を「双非」と規定している。湛然によれば、「開権顕実」は「即権而実」と見なされ、さらに『法華文句』のいう「非権非実之理」とも関連づけられるものとされる。

（16）「具如事理不二門明」について、日比［一九六六：三二八f.］は「ここにいう事理不二門は、『玄籤』に説かれる十不二門の名目にはない。従って本書が事理不二門に明かすが如しとはどこのことを指しているのか不明確である」と述べた上で、次の三つの仮説を提示している。1「本書が叙述された当時は、十不二門に事理不二という名目があった」とする説。2「思想的に不二をいう以上、その基調は事と理との相互関係にあるから、事と理とによる不二門という意味」とする説。3「全く別個に事理不二門が説かれた」とする説。なお、仮説3に従えば、「前述の修性不二、染浄不二門も又『玄籤』に説かれる十不二門を指しているのではないということも考えられる」としている。そして、これらの仮説に対して、「十不二門という独立した一書があっても、それは『玄籤』から別行されたものであるということに異論はなく、又その十不二門とは別に、事理不二門を十不二門の一つにあげている十不二門があったということは全く考えられていない」として、「今の段階としては、『文句記』に、「事理不二門に明かすが如し」といわれることが、『玄籤』の十不二門の一段を指しているということは決定出来ない」と結論する。ただし、最後には「『玄籤』を指していわれているものと判断するのが妥当であって、特にその所説の内容から、染浄不二門の一段を指すものと考えられる」との見解を述べている。

また、『法華文句記講録』は、「事理不二門」に対する各注釈書による解釈について、「事理不二門、今謂、十不二門本無此名、而浄覚指為色心不二門、以斥四明。爾後諸師異解、未帰一揆。若栢庭云総彼十門無非不二之事理。然則応如前云不二十門所説何偏指云事理不二耶。箋難二解初以色心為事理。此大害於円旨、又違今云事是心意識等。次以総在一念為事。別分色心為理。雖異山外所解、未全顕四明正旨。詳解云云、此合指要所言、而非荊渓所指。既云具如事理不二門明、色心門中何文是耶。旧挙諸説而不択、使学者何従耶。彼曰心之色心、即心名変、変名為造。四明謂、初一句明理中総別、次二句明事中総別。豈非事理不二乎。此且順古更出正義。即指修性不二門。名義符合。下云修性不二門者、前後異名指耳。但此正指不二。下文指二修相也。」とまとめている(『天台大師全集［法華文句］』二〈日本仏書刊行会、一九七〇年〉、六二五頁)。『法華文句記講録』は弧山智円の『法華玄記十不二門正義』の事理不二門は修性不二門を指すとする説を採用している。

(17)『天台大師全集』本により「即」を補う。
(18)池田魯参［一九八〇］は『十不二門指要抄』に基づき「刹那の性」を「刹那の一念」と解釈している。
(19)「事理不二者、自行為理、化他為事」(X28・732c18)。
(20)『大般涅槃経』巻一九、光明遍照高貴徳王品、「譬如有人堕大海水、抱持死屍、則得度脱。菩薩摩訶薩修大涅槃、行布施時、亦復如是、如彼死屍」（T12・736b18–20）。

(21)「前事理中、即以染縁為一切法。此中即是浄縁諸法」（T34・215b27–28）。

(22) 大正蔵は「住」につくる。全集本に基づき改める。

(23)「染浄」という言葉は、『摂大乗論』を引用した箇所（T33・744c2）と昔の教判説の紹介する箇所（T33・801b20、804c28、805a3）にしか見られない。

(24) 湛然は『止観義例』において、観心の修得に関して、約行観・附法観・託事観の三種の観心があるとしている。「依頂法師十二部経観心之文、修観必得。喩曰、夫三観者、義唯三種。一者従行。唯於万境観一心。万境雖殊、妙観理等。如観陰等、即其意也。二約法相。如約四諦五行之文。入一念心、以為円観。三託事相。如王舎、耆闍。名従事立、借事為観、以導執情。即如方等、普賢、其例可識。故十二部観、寄事立名。雖有三観之名、十境十乗不列。一部名下、唯施一句。豈此一句、能申観門。若此一句足得修行、十境十乗便成煩芿。故知、偏指文中一句両句、以為頓頓、義同頑境体心、踏心。十巻之文便成無用、兼出大師虚構之愆」（T46・458a9–21）。池田［一九八六：七五、一一〇］を参照。

(25) 中国唯識学派では、基が『法華玄賛』を著し、その弟子たちによって『法華玄賛』に対する注釈書も著された。また『法華文句記』には、先行する法華経疏として『法華円鏡』に対する言及が見られる（『法華円鏡』については、大久保良順［一九六五］、村上明也［二〇一五］を参照）。また、唐代に行われた「法華三昧」「法華道場」については、最新の研究では池麗梅［二〇〇八：三七九―三九一］、小林順彦［二〇一〇］などが注目される。また唐代中期には湛然以外にも天台系の仏教者において、多くの『法華文句』注釈書が著された。湛然門下の『法華文句』注釈活動については、大久保［一九六五］、多田孝文［一九七二］・［一九七八］、松森秀幸［二〇一〇］・［二〇一一］などを参照。

第五章　湛然の法華思想と唐代天台宗

第一節　湛然における「超八」の概念の主張

第一項　湛然の中興と三大部

湛然は中国天台宗の中興の祖と称されるが、湛然を中興の祖と評するということは、その前提に湛然以前の天台宗がすでに衰退した状況にあったという理解が存在している。従来の湛然像は、このような理解に基づき、唐代に隆盛した法相宗や華厳宗、禅宗などの諸宗派に対抗して、教勢の衰えた天台宗を復興させた人物としての側面に焦点が当てられてきた。

このような天台宗衰退論の出現は、すでに湛然の在家門下の梁肅（七五三―七九三）が著した「荊渓大師碑」に見いだすことができ、(1)『宋高僧伝』『釈門正統』『仏祖統紀』などがこの「荊渓大師碑」の説を受容したことで「天台宗の衰退」→「湛然の中興」といった構図が定着していったと推測される（兪学明［二〇〇六：二七］）。

梁肅は「荊渓大師碑」以外の他の著作においても、湛然の「中興」を強調している。たとえば「天台法門議」では次のように述べている。

智者の伝法から、［灌頂・智威・慧威・玄朗・湛然の］五世［を数えて］今に至り、天台湛然大師はその道を中興した。

自智者伝法、五世至今、天台湛然大師中興其道。（『全唐文』巻五百十七）

ここにいう「五世」とは、同じく湛然門下の普門による『止観輔行伝弘決』の序文（T46・141a5-b7）に展開される灌頂―智威―慧威―玄朗―湛然という系譜を意味していると考えられる。つまり、この点からみれば、湛然による天台宗の「中興」とは、湛然門下たちが湛然を中心とした教団（あるいはグループ）の正統性を主張する「祖統論の顕彰運動」（池麗梅［二〇〇八：二七〇］）の中から現れた言説といえる。

湛然門下たちによって展開された「祖統論の顕彰運動」について、池［二〇〇八］は梁粛の「修禅道場碑」に対する考察を通して、唐代における天台法門の伝承系譜は、「釈尊から智顗へ至る系譜と灌頂から湛然までの系譜を繋げる媒体として、智顗と灌頂との師資関係、特に智顗の説法を灌頂が筆記し、編集したという行為、及びそれによって成立する「宗典」に極めて大きな比重が置かれていることに気づかされる」と指摘し、さらに「梁粛や普門といった湛然の周辺にいた人物がことさらに文献の重要性を強調するのは、まさに湛然が、智顗述、灌頂記の天台教学の諸文献の思想を統合することによって、その教学体系を創りあげていったからであろう」と推定している（池［二〇〇八：二七五―二七六］）。池［二〇〇八］の指摘において筆者が注目したいのは、湛然およびその門下たちが「天台法門」の伝承系譜において「宗典」の成立を重視していたとする点、また彼らが「智顗述、灌頂記」という天台教学の諸文献の思想の統合による教学体系の創出を目指していたとする点である。

池［二〇〇八］は、さらに湛然以前の「天台法門」とは『摩訶止観』などの止観相関著作などを中心とした一種の止観実践の伝承であると推定し、湛然らは智顗が伝えた「天台法門」は『摩訶止観』『法華玄義』『法華文句』の三大部を中心に構築された思想体系であると主張しようとした、と論じている（池［二〇〇八：二七六］）。筆者は、湛然が自身の正統性の根拠として三大部を教学体系の中心に据えること、すなわち天台止観（『摩訶止観』）の実践に『法華玄義』・『法華文句』を強く関連づけることによって、これらの著作を顕彰したという点で池［二〇〇八］の説に賛同する。

ただし、鑑真（六八八―七六三）の伝記である『唐大和上東征伝』（七七九年の成立）は、鑑真によって日本へと将来された文献を列挙する中で、「天台止観法門・玄義・文句各十巻」[2]と、『摩訶止観』『法華玄義』『法華文句』の三大部を一連の関連著作として挙げている。『唐大和上東征伝』は、湛然が三大部注釈書を蘇州開元寺へ寄進した年（七七七年）より、二年遅れて成立した著作であるが、湛然による三大部注釈書の寄進の事実が日本の伝記執筆者（淡海三船、七二二―七八五）にまで正確な情報として伝わり、それが直ちに記事として反映させられたとは考えにくい。したがって、実際には湛然以前にも、いわゆる玉泉寺系統の天台系僧侶たちの間で『摩訶止観』『法華玄義』『法華文句』が一連の関連著作として認識されていたとみるのが妥当であろう。しかし、『唐大和上東征伝』においても、三大部は数ある将来文献の中の一つとして列挙させられているに過ぎず、そこには三大部を特別強調しようとするような意図は見られない。

また、もちろん、湛然は智顗・灌頂の止観相関文献や天台法華経疏だけを重視したわけではない。他の大乗経典に関しても、湛然は智顗の『維摩経文疏』二十八巻からその略抄本である『維摩経略疏』十巻を製作したり、晩年には『維摩経疏記』を著したりしているし（日比［一九六六：三四七］）、灌頂の『大般涅槃経疏』三十三巻を修治したりもしている。また八十巻本『華厳経』については、その内容を『華厳経骨目』二巻としてまとめている。とはいえ、経疏に対する注釈書としては、『法華経』に関連する著作が最も多く、ここに湛然の『法華経』に対する相当強い思い入れが看取される。(3)『法華玄義釈籤』と『法華文句記』は、その内容面の充実度、また分量の多さなどの各点から見て、それら『法華経』関連の著作における中心的著作であったことは明らかといえるだろう。

以上のように、湛然は自派の祖統論的な正統性の確立の根拠として、『法華経』を中心とした教学体系の構築を目指したと考えられるわけであるが、(4)これは湛然が他宗派を全く意識していなかったということを意味しているのではない。たとえば、『法華玄義釈籤』巻二には、「人不見之、便謂法華為漸頓、華厳為頓頓。恐未可也」（T33・823b23-24）との指摘がある。ここに批判される対象は、『華厳経』を頓頓教、『法華経』を漸頓教と規定し、『法華経』に対する『華厳経』の優位性を主張する立場であり、この箇所は一般的に華厳学派に対する批判であると解釈されている。(5)また湛然は慈恩基（六三二―六八二）の『法華玄賛』を研究して、その批判点を『法華五百問論』としてまとめ、さらにその成果を『法華文句記』に取り入れている。(6)湛然が『法華文句記』の撰述において、基の『法華玄賛』や安国寺利渉の法華疏四巻など、玄奘門下の法華経疏を意識していたことは確かである。(7)また延秀の『法華円鏡』を『法華文句』の講義の座に置いていたとの指摘もあるように（大久保良順［一九六五］）、当時流行していたであろう他の法華経疏を積極的に参照していたことも予想される。

これらの事実から、湛然が他宗派を意識していなかったということはできないし、また他宗派に対抗しようという意識が皆無であったということも難しい。しかし、湛然の時代には、今日の日本仏教に見られるような明確な宗派意識は芽生えておらず、さまざまな系統の仏教を兼修する時代であったと考えられ、その意味では湛然の批判の焦点は他宗派に対抗しようとするところにあったのではなく、『法華経』という経典の扱いや理解そのものに向けられていたと理解することも可能なのではないだろうか。少なくとも、湛然にとって『法華経』とは自身が智顗に連なる正統的な立場であることを証明する上で、とりわけ重要な意味を持つ経典であったと考えられる。本節では以上のような問題意識のもとに、『法華玄義釈籤』ならびに『法華文句記』を中心に湛然の法華経観に焦点を合わせて考察を進めていきたい。

第二項　『法華玄義釈籤』における教判論の特徴

初めに『法華玄義釈籤』に見られる湛然の法華経観として、『法華玄義釈籤』における湛然の教判論について考察する。ここでは特に湛然が『法華経』を他の経典とは別格の扱いをする、所謂「法華超八」といわれる思想について、その具体的な思想内容を明らかにしたい。

『法華玄義』は標章の教相玄義を解釈する中の、三種の教相のうちの「根性の融・不融の相」を論じる段において、五味、不定教、秘密教を解説し、最後に『法華経』の教相の特徴を論じている。湛然はこの『法華経』が論じられる最後の段落を「今経を解明して妙を示す」と名づけ、「八教」の概念を用いて、独自の視点から『法華経』の教相の独自性を主張している。ここでは、初めに『法華玄義』の『法華経』の教相についての記述を確認し、次にそれに対する『法華玄義釈籤』の注釈を考察する。

『法華玄義』は「根性の融・不融の相」の段において、五味・不定教・秘密教をそれぞれ順に解説した後、最後に『法華経』の教相を次のように明かし、『法華経』の教相が他の経典の教相と異なることを指摘している。

今の『法華経』は顕露教であって秘密教ではなく、漸頓であって漸漸ではなく、開会であって不開会ではなく、醍醐味であって［乳・酪・生蘇・熟蘇の］四味ではなく、定教であって不定教ではない。

今法華是顕露非秘密、是漸頓非漸漸、是合非不合、是醍醐非四味、是定非不定。（T33・684a7）

この『法華玄義』の記述に対して、湛然は「顕露教」・「漸頓」・「開合」の三点において注釈を加えている。これらの注釈には湛然独自の教判思想が展開されており、『法華玄義釈籤』全体を通じても、特に重要な箇所の一つといえる。以下に湛然の注釈に沿ってその内容を考察する。初めに「顕露教」についての湛然の注釈を挙げる。

「今法華是顕露」等とは、秘密［教］でないことに対するので顕露［教］という。顕露［教］の七教について通じて奪ってこのことをいえば、ならびに七教ではない。別して与えてこのことをいえば、ただ［円教以外の］前の六教ではない。なぜならば、七教の中に円教があるといっても、［『法華経』以外では必ず他の六教を］兼ねたり、備えたりしているために、［『法華経』の円教とは］同じではない。このことは部に焦点を当てた説である。その七教の中の円教と『法華』の円教とはその体は別なものではないので、ただ六教を選び捨てる。このことは教に焦点を当てた説である。

今法華是顕露等者、対非秘密、故云顕露。於顕露七中通奪而言之、並非七也。別与而言之、但非前六。何者、七中雖有円教、以兼帯故、是故不同。此約部説也。彼七中円与法華円其体不別故、但簡六。此約教説也。

（T33・825c3-8）

この段において湛然は、『法華玄義』が「『法華経』は秘密教ではない。（「非秘密」）」と述べていることに対して、「通奪」「別与」という独自の解釈法を用いて解釈している。「通奪」「別与」の解釈法によると、通じて奪った部の立場、すなわち具体的な経典に現れる七教という観点からいえば、『法華経』以外の経典に見られる円教の在り方は円教以外の六教を兼ねていたり、備えていたりするので、『法華経』に見られる円教とは同じものではない。したがって、『法華経』における円教の在り方は『法華経』以外の経典に見られる蔵・通・別・円・頓・漸・不定の七教の在り方とは異なるものであるとする。一方、別して与えた教の立場、すなわち単純に七教それぞれの内容についていえば、『法華経』に見られる円教と七教の中の円教とは同じものであり、円教は他の蔵・通・別・頓・漸・不定の六教を選び捨てるものであるとしている。部という視点は、経典間の差別性を問題にしたものであり、教という視点は経典間の共通性を問題にしたものと考えられ、上記に引用した部分の記述にはその両方の立場を明示している。しかし、以下に続く湛然の論述の展開をみれば、湛然が部の視点を重視することで『法華経』の他の経典に対する独自性を強調していることは明らかである。[8]湛然は続いて「漸頓」について以下のように述べている。

次に「是漸頓非漸漸」とは、詳しくは前に判定した通りである。今の『法華経』は漸教の後の頓教であって、漸教を開会して頓教を顕わすことを意味するので、漸頓というのである。『法華』の前の漸教の中の漸教のことでない。なぜならば、前には生蘇味・熟蘇味の二つを判定して等しく漸教と名づける。この二経の中にも円頓がある。今の『法華』の円教とこの［方等・『般若』の］二経の円頓は異ならない。ただし［今の『法華』の円教は］この方等の中にある［蔵・通・別の］三［教］や、『般若』の中にある［通・別の］二［教］と同じものではない。この二［教］と三教とは漸教の中の漸教と名づける。『法華』はそれらとは異なる。それゆえ「非漸漸」という。人はこのことを見ないで、そのまま『法華』を漸頓［教］として、『華厳』を頓頓［教］とする。［このような解釈は］おそらくは認められたことはない。

次言是漸頓非漸漸者、具如前判。今法華経是漸後之頓、謂開漸顕頓。故云漸頓。非法華前漸中之漸。何者、前判生熟二蘇同名為漸。此二経中亦有円頓。今法華円与彼二経円頓不殊。但不同彼方等中三般若中二。此之二三名漸中漸。法華異彼。故云非漸漸耳。人不見之、便謂法華為漸頓、華厳為頓頓。恐未可也。（T33・825c8-16）

この段では、まず部に焦点を当てて漸と頓の関係を述べ、その後に教に焦点を当てて『法華経』が漸漸ではないことを論じ、最後に『法華経』を漸頓教とし、『華厳経』を頓頓教とすることが誤りであると指摘している。

ここに「前に判定した通り」とあるのは、「漸円教」について解釈した箇所を指している。そこでは、『法華経』が「漸教を開会して頓教を顕わす（開漸顕頓）」ことと同様の内容を「漸教を開会して円教に帰着させる（会漸帰円）」（T33・823b23）と表現している。また、その段において漸教と規定される生蘇味・熟蘇味の経典の中に、『法華経』の円教に相当する教えとして「円頓」という概念が用いられている。「頓」と「円教」とは部に焦点を当てた場合に、また「円頓」は教に焦点を当てた場合に用いられているが、湛然はこれらを本質的には同様の意味として使用しているものと考えられる。

そして、湛然は最後に「開合」について以下のように述べている。

「是合等」とは、開権の円のことである。それゆえ「是合」という。［開権の円は］諸部の中の円教と同じでない。それゆえ「非不合」という。合とはただ会の別名である。このこと（『法華』の円教は開権の円教であり、諸部の円教とは異なること）はそのまま蔵［・通・別・円］等の四教の立場に立って権教と実教とを区別することに相当するので、もはや［実教は］円教であり、［蔵・通・別の］三教ではない、とはいわない。［『法華』の円は］『法華』の前の［七つの］顕露教ではないと知った以上は、『法華』は七教のいずれでもないことを了知することになる。

ここはそのまま［秘密教を含めた］八教に対しても［『法華』を］区別するということである。

是合等者、是開権之円。故云是合。不同諸部中円。故云非不合。合者祇是会之別名。此即已当約蔵等四以簡権実、故不復云是円非三。既知非是法華之前顕露已竟、則了法華倶非七教。此即対於八教簡也。（T33・825c16–21）

ここで、湛然は初めに『法華経』の円教は開権の円教であると指摘している。そして部に焦点を当て、『法華経』

には権を開会するという円教の特徴のみがあり、その円教が『法華経』以外の経典に現れる円教とは異なるものであると指摘し、同じ円教が説かれた経典であっても、たとえば別教と円教の二教が説かれた経典、また通教と別教と円教が説かれた経典は権教と規定され、円教だけが説かれた経典は実教と規定されるというように、純粋に円教だけが説かれる経典が実教であり、円教以外の教えも同時に説かれる経典は権教であると主張している。また、蔵・通・別・円の四教は権実を区別する基準として用いられるのであって、単純に実教は円教と規定し、権教は蔵・通・別の三教であると規定するということはできないとしている。湛然により否定される「[実教は]円教であり、[蔵・通・別の]三教でない（円非三）」との主張は一見すると正しい命題のように思えるが、部の観点からいえば、たとえ円教の説かれている経典であっても権教である場合があることを指摘したものと考えられる。

また『法華経』の円教と『法華経』以外の円教の区別に関して、先の議論において湛然はすでに『法華経』の円教は七教でないということを指摘している。これを部という観点から見れば、純粋に円教のみが説かれる部である『法華経』という経典自体もまた、七教ではないということになる。湛然はこの段落の最後に「ここはそのまま[秘密教を含めた]八教に対しても[『法華』を]区別するということである（此即対於八教簡也）」と述べ、『法華玄義』のこの段の議論が「顕露教」についてのものであったため、『法華経』とは秘密教も含めた八教全体に対しても区別されるものであると結論づけている。

従来、この箇所は湛然が「超八」概念を展開した箇所として理解されてきた。たとえば日比［一九七五：八四］は、「此即対於八教簡也」に関して、「『玄籤傍註』によれば「簡顕今開会超八教」と説かれている。すなわち『法華経』は超八醍醐なることを明かしている」と指摘し、この考え方は『法華文句記』巻一の「如是」を釈する文の、「もし超八の如是でなければ、どうしてこの経の所聞とするだろうか。（若非超八之如是、安為此経之所聞）」（T34・

159c13）という主張と同じ内容であると指摘している。『法華玄義釈籤』に限ってみれば、これまで検討してきた箇所には直接的に「超八」、すなわち『法華経』が八教を超えるという表現は用いられていない。ただし湛然が部の視点にこだわり、『法華経』における円教の純粋性を強調する態度と、湛然がこの段落全体の名称を「総じて教を解明して［他の経典より］優れていることを示す（総明教顕勝）」（T33・825c3）と定めて、『法華経』と他の経典の優劣を論じていることを合わせて考慮すると、少なくとも『法華玄義釈籤』を撰述した時点における湛然の意識の中に『法華経』を「八教」とは別格のものとして区別する思想が存在していたということはできるだろう。

またこのような思想に関しては、『法華玄義』巻十に付される灌頂の追記箇所（「私録異同」）に対する『法華玄義釈籤』の注釈にも関連する記述が見られる。「私録異同」の箇所に関する湛然の注釈については本書の第二章第一節においてすでに言及した。ここでは教判に関連する箇所を中心に、改めてその内容を考察し、灌頂の追記部分に対する注釈にみえる湛然の教判の特徴を明らかにしたい。

初めに灌頂の『法華玄義』に対する追記にどのような教判が論じられているのか確認する。まず、灌頂は追記の中で次のように述べ、さまざまな経や論において、教相の表現法が一つではないことを指摘する。

さまざまな経論に、教相を明らかにする方法は一つではない。摩得勒伽（論蔵）には、二蔵がある。［すなわち］声聞蔵・菩薩蔵である。また、諸経典には三蔵がある。［三蔵とは、］二蔵は上記の通りであり、［それらに］雑蔵を加えた［ものである］。十一部経に分類するのは声聞蔵であり、方広部は菩薩蔵であり、十二部経を合わせるのは雑蔵である。また、四蔵がある。［これは］更に仏蔵を展開する。『菩薩処胎経』には八蔵がある。胎化蔵・中陰蔵・摩訶衍方等蔵・戒律蔵・十住蔵・雑蔵・金剛蔵・仏蔵をいう。それらの諸蔵はどのように会通するのか。

衆経論明教非一。若摩得勒伽有二蔵。声聞蔵、菩薩蔵。又諸経有三蔵。二如上、加雑蔵。分十一部経是声聞蔵、方広部是菩薩蔵、合十二部是雑蔵。又有四蔵。更開仏蔵。菩薩処胎経八蔵。謂胎化蔵、中陰蔵、摩訶衍方等蔵、戒律蔵、十住蔵、雑蔵、金剛蔵、仏蔵。彼諸蔵云何会通。（T33・812a11–17）

灌頂は上記の引用で、摩得勒伽（論蔵）には、声聞蔵と菩薩蔵の二種類の分類があり、諸経典には三蔵と四蔵、すなわち声聞蔵・菩薩蔵・雑蔵の三種類と声聞蔵・菩薩蔵・雑蔵・仏蔵の四種類の分類があることを指摘する。それぞれ声聞蔵は十二部経のうち、方広部を除いた十一部経、菩薩蔵は方広部、雑蔵はそれら十二部を合わせたもの、仏蔵は三蔵から展開されたものと規定する。また、『菩薩処胎経』（『菩薩従兜率天降神母胎説広普経』）には八蔵による分類があるとして、その内容を胎化蔵・中陰蔵・摩訶衍方等蔵・戒律蔵・十住蔵・雑蔵・金剛蔵・仏蔵の八種類に分類している。このように記述した後、灌頂は二蔵、三蔵、四蔵、八蔵のそれぞれに対して解説していくが、その中でも注目すべきは八蔵に対する灌頂の記述である。その箇所において、灌頂は八蔵の分類と天台の教判との関係に言及しており、灌頂における天台教判の理解の一端が示されている。その八蔵についての記述とは以下の内容である。

八蔵を会通するとは、八蔵とは［仏が母胎に］魂を降ろしてより以降のものであり、四教とは［仏の］初転法輪より以降のものであって、時節に異なりがある。今は初転法輪以来の八教によってこれ（八蔵）を会通する。胎化蔵と中陰蔵とは、まだ阿難のために説かれていない時は、すなわち秘密教であり、阿難のために説かれた時は、すなわち不定教である。摩訶衍方等蔵は、すなわち頓教である。戒律蔵からの五蔵は、すなわち漸教の中の順序である。［すなわち］戒律蔵は、すなわち三蔵教である。十住蔵は、すなわち方等教である。雑蔵は、すなわち通教である。金剛蔵は、すなわち別教である。仏蔵は、すなわち円教である。けれども、仏意は測り難い。ひとまず［八蔵と四教とを］互いに比べて、この会通をなした。

通八蔵者、八蔵降神已来、四教従転法輪已来、時節有異[9]。今以転法輪来八教通之。若胎化蔵中陰蔵、未為阿難説時、即是秘密教、為阿難説時、即是不定教。摩訶衍方等蔵、即頓教。戒律蔵去五蔵、即漸教中之次第。戒律蔵、即三蔵教。十住蔵、即方等教。雑蔵、即通教。金剛蔵、即別教。仏蔵、即円教。然仏意難測。一往相望、作此会通。（T33・812a20-27）

以上の引用に説かれる八教と八蔵の関係を示すと図1の通りとなる。

これをみると、灌頂の教判の理解の大きな枠組みは、秘密・不定・頓教・漸教の四教から構成され、さらに漸教の内に三蔵教・方等教・通教・別教・円教の順序で五教が展開されていることがわかる。秘密・不定・頓教・漸教の四教は、『法華玄義』の本論でも同様の名称が用いられている。しかし、この中の漸教は灌頂の独特の解釈がなされていると考えられる。灌頂の解説によると、漸教の中には、三蔵教・方等教・通教・別教・円教の順序で五教が展開されると規定されている。この五教は、蔵・通・別・円の四教に、蔵教と通教の間に方等教を組み込んで形成されたものと考えられる。この「方等教」という表現は、『法華玄義』の本論では三ヵ所しか確認できず[10]、そのいずれもが『華厳』・三蔵・方等・『般若』・『法華』（『涅槃』）の五教に約して解説される際に「方等教」として用いられたものである。『法華玄義』本論と灌頂の追記はいずれも、「方等教」に関する明確な概念規定がない。両者には五教に約すという共通点は見られるが、一方は『華厳』・三蔵・方等・『般若』・『法華』の五教を指し、もう一方は三蔵教・方等教・通教・別教・円教の五教を指している。したがって、両者の用いる「方等教」の内容は異なる内容であったものと推測される。

ここに展開される灌頂の教判は、内容に不明確な点があるものの、「八教」という概念を用いて教判を捉えていたという点で大いに注目される。智顗の講説をまとめる立場にあった灌頂が「八教」という視点から教判を理解していたということは、灌頂以降の天台系の僧侶たちが、彼の影響から「八教」という枠組みで教判を捉えたという可能性は十分に考えられるだろう。湛然は、「八蔵」についての灌頂の記述に対する注釈において、この灌頂の不明確な「八教」の概念を明確な天台教判として、次のように整理した。

次に八教によって八蔵を会通すれば、前の［胎化蔵、中陰蔵、摩訶衍方等蔵の］三蔵は文の通りである。しばらく鹿苑を指して漸教の始めとする。次に方等の後は『般若経』である。このために次に通・別・円の三教を列挙する。正しくこの三教を指して『般若経』の部とする。『法華経』を論じないのは、『法華経』の部は八教の数ではないことによるために、それゆえ［『法華玄義』の］第一巻に教相［の段］を結んで、「今の『法華

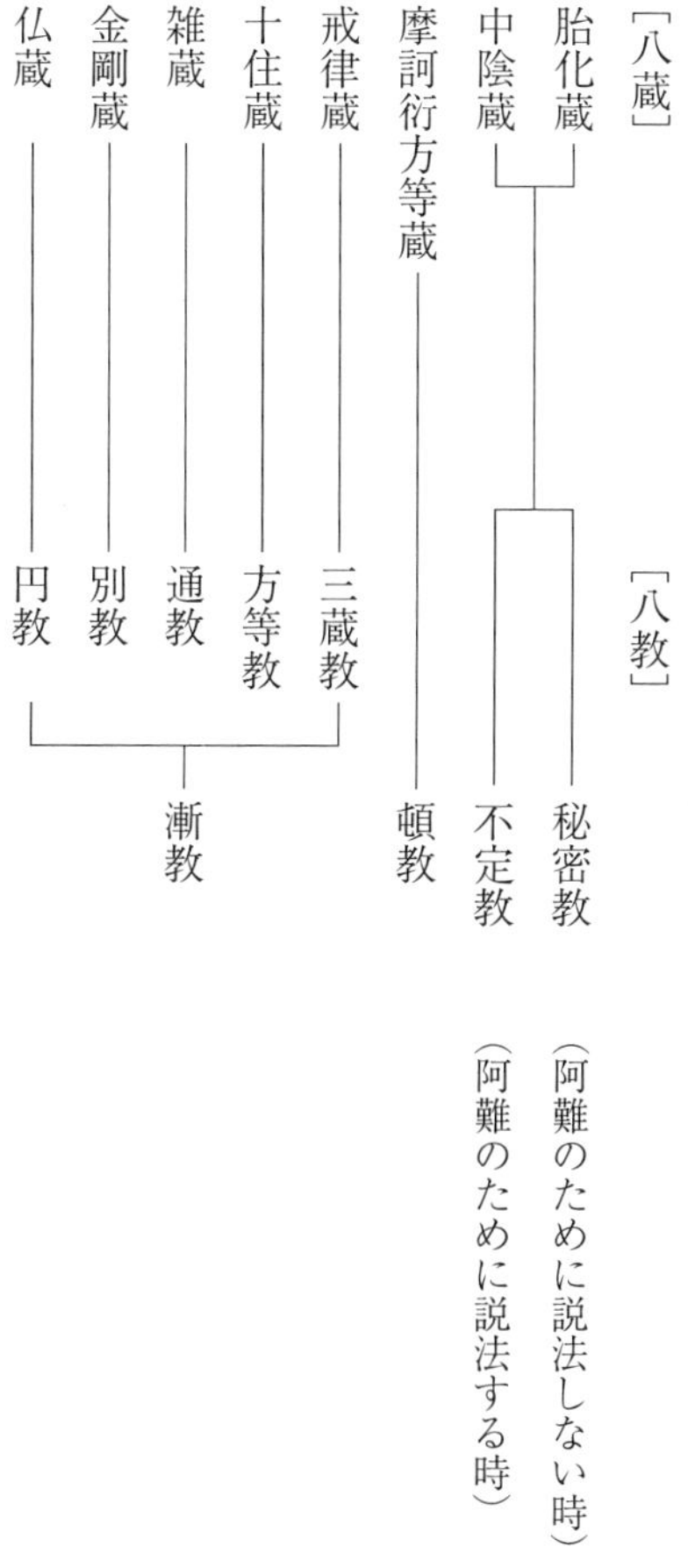

図1

経』は定教であって不定教ではない」等というのである。前の八教の中に顕露教があるけれども、秘密教に対して顕露教と名づけるので、なお権教と近成の迹に覆われる。このために『法華経』の顕露教と同じではない。また八教の中に円教があるけれども、偏った教えを帯して円満な教えを明かしているので、なお漸教に属する。それゆえ前の文に「漸教に四教を開く。今の『法華経』の円は、偏った教えを除いて円満な教えを顕わすので、円満な教え以外に法がない」とある。

次以八教通八蔵者、前三如文。且指鹿苑為漸之初。次方等後即是般若。是故次列通別円三。正指此三為般若部。不論法華者、以法華部非八数故、故第一巻結教相云、今法華是定非不定等。前八教中雖有顕露、望秘名顕、猶為権教近迹所覆。是故不同法華之顕。又八教中雖有円教、帯偏明円、猶属於漸。故前文云、漸開四教。今法華円開偏顕円、円外無法。　（T33・962c22–963a1）

上記の引用文における湛然の八教の認識を図示すると図2のようになる。

湛然の注釈において、まず注目すべき点は、戒律蔵に対応する三蔵教を鹿苑に、雑蔵・金剛蔵・仏蔵に対応する通教・別教・円教を『般若経』に規定している点である。これに基づき、湛然は漸教を鹿苑・方等・『般若』の三時のみを指すものと明確に定義している。

湛然は、この段において『法華経』が論じられていないことに大きな意味を見いだしている。『法華玄義』には頓教の相として『華厳経』を規定し、漸教の相として三蔵教・方等教・『般若経』を規定し、さらに漸円教として『法華経』を規定している。(11) この『法華玄義』の説にみる漸教と湛然の注釈の中に見る漸教とは同じく鹿苑・方等・『般若』と規定されるものである。また湛然は灌頂の教判に対する注釈において『法華玄義』巻一の教相の段を援用している。よって湛然は『法華玄義』巻一の教相の段に基づき、この段の注釈を行っていることは明らかである。したがって、直接的な記述はないが、湛然の認識においては、灌頂の教判における摩訶衍方等蔵に対応する頓教は『華厳経』と規定されていたはずであり、また灌頂の教判において『法華経』について論じられていないことを湛然が問題とするのは当然の帰結といえる。

湛然は灌頂がこの段において、『法華経』を論じなかった理由を、『法華経』の部、すなわち『法華経』という経典が八教の数には入らないためであると理解している。つまり、湛然は『法華経』が他の経典とは全く別格の扱いを受けているために、灌頂はこの段であえて『法華経』を論じていないのであり、灌頂も湛然と同様に『法華経』を八教の範疇の外にある経典として認識していたと理解しているのである。しかし、実際の灌頂の教判は、上述し

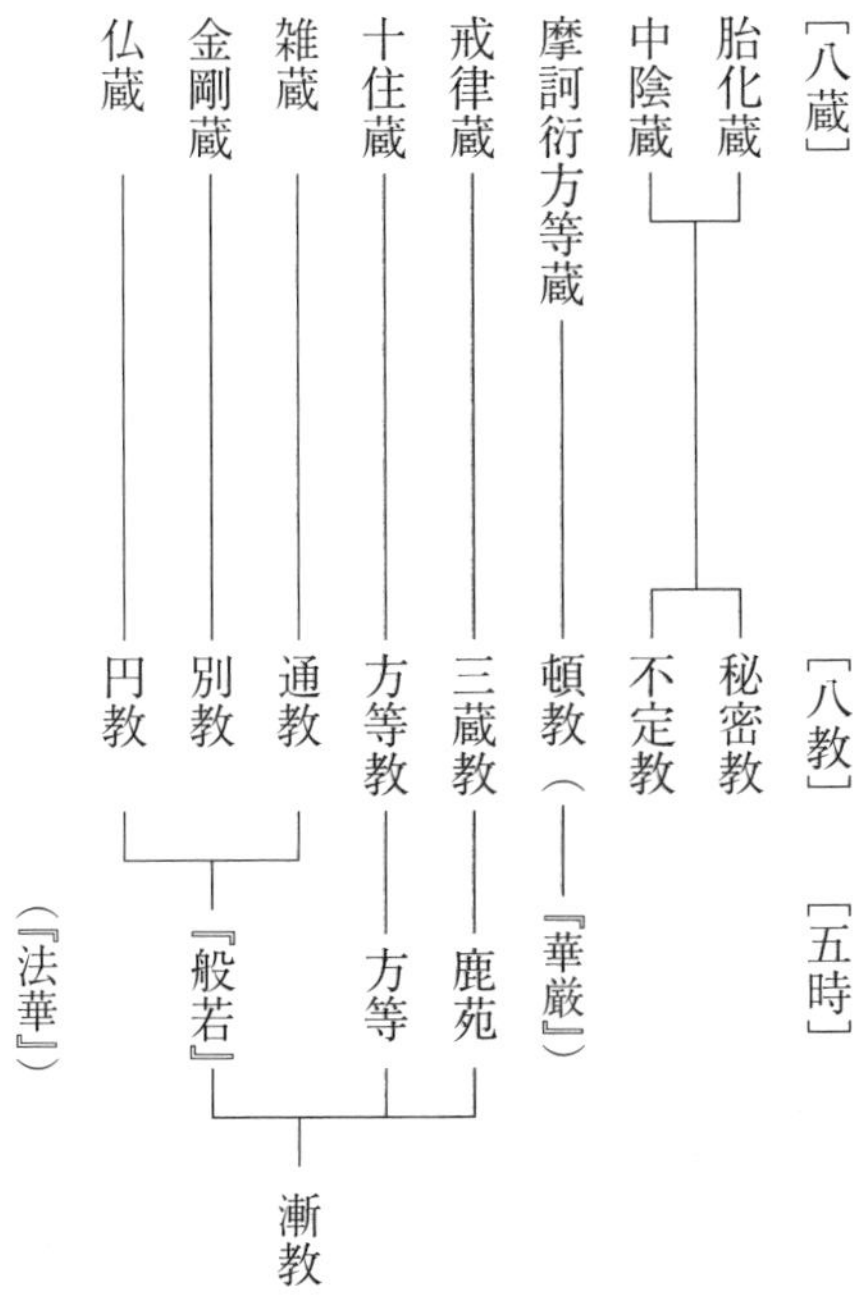

図２

たように経典の成立順序を八蔵と八教の関係から示したものであって、湛然の主張する頓・漸・不定・秘密の四教と蔵・通・別・円の四教の「八教」からなる体系的な教判とは異なるものである。したがって、灌頂の記述に、湛然が主張するような『法華経』を八教の範疇の外に置き、絶対視する思想を見ることは難しいといえよう。

第三項　湛然『法華文句記』における「超八」の概念

前項では、『法華玄義釈籤』における「法華超八」、あるいは「超八醍醐」と呼ばれる「超八」の思想を確認した。ただし、『法華玄義釈籤』自体には、「超八」という言葉を用いて、その思想を規定する箇所はない。そもそも、湛然自身には「法華超八」や「超八醍醐」という術語によって自身の思想を規定する箇所はないわけであるが[12]、『法華文句記』には「超八之如是」（T34・159c13）とあるように、「超八」という術語が用いられている箇所がある[13]。そこで、本項では、以下に湛然が自ら規定する「超八」の概念について、『法華文句記』の該当箇所を中心にその具体的な内容を明らかにしたい。

『法華文句記』において湛然が「超八」の教判論を論じるのは、『法華文句』が『法華経』序品の冒頭「如是我聞」の「如是」を解釈する箇所に対する注釈においてである。『法華文句』は、「序に通［序］・別［序］がある。［『法華経』冒頭の］「如是」から「却坐一面」までは通序である。「爾時世尊」から［序］品［の終わり］までは別序である。通序は諸教に共通し、別序は経典ごとに個別である。（序有通別。従如是去至却坐一面通序也。従爾時世尊去至品別序也。通序通諸教、別序別一経）」（T34・3a19-21）と述べて、経典の序には通序と別序とがあり、『法華経』における「如是」（T9・1c19）は諸経典に共通して用いられる通序に該当するとしている。『法華文句』は、この「如是」を因縁・約教・本迹・観心の四種釈を用いて解釈しているが、特に約教釈では蔵・通・別・円の四教という教判概念を用いて「如是」を解釈している。湛然は『法華文句記』において『法華文句』の「如是」の約教釈について次のような分科を示している。

［「如是」を］教に焦点を合わせるなかで、［『法華文句』が］最初に「経称」というのは、『付法蔵［伝］』の中にある［言葉である］。この『付法蔵［伝］』はまた『付法蔵経』とも呼ぶ。［約教釈の］中を三段にする。初めに共通に解釈し、次に個別に批判し、第三に「且依」以下は厳正に解釈する。

約教中初経称者、在付法蔵中、此付法蔵亦名付法蔵経。於中為三。初通解、次別責、三且依下正釈。

（T34・159b20-23）

以下、本項は上記の湛然の「如是」の約教釈に対する分科に従って、「通解」「別責」「正釈」の順に『法華文句』の内容を確認し、そこに論じられる湛然の教判論を考察する。

（1）「通解」について

『法華文句』は「如是」についての約教釈の冒頭で次のように述べる。

［「如是」を］教に焦点を当てて解釈すれば、『経』に「三世の仏の法は、最初はみな「如是」である」と称している。昔の仏には漸・頓・秘密・不定など［の四教］の経がある。漸［教］にはまた三蔵・通・別・円［の四教］がある。今の仏も同様である。諸経［の内容］は同じではないので「如是」［の意味］も異なっている。一つの鍵でさまざまな扉を開いてはならない。

約教釈者、経称三世仏法初皆如是。先仏有漸頓秘密不定等経。漸又三蔵通別円。今仏亦爾。諸経不同、如是亦

異。不応一匙開於衆戸。（T34・3b2-5）

上記の引用箇所は、『法華文句記』が「通解」と規定する段落である。『法華文句』はこの箇所で「如是」とは諸経典に共通する表現であるが、その意味は諸経典によって異なっていると指摘し、その理由として、仏の教説には漸・頓・秘密・不定・蔵・通・別・円の八教の違いがあることを挙げている。『法華文句記』はこの「通解」の段を次のようにさらに四つの部分に分けて理解している。

初めに広く三世の仏の経典を挙げて本とする。次に昔の仏の八教を引く。第三に今の仏の［八］教を引いて［昔の仏と］同じであるとする。第四に今の経を取り上げて［諸経と］相異することをいう。

初通挙三世仏経為本。次引昔仏八教。三引今仏教同。四挙今経表異。（T34・159b23-25）

湛然が「通解」の第一とする「広く三世の仏の経典を挙げて本とする。（通挙三世仏経為本）」とは、『法華文句』が「三世の仏の法は、最初はみな「如是」である。（三世仏法初皆如是）」との経文を引用する箇所に当たる。『法華文句』が引用するこの経文を、湛然は『付法蔵経』すなわち『付法蔵因縁伝』からの引用であるとする。ただし管見の限り現行の『付法蔵因縁伝』には該当する箇所は確認できない(14)。

『法華文句』は「通解」の第二「引昔仏八教」に対応する箇所において、過去の仏の教説に漸・頓・秘密・不定の四教（いわゆる「化儀の四教」）、また漸教の中には蔵・通・別・円の四教（いわゆる「化法の四教」）があるとし、第三「引今仏教同」に対応する箇所において、現在の仏の教説にも過去の仏と同様に上記の八種の教法があることを指摘している。ここで『法華文句』が提示する八種の教法の枠組みでは、漸・頓・秘密・不定の四教と蔵・通・別・円の四教が並列的な関係ではなく、蔵・通・別・円の四教が漸・頓・秘密・不定の四教の枠組みの中に、正確には漸教の中に組み込まれている点が特徴的である。以上のような『法華文句』の記述に対して湛然は次のように注釈している。

八教と言うのは、蔵［・通・別・円］等の四［教］を頓［・漸・秘密・不定］等の四［教］に［組み］入れているので、［乳・酪・生蘇・熟蘇の］四味の中の「如是」はそれぞれ異なる。ましてや頓［教］・漸［教］の中［の四教］・秘密・不定の四教の通・塞は、それぞれ同じではない。先に「如是」が異なり一つではないことを理解してこそ、初めて『法華』の「如是」が異ならないことを認識するのである。施・開・廃［の意］はこの例に準じて理解できる。一切の諸仏は五濁［の穢土］に垂迹し、みなそうしないことはない。したがって「亦爾」というのである。他は『玄文』（＝『法華玄義』）の通りである。

言八教者、将蔵等四入頓等四、則四味中如是各異。況頓漸中秘密不定、四教通塞、一一不同。先了不同如是不一、方識法華如是不異。施及開廃、準例可知。一切諸仏垂於五濁、無不皆然。故云亦爾。余如玄文。

（T34・159b27－c3）

湛然は『法華文句』が示す漸・頓・秘密・不定の四教と蔵・通・別・円の四教とを「八教」と捉え、「八教」の枠組みについては蔵・通・別・円の四教が頓・漸・秘密・不定の四教に組み入れられている点を強調し、また諸経典における「如是」には違いがあるという『法華文句』の記述を受けて、これを『法華経』の「如是」が普遍的で異ならないことを示すための前提であると解釈している。

『法華玄義釈籤』以前に成立したと推定される（日比［一九六六：一八五］）『止観義例』巻一には蔵・通・別・円の四教と頓・漸・秘密・不定の四教の「八教」について次のような規定が見られる。

『法華』に焦点を当てた以上、まさに八教を用いるべきである。教は八つあるけれども、頓［・漸・秘密・不定］などの四教は仏の化儀であり、蔵［・通・別・円］などの四教は仏の化法である。

既約法華、応須八教。教雖有八、頓等四教是仏化儀、蔵等四教是仏化法。（T46・448c22–23）

湛然は『止観義例』を撰述した時期において、すでに頓・漸・不定・秘密の四教を「化儀」、蔵・通・別・円の四教を「化法」として理解し、天台の教判構造の大きな枠組みとして理解していたことが知られる。[15] したがって「化儀」と「化法」の関係についていえば、湛然は化儀教判の下に化法教判を位置づけていたと考えられる。ここに提示された八教の関係性を図示すると図3の通りとなる。

また、このような教判の枠組みは、『法華玄義釈籤』にも共通して用いられているものであり、上記のような「八教」の枠組みは湛然の教判思想の骨格となっていたことがわかる。湛然は『法華玄義』の「根性の融・不融の相」の段落に対する注釈の冒頭箇所において、次のような類似する「八教」の枠組みを提示している。

根性［の融・不融の相］の中を二［段］とする。初めに八教を解明して昔［の経典］を判別し、次に今経を解明して妙であることを示す。初めの段をまた三段に分ける。初めに五味、次に不定教、三に秘密教。［この三は］そのまま八教である。なぜならば五味は漸教と頓教であるからである。漸教の中に［蔵・通・別・円の］四教を開き、不定教［・秘密教］などの二教を合わせて八教となるのである。

根性中為二。初明八教以弁昔、次明今経以顕妙。初又三。初五味、次不定、三秘密。即八教也。五味即漸頓故也。漸中開四、幷不定等二即為八也。（T33・822b17–20）

上記の引用文中に説かれる内容によれば、八教とは漸教・頓教・不定教・秘密教の四教と、漸教を開いた蔵教・通教・別教・円教の四教とを指すということになる。ここには五味は頓と漸であり、それに不定・秘密を加えた下に、蔵・通・別・円の四教が配置される。したがって、図4に示すような関係性が示されていることになる。

さらに、『法華玄義釈籤』は『法華玄義』の秘密教の相に関する記述を注釈する箇所において次のように述べて[16]

いる。

第三に正しく［秘密教の］相を解釈する中に、しばらく［頓・漸・不定の］三法に寄せてその相を示す。なぜならば、この三法は秘密に対するからである。化儀の四教は文意が十分に備わり、自然に三蔵［・通・別・円］等の四［教］を収めることができる。

三正釈相中、且寄三法以出其相。何者、以此三法対秘密故。則化儀四教文義整足、任運摂得三蔵等四。

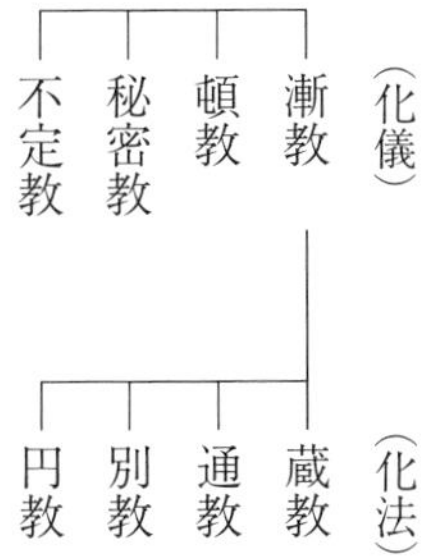

図3　『法華文句記』における八教の構図

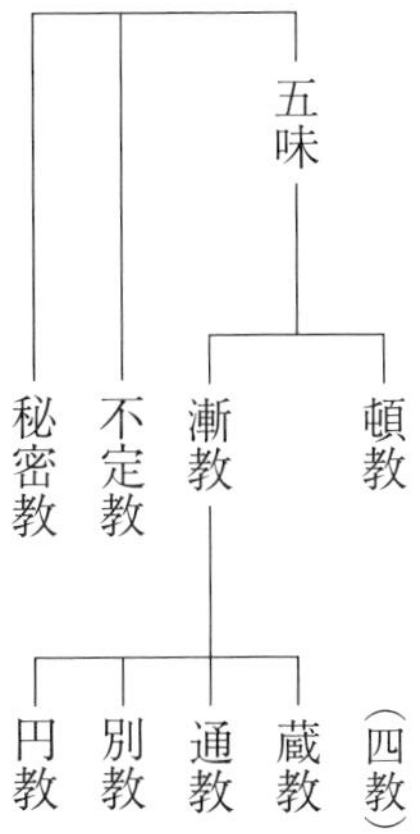

図4　『法華玄義釈籤』における八教の構図

湛然によると『法華玄義』が頓・漸・不定の三教によって秘密教の相を説明しているのは、これらの三教が秘密教と対をなす「化儀の四教」であり、そこには蔵・通・別・円の四教を収めることができるからであるとされる。この箇所は直接的に八教の全体像を述べたものではないが、化儀の四教に蔵・通・別・円の四教が組み込まれていることが示されている。（T33・825a29–b3）

以上のことから、湛然は天台教判について、初期の著作である『止観義例』や『法華玄義釈籤』から後期の著作である『法華文句記』に至るまで一貫して、頓・漸・不定・秘密の四教を化儀、蔵・通・別・円の四教を化法として理解し、「化儀の四教」の下に「化法の四教」を位置づける八教の教判として理解していたと考えられる。

さて、湛然は「通解」の段の最後の箇所の分科を第四「挙今経表異」と規定している。今改めて『法華文句』の該当箇所を引用する。

①諸経［の内容］は同じではないので「如是」［の意味］も異なっている。②一つの鍵でさまざまな扉を開いてはならない。

①諸経不同、如是亦異。②不応一匙開於衆戸。（T34・3b2–5、数字は引用者による）

湛然は上記の『法華文句』の第四「挙今経表異」に対応する箇所について、『法華文句』が「今経」すなわち『法華経』を取り上げて、『法華経』と諸経典との違いを述べていると解釈している。しかし、『法華文句』の記述からは、この箇所が必ずしも『法華経』との関係を述べた箇所とだけ解釈できるわけではない。むしろ最後に提示される「一つの鍵でさまざまな扉を開いてはならない。（不応一匙開於衆戸）」という譬喩の意味から考えれば、この箇所の『法華文句』の文脈は、〝三世の仏の教説にはすべて「如是」という言葉が用いられるが、仏の教説には漸・頓・秘密・不定などの違いがあり、諸経の内容は異なっている。そのように教説が相違すれば、「如是」の意味も異なるのである〞というものとして理解すべきであろう。湛然がこの箇所において『法華経』との関係性を見いだし解釈を展開するのは、『法華経』が他の経典とは別格のものであるという湛然の法華経観が前提となっているためと考えられる。湛然は『法華文句』の第四「挙今経表異」に対応する箇所の①部分に対して次のように注釈している。

『法華』は［仏の］一期の教説を超越している。今の教を昔の教に相対すれば、教に区別がある以上、部もまた同じではない。［部には］兼・但・対・帯［の区別］があり、権・実［の区別］があり、遠・近［の区別］がある。進・否をすべて知ることで、初めて今の経を明らかにする。「如是」がその通りである以上、他はすべてこれを基準としなさい。

法華超乎一期教表。若将今教以対昔教、教既差別、部又不同。兼但対帯、権実、遠近。具知進否、方暁今経。如是既然、他皆準此。（T34・159c4-6）

上記の引用文の冒頭において、湛然は「『法華』は［仏の］一期の教説を超越している。（法華超乎一期教表）」と指摘し、『法華経』を他の経典とは異なる別格のものとして扱っている。「一期教表」とは仏の生涯におけるすべての教説を意味していると考えられる。つまり従来の教判でいえば「八教」によって規定される内容である。したがって、前述のように湛然には「法華超八」の術語を用いる箇所はないが、ここに『法華経』が仏のすべての教説を超越していることが明示されていることになる。その意味では、この箇所が「法華超八」という語の淵源となっていると考えることができよう。したがって②「不応一匙開於衆戸」の譬喩の意味は、一つの「如是」の意味によってあらゆる「如是」の意味を理解することを誡めたものというだけでなく、『法華経』の「如是」の意味によらず、他師の「如是」の意味によってさまざまな経典を解釈してはならないとの意味が加えられて解釈されるのである。すなわち、②の譬喩について、湛然は具体的には以下のような解釈を提示している。

どうして諸師の「一匙」（一つの鍵）を用いて、「八教」のさまざまな［教えの］扉を開くができようか。古師のさまざまな解釈を集めてみても、［それらの解釈は］因縁［釈］の範疇を出ない。ゆえに「一匙」という。まして一人、二人の師がどうして八教を開くだろうか。まして［因縁釈以外の］約教［・本迹・観心］などの三釈ならなおさらである。まことに古今の奥深い様相である。

安得以諸師一匙、而開於八教衆戸。攢於古師衆釈、不出因縁一意。故云一匙。況一両師寧開八教。況約教等三。信古今冥寞。（T34・159c7-9）

湛然は「どうして諸師の「一匙」（一つの鍵）を用いて、「八教」のさまざまな［教えの］扉を開くができようか（安得以諸師一匙、而開於八教衆戸）」と述べて、「一匙」を諸師の説く教えと理解し、諸師の教えでは「八教」の教えの門を開くことはできないと指摘している。そして、諸師の教えを用いない理由について、諸師の解釈では因縁釈までしか明らかにされていないからであると主張している。つまり、因縁釈、約教釈、本迹釈、観心釈を完備している『法華文句』の立場、つまり智顗に連なる正統な天台的『法華経』理解の立場において、初めて八教、すなわちあらゆる経典を開会することができる、と理解されるのである。[17] なお湛然はこの箇所において「まして一人、二人の師がどうして八教を開くだろうか。（況一両師寧開八教）」と述べて、「一両師」を批判している。湛然が批判する具体的な対象については後述するが、『法華文句記』には後にまた「ましてや昔の一人、二人の驢馬や鼈のようなものはいうまでもない。（況古一両如驢鼈耶）」（T34・160b5）と、おそらく同様の対象に対して批判している箇所がある。

（2）「別責」について

『法華文句記』が「別責」と規定する箇所に対応する『法華文句』の記述は次の通りである。

①また仏と阿難の二人の文（説く内容）に違いがないことを「如」とし、明らかにする主体（能詮）が明らかにされる内容（所詮）を明らかにすることを「是」とする。②今の阿難は、仏のいかなる文を伝え、いかなる「是」（明らかにされる内容）を明らかにするのか。③漸［教］の文によって頓［教］の「是」を伝え、偏った［内容の］文によって円満な［内容の］「是」を明らかにすることはできない。④もし伝え、明らかにすることを誤れば、文は「如」ではない。文が「如」でなければ、理は「是」ではない。この義は明らかにするのが難しいので、注意して詳しく考察する必要がある。

①又仏阿難二文不異為如、能詮詮所詮為是。②今阿難伝仏何等文、詮何等是。③不可以漸文伝頓是、以偏文詮円是。④伝詮若謬、則文不如。文不如、則理不是。此義難明、須加意詳審。

（T34・3b6-10、数字は引用者による）

『法華文句』は「如是」の約教釈のもう一つの意義について、実際の仏の教説と仏説を経典として伝えた阿難の説との関係を「如」と「是」に関連づけて説明している。またこれについては、「この義は明らかにするのが難しいので、注意して詳しく考察する必要がある（此義難明、須加意詳審）」と述べ、この次に展開されるその具体的な内容の説明を注意深く考察するように勧めている。『法華文句』はこの後に『法華文句記』が「正釈」と定める箇所において、仏と三蔵教の初めにある「如是」、通教の初めにある「如是」、別教の初めにある「如是」、円教の初めにある「如是」、また頓教の「如是」、不定教の「如是」、秘密教の場合などを挙げてそれぞれの場合における「如是」の意味を規定しており、この内容が「此義難明」を具体的に示すものであると考えられる。[18]

湛然は上記の『法華文句』の記述に対して次のように注釈している。

「又仏阿難」以下は、法［に共通すること］を立てて、別して［他の説を］批判する。また四段がある。初めに法に共通することを立てるとは、［仏と阿難の］二人の文（説く内容）が相違しないことを「如」とし、二つの如の下に明らかにされる内容を「是」とするようにである。八教はすべてその通りである。次に「今阿難」以下は、今の経の阿難を取り上げて［他を］批判する。今の経は八［教］の中でどの［教］に所属するというのか。もし超八の如是でないとするなら、どうしてこの経の所聞となるだろうか。第三に「不可以」以下は、批判をまとめる。したがって「不可以漸」等という。かいつまんで漸［教］と偏った教えを取り上げる。道理として残りなく秘密［教］・不定［教］を明かし、また頓の部を選び取る必要がある。諸師は八教が今［の教］と異なることを知らない。したがって［仏と阿難の］二人の文を伝え、明らかにすることは、「如」ではなく、「是」ではない。第四に「伝詮」以下は、過ちをまとめる。「此義」等とは、忠告し励ます。もし今の意味を理解すれば、再び説明を労さなくても、その理は自然と審らかになるだろう。

又仏阿難下、立法別責。又四。初立法通者、若二文不異為如、二如下所詮為是。八教皆然。次今阿難下、挙今経阿難以責。今経於八為属何耶。若非超八之如是、安為此経之所聞。三不可以下、結責。故云不可以漸等。略挙漸偏。理須具明秘密不定、及簡頓部。諸師既不知八教異今。故二文伝詮不如不是。四伝詮下、結過。此義等者、勧勉也。若得今意、不労再詳、其理自審。（T34・159c9-18）

湛然は上記の『法華文句』の記述を、①「立法通」、②「挙今経阿難以責」、③「結責」、④「結過」の四段に分けて理解している。それぞれの段落における注意すべき湛然の注釈内容は次の通りである。①においては、湛然は仏と阿難の二人の説く内容（文）が相違しないことを「如」とし、この「如」の下に明らかにされる内容を「是」とすることは八教に共通していると指摘している。②においては、『法華文句』の「今の阿難は、仏のいかなる文を伝え、いかなる「是」（明らかにされる内容）を明らかにするのか。（今阿難伝仏何等文、詮何等是）」という記述が他師に対する批判であると理解し、「今の経は八［教］の中でどの［教］に所属するというのか。もし超八の如是でないとするなら、どうしてこの経の所聞となるだろうか（今経於八為属何耶。若非超八之如是、安為此経之所聞）」と述べて、『法華経』が八教の枠組みを超越していることを指摘している。③については、諸師が八教は『法華経』と異なることを理解していないため、仏と阿難の伝える「文」は如是とならないと批判している。④に関しては、『法華文句』では「この義は明らかにするのが難しいので、注意して詳しく考察する必要がある（此義難明、須加意詳審）」（T34・3b9-10）と述べているのに対して、『法華経』が八教を超越しているという意を理解すれば、「再び説明を労さなくても、その理は自然と審らかになるだろう（不労再詳、其理自審）」と指摘している。『法華文句』においては表現するのが難しいとされた内容について、『法華文句記』は『法華経』が八教を超越した経典である点を理解すれば容易に理解できるとしており、この点は『法華文句』と『法華文句記』の立場の相違として注目される。これは池田［一九七五a：二七〇］が指摘するように[19]、智顗においては蔵・通・別・円の四教は経典の分類法として扱われたのに対して、湛然はこれを化儀教判と関連づけて「諸経典の優越論としての教判論」へと移行していったことを示していると考えられる。

（3）「正釈」について

『法華文句記』は「正釈」と定める箇所を次の三段に分けて理解している。

第三に「且依」以下は、正面から解釈する。また三段に分ける。初めに漸教に焦点を当てるのは、文が繁雑になるのを避けるために、漸［教］に寄せて［蔵・通・別・円の］四教を明らかにする。次に「若頓」以下は、頓［教・不定教・秘密教］等の三教を解釈する。第三に「敷八教」以下は、古師を批判することをまとめる。

三且依下、正釈。又三。初約漸教者、避繁文故、寄漸明四。次若頓下、釈頓等三。三敷八教下、結責古師。（T34・159c18-21）

ここでは、『法華文句記』の分科の第三「結責古師」に注目したい。『法華文句』は、『法華文句記』が「正釈」の第一「約漸教」と第二「釈頓等三」と定める箇所において、仏と三蔵教の初めにある「如是」、別教の初めにある「如是」、円教の初めにある「如是」、通教の初めにある「如是」、また頓教の「如是」、不定教の「如是」、秘密教の場合などを挙げてそれぞれの場合における「如是」の意味を規定する。そして第三「結責古師」において次のように述べる。

［仏は］八教の網を敷き、法界の海にわたす。それに漏れがあるのを恐れる。まして網の目［から漏れること］はなおさらである。どうして単独で［網を］張るのか。また同時に四本の矢を手にとって、地面に落とさせないことも、［衆生の寿命の無常に比べれば］また早いと言わない。のろい驢馬をむち打ち、足の不自由な鼈を走らせても、一本［の矢］（一つの教）ですら得ることはできない。ましてや四［本の矢］（四教）はなおさらである。云云。

敷八教網、亘法界海。懼其有漏。況羅之一目。若為独張。又一時接四箭、不令堕地、未敢称捷。策鈍驢、駆跛

髓、尚不得一。何況四耶。云云。（T34・3b28–c3）

上記の引用文では、二つの譬喩を用いて昔の人師を批判している。第一の譬喩は、仏が衆生を救済することを、網を使った漁業にたとえたものである。この譬喩では、仏は「八教」という教えの網を「法界」という海に放って衆生をすくい上げようとするが、衆生がその網から漏れてすくい上げることができないことを心配している、とされる。したがって仏は一つの網（教え）だけを用いることはないと指摘されているのである。第二の譬喩は、衆生の寿命の無常さ、早さを同時に放たれた四本の矢を手で取るという譬喩を用いてうったえたものである。これは『大般涅槃経』巻三十四の譬喩（T12・837b23–c2）を用いたものである。『法華文句』は、この譬喩を用いて、たとえのろいロバや足の不自由なスッポンを走らせたところで、一本の矢を得ることができないように、四教のうちの一教であっても理解することはできないと指摘している。この箇所に対して『法華文句記』は次のようにこれらの譬喩の意味を解釈している。

『華厳』に、「仏は教えの網を張って、法界の海にわたし、天・人の魚をすくい上げて、涅槃の岸に置く(20)」という。それ故［以下のようなことが］わかる。仏の教えは八［教］を出ることはなく、明らかにされる内容は［八教の］外にはない。故に「法界」という。「教えの網」は法界［の海］にわたされる以上、「涅槃」は必ず偏った教え・円満な教えに遍在し、「岸」はただ果地の真実の姿である。「教」には必ず権・実、本・迹［の違い］がある。「天・人」の機根は、さまざまな教を備えるが、すくい上げられて究竟の「涅槃」に至るのである。よって、諸師の偏った解釈［という網］は、単独で張ることはできない。

華厳云、張仏教網、亘法界海、漉天人魚、置涅槃岸。故知仏教不出於八、所詮無外。故云法界。教網既亘於法界、涅槃必遍於偏円、岸唯果地一如。教必権実本迹。天人機具衆教、漉至究竟涅槃。故諸師偏釈不可独張。

湛然は『華厳経』に説かれるとされる譬喩によって、「仏の教えは八［教］を出ることはなく、明らかにされる内容は［八教の］外にはない（仏教不出於八、所詮無外）」ことがわかると指摘し、この譬喩の意義を「諸師の偏った解釈［という網］は、単独で張ることはできない（諸師偏釈不可独張）」と述べ、諸師の解釈の偏頗性を批判したものとして理解している。そして湛然は「諸師」について具体的なイメージを持って次のように批判を展開する。

近ごろ窃かに［天台の著作を］読む者は、まだ天台［の教判］はただ蔵［・通・別・円の］等の四教であるといっている。なんと愚かなことだろう。なんと愚かなことだろう。したがって経典を解釈する方軌を知る必要がある。（T34・160a17–22）

比窃読者、尚云天台唯蔵等四。一何昧哉。一何昧哉。是故須知消経方軌。（T34・160a23–24）

ここには、「近ごろ窃かに［天台の著作を］読む者（比窃読者）」という批判対象が提示される。[21] 湛然によれば、この「比窃読者」は智顗の教判を「ただ蔵［・通・別・円の］等の四教（唯蔵等四）」、すなわちいわゆる「化法四教」としてのみ理解している点が問題とされる。そして、天台教判として正しく理解されなければならない「経典を解釈する方軌（消経方軌）」については、その具体的な内容を次のように述べている。

頓［・漸・不定・秘密］等［の四教］はこの宗の教判の大綱であり、蔵［・通・別・円］等［の四教］は一家の義を解釈する網の目である。もし諸教を解釈するのに、ただ蔵［・通・別・円］等［の四教］を用いるだけならば、その経文の相［の意は］やや通じる。［しかし］もし『法華』を解釈するのに、［蔵・通・別・円の四教を加えた］頓［・漸・不定・秘密］等の八［教］がなければ、どうにも立ちゆかなくなる。したがって、また譬喩を挙げて、［他師を］批判して「接四箭」等という。

頓等是此宗判教之大綱、蔵等是一家釈義之網目。[22]若消諸教但用蔵等、其文稍通。若釈法華無頓等八、挙止失措。故又挙喩責云接四箭等。（T34・160a24–26）

湛然は上記の引用箇所において、「経典を解釈する方軌（消経方軌）」として頓・漸・不定・秘密の四教と蔵・通・別・円の四教の八教を提示している。ここでは詳細な八教の構造については言及されていない。ただし「頓［・漸・不定・秘密］等［の四教］はこの宗の教判の大綱であり、蔵［・通・別・円］等［の四教］は一家の義を解釈する網の目である（頓等是此宗判教之大綱、蔵等是一家釈義之網目）」と述べられているように、頓・漸・不定・秘密の四教が天台家の教判の「大綱」を構成し、蔵・通・別・円の四教がその「網目」を構成すると規定されていることから、「経典を解釈する方軌（消経方軌）」とは、本項においてすでに確認したように化儀教判の下に化法教判を位置づけた八教の構造を意味していることは明らかである。湛然は仏の教えを解釈するのに、『法華経』以外の経典を解釈する場合には、蔵・通・別・円の四教による解釈だけでも有効であるが、『法華経』を解釈する場合には必ずこの八教によって理解しなければならないと強調している。蔵・通・別・円の四教は、経典の中における思想内容を問題にしたものであり、具体的な経典においては経典間の共通性を示すのに対し、頓・漸・不定・秘密の四教は、具体的な経典における差別性を論じたものであると考えられる。したがって湛然は『法華経』の理解のためには教相の差別性を理解しなければならないと考えていたことになる。教判論における差別性の導入は湛然が『法華経』を他の経典とは別格のものとして扱い、これを「超八」の思想として完成させるために必要不可欠な要素であったと推察される。

また、湛然が「接四箭」の譬喩として挙げるのは、南本『大般涅槃経』迦葉菩薩品に説かれる譬喩を用いたものである（T12・837b23–c2）。湛然はこの譬喩を引用した後に、次のようにその意味を解釈している。

今は四［本の矢］を手で取ることで、八教をたとえている。まだ［八教の矢に］当たると言わない[23]。まして昔の一人、二人が［のろまな］驢馬や［足の不自由な］鼈のようなものならなおさらである。もし深くこの意を理解すれば、経文に入って［解釈するのに］自ら明らかとなる。

今借接四以喩八教。未敢称当。況古一両如驢鼈耶。若深得是意、入文自融。（T34・160b4–6）

湛然は「接四箭」の譬喩が用いられる理由を「四［本の矢］を手で取る［譬喩］を借りることで、八教をたとえている（借接四以喩八教）」と述べ、この譬喩が八教をたとえていることを指摘している。また、ここにいう「未敢称当」の意味は明確ではないが、四本の矢を手で取ることを八教の意を得ることとしてたとえていると理解すれば、『法華文句』の「未敢称捷」（T34・3c1–2）を踏まえて、まだ八教の意という矢を得ていないことを意味していると解釈できるだろう。したがって続く「古一両」と批判される人々は、それ以上に八教の意を得ていないと批判されていることになる。では、この段で湛然が批判する「一両師」あるいは「古一両」とは誰を指すのであろうか。湛然は具体的にその名を出さないが、「一両師」は「まして一人、二人の師がどうして八教を開くだろうか（況一両師寧開八教）」（T34・159c9–10）と批判され、また「近ごろ窃かに［天台の著作を］読む者は、まだ天台［の教判］はただ蔵［・通・別・円の］等の四教であるといっている（比窃読者、尚云天台唯蔵等四）」（T34・160a23）とも言及されている。この点からみると、湛然が批判する対象は一人の人物というわけではなく、天台教判を八教の枠組みとして理解せず、蔵・通・別・円のいわゆる「化法の四教」としてのみ理解する複数の人たちを指していると推測できる。また「古一両」という表現からは、湛然から見てある程度古い時代の人物たちを示唆しているようであるが、一方で「比窃読者」とも言われていることから、年代に関してはやや幅が設けられているようにも思われる。これはおそらく天台教判（あるいは智顗の真意）は古くから誤解されてきているという湛然の認識を反映しているのだろう。現存する文献において、智顗の教判を蔵・通・別・円の四教として認識している論者を調べると、法蔵（六四三―七一二）と慧苑（六七三?―七四三?）の著作に該当する記述が確認される。法蔵の『華厳一乗教義分斉章』巻一には次のような記述がある。

七、南岳思禅師と天台智者禅師によって四種教を立て、東方に流伝した一代聖教を総合する。第一に三蔵教と名づける。小乗のことをいう。故に彼れ自ら『法華経』に「小乗の三蔵学者に親近してはならない」とあるのを引用する。また『智論』中に「小乗を三蔵教とし、大乗を摩訶衍蔵とする」と説く。第二に通教と名づける。諸大乗経の中の法が共通に三乗人を利益することなど、および『大品』の中の乾慧等の十地、大小乗に共通するもののことである。第三に別教と名づける。諸大乗経の中に明かす道理で、小乗等に共通しないもののことである。第四に円教と名づける。法界に自在であり、一切無尽法門を具足し、一即一切、一切即一などとする。すなわち『華厳』などの経はこれである。

七依南岳思禅師及天台智者禅師立四種教、統摂東流一代聖教。一名三蔵教。謂是小乗。故彼自引法華経云、不得親近小乗三蔵学者。又智論中説、小乗為三蔵教、大乗為摩訶衍蔵。二名通教。謂諸大乗経中説法通益三乗人等、及大品中乾慧等十地、通大小乗者是也。三名別教。謂諸大乗経中所明道理、不通小乗等者是也。四名円教。為法界自在、具足一切無尽法門、一即一切一切即一等。即華厳等経是也。（T45・480c15–481a3）

ここには、慧思と智顗の名が出され、その教判として三蔵教、通教、別教、円教の「四種教」が紹介されている。また慧苑の『続華厳経略疏刊定記』巻一には次のようにある。

ある古徳（法蔵）はまた五教を立てる。一に小乗教、二に初教、三に終教、四に頓教、五に円教である。この五［教］は大部分が天台を模倣し、ただ頓教を加えて別にさせただけである。しかしながら、天台は小乗を三蔵教と呼ぶため、その名に偽りがある。よって直ちに小乗教と名づける。通教はただ初根に受けさせる。よって改めて初教とする。別教は熟した機根に受けさせる。よって改めて終教と名づける。円教の名は前の通りである。

有古徳亦立五教。一小乗教、二初教、三終教、四頓教、五円教。此五大都影響天台、唯加頓教令別爾。然以天台呼小乗為三蔵教、其名謬濫、故直目為小乗教。通教但被初根。故改為初教。別教被於熟機。故改名終教。円教之名仍其旧也。（X3・578c8–12）

慧苑は古徳の教判として法蔵の五教判を紹介しており、その法蔵の教判は天台の影響を受けていると指摘し、間接的に智顗の教判を伝えている。湛然が批判する対象が実際に法蔵や慧苑であるという確証はないが、彼らの記述が湛然の批判の内容に一致することは確かである。法蔵と慧苑はともに中国華厳学派に連なる人物であり、この点からみれば湛然が華厳宗の諸師を強く意識していたということは想像に難くない(24)。ただし本節においてすでに確認してきたように、湛然の「超八」の思想は、智顗の記述そのものにではなく、湛然による主観的な読み替えのもとに成立した思想といえる。そしてその中心には『法華経』を他の経典とは別格のものとして扱う湛然の法華経観があった。その意味では、湛然が「経典を解釈する方軌を知る必要がある（須知消経方軌）」とする問題意識の焦点は、「もし諸教を解釈するのに、ただ蔵［・通・別・円］等［の四教］を用いるだけならば、その経文の相［の意は］通じる。［しかし］もし『法華』を解釈するのに、［蔵・通・別・円の四教を加えた］頓［・漸・不定・秘密］等の八［教］がなければ、どうにも立ちゆかなくなる（若消諸教但用蔵等、其文稍通。若釈法華無頓等八、挙止失措）」と述べるように、あくまで『法華経』の理解を中心にしているのである。

この意味を踏まえて湛然による華厳宗批判の意味を改めて考えてみたい。湛然は過去の人師である法蔵・慧苑に対して厳しい批判をしているわけであり、当然、過去の人師から湛然が直接批判を受けることはありえない。つまり、湛然が批判を行う理由には、過去の人師がかつて自派を批判していたことがあるか、あるいは自派に対して大きく誤解しているかしており、さらにそれが現在の自分の正統性の立証の妨げになっているため、過去の人師の思想を厳しく批判する必要が生じていると推察される。この場合の批判の目的は、過去の人師を批判することによって、あくまで現在の人に対して自身（あるいは自派）の正しさを主張することにあるといえる。湛然の場合であれば、彼が智顗の教判を誤って用いた法蔵らを批判することは、法蔵らの誤りを指摘するという行為によって、自説の正統性を立証することにあるのである。したがって、同時代の人から直接的な批判を被っている場合を除けば、他宗批判とは自身の正統性を確立するために前時代の人師を批判するという正統性の確立運動を意味しているといえよう。よって「一両師」などが法蔵や慧苑を指していた場合においても、湛然の主眼は『法華経』を中心とした自派の正統性の確立にあったといえるのである。

第二節　唐代の『法華経』受容をめぐる湛然の問題意識

第一項　問題の所在

前節において、湛然の特徴的な法華経観である「超八」の概念について論じた。本節では、湛然においてこうした法華経観が形成されてくるようになった背景について考察したい。すでに先行研究によって湛然が活躍した中唐期には、法華三昧が広く実践されていたことが明らかにされている。(25) 唐代には法華三昧の普及に伴って「法華道場」が盛んに設置された。ただし、塩入良道［一九七〇：七三］は「法華道場」とは一般的には法華三昧の行法を行う場を指すとしつつ、「天台以前にも法華壇・法華堂の語が見られるので、法華三昧のみと限定できない」と述べ、法華道場では必ずしも法華三昧だけが行じられたわけでないことを指摘している。また池［二〇〇八：三八三］は、湛然の生存期における法華三昧の実践状況を概観し、唐代に盛んに建設された法華道場は「天台教法や法華三昧の隆盛を象徴するかのようにも見えるが、しかし、その道場で実際に行われた活躍の内容を見る限りでは、かつて智者大師が組織した法華三昧を実習する場という意味での『法華道場』では最早なくなっているように思える」と考察し、このような状況を湛然が非常に問題視していたことを指摘している。このような法華三昧や法華道場の普及に対する湛然の態度は、『法華文句記』巻十「釈普賢品」の巻末からの一連の記述に明かされている。(26) 以下、この箇所について考察し、湛然の法華経観の形成に影響を与えたであろう、唐代の『法華経』受容に対する湛然の問題意識を明らかにしたい。

第二項　『法華経』普賢菩薩勧発品における普賢菩薩の勧発をめぐる解釈

『法華文句』巻十「釈普賢菩薩勧発品」は、『法華経』普賢菩薩勧発品における普賢菩薩の『法華経』の修行者を守護する誓願について、「一にその外的要因による難を除く（一攘其外難）」（T34・148c17-18）、「二にその内法を教える（二教其内法）」（T34・148c19-20）、「三に覆うのに神通力を用いる（三覆以神力）」（T34・148c25-26）、「四に優れた因を示す（四示勝因）」（T34・148c26）、「五に近い果報を示す（五示近果）」（T34・149a1）、「六に総結する（六総結）」（T34・149a3）という六つの観点を論じている。この中の「二教其内法」に相当する『法華経』の箇所では、普賢菩薩は修行者のもとに白象に乗って出現し、修行者の内面的な不安を取り除くことを誓願している。[27]この箇所に対して『法華文句』は次のように三段を提示している。

第二にその内法を教える。およそ三つの教訓がある。初めに［行者が］行ったり立ったりして［『法華経』を］読誦すれば、［普賢菩薩が］六つの牙をもつ白象に乗って［出現し］、その［行者の］心を安慰する。次に座して思惟すれば、また六つの牙［をもつ白象］に乗って［出現し］、その経（＝『法華経』）を教示し、その三昧（＝法華三昧）を与える。……最後に三七［日間（二十一日間）］一心に精進すれば、また六つの牙［をもつ白象］に乗って［出現し］、示し教え利し喜ばせ、呪（陀羅尼）を説く。経文の通りである。

二教其内法。凡三番教訓。初行立読誦、乗六牙白象、安慰其心。次坐思惟、復乗六牙、教示其経、与其三昧也。……後三七一心精進、復乗六牙、示教利喜、説呪。如文。（T34・148c19–25）

すなわち、『法華文句』は普賢菩薩が修行者の内面的な不安を取り除くために白象に乗って出現する条件を、「行ったり立ったりして［『法華経』を］読誦すること（行立読誦）」、「座って思惟すること（坐思惟）」、「三七［日間（二十一日間）］一心に精進すること（三七一心精進）」という三点にまとめている。湛然は上記の『法華文句』の記述を受けて次のように注釈している。

「教内法」の段の中で「三番」というのは、［行立して］読誦すること、［座して］思惟すること、三七日（二十一日間）［一心に精進すること］である。

ある人はここでまた経文（『観普賢菩薩行法経』）を引用し、「行に五つ法がある。一には二十一日で［普賢菩薩を］見る［方法］、二には四十九日で［普賢菩薩を］見る［方法］、三には一生のうちで［普賢菩薩を］見る［方法］、四には二生のうちで［普賢菩薩を］見る［方法］、五には三生のうちで［普賢菩薩を］見る［方法］

である」という。また「六つの法を備えなければならない。一には道場を荘厳し、二には身を浄め、三には六時［に礼拝し］、四には啓請し、五には読誦し、六には甚深の空法を思惟する。このような観法を実践する時に、百千万億阿僧祇の重罪を消滅することができる」という。

もしそうであるなら、なぜ［『法華経』］一経を解釈するのに、心を啓発し瞑想に投じるような箇所が全くなく、［その人は］この箇所で初めて『普賢観経』を引用するのか。まして、今［『法華経』は］自ら、「［『法華経』を］読誦し書写する者が、この『法華経』を修習しようと思って、三七日（二十一日間）のうちに一心に精進すれば、我は必ず［白］象に乗り、その人の前に出現する」というのであるからなおさらである。故に、［『法華経』の］修行であれ、解説であれ、今師［＝智顗］に依って［教えを］請うことで、初めて［その真意に］至ると知るのである。したがって、『玄文』（＝『法華玄義』）でなければ［『法華経』の修行と解説を］導くことはできず、『［摩訶］止観』でなければ［『法華経』の修行と解説に］到達できず、この『疏』（＝『法華文句』）でなければ［『法華経』の修行と解説を］住持できず、［我が］一家でなければ［『法華経』の修行と解説を］進めないのである。もしこの通りでなければ、この教えは役に立つだろうか。［この］講義は役に立つだろうか。

教内法中云三番者、即読誦、思惟、三七日也。

有人至此亦引文云、行有五法。一三七見、二七七見、三一生見、四二生見、五三生見。又云、応有六法。一厳道場、二浄身、三六時、四啓請、五読誦、六思惟甚深空法。作是観時、能滅百千万億阿僧祇重罪。

若爾、何以解釈一経、都無啓心投想之地、至此乃引普賢観経。況今自云、読誦書写者、欲修習是法華経、於三七日中一心精進、我当乗象、至其人前。故知若修行、若解説、請依今師、方有所至。所以非玄文無以導、非止観無以達、非此疏無以持、非一家無以進。若不爾者、用是教為。用講宣為。
（T34・359b26－c9）

湛然は『法華文句』の記述自体に対しては、その内容を極めて簡潔に「三番者、即読誦、思惟、三七日也」とまとめている。この後、湛然は続けて「有人」が経文に基づいて五種の行法を挙げていることを指摘し、その説を批判している。湛然がここに「有人」として批判する対象については、すでに『三大部補注』巻十に次のような指摘がある。

『記』に「有人」から「此亦引普賢観」等というは、すなわち慈恩［基］の『法華疏』（『法華玄賛』）である。その『疏』は最初に序品を解釈してより以降、全く行を立て、法を集め、心に入ることはない。今の文になって、初めて『観経』（『観普賢菩薩行法経』）を引用する。経文を見てたまたま用いただけであることは明らかである。

記云有人至此亦引普賢観等、即是慈恩法華疏也。彼疏始従釈序品来、都無立行、摂法入心、及至今文、方引観経。験知臨文偶用而已。
（X28・332a23－b3）

上記に明らかなように、『三大部補注』は湛然が「有人」として批判する対象が基の『法華玄賛』であることを指摘している。(28) そこで湛然が基の学説をどのように理解し批判したのかを明らかにするため、次に基の『法華玄賛』における普賢菩薩の勧発についての議論を確認したい。

第三項　普賢菩薩の勧発についての『法華玄賛』の理解と『法華文句記』の批判

『法華経』普賢菩薩勧発品における普賢菩薩の勧発について、『法華玄賛』は①「明護持」、②「与現益」、③「与後益」、④「結勧発心」の四段の分科を示している。[29] このうち『法華文句』の分科において「その内法を教える（二教其内法）」（T34・148c19-20）と規定される箇所に相当するのは、②「現世の利益を与える（与現益）」である。そこで、さらに細かく②「与現益」部分における『法華玄賛』の分科を見ると、「以下、第二に現世の利益を与える。三［段が］ある。初めに［上・中・下の］三品の修行によって利益を与えることが異なる［ことを明かす］。第二に「若法華経行閻浮提」以下は『経』が世で行じられるのは普賢の力であることを明かす。第三に「若有受持読誦」等以下は能行の者は普賢の行と合致する［ことを明かす］」（賛曰、下第二与現益。有三。初明三品修与益異。二若法華経行閻浮提下、明経行於世是普賢力。三若有受持読誦等下、能行之者与普賢行合）」（T34・853a18-21）とあり、その中の第一「明三品修与益異」においてはさらに三段に分けられ、「①初めに下品［の人］の受持によって［普賢菩薩に］守護される。②次に「是人若行」以下は、中品［の人］の受持によって［普賢菩薩に］守護される。③最後に「世尊若後世」以下は上品［の人］の受持によって［普賢菩薩に］守護される（初下品受持為護。次是人若行下中品受持為護。後世尊若後世下上品受持為護）」（T34・853a21-24、数字は引用者による）という上・中・下品の修行の受持による普賢菩薩の守護として認識されている。『法華文句』と『法華玄賛』の分科の関係性を示せば、**表1**の通りとなる。

表1　普賢菩薩勧発品に対する『法華文句』と『法華玄賛』の分科の比較

『法華経』普賢菩薩勧発品	『法華文句』	『法華玄賛』
	（誓願護人・攘其外難）	（三品修与益異）

爾時普賢菩薩白仏言、世尊。於後五百歳、濁悪世中、其有受持是経典者、我当守護、除其衰患、令得安隠、使無伺求得其便者。	総攘其難	下品受持為護
若魔、若魔子、若魔女、若魔民、若為魔所著者、若夜叉、若羅刹、若鳩槃茶、若毘舎闍、若吉遮、若富単那、若韋陀羅等、諸悩人者、皆不得便。	別攘其難	
	(教其内法)	
是人若行、若立、読誦此経、我爾時乗六牙白象王、与大菩薩衆倶詣其所、而自現身、供養守護、安慰其心、亦為供養法華経故。	初行立読誦	中品受持為護 1. 読時為護
是人若坐、思惟此経、爾時我復乗白象王現其人前、	次坐思惟	2. 思時為護
其人若於法華経有所忘失一句一偈、我当教之、与共読誦、還令通利。		3. 忘者令憶
爾時受持読誦法華経者、得見我身、甚大歓喜、転復精進、		4. 四見者増進 4—1. 見而喜進
以見我故、即得三昧		4—2. 得定、

及陀羅尼、名為旋陀羅尼、百千万億旋陀羅尼、法音方便陀羅尼、得如是等陀羅尼。		4—3．得総持
世尊。若後世後五百歳、濁悪世中、比丘・比丘尼・優婆塞・優婆夷、求索者、受持者、読誦者、書写者、欲修習是法華経、於三七日中、応一心精進。満三七日已、我当乗六牙白象、与無量菩薩而自囲繞、以一切衆生所憙見身、現其人前、而為説法、示教利喜、亦復与其陀羅尼呪、得是陀羅尼故、無有非人能破壊者、亦不為女人之所惑乱、我身亦自常護是人。唯願世尊聴我説此陀羅尼呪。……	三七一心精進	上品受持為護

表1をみれば明らかなように、『法華文句』が「教其内法」として規定する第一「行立読誦」と第二「坐思惟」は、『法華玄賛』の分科では「中品受持為護」（T34・853a27-28）に相当し、『法華文句』が「教其内法」として規定する第三「三七一心精進」は『法華玄賛』では「上品受持為護」（T34・853a32-b1）に相当する。『法華玄賛』の「中品受持為護」についての記述は、**表1**に示した分科以外にはほぼ記述がないが、『法華玄賛』の「上品受持為護」の段には次のような注釈内容を確認することができる。

『経』（『法華経』）の「世尊」から「神通之力」までについて。

讃歎して言う。ここでは上品［の人］の受持によって［普賢菩薩に］守護される。五つ［の内容が］ある。一つにはその規則を教えて三七日（二十一日間）精進する。(30) 二つには［普賢菩薩らの姿を］見せ道を授け、法を聞き総持を得させる。三つには悪者が損なわない。四つには正しく神聖な呪（陀羅尼）を説く。五つには［普賢菩薩が］自分の力についてまとめる。

「探究する者（求索者）」とは『法華』を用いる人、あるいはしっかりと願うことすべてを探究して獲得する者である。

（a）「於三七日一心精進」とは、『普賢観経』に行法を明かすのに五種［の行法］がある。一つには三七日（二十一日間）でそのまま［普賢菩薩を］見る。二つには七七日（四十九日間）で［普賢菩薩を］見ることができる。三つには一生［のうち］で見ることができる。四つには二生［のうち］で見ることができる。五つには三生［のうち］で見ることができる。これについて古い説では、上品［の者］は精進して一七日（七日間）で見る。ないし第五品［の者］は修行して三生で初めて見ることができる［、という］。またこれは定まっていない。初めに劣身を見ることは一七日で可能であり、ないし三生で勝身を見ることができる。とても長い時間修行すれば、初めて勝［身］を見ることができるからである。

（b）「精進」とはその説には六つの［方］法がある。一つには道場を荘厳する。二つには身を清潔にする。三つには六時に礼拝する。四には六師に啓請する。五には昼と夜に大乗経典を読誦する。六には甚深の空法の道理を思惟する。この観を行う時はそのまま普賢［菩薩］を見て、百万億阿僧祇の生死の重罪を滅することができる。［『観普賢菩薩行法経』には］まだ六師の文が見えない。今しばらく解釈すれば、釈迦仏を和上とし、文殊師利［菩薩］を阿闍梨とし、弥勒菩薩を教授師とし、十方の仏を証者とし、十方の菩薩摩訶薩を同法侶とし、普賢菩薩を懺悔の戒主として、初めて懺悔して三聚戒等を受けることができる。このように啓請して、初めて普賢［菩薩］を見るのである。

経。世尊至神通之力。

賛曰。此上品受持為護。有五。一教其軌則三七日精通。二令見授道聞法得総持。三悪者不損。四正説神呪。五結己之力。

求索者、須法華人、或凡所善願有規求者。

（a）於三七日一心精進者、普賢観経明行法有五。一三七日即見。二七七日得見。三一生得見。四二生得見。五三生得見。此中古説、上品精進一七日見。乃至、第五品修三生、方得見。又此不定。初見劣身可一七日。乃至、三生得見勝身。修異長時、方見勝故。

（b）精進者、彼説六法。一荘厳道場、二洗身浄潔、三六時礼拝、四啓請六師、五昼夜読誦大乗経典、六思惟甚深空法道理。作是観時即見普賢。能滅百万億阿僧祇生死重罪。未見六師文。今且釈者。釈迦仏為和上、文殊師利為阿闍梨、弥勒菩薩為教授師、十方仏為証者、十方菩薩摩訶薩為同法侶、普賢菩薩為懺悔主、方可懺悔受三聚戒等。如此啓請、方見普賢。

（T34・853a32-b18　引用中の記号および傍線は引用者による）

『法華玄賛』は「上品受持為護」の段の内容を①「教其軌則三七日精通」、②「令見授道聞法得総持」、③「悪者不損」、④「正説神呪」、⑤「結己之力」の五つにまとめている。これと『法華経』の経文との対応関係を示せば下記の通りとなる。

①「教其軌則三七日精通」

世尊よ。もし後の世の後の五百歳濁悪世の中に、比丘・比丘尼・優婆塞・優婆夷で探究する者、受持する者、読誦する者、書写する者が、この『法華経』を修習しようと思えば、（a'）三七日の間、（b'）一心に精進すべきである。

世尊。若後世後五百歳濁悪世中、比丘・比丘尼・優婆塞・優婆夷、求索者、受持者、読誦者、書写者、欲修習是法華経、（a）於三七日中、（b）応一心精進。

②「令見授道聞法得総持」

三七日を終えれば、私は六つの牙を持つ白象に乗って、自ら［私を］取り囲む無量の菩薩と、一切衆生が見ると喜ぶ体で、その人の前に出現して、［その人の］ために法を説き、示し教え利し喜ばせ、またその陀羅尼呪を与えよう。

満三七日已、我当乗六牙白象、与無量菩薩而自囲繞、以一切衆生所憙見身、現其人前、而為説法、示教利喜、亦復与其陀羅尼呪。

③「悪者不損」

この陀羅尼を獲得するので、非人で破壊できる者もいなくなり、また女人に誘惑されない。我が身もまた自ら常にこの人を守護しよう。ただ願うことは世尊よ、我がこの陀羅尼呪を説くことを許してくれることである。

得是陀羅尼故、無有非人能破壊者、亦不為女人之所惑乱。我身亦自常護是人。唯願世尊聴我説此陀羅尼呪。

④「正説神呪」

そのまま仏前において［陀羅尼］呪を説いて、「一に阿檀地（途売の反）、二に檀陀婆地、三に檀陀婆帝、四に檀陀鳩舍隷、五に檀陀修陀隷、六に修陀隷、七に修陀羅婆底、八に仏駄波羶禰、九に薩婆陀羅尼阿婆多尼、十に薩婆婆沙阿婆多尼、十一に修阿婆多尼、十二に僧伽婆履叉尼、十三に僧伽涅伽陀尼、十四に阿僧祇、十五に僧伽波伽地、十六に帝隷阿惰僧伽兜略（盧遮の反）阿羅帝婆羅帝、十七に薩婆僧伽三摩地伽蘭地、十八に薩婆達磨修波利刹帝、十九に薩婆薩埵楼駄憍舎略阿伽地、二十に辛阿毘吉利地帝」という。
即於仏前而説呪曰、阿檀地（途売反）（一）、檀陀婆地（二）、檀陀婆帝（三）、檀陀鳩舎隷（四）、檀陀修陀隷（五）、修陀隷（六）、修陀羅婆底（七）、仏駄波羶禰（八）、薩婆陀羅尼阿婆多尼（九）、薩婆婆沙阿婆多尼（十）、修阿婆多尼（十一）、僧伽婆履叉尼（十二）、僧伽涅伽陀尼（十三）、阿僧祇（十四）、僧伽波伽地（十五）、帝隷阿惰僧伽兜略（盧遮反）阿羅帝婆羅帝（十六）、薩婆僧伽三摩地伽蘭地（十七）、薩婆達磨修波利刹帝（十八）、薩婆薩埵楼駄憍舎略阿伽地（十九）、辛阿毘吉利地帝（二十）

⑤「結己之力」

世尊よ。もし菩薩がこの陀羅尼を聞くことができれば、当然、普賢［菩薩の］神通の力であるとわかる。

世尊。若有菩薩得聞是陀羅尼者、当知普賢神通之力。（T9・61b9-29、引用中の記号と傍線は引用者による）

上記の『法華経』の経文に対する『法華玄賛』の注釈では前述の『法華玄賛』の引用文中に示した傍線部（a）、（b）の二点に注目したい。これらはいずれも『法華経』の「三七日の間、一心に精進すべきである（於三七日中、応一心精進）」に対する一連の注釈であり、湛然が『法華文句記』において「有人」の説として取り上げて批判している箇所と内容が一致している。なお、これらの『法華玄賛』の注釈も、吉蔵の『法華義疏』を参照し、その影響を受けて撰述されたものであることが指摘されており、この箇所の『法華玄賛』を理解する際には注意しなければならない[31]。

『法華玄賛』は（a）において、『法華経』普賢菩薩勧発品の「於三七日中、応一心精進」を解釈するのに、『観普賢菩薩行法経』から五種の行法を引用している。これは『観普賢菩薩行法経』巻一の次の内容を用いたものと考えられる。

三昧に入らなくても、読誦し受持するので、心を専らに修習し、心が相次いで、大乗を離れないことが、一日から三七日（二十一日）に至れば、普賢［菩薩］を見ることができる。重い障碍がある者は、七七日（四十九日）を終え、その後に［普賢菩薩を］見ることができる。また［さらに］重き［障碍の］者は、一生［のうち］に［普賢菩薩を］見ることができる、また［さらに］重き［障碍の］者は、二生［のうち］に［普賢菩薩を］見ることができる、また［さらに］重き［障碍の］者は、三生［のうち］に［普賢菩薩を］見ることができる。このように種々の業報は同じでない。

不入三昧但誦持故、専心修習、心心相次、不離大乗、一日至三七日得見普賢。有重障者、七七日尽、然後得見。復有重者、一生得見、復有重者二生得見。復有重者、三生得見。如是種種業報不同。（T9・389c23-26）

上記は『観普賢菩薩行法経』が行者の業報によって行法が異なることを述べている箇所であり、『法華玄賛』の（a）の箇所は上記の経文の内容を要約したものである。普賢菩薩勧発品の記述と『観普賢菩薩行法経』とを関連づけたのは、おそらく吉蔵の『法華義疏』が最初であるため、この箇所は単純な経典の要約であるが吉蔵釈の影響があると認めることができる。『法華義疏』は『観普賢菩薩行法経』の教説に基づき下記の六種の行法を挙げている（T34・632b13-c11）。

①在静処荘厳道場焼香散華等。
②洗浴内身著浄潔衣。
③六時礼十方仏。
④於静処、請釈迦為和上、文殊為阿闍梨、弥勒為教授。……次請十方仏為証人。十方菩薩為善友。請普賢為懺悔主。

⑤昼夜読誦大乗経。

⑥端坐思惟第一義甚深空法。

『法華玄賛』は傍線部（b）において、これを参照して『観普賢菩薩行法経』の内容を「精進者、彼説六法。一荘厳道場、二洗身浄潔、三六時礼拝、四啓請六師、五昼夜読誦大乗経典、六思惟甚深空法道理。作是観時即見普賢。能滅百万億阿僧祇生死重罪」と要約している。

また『法華義疏』は六法の中の④において、釈迦を「和上」、文殊を「阿闍梨」、弥勒を「教授」、十方の仏を「証人」、十方の菩薩を「善友」、普賢菩薩を「懺悔主」とする「六師」を挙げている。これは吉蔵が『観普賢菩薩行法経』巻一の以下の記述を参照してまとめたものである。

その時、行者はもし菩薩戒を具足せんと思えば、まさに合掌して空閑な場所で、十方の仏を広く礼拝し、諸罪を懺悔して、自ら自分の過ちを述べなさい。

その後、静かな場所で十方仏にこの言葉を唱えなさい。「諸仏世尊はこの世に常住しています。私は業障のために、方等（大乗）を信じていても、仏を見ることが明らかではありません。今、仏に帰依します。ただ願わくは、釈迦牟尼、正遍知の世尊よ、私の和上となってください。文殊師利、大慧を具えた者よ、願わくは智慧によって私に清浄な諸菩薩の法を授けてください。弥勒菩薩、勝大慈日よ、私を憐れんで、また私が菩薩の法を受けることを許してください。十方諸仏よ、出現して私の証明となってください。諸大菩薩よ、それぞれその名を述べた、この優れた大士よ、衆生を保護し、我等を助けてください。［私は］今日、方等経典を受持しています。命を失うときに、たとえ地獄に堕ちて無量の苦しみを受けても、ついには諸仏の正法を毀謗しません。

この因縁、功徳の力のために、今釈迦牟尼仏よ、私の和上となってください。文殊師利よ、私の阿闍黎となってください。当来の弥勒よ、願わくは私に法を授けてください。十方の諸仏よ、願わくは私を証明してください。大徳の諸菩薩よ、願わくは私の伴侶となってください。私は今、大乗経の甚深の妙義によって、仏に帰依し、法に帰依し、僧に帰依します」と。このように三度唱えなさい。

爾時、行者若欲具足菩薩戒者、応当合掌在空閑処遍礼十方仏、懺悔諸罪、自説己過。然後静処白十方仏而作是言、諸仏世尊常住在世。我業障故、雖信方等、見仏不了。今帰依仏。唯願釈迦牟尼正遍知世尊、為我和上。文殊師利具大慧者、願以智慧授我清浄諸菩薩法。弥勒菩薩勝大慈日、憐愍我故、亦応聴我受菩薩法。十方諸仏、現為我証。諸大菩薩、各称其名、是勝大士、覆護衆生、助護我等。今日受持方等経典。乃至失命、設堕地獄受無量苦、終不毀謗諸仏正法。以是因縁功徳力故、今釈迦牟尼仏、為我和上。文殊師利、為我阿闍黎。当来弥勒、願授我法。十方諸仏、願証知我、大徳諸菩薩、願為我伴。我今依大乗経甚深妙義、帰依仏、帰依法、帰依僧。如是三説。（T9・393c11-26）

基は吉蔵の「六師」を「四啓請六師」としてそのまま採用しているが、「六師」の第六は発話者である普賢菩薩であるため、上記の『観普賢菩薩行法経』には見いだされない。基はこの問題について『法華義疏』の「六師」の説に言及している。以上のように、基は吉蔵の『法華義疏』から着想を得て、普賢菩薩勧発品の注釈に『観普賢菩薩行法経』を用いた解釈を採用したと考えられる。ただし、唐代において吉蔵の『法華義疏』は、基だけにとどまらず、相当大きな影響を持っていたようである。すなわち、道暹の『法華天台文句輔正記』巻十には『法華円鏡』

を次のように引用している。

「有人」から「此等」までは、『[法華]円鏡』は「[『観普賢菩薩行法経』を引用して]『普賢観経』の行法によれば、五つ[の行法が]ある」といい、五つの[行]法を列挙した後に、「ここに罪に軽いものと重いものとがあるので、機根に利と鈍とがある」と結論を述べている。よって今、「三七」というのは、上根の人をいい、後に四例を加えて、中[根の人]・下[根の人]に適用する。したがって、『普賢観経』は[『法華経』の]勧発品と同じであることがわかる。

有人至此等者、円鏡引云依普賢観経行法、有五。列五法竟結云、此由罪有軽重、根有利鈍。故今言三七謂上根人。後加四例、通於中下。由此得知普賢観経同於勧発品也。（X28・816a14-17）

『法華天台文句輔正記』の記述に従えば、『法華円鏡』は、普賢菩薩勧発品の「三七日」（二十一日間）の行法を『観普賢菩薩行法経』と関連づけて理解していることが知られるが、『法華円鏡』の説として引用される箇所は、いずれも『法華義疏』ならびにそれを用いた『法華玄賛』と同じ内容である。『法華円鏡』の原文は散逸しているため、実際にはどのような記述があったかは明らかではないが、少なくとも『法華玄賛』『法華円鏡』という当時において影響力の大きい法華経疏がいずれも『法華義疏』の説を採用している点は注目すべきであろう。

さて、以上の「有人」（基『法華玄賛』）の学説に対して、湛然が『法華文句記』において展開する批判は、『法華玄賛』の『法華経』への注釈態度に対する批判である。湛然は基の学説に対して、「もしそうであるなら、なぜ[『法華経』]一経を解釈するのに、心を啓発し瞑想に投じるような箇所が全くなく、[その人は]この箇所で初めて『普賢観経』を引用するのか。まして、今[『法華経』は]自ら、「[『法華経』を]読誦し書写する者が、この『法華経』を修習しようと思って、三七日（二十一日間）のうちに一心に精進すれば、我は必ず[白]象に乗り、その人の前に出現する」という（若爾、何以解釈一経、都無啓心投想之地、至此乃引普賢観経。況今自云、読誦書写者、欲修習是法華経、於三七日中一心精進、我当乗象、至其人前。）」（T34・359c2-6）と指摘している。湛然は『法華玄賛』について経典全体を通して「啓心投想之地」がない不完全な注釈書であると認識している。さらに湛然の認識によれば、『法華玄賛』は『法華経』の最後の章である普賢菩薩勧発品に至って初めて行法に言及したが、その行法への言及も『観普賢菩薩行法経』に基づいてなされるだけである。つまり、湛然からすれば『法華玄賛』は『法華経』にすでに明らかに説かれている内容を無視しているように理解されるのである。これは湛然が『法華玄賛』を研究して著したとされる『法華五百問論』巻三においても同様の観点が確認できる。

今、思うに、［『法華玄賛』は］『観経』（『観普賢菩薩行法経』）を引用するが、この『経』が『法華』を結んでいることを知らない。また観法を修習させるのに『法華』の観とどんな違いがあるかを知らない。また『法華』の観を修習しようと思っても、どこに心を投ずるかを知らない。終日徒らに説いても、結局帰着するところがない。たとえていえば、貧しい人が宝を数えても、満足することがないことである。いったん死んでしまえば、色心の拠り所はない。まして経典の最初から最後の軸まで［『法華経』を］一言も見ずに、『経』（『観普賢菩薩行法経』）によって観を立てるのはなおさらである。

今謂、雖引観経、不知此経結於法華。亦不知令修観法与法華観有何別耶。亦不知欲修法華観、投心何所。終日徒説、竟無所帰。貧人数宝、未足為喩。一朝冥目、色心何依。況始自経初終極末軸、不見一言、依経立観。（X56・668b17-21）

『法華五百問論』では、『法華玄賛』が『観普賢菩薩行法経』を引用していることについて、①この経が『法華経』の結経であることを知らない。②『観普賢菩薩行法経』の観法と『法華』の観法の違いを知らない。③『法華経』の観法の方法を知らない、という三点から批判している。これらの批判は、湛然による一方的な立場からの批判であるが、これらは湛然にとって基の『法華経』理解が不十分であることから生じる問題であると解釈できるだろう。

第四項　『法華経』の正しい理解と実践とは何か

では、湛然の批判において最も重要とされる点、すなわち、『法華経』の正しい理解と実践とはどのように獲得されるのか。湛然はこの問題について、先に引用した『法華文句記』の中で「有人」説の批判に続いて次のように述べている。繰り返しになるが、今改めて引用する。

故に、［『法華経』の］修行であれ、解説であれ、今師［＝智顗］に依って［教えを］請うことで、初めて［その真意に］至ると知るのである。したがって、『玄文』（＝『法華玄義』）でなければ［『法華経』の修行と解説に］到達できず、この『疏』（＝『法華文句』）でなければ［『法華経』の修行と解説を］住持できず、［我が］一家でなければ［『法華経』の修行と解説を］進めないのである。もしこの通りでなければ、この教えは役に立つだろうか。［この］講義は役に立つだろうか。

故知若修行、若解説、請依今師、方有所至。所以非玄文無以導、非止観無以達、非此疏無以持、非一家無以進。若不爾者、用是教為。用講宣為。（T34・359c6-9）

湛然は、この箇所において、『法華経』の正しい理解と実践とは「今師」である智顗の教えに従うことで初めて可能になると指摘している。そして、『法華玄義』『摩訶止観』『法華文句』という三部の著作の意義を強調し、これらを「今師」に連なる正統性の根拠として見なしている。湛然は自分（およびそのグループ）がこの三部の著作によって『法華経』を正しく理解し、実践しているという自負のもとに、「［我が］一家でなければ［『法華経』の修行と解説を］進めないのである（非一家無以進）」と、明確にその正統性を宣言している。

この後、湛然は当時盛んに設置された「法華道場」に言及し、それらが『法華経』の正しい理解と実践を見失っているとの批判を展開している。

したがって東京（洛陽）の安国寺の尼の慧忍が法華道場を設けたことは、今全国で模倣され、その本質を見失っている。［模倣者たちは］この尼に拠り所があるから、普賢［菩薩が出現したの］を親しく感得したということをわからない。しかも［法華］道場を設ける場所があったとしても、多くは師（智顗）の心から離れている。まして現在の講経者が、その教え（『法華経』）を軽く簡単に扱おうとするのはなおさらである。実に教えの主旨を理解していないためである。

故東京安国寺尼慧忍置法華道場、今天下仿効、而迷其本。不知此尼依憑有在而親感普賢。然雖有置道場処、多分師心。況今講者而欲軽略斯教。良由不知教旨故也。（T34・359c9–13）

湛然は、洛陽安国寺尼慧忍が法華道場を設置したことを模倣して、唐代には法華道場が全国に設置されていることを指摘し、これら全国に模倣して設置された法華道場は本質を見失っていると批判している。湛然によると、それら慧忍を真似た法華道場では、慧忍が普賢菩薩の出現を感得することができた理由を理解していないとされる。その理由とは、「この尼に拠り所がある（此尼依憑有在）」からであるとしている。では、慧忍が拠り所としたものとは何を指すのであろうか。慧忍については、梁粛撰「唐常州天興寺二大徳比丘尼碑」に彼女の姉・慧持とともにその事績が伝えられている。[32] 梁粛の碑文によれば、慧持と慧忍には幼少の頃に『摩訶止観』や『法華玄義』を見て「これは我が師である（是吾師也）」（斉藤光純［一七九三：八三九］）と述べたとするエピソードや、「まず『法華』によってその解を導き、次に『摩訶止観』によってその行をまとめることで、最後に万法の根源を、仏の知見に帰着させる（先以法華導其解、次以止観摂其行、了以万法根源、帰於仏之知見）」（斉藤［一七九三：八四〇］）という思想的な特徴があったとされる。おそらく、湛然はこれらの事績に基づいて、慧持・慧忍を正しい『法華経』の理解に基づき実践した先例として位置づけたのだろう。すなわち、智顗を「今師」として仰ぎ、智顗の残した三大部に基づいて、『法華経』を理解し、観法を実践することこそ、湛然が最も重視した正統性の拠り所だったと考えられるのである。またこれは、法華三昧や法華道場といった実践面に限った話ではなく、『法華経』の注釈書や、教学的解釈においても同様の事態にあったと考えられる。湛然の天台宗の復興運動とは、自派の正統性の確立運動であると同時に、このような『法華経』の正しい理解と実践を確立することを目指した思想活動でもあったのである。

第五項　結び

従来、湛然は唐代に隆盛した法相宗や華厳宗、禅宗などの諸宗派に対抗し、教勢の衰えた天台宗を復興させた「中興の祖」として捉えられてきた。このような衰退論は湛然とほぼ同時代の梁粛の著作においてすでに見いだすことができる。湛然による天台宗の復興運動には「祖統論の顕彰運動」（池［二〇〇八：二七〇］）という側面があると指摘されるが、筆者は湛然が自身の正統性の根拠として三大部を教学体系の中心に据えること、つまり天台止観（『摩訶止観』）の実践に『法華玄義』・『法華文句』を強く関連づけるために、これらの著作を顕彰したと考える。

湛然の著作の中で経疏に対する注釈書は、『法華経』に関連するものが最も多く、そこには湛然の『法華経』に対する相当に強い思い入れが見て取れる。

筆者は、湛然の著作活動の最大の目的は、仏教において最も優れた経典である『法華経』と、その正しい実践思想である「天台（止観）法門」を提唱した智顗、この二つに自分（自派）が正統に連なる存在であることを証明することにあったと考える。また、湛然が強く正統性を主張しなければならなかったということは、当時の仏教界において、湛然の一派が著しく正統性を認められていない状況にあったことを意味しているといえるだろう。当時、湛然の一派は地域的にも思想的にも周辺的な位置づけしかなされていなかったのではないだろうか。

唐代にはさまざまな法華三昧の実践や法華道場の設立がなされたが、湛然から見ればそれらは決して『法華経』の正統的な理解に基づくものではなかった。また当時は、所謂「天台宗」という僧団・教団が統一的・組織的に存在していたわけではなかったと考えられる。そのため湛然は灌頂が強調した「今師相承」を改めて強調することで、仏教史上における智顗の正統性を再度明確に示し、さらに天台三大部に基づく教学体系を樹立することによって、「天台（止観）法門」と天台法華経疏との関係性を明確化しつつ、同時に智顗を継承する自らの立場の正統性を立証しようとした。このように正統性を確立しようとした湛然を、近々の弟子たちが中興者と評することは、一面では湛然の正統性の確立運動が一定の成功を収めたことを示しているといえるだろう。しかし、これは同時に、その運動が実は完全に成功を収めたわけではないことも示している。湛然の弟子たちによって「中興」との呼称が用いられること自体が一種の正統性確立のための演出であったとも考えられる。『伝教大師将来越州録』巻一には、「天台第七祖智度和尚略伝一巻　沙門志明集」（T55・1059a5）との伝記が伝えられているが、ここには智度が天台第七祖と見なされている。これは湛然が立てた祖統論が天台系の僧侶の間にその重要性を認識させたことを示しているが、しかし同時に天台の正統性の系譜は湛然以降もなお定着をみなかったことを物語っている。現在伝わっている天台の正統性の系譜の確立が具体的にいつ完成をみるのかは、今後さらに研究を進めなければならないが、湛然の正統性の確立運動の過程において、他宗派や、時には同じ天台系の人々との間に、仏教理解をめぐる相違や対立が生じたであろうことは想像に難くない。湛然の他宗批判とは、このような目前に存在する相手を想定しながら展開されていったのだろう。

第三節　湛然の「超八」概念と〝華厳教学〟

第一項　問題の所在

前節において確認したように、唐代に隆盛した法相宗や華厳宗、禅宗などの諸宗派に対抗し、教勢の衰えた天台宗を復興させた中興者としての湛然像の形成は、湛然とほぼ同時代の梁粛の著作においてすでに見いだされる。これは湛然が唐中期の天台宗復興運動の中心人物であったことを示しているのと同時に、湛然門下たちが自らの手によってその系統の正統性を主張しなければならないという当時の状況を反映しているとも見ることができる。湛然の天台宗復興運動は、『止観輔行伝弘決』の撰述活動とともに展開されてきたものではあるが、湛然は『止観輔行伝弘決』の撰述と並行して、智顗（五三八―五九七）の法華経疏に対する注釈書を撰述している。『摩訶止観』『法華玄義』『法華文句』をいわゆる天台三大部として重視することは、必ずしも湛然に始まったものではないが、湛然はこの天台三大部を智顗の仏教思想体系の中心として捉え直すことによって、仏教史上における智顗の正統性を強調し、さらにこれによって湛然自身の正統性の根拠を確立しようとしたものと考えられる。

さて、湛然は『法華玄義』『法華文句』を智顗の法華経疏として非常に高く評価したわけであるが、これらの天台法華経疏の注釈、特にその教判論において、『法華経』を他の経典と別格のものとして扱う独自の主張を展開させることになる。これはいわゆる「法華超八」あるいは「超八醍醐」と呼ばれる概念である。ただし現存する湛然の著作には「法華超八」や「超八醍醐」という術語によってこの概念を規定する箇所はなく、『法華文句記』に「超八」という言葉が用いられるだけである(33)。天台教判では通常、諸経典の価値を蔵教・通教・別教・円教の化法四教と頓教・漸教・秘密教・不定教の化儀四教とからなる「八教」の枠組みによって判定するが、「超八」とは『法華経』をその八教の枠組みを超えた経典として扱うという主張である。

この「超八」の概念の形成に関しては、智顗においてすでに存在していた『法華経』を絶対視する傾向を湛然が明確化したものであるとする見解と、湛然において他者との論争の中でこの概念が形成されたとする見解とがあるが、近年は後者の見解が有力であり、特に『法華経』を「漸頓」と規定する華厳宗との教判論争の中で形成されたと理解されている。このような先行研究の状況を踏まえ、本節では湛然が「超八」の概念を形成する過程で、〃華厳教学〃をどのように意識していたのかを考えてみたい。

第二項　『法華文句記』と『法華玄義釈籤』における「超八」概念の展開と他師への批判

初めに「超八」という語が用いられ、比較的晩年に撰述された『法華文句記』について検討したい。『法華文句記』における「超八」の概念についてはすでに前節において論じた。本節ではその内容を主に他師への批判という点から簡単に確認したい。

『法華文句』が『法華経』序品の冒頭「如是我聞」の「如是」を解釈する箇所に関して、『法華文句記』はこの段全体を「通解」「別責」「正釈」の三段に分科するが、その「通解」の段をさらに四段に分けた、第四段において『法華経』が他の経典と異なることを強調している（「挙今経表異」T34・159b24-25）。この段に対応する『法華文句』の記述は、

①諸経［の内容］は同じではないので、「如是」［の意味］も異なっている。②一つの鍵でさまざまな扉を開いてはならない。

①諸経不同、如是亦異。②不応一匙開於衆戸（T34・3b2-5、数字は引用者による）

というものであるが、この『法華文句』の記述自体は必ずしも『法華経』の優越性を述べたものとして解釈できるわけではない。むしろ②部分の「一つの鍵でさまざまな扉を開いてはならない（不応一匙開於衆戸）」という譬喩から考えれば、その意味は、一つの解釈によって、あらゆる経典の「如是」の意味を理解することを誡めたものとして捉えるべきであろう。湛然がこの箇所を『法華経』の優越性が述べられたものとして解釈しているのは、『法華経』を他の経典とは別格のものとして区別すべきであるという前提があったためと考えられる。湛然はこの段の①部分に対して次のように注釈している。

『法華経』は［仏の］一期の教説を超越している。今の教を昔の教に相対すれば、教に区別がある以上、部もまた同じ［もの］ではない。［部には］兼・但・対・帯［の区別］があり、権・実［の区別］があり、遠・近［の区別］がある。完全に進・否を知ることで、初めて今の経を明らかにする。「如是」がその通りである以上、他はすべてこれに準じなさい。どうして諸師の「一匙」（一つの鍵）を用いて、「八教」のさまざまな［教え

の」扉を開くができようか。古師のさまざまな解釈を集めてみても、［それらの解釈は］因縁［釈］の範疇を出ない。ゆえに「一匙」という。まして一人、二人の師がむしろ八教を開くだろうか。まして約教［・本迹・観心］などの三釈を［用いるだろうか］。まことに古今の奥深い様相である。

法華超乎一期教表。若将今教以対昔教、教既差別、部又不同。兼但対帯、権実、遠近。具知進否、方暁今経。如是既然、他皆準此。安得以諸師一匙、而開於八教衆戸。攢於古師衆釈、不出因縁一意。故云一匙。況一両師寧開八教。況約教等三。信古今冥寞。（T34・159c4-9）

この段には冒頭に「『法華経』は［仏の］一期の教説を超越している（法華超乎一期教表）」とあるように「超八」概念が提示され、他師の学説への批判と同時に『法華経』の優越性と自学派の正統性が強調されている。他師の学説の批判についていえば、上記の引用文中には「まして一人、二人の師がむしろ八教を開くだろうか（況一両師寧開八教）」と、「一両師」を取り上げて批判する箇所があるが、さらに「如是」の約教釈の第三段「正釈」に対する注釈には「ましてや昔の一人、二人の驢馬や驢のようなものはいうまでもない（況古一両如驢驢耶）」（T34・160b5）と、同様の対象を想定した批判が確認される。これは『法華文句』が二つの譬喩を用いて昔の人師を批判する箇所に対する注釈である(34)。『法華文句』の挙げる第一の譬喩は八教を網にたとえるものであるが、『法華文句記』はこの譬喩の意義を「諸師の偏った解釈では、単独で［その網を］張ることはできない（諸師偏釈、不可独張）」（T34・160a22）と述べ、諸師の解釈の偏頗性を批判したものとして理解し、この「諸師」に対して、近ごろ窃かに［天台の著作を］読む者は、まだ天台［の教判］はただ蔵［・通・別・円の］等の四教であるといっている。なんと愚かなことだろう。なんと愚かなことだろう。したがって経典を解釈する方軌を知る必要がある。

比窃読者、尚云天台唯蔵等四。一何昧哉。一何昧哉。是故須知消経方軌。（T34・160a23–24）

と批判する。湛然によれば、この「近ごろ窃かに読む者（比窃読者）」が智顗の教判を「ただ蔵等の四教である（唯蔵等四）」（いわゆる「化法四教」）としてのみ理解している点が問題であり、「経典を解釈する方軌（消経方軌）」として、頓漸不定秘密の四教と蔵通別円の四教との八教があることが示される（T34・160a24–26）。また、『法華文句』の第二の譬喩（『涅槃経』迦葉菩薩品の「接四箭」の譬喩、T12・837b23–c2）が用いられる意味は、「今は四［本の矢］を手で取る［譬喩］を借りることで、八教をたとえている。まだあえて［八教の矢に］当たったと言わない。ましてや昔の一人、二人が［のろまな］驢馬や［足の不自由な］鼈のようなものならば、なおさらである。もし深くこの意を理解すれば、経文に入って［解釈するのに］自ら明らかとなる（今借接四、以喩八教。未敢称当。況古一両如驢鼈耶。若深得是意、入文自融）」（T34・160b4–6）と解釈され、この譬喩も八教をたとえていると指摘される。この中に「まだあえて当たったと言わない（未敢称当）」とあるが、『法華文句』の「まだあえて速いと言わない（未敢称捷）」（T34・3c1–2）という表現を踏まえれば、これは八教を正しく理解していないことを意味しており、したがって続く「昔の一人、二人（古一両）」と批判される人々は、なおさら八教を理解していないと批判されていることになる。

では、湛然が「一両師」あるいは「古一両」、「近ごろ窃かに読む者（比窃読者）」と批判する対象は何を指すのであろうか。「一両師」については、「まして一人、二人の師がむしろ八教を開くだろうか（況一両師寧開八教）」、さらに「近ごろ窃かに読む者は、まだ天台はただ蔵等の四教であるといっている（比窃読者、尚云天台唯蔵等四）」と批判されている。ここから湛然の批判対象は特定の人物といよりは、天台教判を八教の枠組みとして理解せず、蔵教・通教・別教・円教のいわゆる「化法の四教」としてのみ理解する複数の人たちを指していると解釈できる。

また「古一両」は、湛然の当時から見てある程度さかのぼった時代の人物たちを想定した表現であるが、「比窃読者」は割と湛然に近い時代のことを言っているようであり、年代に関してはやや幅が設けられているようである。これはおそらく天台教判（あるいは智顗の真意）は古くから湛然の当時まで誤解され続けてきているという湛然の認識を反映しているのだろう。湛然の批判に該当するような、智顗の教判を蔵教・通教・別教・円教の四教として認識している例としては、現存する文献では法蔵（六四三―七一二）の『華厳一乗教義分斉章』巻一（T45・480c15-481a3）と、慧苑（六七三？―七四三？）の『続華厳経略疏刊定記』巻一（X3・578c8-12）の例を挙げることができる。したがって、湛然は華厳宗の諸師を強く意識していたということは確かであろう。ただし、湛然においては法蔵と慧苑との間の教学上の相違[35]が問題にされることはない。またもし両師を批判することだけが目的であれば、あえて「超八」概念を提示する必要はないが、湛然の両師に対する批判は「八教」の教判を理解していないことだけを問題としている。

次に比較的早い時期の著作である『法華玄義釈籤』における「超八」の概念を確認したい。『法華玄義釈籤』には直接的に「超八」という表現が用いられるわけではない。しかし本章第一節において論じたように、『法華玄義』巻一の教相を論じる箇所に対する注釈と灌頂による追記部分（「私録異同」）に対する注釈の二ヵ所において『法華経』を「八教」とは別格のものとして区別する主張が確認される。ここでは「超八」概念と他師への批判が同時に展開される前者の箇所に注目したい。これは『法華玄義』巻一で「今の『法華経』は顕露［の教］であって秘密［の教］ではなく、漸頓［の教］であって漸漸［の教］ではなく、開会［の教］であって不開会［の教］ではなく、醍醐味［の教］であって［乳・酪・生蘇・熟蘇の］四味［の教］ではなく、定［の教］であって不定［の教］ではない（今法華是顕露非秘密、是漸頓非漸漸、是合非不合、是醍醐非四味、是定非不定）」（T33・684a7-8）と、『法華経』

の教相の特徴が論じられる箇所に対する注釈箇所である。湛然はこの段を『法華経』と他の経典の優劣を論じた箇所と理解して「総じて教を解明して［他の経典より］優れていることを示す（総明教顕勝）」（T33・825c3）と分科し、さらに「通奪」の解釈、すなわち具体的な経典に焦点を当てた「部」の視点からの解釈を用いて、『法華経』における円教の純粋性を強調している(36)。

この中で湛然は『法華玄義』の「是漸頓非漸漸」との記述について、「通奪」の解釈に基づいて、今の『法華経』は漸教の後の頓教であって、漸教を開会して頓教を顕わすことを意味するので、漸頓というのである。『法華』の前の漸教の中の漸教のことでない。なぜならば、前には生蘇味・熟蘇味の二つを判定して等しく漸教と名づける。この二経の中にも円頓がある。今の『法華』の円教とこの［方等・『般若』の］二経の円頓は異ならない。ただし［今の『法華』の円教は］この方等の中にある［蔵・通・別の］三［教］や、『般若』の中にある［通・別の］二［教］と同じものではない。この二［教］と三教とは漸教の中の漸教と名づける。『法華』はそれらとは異なる。それゆえ「非漸漸」という。人はこのことを見ないで、そのまま『法華』を漸頓［教］として、『華厳』を頓頓［教］とする。［このような解釈は］おそらくは認められたことはない。

今法華経是漸後之頓、謂開漸顕頓。故云漸頓。非法華前漸中之漸。何者、前判生熟二蘇同名為漸。此二経中亦有円頓。今法華円与彼二経円頓不殊。但不同彼方等中三般若中二。此之二三名漸中漸。法華異彼。故云非漸漸耳。人不見之、便謂法華為漸頓、華厳為頓頓。恐未可也。（T33・825c8‒16）

と注釈している。すなわち『法華玄義』に「漸頓」とあるのは「漸後之頓」の意で「漸中之漸」の意ではないと指摘し、このことを理解せず、『華厳経』を頓頓、『法華経』を漸頓と規定して、『法華経』に対する『華厳経』の優位性を主張する立場を批判している[37]。

第三項　『止観義例』における〝華厳教学〟

以上に「超八」概念の展開と華厳宗批判が関係していることを確認したが、『止観義例』（以下、『義例』）第七章「喩疑顕正例（疑を諭し正を顕すの例）」には、上述の『法華玄義釈籤』の批判とほぼ同様の批判が見られる。「喩疑顕正例」は冒頭に、

ここに、所学の宗は同じく一師に従い、文理に相承するので、終わりまで異解がなかった。突然、問いに対して異解を答える誤った者に会ったので、やむなくこれを諭す。

此所学宗同稟一師、文理相承終無異解。忽遇僻者因問異答、事不獲已而徴喩之。（T46・453b27–29）

とあるように、基本的には湛然の問い、僻者の答え、湛然による批判という形式で六十六の問答が展開されている。湛然が『義例』で批判したのは、宋代以降、伝統的には澄観（七三八―八三九）であるとされてきたが、最近の研究では澄観が直接の批判対象なのではなく、後に澄観に大成されるような華厳教学に対する批判であると推定されている[38]。湛然の批判内容の詳細は紙幅の関係で省略するが[39]、ここでは湛然の批判対象とされる論者の主張のいくつかを確認することで、湛然の〝華厳教学〟批判の意味を考えてみたい。

「喩疑顕正例」で批判される答者の教判は、頓教に頓頓と漸頓の二頓を想定し、『華厳経』を頓頓、『法華経』を漸頓と規定する説である。古来より指摘されるように澄観にはこの答者と類似する教説がある[40]。答者の比較的まとまった説には次のようなものがある。

（第四）問う。何を根拠に二種の頓があることを知ることができるのか。答える。『法華玄義』に準ずるのである。八教とは、漸・頓・秘密・不定［の四教］があり、漸教にさらに四［教］があることを言う。［漸教の中の四教とは］蔵・通・別・円［の四教］を言う。この四［教］に前［の漸・頓・秘密・不定の四教］を兼ねて八教と名づける。漸［教］の中の最後に一つ円［教］がある以上、漸［教］の外に、またさらに一つ頓［教］を立てる。したがって前の［漸教の中の］円［教］はただ漸円であり、別に一つ頓［教］を立てるのは頓頓であることがわかる。しきりにこの義を用いて他の人を批判したが、他［の人］に答える者はなかった。ただ独り私だけが知ることである。

（第四）問、拠何得知有二種頓。答、準玄文。八教謂漸・頓・秘密・不定。漸又四。謂蔵・通・別・円。此四兼前名為八教。漸中既有最後一円、漸外又復更立一頓。故知前円但是漸円、別立一頓即是頓頓。頻将此義以難他人、他無対者、唯我独知。（T46・453c25–454a1）

ここでは、答者には「頓」＝「円」という理解があり、答者は自身の説が『法華玄義』に基づく正統な解釈であることを強く主張していたとされる。これに対し湛然は七つの観点から批判（七妨）しているが、その第四「『法華経』を侮辱する妨げ（抑挫法華之妨）」（T46・454a19）には、「近ごろ、教を判釈する者（近代判教）」は『華厳経』を「根本法輪」とし、『法華経』を「枝末法輪」とすることが多いと指摘し、『法華玄義』の四教や五味の理解に基づけば蔵・通・別の三教は麤、円教は妙であり、前四味は麤、醍醐味は妙であるので、麤を頓頓とし妙を漸円とすることはできないと指摘している（T46・454a19–25）。この「近ごろ、教を判釈する者（近代判教）」の説は吉蔵（五四九―六二三）の三種法輪説を踏まえたものと考えられるが、『法華経』を「摂末帰本」ではなく「枝末法輪」と規定する点は現存する文献には他に見られない説である。これは「摂末」と「枝末」が伝写の過程で乱れた可能性もあるが、そうであれば、これは澄観が三種法輪説を受けて「根本」としての『華厳経』を強調し、「『法華経』は他の経を集めて、『華厳経』に帰着させる。これは『法華経』がまた『華厳経』を指して根本とすることである（法華摂於余経、帰華厳矣。是則法華亦指華厳為根本矣）」（T36・7b26-27）と述べるような学説に類似するものといえる。[41]

さて、上述の答者の説では『法華玄義』が根拠とされて自説が主張されているが、答者には次のように『摩訶止観』や灌頂（五六一―六三二）の著作を用いた主張も見られる。

（第十）問う。三種止観の中の円頓止観とは、どのような頓であるのか。答える。これは漸頓である。なぜわかるかといえば、［『摩訶止観』の］第一巻には、三譬によって三種止観をたとえ、「神通力のある者が空に上がること」を円頓にたとえている。第七巻の識通塞の中では、「中は三観に即して神通を破す」とある。神通は破されるので頓頓ではない。［『摩訶止観』の］文に「別の視点からみれば、略して三門を指すが、大意は一頓にある」とあり、また三種止観［の説明の］の最後に「今、経によってさらに円頓を明かす」といい、また第五巻の安心の文の最後に、初め三種止観に焦点を当てて数を結び、その次にまた一心止観に焦点を当てて数を結んでいる。また第一の発心を結ぶ文には、先に三種止観によって［文を］結び、その次に「また、一止観によって結ぶ」としている。これらはいずれも三種止観の外に、別に頓頓［止観］があることの根拠である。

（第十）問、三種止観中円頓止観是何頓耶。答、是漸頓。何以得知。如第一巻以三譬喩三止観、以通者騰空（1c5）喩於円頓。至第七巻識通塞中、中即三観破於神通（87b11-12）。神通被破故非頓頓。文云、別則略指三門、大意在一頓（3c14-15）。又三止観竟又云、今依経更明円頓（2a3）。又第五巻安心文末、初約三止観結数、次又約一心止観結数（59a25-26）。又第一結発心文、先三止観結（5b5）、次云、又以一止観結（5b

6）。此等皆是三止観外、別一頓頓之正文也。（T46・455a1-10、傍線と『摩訶止観』の頁数は引用者による。）

（第三十三）また［僻者は自ら説いて］、灌頂法師の『十二部経観心』の文に依れば、観を修すれば必ず［その相を］獲得する、という。

（第三十三）又云、依頂法師十二部経観心之文。修観必得。(42)（T46・458a9-10）

これら答者の主張は、湛然によって厳しく批判されるわけであるが、少なくとも答者は『摩訶止観』を詳細に研究し、自説に取り入れていることがわかる。

また「喩疑顕正例」には『涅槃経』の円教に関して次のような答者への批判がある。

（第十四）問う。『涅槃経』の中の円［教］と、またどのような区別があるのか。答える。［『涅槃経』の円教も］また漸円［教］である。諭して言う。もし［僻者の］判別する通りであれば、初めの鹿野苑［での教え］から最後の『涅槃経』までは、同じく漸円［教］となる。『法華玄義』にどうして光宅［法雲］を多く批判するのか。光宅はしばしば『法華経』を昔（『法華経』以前）［の教え］と区別しているが、昔［の教え］を引用することが長すぎるのでさらにこれを批判する。この師は山門を受け継いでいても、かえってさらに光宅にも及ばない。

（第十四）問、涅槃中円復何差別。答、亦是漸円。喩曰、若如所判、始自鹿苑終至涅槃、一概漸円。玄文何故苦破光宅。光宅仍以法華異昔、引昔通謾尚乃破之。此師稟受山門、翻更不如光宅。(43)（T46・455c16-20）

ここで答者は「この師は山門を受け継ぐ（此師稟受山門）」者と称されるが、この「山門」とは『法華玄義釈籤』に「南宗では、初めに『成実論』を弘め、後に三論を尊んだ。近ごろ、天台の義を指して南宗であると相伝するのは正しくない。もちろん山門の一家の相承である。（南宗、初弘成実、後尚三論。近代相伝以天台義指為南宗者非也。

自是山門一家相承)」(T33・951a28-29)とあるように、智顗を継承する教団を意味していると考えられる。『法華玄義釈籤』にはさらに『法華経』に対する『華厳経』の優位を主張する「近ごろ、山門の教えを読む者(近代已来読山門教者)」(T33・950c5-6)や「近ごろの学匠(近代匠者)」(T33・950c8)という存在が指摘されている。これらはおそらく『義例』で「近ごろ、教を判釈するもの(近代判教)」や「この師は山門を受け継ぐ(此師稟受山門)」などと表現される者たちと無関係ではないだろう。以上のことからは、「喩疑顕正例」の答者が「山門」の教学にある程度精通した人物であることが予想され、湛然は〝華厳教学〟への批判を通して、実際には時代的にも地域的にも、ごく近い存在を批判の対象として想定していた可能性が確認されるのである。

第四項　結び

以上、本節では、『法華文句記』『法華玄義釈籤』『止観義例』における〝華厳教学〟への批判を概観し、湛然の批判の一端が「山門」に学び異説を唱える者を想定していたことを推定した。湛然は『止観輔行伝弘決』の冒頭にその著述の動機を挙げているが、その中の第一から第四の動機は次のようなものである。

第一に、[私は]師匠からの継承(師承)があり、[それは]内心に任せるものではなく、心を師とするのとは異なることを知らせるからである。第二に、かつて師匠からの継承(師承)がある者であっても、後代に伝わっていくと、次第に異解を生じ、本来依るべきものを失うからである。第三に、後代に伝わっていくと、次第に異解を生じ、本来依るべきものを失うからである。第四に、宗を信じて、喜んで他に習っても、師として教えを受けるべきものがいないからである。[44]

一為知有師承、非任胸臆、異師心故。二為曽師承者、而棄根本、随末見故。三為後代展転、随生異解、失本依

故。四為信宗、好習余方、無師可承稟故。（T46・141b21-25）

これらの動機は、それぞれ自身に「師承」があること、すなわち自身の正統性を示す必要があったこと、「師承」があっても根本を棄てる者がいたこと、後代に異解が生じ「本依」が失われる可能性があったこと、習うべき師がいないことなど、湛然の置かれた当時の状況を物語っている。こうした『止観輔行伝弘決』の執筆動機は、本節における推定をある程度裏づけるものといえるだろう。

第四節　唐代天台宗における頓漸をめぐる論争

第一項　問題の所在

これまで論じてきたように、湛然についての従来の理解は、およそ次のようなものが一般的な認識といえるだろう。すなわち、唐代は中国仏教の全盛期であり、法相宗、華厳宗、禅宗などが隆盛を極める一方、天台宗はそのような勢力の後塵を拝し、低迷していた。湛然は、そのような状況下において、他宗に対抗して天台宗の正統性を主張し、天台宗を復興させた、というものである。

しかし、近年、池麗梅［二〇〇八］によって、湛然の天台宗復興運動に関して、天台仏教内における正統性の確立運動として捉えるという視点が提示された。このような視点に立てば、中国仏教思想史という大きな枠組みによってのみ捉えられてきた、湛然を中心とする唐代天台宗に対する従来の理解は、その妥当性を改めて検討していかなければならない状況となった。つまり、いわゆる「他宗批判」として捉えられてきた湛然の言論活動も湛然の天台宗内における正統性の確立運動として新たな視点から精査していかなければならない。なぜなら、従来、湛然は天台宗の中興のために「他宗批判」を行ったと理解されてきたわけであるが、こうした「他宗批判」、あるいは、他者批判には、正統性の確立を目指した湛然の宗教運動において彼が直面していた課題が色濃く反映していると考えられるためである。

こうした問題意識のもと、本節では、湛然が華厳宗を批判した著作として理解されてきた『止観義例』を取り上げ、その中で頓漸に関する論争として展開される湛然の他者批判の意味を考えてみたい。

第二項　先行研究と『止観義例』の批判対象

『止観義例』は、湛然が『摩訶止観』に関して、①所伝部別の例、②所依正教の例、③文義消釈の例、④大章総別の例、⑤心境釈疑の例、⑥解行相資の例、⑦喩疑顕正の例という七つの解釈の範例を通して、天台観門を明らかにした著作であり、本書には湛然の立場からの正統的な『摩訶止観』の読み方が提示されている。本節で問題とする頓漸に関する論争は、特に⑦喩疑顕正の例を中心に展開されている（池田魯参［一九八一：四］）。喩疑顕正の例は、四六項目の問答によって構成されており、そこでは湛然の議論の相手として「僻者」と呼ばれる存在が設定されている。「僻者」については喩疑顕正の例の冒頭に次のように記されている。

この学ぶ内容（『摩訶止観』）の根本（宗）は、同じく一師から授かり、文・理を継承して、ついに異なった解釈が生じることはなかった。［しかし、］突然、誤った解釈をする者（「僻者」）に会った。［その者は］問いに基づいて奇異な答えをするので、事はやむをえず、［以下に］証拠立てこれを諭す。

此所学宗、同稟一師、文理相承、終無異解。忽遇僻者。因問異答、事不獲巳、而徴喩之。

（『止観義例』巻第二、T46・453b27-29）

喩疑顕正の例における問答の形式は、問いとその答えによって構成される『止観義例』の他の六つの例とは大きく異なる特徴がみられる。すなわち、第一に「僻者」に対する質問、第二に「僻者」による回答、第三に湛然による批判（「喩」）という形式が採用されている。このような問答形式は、湛然が『法華五百問論』において、基（六三二―六八二）の『法華玄賛』の学説を批判する際に採用した形式に類似している。[45]『法華五百問論』では明確に『法華玄賛』という著作が意識されている以上、『止観義例』に示される「僻者」は、湛然が自説を展開するため、便宜上、設定した架空の存在ではなく、実在する具体的な存在を想定していることが予想される。

『止観義例』の頓漸に関する議論については、すでに多くの優れた研究がなされている。[46]ただし、それらの研究の多くでは、湛然が批判する「僻者」を澄観（七三八―八三九）と見なして『止観義例』の内容を分析している。湛然の批判対象を澄観とする説は、すでに従義（一〇四二―一〇九一）の『摩訶止観義例纂要』（一〇八四年）や『法華経三大部補注』、宗鑑の『釈門正統』（一二三七年）など、宋代の天台宗系統の文献に見いだすことができる。[47]また、賛寧（九一九―一〇〇一）の『宋高僧伝』（九八八年）の澄観伝には、澄観が大暦十年（七七五年）に湛然から天台止観や法華経疏・維摩経疏を学んだという記述がある。[48]さらに、澄観の『大方広仏華厳経随疏演義鈔』には、「［天台］大師の本意の教判（大師本意判教）」（T36・50a22-23）として、『華厳経』の円教は頓教の円教であり、『法華経』の円教は漸教の円教であるとの説が提示され、さらに『法華玄義』には頓儀の中の円頓と漸儀の中の円頓とが説かれるとして、頓儀の中の円頓である『華厳経』の優位が主張されている。[49]こうした状況証拠から、従来は、湛然の華厳宗批判は、いわゆる『法華経』を漸頓、『華厳経』を頓頓と規定する澄観の誤った認識を批判したものである、と解釈されてきた。

たしかに頓教を漸頓・頓頓に区別する議論は唐代では湛然と澄観の著作にしか見いだすことのできない特殊な議論である。しかし、『止観義例』において批判される「僻者」の説の多くは、実際の澄観の著作には見いだすことができない。そのため、たとえば、早い時期では、島地大等［一九二九：二八〇―二八一］が、喩疑顕正の例の四六項目の問答から「頓・漸の二円の論意」を考察し、『止観義例』における湛然の批判は、澄観の著作においては言及されない内容であることを指摘しているし、石津照璽［一九四七：三四九］も、湛然によって「論難される彼（＝澄観：筆者注）の主張は、……湛然が挙げるほどに判然としたものに接することは出来ない」と述べている。さらに、日比宣正［一九六六：一八七―一八八］は、『止観義例』の述作の理由について、澄観が『法華経』を漸円、『華厳経』を頓頓と規定したことを批判するためであるとする『摩訶止観義例纂要』の学説に対して、『止観義例』の構成の上からいえば、湛然は喩疑顕正という一段を『止観義例』に設けている関係上、漸円・頓円の問題に触れざるをえなかっただけで、「湛然が本書を華厳学派に対して論難するという目的のみをもって叙述したということは」できず、「やはり湛然が『止観義例』を述作した第一理由は『止観輔行』の難解の点を明らかにすることであったと考えるのが穏当である」と論じている。またさらに澄観の主著の撰述時期（七八七年の完成以降）と湛然の活躍期間（湛然の示寂は七八二年）とのずれに注目して、「湛然は澄観の『演義鈔』は勿論、『華厳経疏』もみることなく示寂してしまっているわけである、従って、本書における法華漸円問題の直接の相手は『華厳演義鈔』でないことは明らかである」と指摘している（日比［一九六六：一八八―一八九］）。現在、研究者の間では、湛然が澄観を念頭に置いて『止観義例』を撰述したのではない、という学説は、ほぼ受け入れられている。[50]

しかしながら、『止観義例』には明確な批判対象が想定されていることは事実であり、その対象とはいったい誰なのかという問題は未解決のまま残されている。また、島地［一九二九］や石津［一九四七］は、『止観義例』における「僻者」批判の内容は、実際の澄観の著作にはみられない説であるとしながらも、「僻者」の学説を実質的には澄観の学説と見なして『止観義例』の考察を進めている。これに対して、日比［一九六六：一八九］は、湛然が澄観を批判対象としていない以上、湛然と同時代か、それ以前の時代に『華厳経』を頓頓と規定する教判説が説かれている文献を求めなければならないとするが、「この文献を見いだすことが出来ない以上、湛然がさかんに対破する華厳頓々の問題は、はたして従義のいう如く澄観に対するものであったか、たちまちに決することは不可能である」と、結論を保留している。また、池田［一九八二］や俞［二〇〇六］では、『止観義例』における「僻者」批判の対象は、直接的には澄観ではないことを認める一方で、そうした「僻者」の説は後に澄観の学説として大成するような、当時の華厳宗内部に存在した天台教学に対する誤った認識であったと解釈している。[51]日比［一九六六］を除けば、多くの先行研究において、澄観の学説と直接的に関係があるか定かではない「僻者」の学説は、澄観の学説との関係に引きずられて解釈がなされていることになる。

そこで次項に、湛然と彼が置かれた当時の唐代天台宗の状況を理解するために、『止観義例』における批判対象は澄観であるという前提を排除して、『止観義例』の頓漸に関する議論を再検討し、『止観義例』において展開される湛然の「僻者」批判の意味について考えてみたい。

第三項　『止観義例』にみる頓漸論争

（1）『止観義例』の喩疑顕正の例の概要

前述のように喩疑顕正の例は、基本的には①「僻者」への問い、②「僻者」の答え、③湛然の批判という形式からなる四十六項目の問答から構成されている。[52] 今、問いに基づいて、その内容を整理すれば、下記の一覧の通りとなる。

問いに基づく喩疑顕正の例の内容

1　頓教の種類
2　漸頓と頓頓の断惑における違い
3　漸頓と頓頓の成就する相の違い
4　頓教に漸頓と頓頓があると認める根拠
5　［前問を受けて］「漸開」して、七教ではなく八教となる理由
6　『法華経』はどのような頓教に該当するか
7　［前問を受けて］『法華経』を漸頓、『華厳』を頓頓と判定する根拠
8　［前問を受けて］『法華経』の声聞によって判定する根拠
9　［第二問の答えを受けて］断惑において漸円教が四住を先に捨て去ると主張する理由
10　円頓止観は漸頓と頓頓のいずれに該当するか
11　漸頓と頓頓の修行の階位における同異
12　漸頓と頓頓を立てる理由
13　方等経の中の円教と漸教の中の円教の同異

14　[前問を受けて]『涅槃経』の中の円教と漸教の中の円教の違い
15　[前問を受けて]『涅槃経』の四教は円教に入るか
16　『摩訶止観』巻一の多くの譬喩は、頓教をたとえたものか
17　[前問を受けて]『摩訶止観』巻一の「実非父子、両謂路人」という譬喩の場合はどうであるか
18　漸教と別教とは同じか異なるか
19　『摩訶止観』序で商略の章に該当する箇所
20　[前問を受けて]『摩訶止観』の旧本では祖承の章に当たる箇所を商略の章と見なす理由
21　心法、色法、依報の三法に関する漸頓と頓頓の起観の違い
22　漸頓観と頓頓観の初発心における違い
23　一心三観と三観一心の違い
24　相待と絶待の同異
25　[前問を受けて]『法華経』を相待と見なす理由
26　[前問を受けて]『法華経』が開会しないと見なす理由
27　[前問を受けて]修観において開会の義に準じて『法華経』を用いない理由
28　[前問を受けて]教に依拠する観において、観と教が対応しない説を提示する理由
29　頓頓の観相とする理由
30　[僻者自ら述べる]頓頓と漸頓の断惑の違い
31　[僻者自ら述べる]『摩訶止観』の五略における頓頓

32　［僻者自ら述べる］漸頓と頓頓の修観は初心では区別することが難しい
33　［僻者自ら述べる］灌頂の『十二部経観心』を根拠として修観すべき
34　漸円の観と見なす但中は実相か
35　［前問を受けて］初心に中を修するものは涅槃か
36　［前問を受けて］但中の初心が涅槃を観じることはあるか
37　天台大師は漸頓と頓頓の二頓があることを明確に説かなかったのはなぜか
38　［前問を受けて、僻者が述べる］八教が示されるので二頓がある
39　［前問を受けて、僻者が述べる］二頓の初心についての根拠の提示
40　「一色一香無非中道」の観相
41　［前問を受けて］通教の但中との違い（僻者は答えず）
42　［前問を受けて、僻者が述べる］文に拠って二頓を分けるべきだが、初心の修観では区別が難しい
43　「別教地前為登地、双亡双照方便」とはどういう意味か
44　何を「四三昧是通修、念仏是別修」と名づけるのか
45　［僻者が述べる］「三賢十聖住果報」とは円教と別教を兼ねる
46　「声聞経漸名漸円」というならば、八界の発心は何教と判定するのか

四十六項目の問答は、一つの問答で議論が一区切りされるものもあれば、複数の問答にわたって継続して議論されるものもあるが、全体を通して言える特徴は、いずれも頓漸、特に漸頓と頓頓という概念をめぐる論争であると

いう点にある。「僻者」の基本的な立場は、頓教に頓頓と漸頓の二種を立て、頓頓が漸頓より優れるという前提のもと、教門においては、『華厳経』を頓頓、『法華経』を漸頓に対応させ、観門においては、三種止観の円頓止観を漸頓止観として、さらに頓頓止観というものを想定するというものである。湛然にとって問題であったのは、「僻者」の理論が『法華玄義』や『摩訶止観』に基づいて展開されている点にあったと考えられる。

（2）教判に関する頓漸の論争――『法華玄義』の解釈をめぐって

喩疑顕正の例における頓漸の論争を教判論の側面からみれば、『法華玄義』の解釈をめぐる論争であるといってもよい。この第四の問答では、「何を根拠として［漸頓・頓頓の］二種の頓［教］があると理解することができるのか（問拠何得知有二種頓）」（T46・453c25–26）という問いが立てられ、漸頓と頓頓の二種の頓教が主張される根拠をめぐって議論が展開されている。「僻者」はこの問いに対して次のように回答している。

答える。『玄文』（『法華玄義』）を拠りどころにしている。八教とは、［『法華玄義』に］「漸・頓・秘密・不定」とある。漸［教］には、またさらに四［種類が］ある。［『法華玄義』に］「蔵・通・別・円」とある。この四［教］は前［の四教］と兼ね合わせて、八教と名づける。漸［教］の中に、最後に円［教］がある以上、漸［教］の外にまたさらに頓［教］を立てる。よって前［の漸教の中］の円［教］は、ただ漸円であるだけで、別に頓［教］を立てるのは頓頓であることがわかる。しばしばこの意味を用いて他の人を問いただすが、他［の人］で［私の問いに］答える者はいない。ただ私だけが一人理解しているのである。

答準玄文。八教、謂漸頓秘密不定。漸又四、謂蔵通別円。此四兼前、名為八教。漸中既有最後一円、漸外又復更立一頓。故知前円但是漸円、別立一頓即是頓頓。頻将此義、以難他人、他無対者。唯我独知。

上記の「僻者」の回答では、頓教を二種類に分けるのは智顗の『法華玄義』に基づく解釈であるとし、化法四教は漸教の中に含まれるので漸教の中の円教を漸円（漸頓）とし、それとは別に立てられる頓教を頓頓と判別している。また、「僻者」は自分の解釈こそが智顗の真意を理解したものであることを強調している。[53]（T46・453c26–454a1）

この「僻者」の説に対して、湛然は①「八教の名を理解していない（不識教名）」、②「漸教の展開（開出）を理解していない（不識漸開）」、③「八教の体を理解していない（不識教体）」、④「『法華経』を抑えつける（抑挫法華）」、⑤「頓の名を理解していない（不識頓名）」、⑥「根本の宗に違背する（違拒本宗）」、⑦「文に違い義に背く（違文背義）」という七つの問題点を挙げて批判している。

①「不識教名」についての批判は、「僻者」の「別に頓教を立てる（別立一頓）」という点についてのものである。湛然は「一頓」とは『華厳経』のことであると指摘した上で、「頓」とは、仏が成道して直ちに大乗の教えを説いたという意味であり、『華厳経』自体には、別教も説かれているため、これを妙なるものと見なすことはできず、「僻者」の説が『華厳経』を頓頓と規定することは、「八教」という天台教判と矛盾するものであると論じている。

②「不識漸開」についての批判の焦点は、「前円但是漸円、別立一頓即是頓頓」という「僻者」の教判理解に向けられている。『止観義例』によれば、「開出」の義とは、仏は『華厳経』という頓部の後に、小乗の機根の者のために漸教を与えることであり、この漸教の施設において、仏は蔵・通・別・円の化法四教を用いて、三蔵教、方等経、『般若経』を説き、聴衆の機根を整えるとされる。湛然はこうした理解が『法華玄義』に基づく説であるとしているわけであるが、[54]それによれば、頓教と漸教の違いは、化儀の面の相違でしかなく、化法の面からみれば円教自体に優劣はなく、方等経や『般若経』などの漸教の円教と『華厳経』の円教には違いがないことになる。以上の

観点から、湛然は円教の間の優劣を規定する「僻者」の教判理解の枠組みを批判している。

③「不識教体」については、「開出」の義における漸教と化法四教の関係を、握った拳と指との関係にたとえ、

漸［教］があれば、教はただ［漸・頓・秘密・不定の］四［教］があるだけであり、漸［教］がなくなれば、教はただ［蔵・通・別・円・頓・秘密・不定の］七［教］があるだけである。［漸教と蔵・通・別・円の四教とが］同時に存在するが必ず一方には体がない。八［教］を立てる場合は、体は［七教で］狭く、名は［八教で］広い。

存漸則教唯有四、没漸則教唯有七。倶存必一辺無体。立八則体陜名寛。（T46・454a17–19）

と論じている。つまり、「八教」が立てられるのは、教判概念全体の総称として用いられる場合であり、実際の教判においては、漸教と化法四教とが重複する教判概念であるため、漸・頓・秘密・不定の化儀四教か、蔵・通・別・円・頓・秘密・不定という七教の枠組みのいずれかしか成立しないとされる。湛然はこのような理論によって、「僻者」が示した「頓頓」より劣る「漸円」（漸教の中の円教）という構図を批判しようとしたものと考えられる（池田［一九八一：六―七］）。ただし、湛然の主張に基づけば、特に七教の枠組みでは、化法四教と化儀四教とが同一の基準に基づく教判説として理解されてしまうことになり、逆に「僻者」の「別立一頓」といった考えを許容してしまうような理論になっている。

④「抑挫法華」についての批判では、「漸円（漸頓）」と「頓頓」の二頓を用いて、『法華経』を低く評価することは『法華玄義』の正しい解釈ではないことが次のように指摘されている。

四には、『法華［経］』を抑えつける妨げがある。近代は教を判定する場合、『華厳［経］』を根本法輪とし、『法華［経］』を枝末法輪とすることが多い[55]。ただ天台大師だけは霊鷲山において［『法華経』を］親しく承け、

大蘇山において素晴らしい悟りを獲得し、自分自身で章疏を著した。［『法華文句』の］十義によってこれを比較すれば[56]、迹門でさえ［他の経典と］異なり、本門ではより大きく異なっている。よって、『玄文』（『法華玄義』）の中の、すべてのさまざまな解釈は、すべてまず教に焦点を合わせて判別すれば、［蔵・通・別の］三教は麤なるもの、［円の］一教は妙なるものとなる。次に［五］味に焦点を合わせて判別すれば、［乳・酪・生蘇・熟蘇の］四味は麤なるもの、［醍醐の］一味は妙なるものである。どうして麤なるものを頓頓と称し、妙なるものをひっくり返して漸円とするのか。

四者抑挫法華之妨。近代判教、多以華厳為根本法輪、以法華為枝末法輪。唯天台大師霊鷲親承、大蘇妙悟、自著章疏。以十義比之、迹門尚殊、本門永異。故玄文中凡諸解釈、皆先約教判則三麤一妙、次約味判則四麤一妙。如何以麤称為頓頓、以妙翻作漸円。（T46・454a19–25）

⑤「不識頓名」についての批判では、頓教と円教が同じ意味となる場合と、異なる意味になる場合とがあることが指摘され、「行」に焦点を合わせた場合は、頓教と円教は同じ意味として用いられるが、「味」、すなわち、部に焦点を合わせた場合には両者の意味は異なるとの説が提示されている。湛然はこれにより「僻者」の説に対して「［円教以外を］兼ねたり帯びたりする頓［教］（兼帯之頓）」（T46・454a28）である『華厳経』よりも「独り顕された円［教］（独顕之円）」（T46・454a28）である『法華経』の優位を主張している。

⑥「違拒本宗」についての批判では、「根本の師（智顗）は［『法華経』を］独り妙なるものと讃嘆し、学者は［『法華経』を］「漸円」とそしる。実を抑えつけ権を揚げることに何の利益があるのか（本師賛為独妙、学者毀為漸円。抑実揚権、有何利益）」（T46・454a29–b2）と、「僻者」の説が智顗の学説に相違するものであることを指摘している。

⑦「違文背義」についての批判では、湛然は『法華経』の「已説、今説、当説の中で、この『法華経』は最も難信難解な［経典］である（已説、今説、当説、而於其中、此法華経最為難信難解）」（T９・31ｂ17–18）との文を引用して、「已説」を『華厳経』から『般若経』までの教説、「今説」を『無量義経』、「当説」を『大般涅槃経』であるとの解釈を示し、「僻者」の説によれば「已説」である『華厳経』が第一になってしまうため、『法華経』に背くものであると批判している。[57]

以上が、第四の問答における「僻者」の説に対する批判の概要である。湛然は「僻者」が『法華経』を「漸円」、『華厳経』を「頓頓」と規定することが天台教学の解釈として妥当でないことを批判しているが、この問答において最も注目すべき点は、「僻者」が『法華玄義』に基づいた解釈という立場を示している点にある。「僻者」が『法華経』を「漸円」と規定するのは、『法華玄義』の次のような言説に基づいて解釈したためであると考えられる。すなわち、『法華玄義』巻一の「根性の融・不融の相」を明かす中には『法華経』を規定して、「詳しくは今の『経』（『法華経』）の通りである。もし教法に焦点を合わせて縁を授ければ、漸円教と名づけ、もし［説法の］順序を説けば、醍醐味の相である（具如今経。若約法被縁、名漸円教、若説次第、醍醐味相）」（T33・683ｃ４–６）と説かれている。前述の『止観義例』の議論においては、この問題が取り上げられておらず、智顗自らが「漸円教」と規定している事実を湛然が無視しているようにも見えるが、『法華玄義釈籤』巻二には、『法華玄義』のこの箇所に対する湛然の解釈を確認することができる。[58] 湛然はその中で「［ある］人はこのことを理解せずに、「『法華［経］』は漸円であり、『華厳［経］』は頓円である」と考える（人不見之、便謂法華為漸円、華厳為頓円）」（T33・823ｂ23–24）と、ある特定の人物を批判している。湛然の批判は、この人が①「開出」の義、すなわち『華厳経』に別教、『般若経』の中に通教・別教があることは『法華経』から展開されてきたこと、②『法華経』には他の経典と異なり、円教だけが説かれること、③四教に焦点を合わせれば、蔵・通・別の三教が麤、円教が妙となり、五味に焦点を合わせれば、乳・酪・生蘇・熟蘇の四味が麤となり、醍醐味が妙となることの三点を理解していないことが問題であると指摘しており、こうした『法華玄義』全体の文脈を理解していないことが誤った解釈を招いたとしている。『法華玄義釈籤』に示される批判の第一の論点は、「開出」の定義に若干の違いがみられるものの、『止観義例』喩疑顕正の例の第四の問答の①「不識教名」、②「不識漸開」、③「不識教体」の内容に通じるものである。第二の論点については、⑤「不識頓名」に類似する内容がみられる。第三の論点には、④「抑挫法華」と共通する内容がみられる。

一方、『法華玄義釈籤』では、前述のように『止観義例』において言及されなかった『法華玄義』の「漸円教」について「鹿苑漸後、会漸帰円」を省略した表現であるとの解釈が提示されている。日比［一九六六：一七三］は、「湛然は『法華玄籤』をあらわす以前に『止観義例』を叙述した」と推定しているが、これによれば湛然は『止観義例』の要点を整理しつつ、『法華玄義釈籤』を撰述する際に「漸円」についての新しい解釈を考案したとも考えることができる(59)。

さて、次に『法華玄義』の解釈をめぐる論争という観点から、もう一つ別の問答を確認したい。喩疑顕正の例の第六の問答では、『法華経』を「漸頓」と規定する「僻者」の『法華玄義』の解釈をめぐって次のような問答がなされている。

初めに『法華経』の部はどのような頓教になるのかとの問いがあり、これに対して「僻者」はただ「〔『法華経』は〕頓頓ではないとわかる（知非頓頓）」（T46・454b11-12）と答えている。「僻者」の答えは簡潔なものであるが、このような回答がなされるのは、『法華玄義』巻一の『法華経』の教相に関する次の記述に基づいているためだと考えられる。

今の『法華［経］』は顕露［教］であって秘密［教］ではなく、漸頓であって漸漸ではなく、開会であって不開会ではなく、醍醐味であって［乳・酪・生蘇・熟蘇の］四味ではなく、定［教］であって不定［教］ではない。

今法華是顕露非秘密、是漸頓非漸漸、是合非不合、是醍醐非四味、是定非不定。（T33・684a7–8）

『法華玄義』では、「顕露」と「秘密」、「漸頓」と「漸漸」、「合」（開会）と「不合」（不開会）、醍醐味と「四味」、「定」（定教）と「不定」（不定教）という五つの相対する概念によって『法華経』の教相を規定し、『法華経』の教相が他の経典の教相と異なることを指摘している。ここで『法華経』が漸漸と相対して漸頓と規定されていることを踏まえて、「僻者」は『法華経』は「頓頓」ではないとの解釈を展開していると考えられるのである。

このような「僻者」の解釈に対して、湛然は、「この師はただ「頓漸」の名を理解していないだけではなく、またさらに［『法華玄義』の］結びの文の意義も理解していない（此師非但不識頓漸之名。亦乃不暁結文之意）」（T46・454b12–13）と批判し、『法華玄義』巻一の文に対する湛然の立場からの正統な解釈を提示している。この中で湛然は『法華玄義』が『法華経』を「漸漸」ではなく「漸頓」であると規定していることに関連して、「頓漸」「漸漸」「頓頓」の意味を次のように述べている。

「漸頓」というのは、［『法華経』より］前の［華厳・鹿苑・方等・般若の］四時に焦点を合わせれば、漸［教］の中に頓［教］があり、頓［教］の中に漸［教］がある。今、『法華経』の迹門の円［教］の教説は、漸の中の頓［教］と、その意味は異ならない。ただ漸［教］の中の漸［教］とは異なるだけである。「漸漸」というのは、鹿苑［時］の［蔵の］一教、方等［時］の［蔵・通・別の］三教、般若［時］の［通・別の］二教のことである。頓［教］の中の漸［教］とは、とりもなおさず別教であって、漸［教］の中の漸［教］と、その意味は異ならない。よって、［「頓中の漸」と「漸中の頓」を］区別する必要はない。頓［教］の中の頓［教］とは、漸［教］の中の頓［教］と同じであって、また『法華［経］』とも同じである。このために、頓教について［「頓中の漸」と「漸中の頓」を］区別する必要はない。

言漸頓者、約前四時、漸中有頓、頓中有漸。今法華経迹門円説、与漸中頓其義不殊。但異漸中漸耳。言漸漸者、鹿苑一方等三般若二。頓中之漸即是別教、与漸中漸其義不殊。故不須簡。頓中之頓、同漸中之頓、亦同法華。是故頓教不須別簡。[60]　（T46・454b17-23）

ここでは、「漸頓」「漸漸」は、それぞれ漸教の中の頓教、漸教の中の漸教の意味として解釈されている。これらの中で最初に出る「漸」（漸教）とは時間的経過との関係から五時説と関連づけて解釈されているが、後に出る「頓」（頓教）と「漸」（漸教）は蔵・通・別・円の化法四教に関連づけられており、この場合の「漸」（漸教）は蔵・通・別のことを指し、「頓」（頓教）は円教のことを指すと解釈されている。湛然はこのような解釈を用いることで、『法華玄義』では想定されていない「頓漸」（頓中之漸）と「頓頓」（頓中之頓）を取り上げ、「頓頓」を華厳時の中の円教と位置づけている。

このように、湛然の立場からは、『法華玄義』に『法華経』が「漸頓」と規定されることは、『法華経』は決して「頓頓」の教えより内容的に劣ったものではないと解釈されるのであり、『法華経』は「漸頓」であるから「頓頓」に劣るという解釈は、智顗の正統的な解釈、すなわち、『法華玄義』の正しい解釈とは見なされないのである。

（3）『摩訶止観』の解釈をめぐる論争

『止観義例』喩疑顕正の例に登場する「僻者」は、前条で確認したように、『法華玄義』に基づき、漸頓と頓頓の二種類の頓教を立てて、漸頓を『法華経』、頓頓を『華厳経』と規定する学説を提唱した。「僻者」はこうした教判理論をさらに実践面にも展開し、天台観門に「頓頓止観」という観行を立てている。この説は喩疑顕正の例の第十の問答に次のように確認することができる。

質問する。三種止観の中の円頓止観はどのような頓［教］であるのか。

答える。［円頓止観は］漸頓である。どうして［そのように］わかることができるのかといえば、［『摩訶止観』］第一巻に［階段・金剛石・神通力を持つ者］の三つの比喩によって三［種］の止観をたとえている通りである。[61]［その中で］神通力を持つ者が空に昇る［という比喩］によって円頓［止観］をたとえている。［『摩訶止観』］第七巻の識通塞［の段］の中には、「中は三観に即して神通［力］を否定する」とある。[62]神通力は否定されるので頓頓ではない。［『摩訶止観』の］文に、「個別にいえば省略して三門を指すが、大意は一頓にある」とあり、[63]さらにまた、三［種］止観の最後の箇所にも、さらに「今、経を拠りどころとしてさらに円頓を明らかにする」とある。[64]さらにまた、第五巻の［善巧］安心［の段］の文の最後に、最初に三［種］止観に焦点を合わせて数を結び、次にさらにまた一心止観に焦点を合わせて数を結んでいる。[65]さらにまた、第一［巻］の発［大］心を結ぶ文に、最初に「三［種］止観によって結び」、次に「さらにまた、一［種］の止観によって結ぶ」とある。[66]これらはいずれも三［種］止観以外に、別に一つの頓頓［止観］があることの［『摩訶止観』の］本文である。

問、三種止観中円頓止観是何頓耶。

答、是漸頓。何以得知。如第一巻以三譬喩三止観。以通者騰空喩於円頓。至第七巻識通塞中、中即三観破於神通。神通被破、故非頓頓。文云、別則略指三門、大意在一頓。又三止観竟又云、今依経更明円頓。又第五巻安心文末、初約三止観結数、次又約一心止観結数。又第一結発心文、先三止観結、次云又以一止観結。此等皆是三止観外別一頓頓之正文也。（T46・455a1-10）

「僻者」は、『摩訶止観』の中から、①巻七で円頓止観をたとえる神通力が否定されている箇所、②「大意在一頓」や「今依経更明円頓」などの三種止観以外の止観が想定されていると解釈できる箇所、③巻五の善巧安心の段の最後の箇所、④巻一の発大心の結びの箇所などを具体的に引用しながら、智顗は三種止観とは別に「頓頓止観」を立てようとしていたと主張している。

このような「僻者」の学説に対して、湛然は七つの問題点を取り上げて批判を加えている（T46・455a10-b22）。その概要は次のようなものである。

①神通力の否定や「今依経更明円頓」の箇所は灌頂による序文であり、『摩訶止観』の本文の内容ではない。

②三種止観は智顗の師である南岳慧思（五一五―五七七）から継承されたものであり、弟子である智顗が師の主要な学説を否定するはずがない。また『観心論』の「祖師に帰命する（帰命祖師）」という記述と矛盾する。

③「僻者」の説では、神通力の否定が大きな根拠とされるが、「僻者」の引用する二ヵ所の神通力に関する記述は、それぞれ「神通」の意味が異なっている。

④「今依経更明円頓」の文は、『摩訶止観』の第二本において改定された序文の文であり、この「更」の意味は、階段・金剛石・神通力を持つ者の三つの比喩によって、漸次・不定・円頓の三種止観を説明した後に、さらに『華厳経』によって円頓止観の意味を説明しようとしたものである。

⑤「別則略指三門、大意在一頓」の文は、灌頂の序文と『摩訶止観』本論の大意の章との違いについて述べた箇所で、灌頂の序文はかいつまんで三種止観を概説しているのに対し、大意の章は三種止観の中の円頓止観にだ

け焦点を合わせている。

⑥『摩訶止観』の善巧安心の段の最後の箇所は、三種止観と頓頓止観が示されているのではなく、次第三観と一心三観が示された箇所である。

⑦大意の章の発大心の結びの箇所で文が一種の止観で締めくくられていることについては、大意の章には文を締めくくるのに、一種の止観による場合と、三種止観によって締めくくる場合、三種止観と一種の止観の両方を用いる場合、三種止観と一種の止観のいずれも用いない場合とがある。

以上のように、「僻者」は自分の学説が智顗の学説を正しく継承したものであることを『摩訶止観』を用いて論証しており、湛然はこれに対して「僻者」の『摩訶止観』の理解が不十分である点を批判するのである。これらの批判の中で、湛然が灌頂の序文と『摩訶止観』の本文との違いに注目している点には特に注意が必要である。この問題に関連して、湛然は喩疑顕正の例の第十九、第二十の問答において、「僻者」の『摩訶止観』に対する認識を次のように批判している。

【第十九問答】

問う。[『摩訶止観』の序における] 商略 [の章] の文はどこからであるか。

答える。「流れをくんで、源を尋ね（挹流尋源）」以下の文である。(67)

論していう。ここにまた二つの誤りがある。一つには [『摩訶止観』の] 新 [本]（現行本）と旧 [本]（第二本）の文意を理解していない。二つには商略 [の章] を祖承 [の章] と誤って判定している。最初の [新本と旧本の] 文意を理解していないとは、旧 [本の] 文では [『摩訶止観』の] 十章（商略・祖承・辨差・引証・示処・開章・生起・分別・料簡・解釈）の中、前の五 [章] は序 [文] であり、後の五 [章] は正 [文] である。

よって、旧本の最初には「窃かに考えたこと（窃念）と［智顗から］聞いた内容を述べること（述聞）を、合わせて十章とする」とある。［序文の］商略［・祖承・辨差・引証・示処］などの五［章］を「窃かに思ったこと（窃念）」と名づける。［灌頂が］自分自身で窃かに考えた序文であるからである。［正文の］開章［・生起・分別・料簡・解釈］などの五［章］は「［智顗から］聞いた内容を述べること（述聞）」と名づける。［灌頂が］自分が親しく［『摩訶止観』の］法会で聞いたことに従って述べるからである。［灌頂が『摩訶止観』を］再び改定するのは、本当に理由があることである。［灌頂が］窃かに思ったことが［智顗から］聞いた内容を述べることと連接し十［章］とされるべきではない［からである］。よって、［灌頂は］商略［という］五章の名称を捨て去ったのである。章の名称は捨て去られたが、依然としてその文［自体］は残された。「聞いた内容を述べること（述聞）」［の章］の五章については、その順番はあるが、また章の名称はなくなった。新しく商略［の章］の文を移動して、引証［の章］の例とする。［灌頂は『摩訶止観』の新本の］冒頭に「止観［明静］」などの字を加えて、通序として用いて、「挹流［尋源］」などの文を別序になぞらえて用いる。人はこのことを理解しないで、すぐに乱れた学説を立て、いたずらに旧本の商略を主張することで別序の新本を解釈する。どうして商略の文がまた祖承の後を表わすことがあろうか。とてもではないが認めることはできない。

問、商略之文為是何処。

答、挹流尋源已下文是。

喩曰、此亦二失。一者不暁新旧文意、二者商略謬判祖承。初不暁文意者、旧文十章、前五是序、後五是正。故旧本初云、窃念述聞、共為十章。商略等五名為窃念。己之私窃[68]興念序故。開章等五名為述聞。述已親従法会聞故。再治改者、良以。窃念不応連接述聞為十。故廃商略五章之名。章名雖廃、仍存其文。述聞五章、次第雖在、亦没章名。新移商略之文以為引証之例。首加止観等字用為通序、則以掲流等文用擬別序。人不見之、便為乱説空張、旧本商略以消別序新文。奈何商略之文、復彰祖承之後。甚不可也。（T46・456b14－27）

【第二十問答】

問う。「掲流［尋源］」以下［の文］は、まさしく旧本の［序文の中の］祖承［の章］の文である。［この箇所を］どうして商略［の章］の文とするのか。

答える。まさに師がいることや師がいないことを議論するので、商略［の章］という。

諭していう。旧［本］では商略［の章］を解釈して、「仏経を略述して、あらまし円意を表すので、「商略［の章］」という」という。すなわち、『華厳［経］』の［甚深の妙徳を］了達した賢首［菩薩］が円［の法］を聞くことなどの経文を引用している。今、依然としてその他（「掲流尋源」以外）の祖承の文を、師がいることや師がいないことを議論すると判定する。祖承［の章］を商略［の章］と見なす以上、祖承［の章］がもしさらに後の辨差［の章］を指すのであれば、［その考えは］始めから終わりまで重ね重ね妄説である。

問、掲流已下、正当旧本祖承之文。如何将為商略文耶。

答、正是商略有師無師。故云商略。

喩曰、旧釈商略云、略述仏経、粗彰円意、故云商略。即引華厳了達賢首聞円等文。今乃判他祖承之文、而為商略有師無師。既将祖承以為商略、祖承儻更指後辨差、従始至終重重妄説。（T46・456b27－c4）

喩疑顕正の例の第十九、第二十の問答は一連のもので、『摩訶止観』の旧本（第二本）と新本（現行本）における灌頂の序文について、①「不暁新旧文意」（第十九）と、②「商略謬判祖承」（第二十）の二つの側面から「僻者」の認識を批判している。『摩訶止観』の異本に関しては、この『止観義例』とほぼ同様の内容が、『止観輔行伝弘決』にも確認することができる。湛然は、灌頂が智顗の『摩訶止観』をまとめ上げるまでに、第一本、第二本、第三本（現行本）の三段階の修治の過程があったことを指摘している。(69) そして、「[私が]今継承しているのは第三本である。今時の人は第三本を略本、第二本を広本であると相伝することが多い。ひとまずこれを見れば、[第二本と第三本に]広本と略本の関係があるようにみえる。[しかし、]始末を詳しく検討すると紙数はかえって斉しく、第三本を再治本とすべきであり、略本というべきでない（今之所承即第三本。時人相伝多以第三而為略本、以第二本号為広本。一往観之似有広略。尋討始末紙数乃斉、応以第三為再治本不須云略）」（T46・141c4-8）と述べ、第三本のテキストに基づくべきであると主張している。したがって、湛然は第三本の構成に基づいて「僻者」の学説を批判するわけである。しかし、第一本と第二本の内容については湛然が引用する断片的な情報しかないため詳細は明らかではない。また『止観輔行伝弘決』の記述には、当時、第三本より第二本を重視する人々が多くいたとされており、「僻者」も第三本を再治本として認めていたのかも定かではない。「僻者」の学説は湛然が批判の要を認めた箇所のみが取り上げられているため、その全体像は明らかではないが、少なくとも「僻者」は『摩訶止観』を研究し、自身の学説の主要な根拠として用いていたことは確かといえるだろう。こうした『摩訶止観』を重視する態度は、湛然と共通するものであるが、ここで確認してきたように、湛然と「僻者」の学説の間には、『摩訶止観』の解釈をめぐってかなり大きな相違が存在しているのである。

第四項　「僻者」とは何者か

本節では『止観義例』喩疑顕正の例における「僻者」の学説と、それに対する湛然の批判を、主に『法華玄義』

と『摩訶止観』の解釈をめぐる論争として確認してきた。すでに述べたように、古来より喩疑顕正の例における湛然の批判対象は澄観であると考えられてきた。そのように理解された背景には、湛然が批判する「僻者」の学説の中に澄観の学説に類似する内容が含まれていることと、澄観が湛然に師事したという伝記資料が存在することが挙げられる。ただし、現在の研究では湛然が澄観の主著にある思想を直接批判する可能性は否定されている。では、湛然が『止観義例』において批判する「僻者」とはどのような存在なのだろうか。結びにかえて、最後にこの問題を考えてみたい。

前項で確認したように、唐中期の湛然の時代までは『摩訶止観』に三本の異なるテキストが存在しており、湛然はそれらを『摩訶止観』の三段階の修治の過程として位置づけた。『止観義例』喩疑顕正の例では、この異なるテキストに対する理解が「僻者」に対する批判の論点の一つとして注目されている。またそうした喩疑顕正の例とほぼ同様の議論が、『止観輔行伝弘決』にも確認することができる。その意味では、『止観輔行伝弘決』と喩疑顕正の例とはパラレルな関係にあるとみることができるだろう。したがって、湛然が『止観義例』を撰述した背景には『止観輔行伝弘決』と共通する問題意識が存在していたとも考えることができるのである。『止観輔行伝弘決』の冒頭には、次のようにその撰述の動機が記されている。

問う。どのような理由があって、直ちにこの『記』(『止観輔行伝弘決』)を完成させたのか。

答える。やむをえないことであった。この理由を述べるのに、全部で十の意義がある。

第一には、［私には］師より継承したものがあり、［自分の］内心に任せるのではなく、［自分の］心を師とすることとは異なるのを理解させるためである。

第二には、師よりの継承のある者が根本を捨て去って、見たことのない［考え］に従うためである。

第三には、後代に移り変わり、随う者に異解が生じて、根本の依拠となるものを失うためである。

第四には、宗を信じ、好んで他方に学んだが、師として継承すべきものがいなかったためである。

第五には、義・観を同時に習えば、好んで教に従う者に行解が備わるからである。

第六には、関節・広略・起尽・宗要の文を点示するためである。

第七には、師の解釈を立てて、埋没させずに、来世に利益を与えるためである。

第八には、自分自身で観門と義解を助けて、誤謬を防ぎ、探究しやすくするためである。

第九には、［自分の］解釈の内容を明らかに示すことで、［自分の］理解に誤りがあることを恐れ、［誤りの］削除を求めるためである。

第十には、仏の趣旨に従って大悲心によって利他行を行うためである。

問曰。有何因縁、輒集此記。

答。事不獲已。述此縁起、凡有十意。

一為知有師承、非任胸臆、異師心故。

二為曽師承者、而棄根本、随末見故。

三為後代展転、随生異解、失本依故。

四為信宗好習余方、無師可承稟故。

五為義観倶習、好憑教者、行解備故。

六為点示関節・広略・起尽・宗要文故。

七為建立師解、使不淪墜、益来世故。

八為自資観解、以防誤謬、易尋討故。
九為呈露所解、恐有迷妄[70]、求刪削故。
十為随順仏旨、運大悲心、利他行故。（T46・141b19–29）

ここに示される動機のうち、第一の理由には、自身に「師承」があること、すなわち自身の正統性を示す必要があったこと、第二の理由には、「師承」があっても、その根本を棄てる者が存在したこと、第三の理由には、後代に異解が生じ、「本依」が失われる可能性があったことなどが示され、湛然の置かれた当時の状況を垣間見ることができる。なお、『止観輔行伝弘決』では、これらの動機が提示された直後に、前述の『摩訶止観』の旧本と新本のテキストの問題が言及されている。この点に関して、筆者は以前に、『法華文句記』『法華玄義釈籤』『止観義例』における〝華厳教学〟への批判を概観して、湛然の批判の一端には「山門」に学び異説を唱える者が想定されていると推定した（松森［二〇一三：四八二］）。『止観義例』には、「この師は山門を受け継ぐが、かえってさらに光宅［法雲］にも及ばない（此師禀受山門、翻更不如光宅）」（T46・455c20）と「僻者」を批判する箇所があり、「僻者」を「此師禀受山門」と見なしている。「山門」については、『法華玄義釈籤』に「南宗は最初に『成実［論］』を弘め、後に三論を尊んだ。近代に、天台の義を指して南宗であると伝えるのは誤りである。［天台の義は］もともと山門一家の相承である（南宗初弘成実、後尚三論。近代相伝、以天台義指為南宗者非也。自是山門一家相承）」（T33・951a28–29）とあるように、智顗を継承する天台山の一門を意味していると考えられる。『法華玄義釈籤』には、さらに『法華経』に対する『華厳経』の優位を主張する「近代以降の山門の教えを学ぶ者（近代已来読山門教者）」（T33・950c5–6）や「近代匠者」（T33・950c8）という存在が指摘されている。本節において確認したように、「僻者」の学説が『摩訶止観』や『法華玄義』に基づいて展開されているという事実からも、こうした「山門」教学に精通した存在としての「僻者」像を見いだすことができる。『止観義例』喩疑顕正の例に引用される「僻者」の学説は、「僻者」と呼ばれる人物の純粋な思想ではなく、そこには当然、湛然の主観的な判断や誤読も含まれている可能性が高い。しかし、そうした状況を考慮したとしても、湛然と「僻者」の間の智顗の主要な著作の解釈をめぐった論争には、天台仏教の正統的解釈をめぐる教義論争という側面が存在していたことは確かといえるだろう。

本節では喩疑顕正の例を中心に取り上げたが、『止観義例』のその他の記述の大半は、『摩訶止観』の正しい読み方を定めた内容であり、その意味では、『止観義例』は撰述された当初から修行者に対して正しい止観行の在り方を説明するための教則本としての意味合いが強かった。『止観義例』において、「［一家の教門の］用いるところの意義と宗旨は、『法華［経］』を根本の骨子とする（所用義旨、以法華為宗骨）」（T46・452c28）などと、『法華経』を根本とすることが強調される背景には、裏を返せば、天台山の一門としての自覚と湛然の仏教理解の正統性とが強調されなければならない必然性が存在していたとみることもできる。そもそも、智顗自身は『法華経』を重視したとはいえ、その思想は円教を中心とした教義体系にあり、必ずしも『法華経』の絶対性を強調していたわけではない。[71]したがって、智顗を信奉する後代の者たちの間にも、『法華経』だけが絶対的に重視される必要はない、と考える人々が現れてもなんら不思議ではないだろう。「僻者」とは、そうした「山門」に属する存在であり、湛然の天台仏教復興運動における初期の主要な論敵であったと考えられるのである。

註

（1）「荊渓大師碑」はすでに散逸しているが、『宋高僧伝』がその一部を引用している。『宋高僧伝』が引用する「荊渓大師碑」の全文は次の通りである。「嘗試論之、聖人不興、其間必有命世者出焉。自智者以法伝灌頂、頂再世至

于左渓。明道若昧、待公而発、乗此宝乗、煥然中興。蓋受業身通者、三十有九僧。搢紳先生、高位崇名。屈体承教者、又数十人。師厳道尊、遐邇帰仁。向非命世而生、則何以臻此」（『宋高僧伝』巻六、湛然伝、T50・740a3-9）。池麗梅［二〇〇八：二五三—二五四］を参照。

（2）『唐大和上東征伝』巻一には、「天台止観法門、玄義、文句各十巻。四教儀十二巻。次第禅門十一巻。行法華懺法一巻。小止観一巻。六妙門一巻」（T51・993a15-17）とあり、鑑真が天台系の文献を日本に伝えていたことがわかる。

（3）湛然の著作について、日比宣正［一九六六：八二—一〇三］は散逸したものを含め三十三部とするが、池［二〇〇八：八五—八六］は日比［一九六六］の算出が三十五部の誤りであることを指摘し、さらに明らかに別人の著作を除外して、これを三十二部に訂正している。また俞学明［二〇〇六：三四一—三四九］は散逸文献である『顕法華義抄』十巻を挙げず、三十一部とする。

（4）『止観義例』は天台宗の宗旨として『法華経』を重視することを明言している。『止観義例』巻一、「所用義旨、以法華為宗骨、以智論為指南、以大経為扶疏、以大品為観法。引諸経以増信、引諸論以助成。観心為経、諸法為緯、織成部帙、不与他同」（T46・452c28-453a2）。

（5）最近の研究では、俞［二〇〇六：二五七］が「湛然は智者の法華経観を継承し、当時の諸宗、とくに華厳宗の教判問題上の挑戦に対応し、さらなる『法華経』の〝宗経〟としての地位を確立した。……湛然は華厳宗の天台宗は漸頓に属し、華厳宗は頓頓に属すという〝二頓〟説を批判して退け、天台宗と華厳宗の教判の根本的な違いは、立場の相違、標準の異なりにあり、よって同様のテキストに対して異なった解釈をした。この基礎のもとに、湛然はさらに〝超八醍醐〟説を提出し、これにより『法華経』の超越的位置づけを際立たせた。（湛然继承了智者的《法华》观，应对当时诸宗尤其是华严宗在判教问题上的挑战，进一步确立了《法华经》的宗经地位。……湛然批斥华严宗〝二顿〟说——以天台属渐顿，华严属顿顿，指出天台和华严判教的根本区别在于立场不同，标准不同，因而对同样的文本作出了不同的解释。在此基础上，湛然进一步提出了〝超八醍醐〟说，以突出《法华经》的超越地位）」と論じている。

（6）『法華五百問論』についての研究は、日比［一九六六：二九〇—三一九］、呉鴻燕［二〇〇七］を参照。

（7）安国寺利渉について、『宋高僧伝』巻十七、利渉伝（T50・815af-）は、彼が玄奘門下の一人であること、『華厳経』に造詣が深く『華厳経』を講じていたこと、道教と仏教の道仏二教論争において仏教側の代表を務めた人物であることなどが記されている。利渉については、牧田諦亮［一九六二］が敦煌文献を用いて詳しく研究している。また小寺文穎［一九七四：一五九―一六二］は利渉の著作について論じる中で、散逸した法華経疏四巻は、湛然が『法華文句記』において十二回、円珍が『法華論記』において七回引用していることを指摘している。

（8）安藤俊雄［一九六八：三〇五―三〇六］は、湛然は約教別与・約部通奪という観点を導入し、教および部の二面から法華円教と爾前円教を区別すべきであることを提唱したが、特に約部通奪の視点を重視して法華超八の立場を維持しようとしたとする。

（9）『法華玄義釈籤講義』の注釈に基づき、「時節節」を「時節」に改める。

（10）「是起方等教也」（T33・689a3）、「若方等教」（T33・689b4）、「若方等教半満相対」（T33・809c23）。

（11）『法華玄義』巻一、「如日初出、前照高山。厚殖善根、感斯頓説。頓説本不為小。小雖在座、如聾如唖。良由小不堪大、亦是大隔於小。此如華厳。約法被縁、縁得大益、名頓教相、約説次第、名従牛出乳味相。次照幽谷。浅行偏明、当分漸解。此如三蔵。三蔵本不為大。大雖在座多懿婆和、小所不識。此乃小隔於大、大隠於小。約法被縁、名漸教相。約説次第、名酪味相。次照平地。影臨万水、逐器方円、随波動静。示一仏土、令浄穢不同、示現一身、巨細各異。一音説法、随類各解、恐畏、歓喜、厭離、断疑。神力不共、故見有浄穢、聞有褒貶、嗅有薝蔔不薝蔔、華有著身不著身、慧有若干不若干。此如浄名方等、約法被縁、猶是漸教、約説次第、生蘇味相。復有義。大人蒙其光用、嬰児喪其睛明、夜遊者伏匿、作務者興成。故文云、但為菩薩、説其実事、而不為我説斯真要。雖三人倶学、二乗取証。具如大品。若約法被縁、猶是漸教、約説次第、名熟蘇味相。復有義。日光普照、高下悉均平。土圭測影、不縮不盈。若低頭、若小音、若散乱、若微善、皆成仏道。不令有人独得滅度、皆以如来滅度、而滅度之。具如今経。若約法被縁、名漸円教、若説次第、醍醐味相」（T33・683b11-c6）。

（12）『四明尊者教行録』巻三、「云何妙楽謂之法華超八教外」（T46・882b8）、『法華経文句記箋難』巻二、「法華超八」（X29・512b19）などの例をみれば、「法華超八」は宋代以降に定着していったと考えられる。また最澄の著作とされる『本理大綱集』に「法華之超八円」（『伝教大師全集』第五巻〈比叡山図書刊行所、一九二七年〉二〇九頁）とあるが、本書については疑撰の可能性が指摘されている。なお「超八醍醐」については出典を見いだすことはできなかった。少なくとも中国天台宗、初期の日本天台宗では用いられない概念のようである。

(13) 湛然の「超八」の思想については、これまでの研究によって以下のような点が解明されてきている。

湛然は『法華玄義釈籤』において、円教を「法華の円」と「爾前の円」に立てわけ、「約教別与・約部通奪」の解釈法を導入したが、安藤俊雄［一九六八：三〇五―三〇七］は湛然が「約部通奪」の立場を重視していることを指摘し、その証拠として、『法華玄義釈籤』巻二十に灌頂が八教を八蔵と会通する文に対する湛然の注釈を挙げている。ただし、安藤［一九六八］は、「超八」の思想は智顗の法華至上主義からの当然の帰結であるため、その思想は湛然が智顗の真意を明確に指示したものであると理解している。

日比宣正［一九七五：八三］は、『止観義例』における湛然の教判論を検討する中で、『止観義例』と同様の教判が『法華玄義釈籤』にも見いだされるとして、「この超八の思想は湛然教学に至って初めて明確に提唱されたものと考えられるが、法華は漸頓なりと主張するのに対して、湛然が答えたものといえよう」と指摘しており、『止観義例』『法華玄義釈籤』において「超八」の思想が成立したとみている。

池田魯参［一九七五a：二七〇］は『法華文句記』の如是釈の段を引用して、「法華超八の釈義はとどのつまりは、化儀判の質的重さを説き、化法の四教の上に化儀の四教を位置づけることになるのである」と指摘し、さらに「智顗が思慮深く細心の注意をはらって斥けた、諸経典の優劣論としての教判論の立場へと、幾分か意識的に湛然は移行していった」と論じている。また池田魯参［一九七五b：二七二］では湛然がそのような思想を形成した背景について、「教判論に限っていえば、同じく一乗円教の宗を標榜した華厳教学との対決において、湛然の教判論は、一層先鋭化し、特色を発揮したように思われる」として、「華厳学との教判論争の過程で、湛然はいきおい化法解釈より化儀解釈を契機とする教判論へ傾倒していった」と指摘している。

(14) 『法華疏私記』は、この文は『大般涅槃経』『大智度論』にあると指摘し、『法華文句記講義』は、吉蔵の『法華義疏』巻一の「如集法蔵経云、侍者阿難凡発四問。一問以誰為師、二問依何行道、三問云何与悪人共住、四問仏経初安何等語。如来答云、戒能訓誨可以為師。四念処破倒依此行道。梵法黙然伏彼悪人。一切経初皆標六事」（T34・453c18-23）に倣った表現であるとするが、両書ともに「更検」と述べており明確な出典を見いだしていない。

菅野博史［二〇〇七：二二］はこの経文を出典未詳とする。

(15) 池田魯參［一九八六：九一］は、「化儀」「化法」の四教の定義は『止観義例』巻一の「既約法華、応須八教。教雖有八、頓等四教是仏化儀、蔵等四教是仏化法」（T46・448c22-23）の文が初出と推定している。

(16) 『法華玄義』巻一、「此座説頓、十方説漸、説不定。頓座不聞十方、十方不聞頓座。或十方説頓、説不定、此座説漸。各各不相知聞。於此是顕、於彼是密。或為一人説頓、或為多人説漸、説不定。或為一人説漸、為多人説頓。各各不相知、互為顕密。或一座黙十方説、十方黙一座説、或倶黙倶説。各各不相知、互為顕密。」（T33・683c26-684a4）。

(17) なお、湛然門下とされる道暹の『法華天台文句輔正記』巻一には「「安得以諸師」から「衆戸」までは、今家は、先に八つの鍵で八の扉を開き、次に一つの匙でさまざまな教［の区別］を取り除いて、すべて一実と同じにする。（安得以諸師至衆戸者、今家、則先以八匙開於八戸、次以一匙而蕩衆教、咸同一実）」（X28・642b24-c1）とあり、「今家」の立場では、「八教」の門それぞれに対応する八つの鍵があることを明かし、さらに一つの鍵によって諸教を一実の教えとして開くという解釈を提示している。

(18) 秘密教の「如是」については、『法華文句』巻一に頓教の如是、不定教の如是とともに、「若頓如是、与円同。不定如是、前後更互。秘密者、隠而不伝」（T34・3b27-28）と述べられているように、秘密教には「如是」が想定されていない。

(19) 前掲註（13）池田［一九七五a：二七〇］参照。

(20) 『大方広仏華厳経』巻五十八、入法界品には「張大教網、亘生死海」（T9・773c8）とある。ただし湛然の引用する文と正確には一致しない。しかし湛然が引く『華厳経』の内容と同じ文を引く文献は多い。たとえば、以下の文献にはほぼ共通の内容の『華厳経』の引用が見られる。『華厳一乗教義分斉章』巻一、「故此経云、張大教網、置生死海。漉人天魚、置涅槃岸」（T45・482b15-17、なお「置」は甲本ならびに乙本では「亘」に作る。「漉人天魚」は甲本ならびに乙本では「度天人龍」に作る。）、『妙経文句私志記』巻三、「言敷等者、華厳云、敷仏教網、亘法界海。漉人天魚、置涅槃岸。意者謂開張諸仏清浄教網、遍魚生死法界之海教化、撈漉一切人天之魚、安置清浄涅槃之彼岸。法界之言、通於事理染浄」（X29・195b10-13）。『賢首五教儀』巻三、「華厳云、張大教網、下生死海。漉人

天魚、置涅槃岸」（Ｘ58・658ｃ14-15）、『禅源諸詮集都序』巻二、「華厳云、張大教網、漉人天魚、置涅槃岸」（Ｔ48・412ｃ3）。

また同じ内容であるが、引用元を『無量義経』の文とする文献もある。『法華経玄賛要集』巻一には「無量義経云、張大教網、至生死河。漉人天魚、置涅槃岸。欲得魚兔、無過結網織筌。欲得度衆生、無過説於教法」（Ｘ34・185ａ1-3）とある。『無量義経』巻一では冒頭に仏の徳をたたえて、「船師、大船師、運載群生、渡生死河、置涅槃岸」（Ｔ9・384ｃ4-5）と述べており、ここが該当箇所と考えられる。ただし、『無量義経』の場合でも引用内容が完全に一致するわけではない。

(21)　『法華経三大部補注』巻四に次のように澄観が天台の四教を挙げるとするが、時代関係でみると湛然が澄観を直接の批判対象とする可能性は低い。「比窃読至唯蔵等四　如清涼観師列諸家判教。従立一教至立五教者、以天台列在立四教数中。与光宅等皆在四摂。豈非窃読歟」（Ｘ28・194ｃ10-13）。

(22)　原文では「綱目」とあるが、「網目」の誤りであると推定した。「綱目」とは一般的には大綱と細目の意味である。ただし『法華玄義』巻十には「当知此経唯論如来設教大綱、不委微細綱目」（Ｔ33・800ｂ27-28）とあり、「大綱」と「綱目」とはセットで用いられ、「綱目」の中に「大綱」の意味は見いだされない。湛然は『法華文句記』巻十においても「故知此経是紀定大綱之教、不可以綱目釈之」（Ｔ34・340ａ16-18）と「大綱」と「綱目」を関連する内容として用いている。『法華文句記講義』は「釈義之綱目、綱誤。合作網」（『天台大師全集［法華文句］』一〈日本仏書刊行会、一九七〇年〉、八五頁）といい、「網目」は「綱目」の誤りとしている。ここでは『法華文句記講義』の説を採用し「綱目」は「網目」の意味で用いられていると解釈した。

(23)　「未敢称当」は意味が明らかでない。『法華文句』の「未敢称捷」（Ｔ34・3ｃ1-2）を踏まえた表現であると考えられる。

(24)　ただし、湛然においては法蔵と慧苑との間の教学上の相違が問題にされることはなく、ただ二人を同系統の学説としてまとめて批判しているだけである。なお、法蔵の天台教判の受容と慧苑の法蔵に対する批判については、坂本幸男［一九五一］を参照。

(25)　唐代における法華三昧の実践の普及についての研究は、大久保良順［一九五二］、塩入法道［一九八四］、秋田光兆［一九九九］がある。近年、さらに唐代における法華三昧や法華道場について、池［二〇〇六：三七九―三八二］、小林順彦［二〇〇九］・［二〇一〇］が研究を進めた。小林［二〇〇九］は唐代に「法華道場」が設置された目的には、法華三昧によって見仏体験を期するという修行者の自利行の側面と、国家の安寧のために『法華経』を転経するという利他行の側面とがあったとする。

（26） 『法華文句記』巻十「釈普賢品」の巻末の記述については、すでに呉［二〇〇七：二二四―二三二］、池［二〇〇六：二八三―二八七］らが言及している。特に呉［二〇〇七］は、普賢品に対する『法華玄賛』の注釈では吉蔵の『法華義疏』を参照している点を明らかにし、さらにこの箇所における基の『法華玄賛』への批判についても『法華五百問論』『法華文句記』を用いて論点をまとめている。本節では湛然の法華経観という観点から改めてこの箇所について考察したい。

（27） 『法華経』普賢品では具体的に「あるいは行き、あるいは立って、この経を読誦する（若行、若立、読誦此経）」（T9・61a28-29）者、「あるいは座して、この経を思惟する（若坐、思惟此経）」（T9・61b2-3）者、「あるいは後の世の後五百歳濁悪世において、比丘・比丘尼・優婆塞・優婆夷で探究する者、受持する者、読誦する者、書写する者（若後世後五百歳、濁悪世中、比丘、比丘尼、優婆塞、優婆夷、求索者、受持者、読誦者、書写者）」（T9・61b9-11）であって、「この『法華経』を修習しようと思い、二十一日間、まさに一心に精進する（欲修習是法華経、於三七日中、応一心精進）」（T9・61b11-12）者の前に、白象に乗って出現するという誓願が述べられている。

（28） 池［二〇〇八：三九八］は「有人」が基であると特定したのは、『法華文句記講録』であるとするが、『法華文句記講録』は『三大部補注』の説を引用し、「有人」を基として特定している。

（29） 『法華玄賛』巻十、「賛曰、下第四普賢勧発有四。一明護持、二与現益、三若但書写是人命終当生忉利天上下与後益、四有如是等功徳利益下結勧発心」（T34・852c25-27）。

（30） 国訳一切経『妙法蓮華経玄賛』四二一頁の註6には「大正蔵は通に作れども恐らく誤植ならん。異本及び支那版玄賛は進に作る」とある。国訳に従い「進」に改める。

（31） 呉［二〇〇七：二二八―二二九］を参照。『法華義疏』巻十二、「世尊若後世下、第三示其行法。依普賢観経行法五品。一三七日即見普賢来。二七七日見。三一生得見。四二生得見。五三生得見。今但明上品人得見故三七日必見也。問。修何法耶。答。今依普賢観経、略明六法。一在静処荘厳道場焼香散華等。二洗浴内身著浄潔衣。三六時礼十方仏。法身仏遍一切処、応身仏在浄土、化身仏処於穢土、六時至心礼拝、対十方仏及対普賢、懺悔六根罪也。……四於静処、請釈迦為和上、文殊為阿闍梨、弥勒為教授。……次請十方仏為証人。十方菩薩為善友。請普賢為懺悔主。……五昼夜読誦大乗経。六端坐思惟第一義甚深空法。達此六根如幻如夢従因縁生。因縁生即是寂滅相。寂滅相即是実相。実相即是法身。作此観時、念念見十方仏法身及普賢菩薩。於一弾指頃能滅百万億阿僧祇劫生死之罪」（T34・632b9－c11）。ただし、呉［二〇〇七］は『法華玄賛』が「此中古説、上品精進一七日見。乃至、第五品修三生、方得見」と引く「古説」を吉蔵『法華義疏』の「今但明上品人得見故三七日必見也」と対応するものと指摘しているが、両者の説は異なっている。

（32）梁粛撰「唐常州天興寺二大徳比丘尼碑」は、義天（一〇五五―一一〇一）集『釈苑詞林』に収録されている。『釈苑詞林』は斉藤光純［一九七三］が一部翻刻し、「唐常州天興寺二大徳比丘尼碑」はその中に収録されている（斉藤光純［一九七三：八二三―八四九］）。また、『韓国仏教全書』第4冊にも『釈苑詞林』の一部が収録されており、『釈苑詞林』巻百九十三に梁粛撰「唐常州天興寺二大徳比丘尼碑」がある（六六三―六六八頁）。慧持・慧忍の姉妹の事跡についての研究は、Faure, Bernard［1998：25–42］、Chen, Jinhua［1999：29］がある。

（33）「法華超八」という用例は、『四明尊者教行録』巻三に「云何妙楽謂之法華超八教外」（T46・882b8）、『法華経文句記箋難』巻二に「法華超八」（X29・512b19）などとあることから、「法華超八」という言葉自体は宋代以降に定着していったと考えられる。また「超八醍醐」については、中国天台宗では用いられない概念のようである。

（34）「［仏は］八教の網を敷き、法界の海にわたす。それに漏れがあるのを恐れる。まして網の目［から漏れること］はなおさらである。どうして単独で［網を］張るのか。また同時に四本の矢を手にとって、地面に落とさせないことも、［衆生の寿命の無常に比べれば］またあえて早いと言わない。のろい驢馬をむち打ち、足の不自由な鼈を走らせても、一本［の矢］（一つの教）ですら得ることはできない。ましてや四［本の矢］（四教）はなおさらである。云云。（敷八教網、亘法界海。懼其有漏。況羅之一目。若為独張。又一時接四箭、不令堕地、未敢称捷。策鈍驢、駆跛鼈、尚不得一。何況四耶。云云）」（T34・3b28－c3）。

（35）坂本幸男「華厳教学に於ける天台教判」（『望月歓厚先生古稀記念論文集』東京：望月歓厚先生古稀記念会、一九五一年）を参照。

（36）「「今法華是顕露」等とは、秘密［教］でないことに対するので顕露［教］という。顕露［教］の七教について通じて奪ってこのことをいえば、並びに七教ではない。別して与えてこのことをいえば、ただ［円教以外の］前の六教ではない。なぜならば、七教の中に円教があるといっても、［『法華経』以外では必ず他の六教を］兼ねたり、備えたりしているために、［『法華経』の円教とは］同じではない。このことは部に焦点を当てた説である。その七教の中の円教と『法華』の円教とはその体は別なものではないので、ただ六教を選び捨てる。このことは教に焦点を当てた説である。（今法華是顕露等者、対非秘密、故云顕露。於顕露七中通奪而言之、並非七也。別与而言之、但非前六。何者、七中雖有円教、以兼帯故、是故不同。此約部説也。彼七中円与法華円其体不別故、但簡六。此約教説也）」（T33・825c3-8）、「「是合等」とは、開権の円のことである。それゆえ「是合」という。［開権の円は］諸部の中の円教と同じでない。それゆえ「非不合」という。合とはただ会の別名である。このこと（『法華』の円教は開権の円教であり、諸部の円教とは異なること）はそのまま蔵［・通・別・円］等の四教の立場に立って権教と実教とを区別することに相当するので、もはや［実教は］円教であり、［蔵・通・別の］三教ではない、とはいわない。［『法華』の円は］『法華』の前の［七つの］顕露教ではないと知った以上は、『法華』は七教のいずれでもないことを了知することになる。ここはそのまま［秘密教を含めた］八教に対しても［『法華』を］区別するということである。（是合等者、是開権之円。故云是合。不同諸部中円。故云非不合。合者祇是会之別名。此即已当約蔵等四以簡権実、故不復云是円非三。既知非是法華之前顕露已竟、則了法華倶非七教。此即対於八教簡也）」（T33・825c16-21）。

（37）これと同様の批判は『法華玄義』巻一に『法華経』を「若約法被縁、名漸円教」（T33・683c5）と規定した箇所に対する注釈の中にも見られる「此文語略。具足応云鹿苑漸後会漸帰円。故云漸円。人不見之、便謂法華為漸円、華厳為頓円。不知華厳部中有別乃至般若中方便二教、皆従法華一乗開出。」（T33・823b22-26）。

（38）この点に関して、日比宣正は僻者が澄観ではないことを論じる（『唐代天台学研究』山喜房佛書林、一九七五年、七七—一一〇頁）。池田魯参は僻者を澄観とする従来の説は問題であるとしつつ、澄観に集成されるような天台止観に対する低い評価や誤解に対する天台学の立場からの批判であると推定する（『摩訶止観研究序説』大東出版社、一九八六年、五三頁）。兪学明は湛然が直接澄観を批判した可能性はないが、澄観の『華厳経』に対する態度は当時の華厳宗における共通認識であったことを指摘する（『湛然研究』中国社会科学出版社、二〇〇六年、二四八―二四九頁）。

（39）『止観義例』第七章「喩疑顕正例」については、池田魯参『摩訶止観研究序説』五三―八三頁に詳しい。

（40）『大方広仏華厳経随疏演義鈔』巻七「第三用四儀式、復成八教。謂一頓教、二漸教、三不定教、四秘密教。初即華厳経、初成頓説故。二即始従鹿苑、終至鶴林、三乗一乗、並称為漸。若約化法、頓教摂二、謂円及別。漸教具四、謂蔵通別円。……華厳之円是頓中之円、法華之円是漸中之円。漸頓之儀、二経則異。円教化法、二経不殊。大師本意、判教如是。又詺円教、亦名為頓。故云円頓止観。由此、亦謂華厳名為頓頓、法華名為漸頓。以是頓儀中円頓、漸儀中円頓故」（T36・50a1-26）。

（41）ただし「喩疑顕正例」には澄観の著作には見られない説も多く取り上げられている。たとえば第二に「問、此二（＝漸頓・頓頓）位者、断惑何殊。答、二位不同。若漸頓者、初住已前四住先除。若頓頓者、初住已前円、伏五住登、住已去円破五住」（T46・453c5-8）、第二十四に「問曰、云何名為頓頓観相。答、前即後故名空、後即前故名仮、前後不二名中」（T46・457c5-6）などがある。

（42）『十二部経観』については上杉文秀［一九三五：七三六―七六七］を参照。

（43）大正蔵に「若」に作る。『続蔵経』本により「苦」に改める。

（44）大正蔵に「未」に作る。『続蔵経』本により「末」に改める。

（45）『法華五百問論』では、「問」（湛然による問い）、「答」（『法華玄賛』を引用した問いに対する答え）、「今謂」（答えに対する湛然の批判）という問答形式が採用されている。

（46）『止観義例』の頓漸論争に言及した代表的な研究には、石津照璽［一九四七］、安藤俊雄［一九五三］、池田魯参［一九八一］、池田魯参［一九八六］、頼永海［一九九三］、兪学明［二〇〇六］などがある。

（47）『摩訶止観義例纂要』巻五（X56・85a1-2）、『法華経三大部補注』（X28・134c2-5）、『釈門正統』巻二（X75・277a12-14）を参照。

(48)『宋高僧伝』巻五の澄観伝には「[大暦] 十年就蘇州、従湛然法師習天台止観法華維摩等経疏」（T50・737a15–16）とある。なお、『釈門正統』巻八、（X75・358c24–359a2）と志磐『仏祖統紀』巻二九、（T49・293b27–29、一二六九年成立）は、湛然が四十人の僧と江淮を巡礼した際に、澄観が湛然を迎えたことを伝える。

(49)『大方広仏華厳経随疏演義鈔』巻七（T36・50a1–25）を参照。この記述は『大方広仏華厳経疏』巻二に「二陳隋二代天台智者、承南岳思大師、立四教……」（T35・509c13–510a20）とある、智顗の教判に関する記述を注釈した箇所に当たる。『華厳経疏鈔玄談』巻四にも、ほぼ同様の記述がみられる（X5・748c20–749a17）。

(50) たとえば、池田［一九八一：三］も、澄観の主著の撰述時期と湛然の活躍期間に注目し、「少なくとも湛然が澄観のこれらの著作を読んでから批判したかのような従来の理解は改められなければならない」と指摘している。また、俞［二〇〇六：二四八―二四九］も『華厳経疏』の執筆開始時期と湛然の三大部注釈書の完成時期、湛然の示寂時期との関係を根拠に、「湛然の直接的な批判の対象は、決して澄観ではない（湛然直接破斥的対象并不是澄观）」と指摘している。

(51) 池田［一九八一：三］では、湛然の直接的な批判対象は澄観ではないとしつつも、「湛然教学が後に澄観によって集大成されるような華厳教学と、どのような問題で対決しなければならなかったか」という観点から湛然と澄観の頓漸論の比較検討がなされている。また、俞［二〇〇六：二四九］は、「私たちは、湛然の批判と澄観の教判思想の対比から、澄観の『華厳経』に対する態度は、当時の華厳宗の人に共通する認識であることがわかる（我们从湛然的批评与澄观的判教思想对比可以看到、澄观对于《华严经》的态度应该是当时华严宗人的共识）」との認識を示している。

(52) 例外として、三〇、三一、三二、三三、三八、三九、四一、四五項には問いが設けられず、「僻者」の回答から始まる。また四一項には「僻者」の回答がない。

(53)「僻者」のこのような教判説は、澄観の学説に類似しており（T36・50a19–25、前註〈51〉を参照）、古来、湛然の批判対象が澄観であることの根拠の一つとなってきた。

(54)「故玄文中、自鹿苑来至般若会皆名為漸」（T46・454a9–10）、「玄第十、漸頓判教、自華厳来、至般若会、皆有漸頓」（T46・454a11–12）。ただし、湛然の引用は、湛然の主観的に要約した取意であり、原文に該当する文章はない。

(55)「近代判教」として『華厳経』を根本法輪、『法華経』を枝末法輪と規定する教判が紹介されるが、詳細は明らかではない。智顗と対比するために引かれているので、吉蔵の三種法輪説である可能性もあるが、『法華経』を枝末法輪と規定する点は大きく異なる。

(56)『法華文句』巻九、「今略挙十意釈之。第一始見今見、第二開合不開合、第三豎広横略、第四本一迹多迹共本独、第五加説不加説、第六変土不変土、第七多処不多処、第八斥奪不斥奪、第九直顕実開権顕実、第十利根初熟鈍根後熟」（T34・125b18-23）。

(57)湛然は「此法華経最為難信難解」を「法華第一」と一部で表現を改めている。

(58)『法華玄義釈籤』巻二に「若約法被縁名漸円教者、此文語略。具足応云、鹿苑漸後、会漸帰円。故云漸円。人不見之便謂法華為漸円華厳為頓円。不知華厳部中有別、乃至般若中方便二教、皆従法華一乗開出。……又上結云華厳兼等、此経無復兼但対帯。……又今文諸義凡一一科、皆先約四教以判麤妙、則前三為麤、後一為妙。次約五味以判麤妙、則前四味為麤、醍醐為妙。全不推求上下文意、直指一語、便謂法華劣於華厳、幾許誤哉、幾許誤哉」（T33・823b21-c5）とある。

(59)この問題に関する『止観義例』と『法華玄義釈籤』の記述を比べれば、当然、『止観義例』の方が詳しい内容となっている。しかし、『止観義例』の内容には重複する論点も存在するため、湛然が『法華玄義釈籤』を撰述する際に、それらを整理したとみるのが妥当だろう。

(60)大正蔵は「頓中」に作る。『続蔵経』本により「中頓」に改める。

(61)『摩訶止観』巻一に「天台伝南岳三種止観。一漸次、二不定、三円頓。皆是大乗、俱縁実相同名止観。漸則初浅後深、如彼梯隥。不定前後更互、如金剛宝置之日中。円頓初後不二、如通者騰空」（T46・1c1-5）とある。

(62)『摩訶止観』巻七に「中即三観破神通之通塞」（T46・87b11-12）とある。

(63)『摩訶止観』巻一に「通則名異意同、別則略指三門、大意在一頓」（T46・3c14-15）とある。

(64)『摩訶止観』巻一に「漸与不定置而不論。今依経更明円頓」（T46・2a2-3）とある。

(65)『摩訶止観』巻五に「若就三番止観、則三百八十四。又一心止観、復有六十四」（T46・59a25-26）とある。

(66)『摩訶止観』巻一に「如是等種種互相成顕、還以三止観結之。可以意知。又以一止観結之」(T46・5b4–6)とある。

(67)『摩訶止観』巻一、「然挹流尋源、聞香討根」(T46・1a10)。

(68)大正蔵本は「念興」に作る。甲本により「興念」に改める。

(69)『止観輔行伝弘決』巻一(T46・141b29–c5)を参照。なお、『摩訶止観』の修治過程の三段階のテキストについては、佐藤哲英[一九六一:三七〇—三七七]に詳しい。

(70)大正蔵は「忘」に作る。『天台大師全集』本により「妄」に改める。

(71)智顗における円教の強調と法華経至上主義との関係については、菅野[二〇〇〇:一六二—一六六]を参照。

結論

以下に、本研究がこれまで考察してきた成果をまとめて示す。

第一章　平井俊栄『法華文句の成立に関する研究』の検証

第一章では、平井［一九八五］の提示した学説について、その妥当性を検証した。湛然以来の伝統的な三大部の位置づけに対し、文献学的な手法によって疑義を呈したのは佐藤哲英［一九六一］が最初であろう。佐藤［一九六一］は智顗の三大部講説の筆録者としての灌頂の存在に注目し、現存の三大部が灌頂の手による数々の編集を経て完成したことを解明した。ただし、佐藤［一九六一］においては、灌頂が修治を加えたとはいえ、三大部は智顗の講説を記録した聴記本に基づいたものであるという基本的態度は崩していない。

これに対して、平井［一九八五］は、三大部の中の『法華文句』は、吉蔵の『法華玄論』や『法華義疏』に全面的に依拠して、それらを参照し下敷きにして執筆されたと主張し、また『法華玄義』についても、この著作が智顗の講説とは関係なく、灌頂が独自に書き下ろした著作であるという可能性があることを指摘した。平井［一九八五］の提示する問題は、「教観双美」という立場に立ち、教相と観心の融合を果たしたとされる智顗像に対して大きく修正を求めるものである。さらに、平井説によれば、そのような智顗像の形成に大きく貢献した湛然の智顗理解に対しても、評価を改めなければならないだろう。『法華玄義』・『法華文句』の一部が吉蔵の法華経疏を参照して執筆されたという、平井［一九八五］の文献学的な研究成果は反論の余地はない。ただし、平井［一九八五］には『法華玄義』・『法華文句』における吉蔵釈の依用関係を論証した勢いで、その背後にある思想的関係性までも論断する傾向があり、言い過ぎとも取れる主張が散見される。本章はこの平井［一九八五］の言い過ぎている箇所を訂正することで、平井［一九八五］の学術的な価値を再検討した。

第一章第三節第一項　『法華玄義』と『法華玄論』の関係に関する平井説の問題点

平井［一九八五］は『法華文句』の成立に関する問題を中心的に扱うが、第一編第三章は「『法華玄義』と『法華玄論』」と題され、『法華玄義』を考察している。そこでは、『法華玄義』が『法華玄論』を参照して成立している事実によって、『法華玄義』という著作が「智顗の全く預（ママ）り知らぬところで、全篇これ灌頂が独自に創作し、自ら書き下ろした作品」（平井［一九八五：一〇二］）であることを論証しようとした。この平井［一九八五］の主張に対して、第一章では①「『法華玄義』の撰号について」、②「『法華玄義』における『法華玄論』の引用」、③「『法華玄義』巻第八と『法華玄論』巻第四の比較に関して」という三点から検証を行った。

①「『法華玄義』の撰号について」は、平井［一九八五］は、『法華玄義』を初めとする三大部が特異な著作であることが撰号によって理解できるとし、この理由は、その撰号自体が智顗の講説を灌頂が筆録したということを示唆しているからであるとした。しかし実は、このような著作は取り立てて特異なものではない。智顗や吉蔵に大きな影響を与えた法雲の『法華義記』の撰号は「光宅寺沙門　雲法師撰」であるが、実際には法雲の『法華経』に関する講義を弟子が筆録した著作とされている。

また智顗講説部分とされる箇所に「天台師云」や「師云」という表現が見られることは、たしかに『法華玄義』が智顗の講説そのものを灌頂が筆録したということへの反証にはなるだろう。しかし、灌頂は『法華玄義』の序「法華私記縁起」において自ら表明しているように、『法華玄義』は智顗の講説を灌頂が記録し、それに基づいて作成された著作であることを前提としている。したがって、筆録者が弟子の灌頂であるということを考慮すれば、智顗が講説時に一人称を用いていた場合に、「天台云」ではなく、「天台師云」と師匠に対して敬称を用いることは、むしろ当然であり、許容される範囲の修治であるといえよう。

②「『法華玄義』における『法華玄論』の引用」について、平井［一九八五：一〇四、一一七］は、『法華玄義』における吉蔵の著作の援用は『法華文句』に比べると格段に少ないとしながらも、『法華玄義』において吉蔵の著作が引用される例を取り上げ、『法華玄義』が智顗の講説部分とされる箇所を含め、吉蔵の著作に依拠して成立していることを主張している。平井［一九八五］は『法華玄義』における吉蔵の著作の引用として、第一に『法華玄義』巻末の「記者私録」を取り上げている。これは、すでに佐藤［一九六一：三一七—三一八］が指摘している箇所である。「記者私録」はたしかに『法華玄論』の吉蔵説を参照し、これによった例であるが、それはあくまで部分的であり、これを根拠に『法華玄義』が全面的に『法華玄論』によって成立しているとは主張できない。また、もし仮に『法華玄義』という著作が、灌頂が吉蔵の著作に全面的に依拠して、智顗が全くあずかり知らないところで著されたというのであれば、巻末に「[記者]私録異同」というように、灌頂自らが追記したことを表明せずに、この箇所も智顗の著作部分として仮託することも可能であろう。しかし、実際にはそのような仮託はなされていない。ここから灌頂の意図を推察するならば、『法華玄義』本論部分は、あくまでも智顗の学説を忠実に再現したものであり、この中の灌頂自身による加筆部分も灌頂の意識の上では智顗の講説の理解を助ける補

足でしかなかったが、「私録異同」段は灌頂自らの責任において智顗の講説では触れられなかった異説を取り上げて、『法華玄義』全体の補足として収録したものであったと考えるべきだろう。

③「『法華玄義』巻第八と『法華玄論』巻第四の比較に関して」では、平井［一九八五：一三五］は「このことは第三者の「有人説」の紹介であるから、要略の形を取ることはあっても、無理に表現を変えるなどの必要性は認めがたいのであるが、『法華玄義』は敢えてこれを行っている点と合わせても、『法華玄義』には、『玄論』を下敷きにし、全面的にこれに依拠したことを隠そうとする意図が働いていたとしか思われない」と主張している。

藤井［一九八八］は、藤枝［一九七五：四八六―四八七］の、隋から唐初にかけては、漢代儒学以来の経典解釈学の伝統に基づき発展した中国仏典解釈学における「異説包括主義」が頂点を迎える時期が主流となったという時代認識を受けて、灌頂は「師の学徳を顕彰する忠実な祖述者」として、博引旁証という方針のもと『法華玄義』の修治に当たったと指摘している。

灌頂が「師の学徳を顕彰」するため当時の経典注釈書の博引旁証化という傾向を受け入れて『法華玄義』を編纂したという説は一定の説得力がある。ただし、平井が指摘するように、灌頂が異解異説を採用する際は、参照元と考えられる『法華玄論』を大幅に改訂し、逆に意味が理解しづらくなってしまっているという箇所が少なからず存在している。またそれらの異説に対する灌頂の批評は極めて簡単なものばかりである。筆者はこれについて灌頂の異説の引用や批評態度は、『法華玄義』の原型となった智顗の『法華経』講義において、他師の学説に対して大きな関心が払われていなかったことに起因すると指摘した。智顗の講義において異解異説が重要視されていなかったのであれば、灌頂もまたそれらの説を重要な学説として認識していなかったということは十分に予想される。しかし一方で、灌頂は智顗の法華経疏を当時の一般的な経典注釈書と比して遜色ないものにしようとする意図を持ち、

『法華玄義』の編纂過程において「異解異説を多く採り入れて、博引旁証化」を進めている。これは、灌頂の主眼があくまでも智顗の講義内容を明確にすることにあり、異解異説の正確な収集は二の次であったためと考えられる。このため灌頂の修治においては、智顗の講義と矛盾が生じないようにするために、異解異説の採用において、かなり意図的な編集が加わったものと推測される。そして、「師の学徳」の宣揚を目的とするということは、灌頂には『法華玄義』が『法華玄論』より優れた注釈書であることを示す必要もあったはずである。

第一章第三節第二項　経の分科に関する平井説の妥当性

平井［一九八五：二〇七—二二八］は『法華文句』の分科が、智顗の講説に基づくものではなく、吉蔵の『法華義疏』に引用される諸師の科文説を下敷きにして、灌頂あるいは後代の天台宗の学者によって仮託されたものであると主張している。平井［一九八五］はこの主張を論証するために、初めに『法華義疏』における科文に関する記述を検討した。平井［一九八五］は『法華義疏』と『法華義記』の科文と比較することによって、吉蔵の科文説が法雲や僧印らの「従来の伝統説を踏襲しながら、その矛盾を修正し、論理的な整合性」を期したものである、と評価している。しかし一方、『法華文句』については、「経の科文に関する論述の仕方や構成は、『義疏』によく似ている」が、「その論旨は支離滅裂である」と指摘している（平井［一九八五：二一七］）。ただし、この『法華文句』の『法華経』の分科に関する平井［一九八五］の指摘は、平井［一九八五］が『法華文句』や『法華玄義』などのその他の箇所に対して用いるような文献学的比較研究によって主張されるものではない。したがって、科文に関する平井［一九八五］の主張は、灌頂が他の『法華玄論』参照箇所のように、『法華義疏』の『法華経』の分科に関する記述に依拠して『法華文句』において『法華経』の分科に関する記述を撰述したという証拠を提示しているわけではない。さらに、これらの箇所における平井［一九八五］の学説には、『法華文句』の内容に対する誤読や思い込みによってなされる断定が多く見受けられた。

また本項は『法華義疏』が紹介する道朗の五門説・僧綽の二段説・僧印の四段説とそれらに対する平井［一九八五］の批評を検討した。平井［一九八五：二一〇］は『法華義疏』が紹介する法雲・道朗・僧綽・僧印の分科が「極めて重要な意義」を持つことを「河西道朗の五門説はともかく、法雲の三分科説は、智顗と吉蔵それぞれの基本的な経の分科に継承せられているし、竜光寺僧綽の二段を開く説は、その中核部分は吉蔵の分科に採用されている。そういう意味で、『義疏』の経の分斉を明かす序言としてここに述べられた四者の説は、極めて重要な意義を持つものである」と論じ、『法華義疏』の経の分斉を明かす段の序言を高く評価している。吉蔵の分科の形成に対する諸説の影響に関して、上記の平井［一九八五］の評価はおおむね妥当なものであろう。ただし、平井［一九八五：二〇九］は道朗の分科説について「道朗の五門説は極めて独特な説として紹介されたに過ぎず、智顗や吉蔵の著作に具体的に影響を及ぼした形跡はない」と批評しているが、実際には『法華義疏』が道朗の分科を重視していることを見過ごしている。

平井［一九八五］は『法華義疏』における『法華経』の分科については、伝統説を踏襲しながら、それを修正し、論理的整合性を持たせたものである（二一五頁）と評価しているが、その一方で『法華文句』における『法華経』の分科については、「『文句』における経の科文に関する論述の仕方や構成は、『義疏』によく似ている。しかし、その論旨は支離滅裂である」（二一七頁）と酷評している。このような平井［一九八五］の論述からは、『法華文句』が多くの箇所で『法華玄論』を参照しているように、『法華経』の分科という智顗の『法華経』理解の根幹に関わる箇所においても、『法華文句』は『法華義疏』の分科を参照して成立しているということを主張する意図が見て取れる。

そして、このような主張をする過程において、平井［一九八五］はしばしば『法華文句』の分科の出来が悪いことを指摘している。しかし、それらはほとんど事実の誤認である。たとえば『法華文句』に「錯乱の跡が認められる」と批判する箇所は、『法華文句』が「有師」として挙げる分科と『法華義疏』の紹介する僧印説とが一致しているということが根拠になっているが、『法華文句』のいう有師の説を『法華義疏』にある僧印の説と比較してみると、「開近顕遠段」と「流通段」の分け目に相違がある。平井［一九八五：二二〇］はこの問題について、科文の分け方を規定している「訖」という字を「おわる」と読むか、「いたる」と読むかで、科文が異なって解釈されると指摘し、『法華文句』の「訖」についての他の用例から見れば、これは「おわる」と読むのが正しいことが明らかであるにもかかわらず、「いたる」と読むことを採用することで有師の説と僧印の説が同一のものに理解できる、と苦しい解釈を提示している。

本章では以上のように非常に細かな点も含め平井［一九八五］の主張を検討・考察した。筆者は平井［一九八五］の最大の成果は、『法華文句』や『法華玄義』の成立において、吉蔵の法華経疏、その中でも特に『法華玄論』を参照して撰述されたということを、緻密な文献学的研究に基づいて明らかにした点にあると考え、この点に対しては大きな異論はない。しかし、平井［一九八五］にはやや言い過ぎとも取りうる主張が散見される。本章ではそれらの主張を一つ一つ検討し、それらの多くが事実の誤認に基づいており、平井［一九八五］は自ら立てた仮定をその前提・根拠として、そこからさらに大胆な自説を展開したため、その結果、言い過ぎとも取れる主張をしていることを明らかにした。

第二章　『法華玄義釈籤』の灌頂理解と吉蔵釈

次に第二章では、『法華玄義』において灌頂が撰述した内容であることが明らかな箇所、すなわち、灌頂私記部分を取り上げ、灌頂の私記に対して湛然がどのような理解を示しているのかを考察した。

第二章第一節　『法華玄義』「私録異同」部分に対する注釈

本節では、『法華玄義』の巻末に灌頂によって追記された部分についての考察を行った。「私録異同」とは、『法華玄義釈籤』の分科に基づくと、「さまざまな伝承をとりとめもなく記す（雑記異聞）」（T33・962a6）と、「自分［の意見］を述べて師匠［の徳］を高く評価し、前（『法華玄義』の記述）を終わらせて後（『法華文句』の記述）を始める（述己推師、結前生後）」（T33・962a7）とに大別される。また「雑記異聞」は、1「『般若経』と『法華経』を料簡して異同を区別する」、2「経論における諸蔵の離合を明かす」、3「四教の名義の典拠を明かす」、4「古の五時七階の不同を明かす」という四つの段落から構成されている。

「『般若経』と『法華経』を料簡して異同を区別する」の段落における灌頂の記述の大半は、吉蔵の『法華玄論』を引用・要約したものであるが、湛然は吉蔵あるいは『法華玄論』について全く言及していない。さらに湛然が灌頂の私説部分であると規定した部分であっても、実際には吉蔵の説からの引用であるという箇所もあった。

灌頂は、『菩薩処胎経』の八蔵と天台の八教とを会通する際に、『法華玄義』の本論部分における規定とは異なり、不定教と秘密教とを釈尊の教化の時間軸の中に組み込んで解釈している。湛然はさらに灌頂が用いた八教の枠組みに、五部の概念を導入して整理しており、八教と八蔵の関係性をさらに体系的なものにしようとしていたといえる。また灌頂の記述において、八教の中の円教は漸教と関連づけて位置づけられているが、湛然はこれを『般若経』の部のことであると規定し、円教に『法華経』が対応しないのは、『法華経』という経典が八教の数には入らないからであると指摘している。ここにいわゆる「法華超八」の主張に連なる表現が確認することができる。ただし灌頂の記述はあくまで八蔵を八教によって会通することに主眼があると考えられ、そこには『法華経』を絶対視する思想は確認できない。

「古の五時七階の不同を明かす」段落は、現行の浄影寺慧遠の『大乗義章』衆経教迹義の文と多くの箇所が一致している。また「私録異同」の中で最も長い段落であるにもかかわらず、湛然はこの段落に対して分科を付すのみで、特別な注釈を付していない。

さらに、この段落に対する『法華玄義釈籤』の分科は、引用元と考えられる『大乗義章』（達磨鬱多羅の説）の構成と合致していた。湛然が灌頂の私記部分と定めた箇所の一部は『大乗義章』の説と一致している。これにより、この段落は『法華玄論』の引用部分に対する注釈と同様に、湛然が『大乗義章』からの引用部分と灌頂の私説部分とを混同するという間違いを犯しているといえよう。

湛然の注釈は、自身が強調したい教理的問題に関しては、積極的に灌頂の説を用いて自説を展開しているが、記述の意図が明らかでない灌頂の説については批判的に注釈しており、湛然の注釈に天台宗第二祖としての灌頂の学説を絶対化・正当化しようとする意図は確認できなかった。そして同時に、「私録異同」の多くの箇所が他書からの引用で構成されているという事実を湛然が看過していたことも明らかとなった。これは、基本的に湛然が「記者、私録異同」という灌頂の記述を信頼して受け入れていたために、他書からの引用であることを疑うことがなかったことがその主な原因であると考えられるが、また同時に「私録異同」に関しては湛然が細かな引用を検討していなかったためであるとも思われる。『法華玄義釈籤』における湛然の主眼は、『法華玄義』の正しい読解を通して、『法華経』を中心として構成される天台教学の正統的な解釈を提示することにあったと考えられるが、このような立場からすれば、『法華玄義』の引用元を特定することは、二の次の問題であり、さしたる関心が示されなかった可能性もあるだろう。

第二章第二節　『法華玄義』の灌頂私記部分に対する注釈

本節では、『法華玄義』において灌頂が明らかに『法華玄論』を参照して撰述した宗に関する十二の異説に対する灌頂の批評を取り上げた。初めに灌頂による『法華玄論』の引用について述べる。

まず、灌頂による『法華玄論』の引用について言えば、十二の異説のうち、第一から第五までの異説、すなわち慧遠、慧龍、慧観、僧印、法雲らの学説については、いずれも『法華経』の宗として因果を問題とする学説であった。『法華玄義』によれば智顗・灌頂の中国天台宗における宗に対する考えは、仏の自行の因果、すなわち、本門久遠仏の因果を『法華経』の宗と規定するというものである。したがって、因果を宗と規定する諸学説は、天台宗の宗に対する考えを明らかにする上で必ず解決しなければならない課題となっていたはずである。ところが、これらの学説に対する『法華玄義』の批評はいずれも簡素なものばかりである。これは灌頂自身がそれぞれの異説に対して大きな関心を示していなかったということを意味しているといえよう。灌頂のそのような認識の背景には、灌頂にとって智顗の『法華経』に対する宗に対する考えは他の学説と比べるまでもなく優れたものであるとの認識が存在したか、あるいは、そのように印象づけようとする意図があったと推測される。そして、これは灌頂が『法華玄論』に基づいて、『法華経』の宗に対する異説をまとめたことと無関係ではないだろう。おそらく、『法華玄義』のひな型となった智顗による『法華経』の講義においては、『法華経』の宗に対する異説は詳細に取り扱われておらず、灌頂が智顗の講義を『法華玄義』としてまとめていく過程において、『法華経』の宗を因果に関連づけて論ずる諸学説を智顗の宗に対する考えから批評する必要が生じ、その諸学説の情報源として、当時流布していたと考えられる吉蔵の『法華玄論』を参考にし『法華玄義』を撰述していったと推測できるのである。このような推測が成り立つならば、灌頂が智顗の『法華経』の講義を注釈書としてまとめる際に、義解の僧としての師匠の徳を宣揚するため、当時の最新の法華経研究である吉蔵の研究成果を取り入れたと理解する平井［一九八五：一五二］の推論は妥当なものであったと考えられる。

また異説⑪に対する灌頂の批評について、先行研究ではこれは『法華玄論』の「既局、非所用也」（T34・380c12）という表現を踏まえたものと指摘されている。たしかに、異説⑩と異説⑪に対する吉蔵の批評が一連のものであり、異説⑩に対する灌頂の批評が吉蔵の批評と同じ論点からなされていることを考慮すれば、異説⑩と異説⑪に対する灌頂の批評が、吉蔵の批評を踏まえた表現であることは明らかである。ただし、灌頂の批評の部分には、僅かだが吉蔵の批評にない内容も含まれている。批評の短さ、また小乗の涅槃を例に出しているという点から類推すれば、灌頂にとってこの異説は詳細な批評を必要としないものとして認識されていたといえる。

さらに、異説③と異説⑦については灌頂による批評が確認されない。これらの異説に対して灌頂の批評が存在しないのは、異説③では異説に対する鳩摩羅什の評価、異説⑦では異説に対する摂論宗による批判が灌頂の批評の代わりに『法華玄義』にそれぞれ記載されているためである。そして、それら鳩摩羅什の評価と摂論宗の批判とはすべて『法華玄論』における吉蔵の批評において用いられた内容を採用したものであった。異説③に対する鳩摩羅什の評価は異説に対して肯定的なものであり、異説⑦に対する摂論宗の批評そのものに対しては、独自の批評がない以上、灌頂が『法華玄論』の内容を肯定的に採用していると判断せざるをえない。これらの箇所は後に湛然の注釈において問題とされる。

では次に『法華玄義』が『法華玄論』を参照した部分に対する湛然の注釈態度について述べる。初めに『法華玄義釈籤』はこれらの箇所を注釈する際に全く『法華玄論』に言及することはなく、内容に関しても『法華玄論』を参照した形跡はみられない。

次に平井［一九八五：二八八—二八九］がすでに指摘するように、湛然は『法華文句記』において吉蔵を批判する際に「伏膺」という言説を、施すことがなく、「頂戴」という言説を、どうして［智顗に］寄せようか（伏膺之説、靡施、頂戴之言、奚寄）」（T34・213b16‐17）と述べている。これは『国清百録』の第一〇二条「吉蔵法師書」にみられる「久しく願うことは、［智顗の］甘露［のような教え］を心から信奉し、［智顗の］法の橋（教え）を頂戴することです（久願伏膺甘露、頂戴法橋）」（T46・821c26‐27）という記述に基づいていることは明らかである。したがって、湛然の基本的な認識としては、吉蔵の法華経注釈書が智顗の法華経疏に及ばない一段評価の下がる注釈書として認識されていたという可能性は高い。

しかし、このような態度は『法華玄義釈籤』・『法華文句記』において一貫して確認されるものであり、また管見の限り、唐代の天台系法華文句注釈書において、『法華義疏』はたびたび引用されているが、『法華玄論』の引用については確認できない。また基の『法華玄賛』は吉蔵の『法華義疏』を数多く参照引用していることから、吉蔵の教学を非常に意識していたことは明らかである（末光愛正［一九八六］）。しかし、『法華玄賛』は、『法華義疏』を参照しているものの、同じ吉蔵の著作である『法華玄論』を参照した形跡がない（平井［一九八七：一一二—一一三])。したがって、これらの事実を総合的に判断すれば、『法華玄義釈籤』において湛然が『法華玄論』に言及することがないのは、湛然が『法華玄論』を意図的に無視したというような湛然個人の事情に起因する問題ではなく、唐代中期までには吉蔵の法華経疏すなわち『法華義疏』との認識が浸透するのに伴って、一般的に『法華玄論』を参照することがなくなっていたか、あるいは『法華玄論』が流布した範囲が限定的であり、時代とともに顧みられることがなくなっていったかという時代的要因に起因していると推測できる。

したがって、平井［一九八五：二八七］による湛然の注釈書に対する「しばしば重大な過誤を犯しているのは、敢えてこの事実（引用者注：『法華文句』が『法華玄論』などに全面的に依拠し、下敷きにして書かれたという事実）から目を外らしていたからである」との厳しい批判に関しては、たしかに湛然は『法華玄論』を参照していなかったかもしれないが、これはもはや湛然一人に責任が帰着する問題ではなく、今後は『法華玄論』がなぜ唐代に参照されなくなったのかという研究課題として新たに探究していかなければならない。

最後に湛然の異説に対する態度については、異説に対して吉蔵と灌頂の批評が異なる論点からなされている場合に、湛然は灌頂が用いない吉蔵と同じ論点から注釈する箇所が確認された。上述のように、湛然は『法華玄論』を参照していた可能性は低いので、それらの注釈箇所は灌頂の批評を理論的に補足しようとして図らずも吉蔵説に近い解釈を採用することになったのであろう。また『法華玄義』において独自の批評が提示されなかった異説③と異説⑦について、湛然は異説③には慧観の学説が用いられない理由を彼の始・盛・終の三段落説を『法華経』と『大般涅槃経』とに対応させることによって説明した。しかし、慧観の始・盛・終の三段落説は『法華経』一経に対してなされた説であるので、湛然の注釈は本来の慧観の学説から見ると妥当性がない。しかし、もし『法華玄論』を大幅に要約した『法華玄義』の記述にだけよるなら、湛然の解釈にも一定の妥当性が見いだされる。また異説⑦については、『法華玄義』が『摂大乗論』の学説を採用していることについて、湛然はそれが地論宗を批判するためで、全面的にその学説によっているわけでないことを論証しようとし、さらに『法華玄義』にはない摂論学派への批判を展開している。

第三章　湛然述『法華経大意』の研究

第三章以降は、湛然の法華思想についての考察を三つの章を立てて考察した。

第三章で問題とした『法華経大意』とは、続蔵経に「湛然述」として収録されている『法華経大意』のことを指す。本書は『妙法蓮華経』を概説したものであり、その構成は、『法華経』二十八品を一品ずつ取り上げ、初めに四六駢儷体を用いて品の大意を述べ（「大意」）、次に品の名称について字義的な解釈を加え（「釈名」）、最後にその品のおおまかな分科を提示する（「入文判釈」）という内容である。本書の冒頭には「今はしばらく天台宗［の解釈］に基づく（今暫帰天台宗）」（X27・532a5-6）とあり、この記述に基づいて多くの学者が「天台宗」という名称は湛然によって初めて使用されたと見なしている。しかし、このように本書が「天台宗」という語を最初に使用した文献として言及される一方で、本書には古来より湛然の著作ということについて疑問が持たれ続けている。もし本書が湛然の著作ではないということになれば、「天台宗」という語を湛然が最初に用いたとする従来の説はその文献的な根拠を失うことになるし、またもし本書が湛然の著作であると認められるのであれば、本書は湛然の法華経観を端的にまとめた著作として、より正当な評価を受けなければならない。いずれの場合であっても、真偽問題の解決によって、本書の位置づけは大きく改めなければならない。

従来の『法華経大意』の真偽問題を扱った研究は、中里貞隆［一九三二］、塩入亮忠［一九三二］、日比宣正［一九六六］、Penkower, Linda［1993］などがある。これらの中でも、日比［一九六六］は中里［一九三二］・塩入［一九三二］に基づきながら、独自の視点を加え、真偽問題の論点を五つにまとめている。本章では初めに日比［一九六六］の挙げた五つの論点を参考に先行研究の論点を、①諸伝記・目録資料への収録状況、②『法華経大意』の奥書、③『法華経二十八品由来』との関係、④明治十二年刊本、⑤引用書目の五点に整理し考察した。

次に本章では『法華経大意』の具体的な内容を「大意」「釈名」「入文判釈」のそれぞれについて考察した。『法華経大意』の「大意」段について、まずその形式上の特徴を挙げれば、序品の「大意」は『法華経』全体の大意が述べられるが、序品以外では、「第一大意者、……此品大意、蓋如是」というように、各品ほぼ同様の形式が用いられている。また、文体上の性質としては、四六駢儷体が用いられている点に大きな特徴が認められる。これら「大意」の段における形式上の特徴は、「釈名」や「入文判釈」が一般的な経典注釈の形式に則っている分、余計に目立った特徴となっている。おそらくこのような特徴が本書に対して真偽問題が提出される背景の一つになっているのだろう。

さて「大意」の段における思想的な傾向については、本章では『法華経』の円融性が強調されている点を指摘した。これは序品の「大意」において『法華経』が「開権顕実の玄門」「果海円実の格言」と規定されており、その特徴をたとえて「巨大な海が千の潮流を呑みこむ（巨海之呑千潮）」「空があらゆるものを抱く（大虚之抱万有）」と述べていることからも明らかである（X27・532a12–14）。そして序品の「大意」が経典全体の大意となっているように、この思想的傾向は各品の「大意」においても散見される。方便品の「大意」においては、『法華経』は「五姓」や「七人」という機根の違いにかかわらず衆生を救済するものとし、譬喩品においては、「三乗」や「五姓」

を超越する『法華経』の一乗思想が指摘される。信解品においても「三乗別執」と「一乗円融」を、それぞれ「闇」と「明」にたとえ、開三顕一の核心を円融性にみている。管見の限り、このような解釈は湛然の他の著作にはみられないものである。したがって、本書が湛然の著作であれば、非常に特異な著作といえるだろう。だがこのことは逆に湛然の著述としての信頼性を著しく落としているともいえよう。

従来の研究では『法華経大意』の「釈名」の段は、ほぼ『法華文句』からの引用で構成されていると見なされている（日比［一九六六：四七四―四七八］）。これに対し本章では序品の「釈名」は『法華玄義』の序王・私序王の引用によって構成されていることを指摘した。

なお本書の「釈名」の段において、五百弟子受記品、薬王菩薩本事品、観世音菩薩普門品、妙荘厳王本事品の四品には他書からの引用が全く確認されない。それらの「釈名」の段は、共通の形式に則って注釈されている。たとえば薬王菩薩本事品の「釈名」は薬王菩薩本事品の品名を「薬王菩薩」と「本事」とに分け、それぞれを人と法に対応させて、人と法との両方を挙げているので「薬王菩薩本事品」となると、形式的な注釈をしている。このように「釈名」段は『法華文句』『法華玄義』からの引用が大半を占める中、それらの引用でない部分においては、ほぼ同様の形式的な注釈で構成されている点が大きな特徴である。また同時に「釈名」段が、他の湛然撰述の注釈書における注釈態度とも異なる特徴を有していることを示すものである。

『法華経大意』の「入文判釈」では『法華経』の略科段が示されている。全体的には『法華文句』に示される『法華経』の科文を踏襲していると考えられるが、本章では『法華文句』の記述と『法華経大意』の「入文判釈」を比較し、両者に相違する箇所があることを指摘した。たとえば、寿量品の冒頭部分の分科は、『法華文句』よりも「入文判釈」の方が詳細である。そこでは、「入文判釈」段は、「如来之誡」「菩薩三請」「菩薩重請」「如来重誡」

という分科がそれぞれ具体的に経文のどこからどこまでに対応するかを明確に規定している。これに対し『法華文句』は、「広開近顕遠は、経文を二段にする。初めは誡信で、次は正答である。……この文には三誡、三請、重請、重誡がある。（広開近顕遠、文為二。先誡信、次正答。……此文有三誡・三請・重請・重誡）」（T34・129b26-29）という記述があるだけで、経文のどの部分がどの分科に対応するのかという具体的な言及はない。また『法華文句記』では、『法華文句』のこの部分の記述について、「此品の『文句』は、経文を分けるところがやや多く、前後してわかりにくいので、先に書き記す（此品文句、疏文稍繁、前後難見、故前録出）」（T34・332c5-6）と述べ、続いて『法華文句』の寿量品の分科に関する記述を抜き出して記載している。しかし、そこでも「三誡」「三請」「重請」「重誡」については全く注目されていない。これらの箇所は実際には『法華文句』の指示を待たずとも、『法華経』を読めば理解できる箇所ともいえるかもしれない。しかし、少なくとも「入文判釈」の分科は『法華文句』や『法華文句記』の記述をそのまま採用しているわけではないということは確かであり、経文を読めば明らかに理解できる箇所であっても、そこに対しても細かく分科を指示していることは『法華経大意』「入文判釈」段の大きな特徴といえる。

『法華経大意』の分科は冒頭で略科段と規定されているが、実際には上記のように『法華文句』や『法華文句記』よりも細かく科段を規定している。『法華経大意』が湛然の著作であるなら、これは湛然が『法華経』に対して『法華文句』の分科よりも詳細なものを示したということである。実際に『法華文句記』における『法華経』の分科は、たとえば勧持品の二十行の偈頌に対する分科のように、『法華文句』のそれよりも詳細な箇所が見受けられる。しかし、湛然が『法華経大意』において、『法華文句』の従来の分科に基づきつつも、新しい分科を提示したとするなら、その研究成果を湛然の後期の著作である『法華文句記』に反映させていないことは不自然である。また『法華経大意』が『法華文句記』の撰述以降に著されたものであったとしても（本章において、すでに確認したように『法華経大意』には『法華文句記』を参照したと考えられる箇所がある）、湛然が『法華文句記』の撰述によって新たに示した分科を『法華経大意』の「入文判釈」段において提示していないこともまた不自然である。したがって「入文判釈」も湛然の撰述という可能性は低いと考えられる。

以上のように、『法華経大意』は「大意」「釈名」「入文判釈」のいずれの段においても、湛然の著作とすることが疑わしいという結論に至った。ただし、『法華経大意』は「白い象に乗る」ということを表現する際に、「大意」段と「入文判釈」段とでそれぞれ「乗象」「乗白」という別々の略語を用いている。これは「大意」段と「入文判釈」段とが別の人物によって執筆されたという可能性を示唆するものである。また本章ではいくつか日本漢文的な漢文があることを指摘した。この問題は言語学的な視点からより精密に検討しなければならないが、本書の日本成立の可能性を示すものとして注目される。いずれにせよ、本書が湛然の著作でないにしても、「大意」「釈名」「入文判釈」の三段が個別に成立したのか、同一人物によって撰述されたのかという問題は、誰によって、いつ頃どこで成立し、湛然に仮託されて現行の『法華経大意』となったのかという問題と合わせて、今後の研究課題として残された。

第四章　『法華文句記』所引の「十不二門」

本章では、『法華文句記』に引用・言及される「十不二門」を取り上げ、「十不二門」が引用された『法華文句記』の内容と「十不二門」との思想的関連性を検討した。

大正蔵に収録される『十不二門』は、『法華玄義釈籤』からの別行本であるが、その詳しい経緯は明らかではない。『法華文句記』における「十不二門」への言及箇所は、湛然自身が「十不二門」を重視していたことを示すものであるが、これはそのまま湛然による『十不二門』の別行を示すものではない。しかし、『法華文句記』における「十不二門」への言及は、湛然の思想における「十不二門」の位置づけを明らかにするための重要な手がかりとなるだろう。

そこで、初めに「具如不二十門所説」（T34・214a25-26）において理が強調されていく過程を明らかにした。「具如不二十門所説」は、『法華文句』の方便品の品題を解釈する箇所に対する『法華文句記』の注釈にある。湛然は「不二十門」を参照するように指示する上で、その内容について、『法華文句』の提示する「一切法皆権、一切法皆実、一切法亦権亦実、一切法非権非実」の四句は法性のことを述べており、その法性の性質によって、名字・心法・句偈・因果・凡聖・依正・十双などという二項対立的な概念が法界において止揚されると論じている。本研究では「具如不二十門所説」と「十不二門」の関係性を理解するためには、これらの概念のうち「十双」が重要であると考え、「十双無非法界」という表現を中心に考察を進めた。そして、ここにいう「十双」とは『法華文句』において後に「十法」として提示される、事理・理教・教行・縛脱・因果・体用・漸頓・開合・通別・悉檀のことであると推定し、「十双」の各項目に見いだされる「権」・「実」の「権」を『法華文句記』は「実に即する権（即実而権）」と理解していることを指摘した。ここに示される権実の関係は、「実」を中心として「権」がそれに相即するという縦列的・一方向的な相即関係である。

また「具如不二十門所説」に関連する『法華文句記』の記述には、「本迹は異なるが、不思議であることは同一である（本迹雖殊、不思議一）」という言葉が引用されている。本章ではこれに着目し、同じく「本迹雖殊、不思議一」という言葉が多く引用される『法華玄義』とそれに対応する『法華玄義釈籤』の議論を検討して、『法華玄義』には本から迹、迹から本という双方向的な相即関係が提示されていたものが、『法華玄義釈籤』においては理によって事が位置づけられるという一方向的な相即関係のみが示されていることを明らかにした。またこのような関係性は『法華玄義釈籤』のみに限ったことではなく『法華文句記』においても同様のことがいえる。したがって、湛然の不二に関する基本的な発想には、差別相としての「事」を超越し、無差別の「理」に帰結させるという理解が反映されていると考えられる。

さらに本章は「具如事理不二門明」における思想傾向においても、上述の「具如不二十門所説」の傾向と同様のものがみられることを確認した。「具如事理不二門明」は、『法華文句』が方便品の品題を解釈する中で、権実の四句の中の「一切法亦権亦実」について、事理の観点から解釈する箇所についての『法華文句記』の注釈部分にみられる。『法華文句』で提示される事・理の関係は、理が事を立てる側面と、事が理を顕わす側面という、事と理の双方向的な相即関係であったが、『法華文句記』では理が事に遍在すること、すなわち理が事に相即することの重要性が強調されている。ここに『法華文句』の事と理の並列的・双方向的な相即関係から、『法華文句記』の、理に重点を移した縦列的・一方向的な相即関係への変化を見いだすことができる。また『法華文句記』に見られる「常住理」という表現は、湛然が理を形而上的な概念として理解していたことを示す例として重要であることを指摘した。

さて、『法華文句記』の「具如事理不二門明」が具体的に何を指しているのかについては、従来の学説では、「十不二門」の中の「色心不二門」「修性不二門」「染浄不二門」「十不二門」の総称という四つの可能性が指摘されてきた。本章は、そのそれぞれの可能性について検討し、「十不二門」の中の「色心不二門」「染浄不二門」については、「事理不二門」の内容として解釈することが可能であることを確認した。これにより「事理不二門」は「十不二門」の特定の内容を指すのではなく、「十不二門」全体を想定していたことが示唆されることになる。ただし、「修性不二門」に関しては、厳密にいえば「事理不二門」の内容と共通するものではない。玉城康四郎［一九六一：四四〇］は「十不二門」を智顗の「不思議一なる観念」（事と理の相即関係）から「不二一体なる観念」を定立しようと展開されたものとして理解しているが、「十不二門」のそれぞれに「不二一体なる観念の定立」を確認する過程において、「修性不二門」にだけはその定立が見いだされないと指摘している。したがって、玉城［一九六一］の論考を考慮すれば、「十不二門」において「修性不二門」は他の九門とは異なる特殊な位置づけがなされているといえるのかもしれない。また「事理不二門」という表現自体に、厳密な規定がなされているわけではなく、漠然と「十不二門」全体を指しているという可能性も考慮しなければならないだろう。

さらに本章では『法華文句記』における「具如事理不二門明」以外の「事理不二」の用例、ならびに『止観輔行伝弘決』『止観義例』における「事理不二」の用例についても考察し、それらで提示される「事理不二」の意味を検討した。これらの箇所において提示される「事理不二」は、「事」と「理」が行位や観心行など修行実践として意識された内容であった。したがって、これら「事理不二」は三軌に基づいて修行と真理の関係性を提示する「十不二門」の「修性不二門」と関連づけて解釈することは可能である。ただし、『法華文句記』の「具如事理不二門明」において展開される「事理不二」とは関連性が見いだされない。

一方、『法華文句記』の「十不二門」への言及箇所においては、「修性不二門」や「染浄不二門」という「十不二門」の具体的名称を想起する固有名に言及する箇所がある。本章は、これらが「十不二門」の「修性不二門」や「染浄不二門」のことを述べた箇所であることを確認した。

また「十不二門」における理の強調に関連しては、『法華玄義釈籤』において湛然がどのような意図によって「十不二門」を展開したのかという問題を検討した。湛然は『法華玄義釈籤』の「十不二門」の導入箇所において「観心」の実践を強調しており、『法華玄義』の迹門の十妙を実践論として再解釈して「十不二門」を展開している。本章は、このように湛然が「十不二門」によって「観心」の実践（あるいは『摩訶止観』・十乗観法）と『法華玄義』との間に深い関連性を見いだしているところに、『法華玄義』と『摩訶止観』の両著作が、智顗においては本来的に深く関連づけられた著作群であるということを強く印象づけようとする湛然の意図がみられると指摘した。

最後に本章では湛然に理の強調の傾向があることを指摘してきたが、湛然は智顗のいう事理の双方向的な相即関係を無視していたわけではなく、それを踏まえた上での思想的な展開であったことを確認した。ただし、その主張は最終的には「一なる理（一理）」という理の強調として展開されている。このような理の強調は『法華文句記』における「十不二門」言及箇所においても同様に見られるものであるが、そこには「常住の理（常住理）」というように、理の強調から、理の観念化・絶対化という方向への力点の変化を見いだすことができた。

第五章　湛然の法華思想と唐代天台宗

本章は、湛然の「超八」の教判思想を取り上げ、それと天台宗復興運動の関係について、四節を設けて考察した。

第五章第一節　湛然における「超八」の概念の主張

本節では、湛然の法華思想として『法華玄義釈籤』と『法華文句記』に見られる教判論を考察し、唐代天台学の復興運動と教判思想の新しい関係性を提示した。湛然に対する「中興の祖」という評価には、その前提に湛然以前の天台宗はすでに衰退した状況にあったという理解が存在している。従来の湛然像は、このような理解に基づき、唐代に隆盛した法相宗や華厳宗、禅宗などの諸宗派に対抗し、教勢の衰えた天台宗を復興させた人物という側面に焦点が当てられてきた。このような衰退論の出現は、すでに湛然の在家門下の梁粛が著した「荊渓大師碑」に見いだすことができる。

湛然による天台宗の「中興」とは、湛然門下たちが湛然を中心とした教団の正統性を主張する「祖統論の顕彰運動」（池麗梅［二〇〇八：二七〇］）の中から現れた言説といえるが、本章では湛然が自身の正統性の根拠として三大部を教学体系の中心に据えること、つまり天台止観（『摩訶止観』）の実践に『法華玄義』・『法華文句』を強く関連づけるために、これらの著作を顕彰したのだと指摘した。ただし、『唐大和上東征伝』（七七九年の成立）には、すでに鑑真によって日本へ将来された文献を列挙する中に、三大部を一連の関連著作として挙げていることから、実際には湛然以前に、いわゆる玉泉寺の天台系僧侶たちの間でも『摩訶止観』『法華玄義』『法華文句』が一連の関連著作として認識する人々が存在していたのだろう。しかし、湛然の著作の中で経疏に対する注釈書は、『法華経』に関連するものが最も多く、湛然の『法華経』に対する相当強い思い入れが見て取れる。天台止観実践との関連から捉えれば、湛然は自派の祖統論的な正統性の確立の根拠として、『法華経』を中心とした教学体系の構築の必要を感じていたのではないだろうか。ただし、湛然が他宗派を意識していなかったということはできないし、また他宗派に対抗しようという意識が皆無であったということも難しい。しかし、湛然の時代には、今日言われるような明確な宗派意識はまだ芽生えていなかったはずであり、その意味では湛然の批判の焦点は他宗派に対抗しようとするところにあったのではなく、『法華経』という経典の扱いや理解そのものに向けられていたと理解することも可能なのではないだろうか。

このような問題意識のもと、本節では次に『法華玄義釈籤』と『法華文句記』における教判を取り上げ検討した。初めに『法華玄義釈籤』については、その中でも湛然が『法華経』を他の経典とは別格の経典として扱う、所謂「法華超八」といわれる思想について、その具体的な思想内容を解明した。特に一巻教相の「超八」の思想や、「私録異同」において八蔵を会通する際に見いだされた「超八」の思想について詳しく述べた。

ただし、湛然自身には所謂「法華超八」あるいは「超八醍醐」という術語によって自身の思想を規定する箇所はない。唯一確認できるのは、『法華文句記』に「超八之如是」（T34・159c13）と「超八」という術語が用いられている箇所だけである。そこで本節は次に『法華文句記』における「超八」の思想を考察し、『法華文句』の「如是」の約教釈に対する湛然の分科に従って、「通解」「別責」「正釈」の順に『法華文句』の内容を確認しつつ、そこから展開される湛然の教判論を明らかにした。ここでは、湛然が超八の思想を展開しながら、他者批判を行っている箇所が特に注目される。すなわち、湛然は「一人、二人の師（一両師）」（T34・159c8-9）、「近ごろ窃かに［天台の著作を］読む者（比窃読者）」（T34・160a23）、「昔の一人、二人（古一両）」（T34・160b5）という呼び名で批判を行っている。これは文脈上は同一の人（人々）を指すと考えられ、筆者はこれを中国華厳学派の法蔵と慧苑であると推定した。

彼らの記述が湛然の批判の内容に一致することは確かであり、この点からみれば湛然が華厳宗の諸師を強く意識していたということは想像に難くない。ただし、湛然の「超八」の思想は、智顗の記述そのものにではなく、湛然による主観的な読み替えのもとに成立した思想といえる。そしてその中心には『法華経』を他の経典とは別格のものとして扱う湛然の法華経観があった。その意味では、湛然の「経典を解釈する方軌を知る必要がある（須知消経方軌）」（T34・160a24）とする問題意識の焦点は、「もし諸教を解釈するのに、ただ蔵［・通・別・円］等［の四教］を用いるだけならば、その経文の相［の意は］通じる。［しかし］もし『法華』を解釈するのに、［蔵・通・別・円の四教を加えた］頓［・漸・不定・秘密］等の八［教］がなければ、どうにも立ちゆかなくなる（若消諸教但用蔵等、其文稍通。若釈法華無頓等八、挙止失措）」（T34・160a25-27）と述べるように、あくまで『法華経』の理解を中心にしているのである。

湛然は過去の人師である法蔵・慧苑に対して厳しい批判をしているが、当然、過去の人師から湛然が直接批判を受けることはありえない。つまり、湛然が批判を行う理由には、過去の人師がかつて自派を批判していたことがあるか、あるいは自派に対して大きく誤解しており、さらにそれが現在の自分の正統性の立証の妨げになっているため、過去の人師の思想を厳しく批判する必要が生じているのだと推察される。この場合の批判の目的は、過去の人師を批判することによって、あくまで現在の人に対して自身（あるいは自派）の正しさを主張することにあるといえる。湛然の場合であれば、彼が智顗の教判を誤って用いた法蔵らを批判することは、法蔵らの誤りを指摘するという行為によって、自説の正統性を立証することにあるのである。したがって、同時代の人から直接的な批判を被っている場合を除けば、他宗批判とは自身の正統性を確立するために前時代の人師を批判するという正統性の確立運動を意味しているといえよう。よって「一両師」などが法蔵や慧苑を指していた場合においても、湛然の主眼は『法華経』を中心とした自派の正統性の確立にあったといえるのである。

池田魯参［二〇一一：九八―九九］は湛然教学が「法華超八」を打ち出した背景について、「湛然教学には、三論教学、法相教学、華厳教学、禅宗学などと対抗して、天台智顗の教学の優位性を証明する使命があった。歴史的に一歩出遅れてしまった天台教学の『法華経』観の独自性を証明するためには、約教与釈・約部奪釈の解釈法に基づき、「法華超八」（非頓非漸非不定非秘密）を主張する必然性があったのである」と考察している。池田［二〇一一］の考察は中国仏教思想史的な巨視的視点からなされたものといえる。本節において筆者が指摘した観点は湛然が自派の正統性の確立のために「法華超八」を主張したという点では池田［二〇一一］の指摘と等しい。ただし、筆者は湛然にとって、自分（自派）が、仏教において最も優れた経典である『法華経』と、その正しい実践思想である「天台（止観）法門」を提唱した智顗、この二つに連なる正統な存在であることを証明することが最大の目的であったと考える。湛然が強く正統性を主張しなければならなかったということは、逆に、それだけ当時の仏教界において正統性が認められていない状況であったことを意味しているだろう。つまり当時の湛然の一派は地域的にも思想的にも周辺的な位置づけがなされていたのである。

第五章第二節　唐代の『法華経』受容をめぐる湛然の問題意識

唐代にはさまざまな法華三昧の実践や法華道場の設立がなされたが、湛然から見ればそれらは決して『法華経』の正統的な理解に基づくものではなかったであろう。また当時には、所謂「天台宗」という僧団・教団が統一的・組織的に存在していたわけではないと考えられる。そのため湛然は灌頂が強調した「今師相承」を改めて強調することで、仏教史上における智顗の正統性を再度明確に示し、さらに天台三大部に基づく教学体系を樹立することによって、「天台（止観）法門」と天台法華経疏との関係性を明確化しつつ、同時に智顗を継承する自らの立場の正統性を立証しようとした。その意味では、近々の弟子たちによる中興者との称号は、湛然の正統性の確立運動が一定の成功を収めたことを表しているだろう。ただし、「中興」との呼称を用いること自体が一種の正統性確立のための演出であったのかもしれない。なぜならば、『伝教大師将来越州録』巻一に「天台第七祖智度和尚略伝一巻沙門志明集」（T55・1059a5）との伝記が伝えられているが、ここには智度が天台七祖と伝えられているためである。これは湛然の祖統論の確立がいまだ定着を見ていないことを意味している。この正統性の確立が具体的にいつ完成をみるのかは、今後さらに研究を進めなければならないが、正統性の確立運動の過程において、他宗派や、あるときは同じ天台系の人々との間に、仏教理解をめぐる相違や対立が生じたであろうことは想像に難くない。本節における考察を通して、筆者は湛然の他宗批判とは、このような目に見える相手を意識しながら展開されていったものであると推定した。

第五章第三節　湛然の「超八」概念と〝華厳教学〟

本節では、『法華文句記』と『法華玄義釈籤』における他者批判の内容を確認し、さらに『止観義例』の「喩疑顕正例」において批判される答者の教判を取り上げて論じた。「喩疑顕正例」の答者は、漸頓と頓頓の二種の頓教を立て、前者を『法華経』、後者を『華厳経』と規定する教判を主張していることから、伝統的には答者＝澄観と考えられており、近年の研究でも澄観ではないにしろ答者は華厳宗の立場に立つ者で、湛然の批判は〝華厳教学〟への批判であると理解されてきた。本節では、特に『法華玄義釈籤』と『止観義例』におけるこうした華厳教学への批判と見なされてきた類似する批判を検討し、湛然が批判する対象、すなわち、『法華玄義釈籤』において「近頃、天台の義を指して南宗であると相伝する者（近代相伝以天台義指為南宗者）」（T33・951a28-29）、「近頃、山門の教えを読む者（近代已来読山門教者）」（T33・950c5-6）や「近頃の学匠（近代匠者）」（T33・950c8）と批判されている存在が、『止観義例』において「近頃、教を判釈するもの（近代判教）」や「この師は山門を受け継ぐもの（此師稟受山門）」などと表現される者たちとなんらかの関係があると推定した。さらに、こうした湛然の批判の一端が「山門」と呼ばれる天台宗に学び異説を唱える者を想定していたことを指摘した。

湛然は『止観輔行伝弘決』の冒頭にその著述の動機を挙げているが、その中の第一から第四の動機は次のようなものである。

第一に、［私は］師匠からの継承（師承）があり、［それは］内心に任せるものではなく、心を師とするのとは異なることを知らせるからである。第二に、かつて師匠からの継承（師承）がある者であっても、根本を棄てて末見に随うからである。第三に、後代に伝わっていくと、次第に異解を生じ、本来依るべきものを失うからである。第四に、宗を信じて、喜んで他に習っても、師として教えを受けるべきものがいないからである。

一為知有師承、非任胸臆、異師心故。二為曽師承者、而棄根本、随末見故。三為後代展転、随生異解、失本依故。四為信宗、好習余方、無師可承禀故。[1]（T46・141b21-25）

これらの動機は、それぞれ自身に「師承」があること、すなわち自身の正統性を示す必要があったこと、「師承」があっても根本を棄てる者がいたこと、後代に異解が生じ「本依」が失われる可能性があったこと、習うべき師がいないことなど、湛然の置かれた当時の状況を物語っている。こうした『止観輔行伝弘決』の執筆動機は、本節における推定をある程度裏づけるものといえるだろう。

第五章第四節　唐代天台宗における頓漸をめぐる論争

湛然は法相宗や華厳宗、禅宗などの諸宗派に対抗し、教勢の衰えた天台宗を復興させた。これは、湛然の天台宗復興運動についての伝統的な理解である。しかし、近年、池麗梅［二〇〇八］は、この運動に天台宗内の正統性の確立という側面があることを指摘した。この指摘のために、従来の唐代天台宗の復興に関する理解を再検討しなければならない状況となった。つまり、湛然は「他宗」を批判して天台宗を復興させたのではなく、天台宗内における自分の正統性の確立を目指したという新たな視点から、この問題を精査していかなければならなくなった。

このような問題意識に基づいて、本節で私は『止観義例』喩疑顕正の例における「頓漸」に関する論争を取り上げた。この論争は、①「僻者」への問い、②「僻者」の答え、③湛然の批判という形式で展開される。この「僻者」については、古来より伝統的に澄観のこととされてきたが、近年の研究ではこの考えは否定される。しかし、「僻者」の特定にまでは至っていない。本節では、これまで論じてきた内容を踏まえ、『止観義例』における湛然の主な批判の対象は華厳宗の澄観ではないことを確認し、さらにその対象とは「山門」と称される天台宗内の特定の人物であることを推定した。

また、本節では喩疑顕正の例を中心に取り上げたが、『止観義例』のその他の記述の大半は、『摩訶止観』の正しい読み方を定めた内容であることから、『止観義例』が撰述された目的は、修行者に対して正しい止観行の在り方を説明することといえる。したがって、『止観義例』において、「［一家の教門の］用いるところの意義と宗旨は、『法華［経］』を根本の骨子とする（所用義旨、以法華為宗骨）」（T46・452c28）などと、『法華経』を根本とすることが強調される背景には、裏を返せば、天台山の一門としての自覚と湛然の仏教理解の正統性とが強調されなければならない必然性が存在していたことを読み込むこともできるだろう。そもそも、智顗自身は『法華経』を重視したとはいえ、その思想は円教を中心とした教義体系にあり、必ずしも『法華経』の絶対性を強調していたわけではない。したがって、智顗を信奉する後代の者たちの間にも、『法華経』だけが絶対的に重視される必要はない、と考える人々が現れてもなんら不思議ではないだろう。「僻者」とは、そうした「山門」に属する存在であり、湛然の天台仏教復興運動における初期の主要な論敵であったと考えられる。

註

（1）大正蔵に「未」に作る。『続蔵経』本により「末」に改める。

文献目録

テキスト

『大正新脩大蔵経』、大正新脩大蔵経刊行会、大蔵経学術用語研究会　一九六〇―一九九〇年。

『新纂大日本続蔵経』、国書刊行会　一九七五―一九八九年。

日本語文献

【単行本】

足立喜六（訳注）・塩入良道（補注）［一九七〇］『入唐求法巡礼行記（一）』、東京：平凡社。

安藤俊雄［一九五三］『天台性具思想論』、京都：法藏館。

――［一九六八］『天台学――根本思想とその展開――』、京都：平楽寺書店。

池田魯参［一九八二］『国清百録の研究』、東京：大蔵出版。

――［一九八六］『摩訶止観研究序説』、東京：大東出版社。

――［二〇一一］『現代語訳　天台四教儀』、東京：山喜房佛書林。

石津照璽［一九四七］『天台実相論の研究』、東京：弘文堂書房。

上杉文秀［一九三五］『日本天台史』（正篇・続篇）、名古屋：破塵閣書房。

横超慧日［一九三九］『国訳一切経　経疏部三』、東京：大東出版社。

――［一九七一］『法華思想の研究』、京都：平楽寺書店。

金尾种次郎［一九〇六］『支那仏教史』、東京：金尾文淵堂。

鎌田茂雄［一九七八］『中国仏教史』、東京：岩波書店。

菅野博史［一九九二］『法華とは何か――「法華遊意」を読む――』、東京：春秋社。

――［一九九四］『中国法華思想の研究』、東京：春秋社。

――［一九九六］『法華経注釈書集成二　法華義記』、東京：大蔵出版。

――［一九九七］『「法華玄義」入門』、東京：第三文明社。

――［一九九八］『法華経注釈書集成六　法華統略（上）』、東京：大蔵出版。

――［二〇〇〇］『法華経注釈書集成七　法華統略（下）』、東京：大蔵出版。

――（訳注）［二〇〇七］『法華文句　Ⅰ』、東京：第三文明社。

――［二〇一二］『南北朝・隋代の仏教思想研究』、東京：大蔵出版。

呉　鴻燕［二〇〇七］『湛然「法華五百問論」の研究』、東京：山喜房佛書林。

境野黄洋［一九二九］『支那仏教史講話』巻下、東京：共立社。

佐藤哲英［一九六一］『天台大師の研究――智顗の著作に関する基礎的研究――』、京都：百華苑。

――［一九八一］『続・天台大師の研究――天台智顗をめぐる諸問題――』、京都：百華苑。

島地大等［一九二九］『天台教学史』、東京：明治書院。

関口真大［一九六九］『天台止観の研究』、東京：岩波書店。

橘　恵勝［一九二一］『支那仏教思想史』、東京：大同館書店。

玉城康四郎［一九六一］『心把捉的展開』、東京：山喜房佛書林。

多屋頼俊・横超慧日・舟橋一哉編［一九九五］『［新版］仏教学辞典』、京都：法藏館。

辻森要修［一九三六］『国訳一切経　経疏部二　妙法蓮華経文句』、東京：大東出版社。

池　麗梅［二〇〇八］『唐代天台仏教復興運動研究序説――荊渓湛然とその「止観輔行伝弘決」――』、東京：大蔵出版。

硲　慈弘［一九六九］（大久保良順補注）『天台宗史概説』、東京：大蔵出版。

日比宣正［一九六六］『唐代天台学序説――湛然の著作に関する研究――』、東京：山喜房佛書林。

――［一九七五］『唐代天台学研究――湛然の教学に関する研究――』、東京：山喜房佛書林。

平井俊栄［一九七六］『中国般若思想史研究――吉蔵と三論学派――』、東京：春秋社。

――［一九八五］『法華文句の成立に関する研究』、東京：春秋社。

――［一九八七］『法華玄論の註釈的研究』、東京：春秋社。

布施浩岳［一九四二］『涅槃宗の研究』後編、東京：叢文閣。

柳田聖山［一九六七］『初期禅宗史書の研究』、京都：法藏館。

山川智応［一九三四］『法華思想史上の日蓮聖人』、東京：新潮社。


【論文】


青木　隆［一九八八］「『法界性論』について」、『印度学仏教学研究』三六―二。

――［二〇一〇］「地論と摂論の思想史的意義」、沖本克己編『新アジア仏教史〇七（中国Ⅱ隋唐）興隆・発展する仏教』、東京：佼成出版社。

秋田光兆［一九九九］「唐代における天台教学の動向」、『山家学会紀要』二。

池田宗譲［一九七七］「法華玄義に於ける教相について」、『印度学仏教学研究』二五―二。

池田魯参［一九七一］「体と宗について」、『宗教研究』四五―三。

――［一九七五ａ］「湛然に成立する五時八教論」、『印度学仏教学研究』二四―一。

――［一九七五ｂ］「湛然以後における五時八教論の展開」、『駒澤大学仏教学部論集』六。

――［一九七八］「十不二門の範疇論（一）――『指要抄』を通路として――」、『駒澤大学仏教学部研究紀要』三六。

――［一九七九］「十不二門の範疇論（二）――『指要抄』を通路として――」、『駒澤大学仏教学部研究紀要』三七。

――［一九八〇］「十不二門の範疇論（三）――『指要抄』を通路として――」、『駒澤大学仏教学部研究紀要』三八。

――［一九八一］「湛然教学における頓漸の観念――観教学との対論――」、『南都仏教』四七。

――［一九八五］「〈書評〉『法華文句の成立に関する研究』」、『駒澤大学仏教学部論集』一六。

――［一九九〇］「湛然の三大部注書にみる三論教学」、平井俊栄監修『三論教学の研究』、東京：春秋社。

――――［一九九七］「荊渓湛然に及ぼした華厳教学の影響」、『鎌田茂雄博士古稀記念　華厳学論集』、東京：大蔵出版。

伊吹　敦［一九九八］「地論宗南道派の心識説について」、『印度学仏教学研究』四七―一。

――――［一九九九］「地論宗北道派の心識説について」、『仏教学』四〇。

大久保良順［一九五二］「唐代に於ける天台の伝承について」、『日本仏教学会年報』一七。

――――［一九六五］「六祖門下の文句研究と円鏡について」、『叡山学報』二四。

大竹　晋［二〇一〇］「地論宗の唯識説」、金剛大学校佛教文化研究所編『地論思想の形成と変容』、東京：国書刊行会。

奥野光賢［二〇〇五］「天台と三論――『法華文句の成立に関する研究』刊行二十年に因んで――」、『駒澤短期大学仏教論集』一一。

小野嶋祥雄［二〇〇九］「「天台維摩疏」智顗親撰説への疑義――吉蔵撰述書との比較を通して――」、『岐阜聖徳学園大学仏教文化研究所紀要』九。

柏倉明裕［一九九三］「灌頂と吉蔵――『法華文句』にみられる吉蔵の引用文について――」、『印度学仏教学研究』四二―一。

加藤　勉［一九八二］「天台大師の撰述における引用経論の問題」、『大正大学大学院研究論集』六。

――――［一九九〇］「天台大師地著作に於ける中国撰述書引用の問題（一）」、『大正大学綜合仏教研究所年報』一二。

――――［一九九一］「天台大師地著作に於ける中国撰述書引用の問題（二）」、『大正大学綜合仏教研究所年報』一三。

――――［一九九二］「天台大師地著作に於ける中国撰述書引用の問題（三）」、『大正大学綜合仏教研究所年報』一四。

――――［一九九三］「天台大師地著作に於ける中国撰述書引用の問題（四）」、『大正大学綜合仏教研究所年報』一五。

――――［一九九四ａ］「天台大師地著作に於ける中国撰述書引用の問題（五）」、『大正大学綜合仏教研究所年報』一六。

――――［一九九四ｂ］「法華三大部に於ける達磨鬱多羅の引用文について」、『大久保良順先生傘寿記念論文集――仏教文化の展開――』、東京：山喜房佛書林。

――――［一九九六］「『法華玄義』「雑録」について」、『天台学報』三八。

――――［一九九七］「『法華玄義』「雑録」と『大乗義章』」、『天台大師千四百年御遠忌記念　天台大師研究』、東京：天台学会。

菅野博史［一九九四］「中国における法華経疏の研究史について」、『創価大学人文論集』六。※菅野［二〇一二］に再録。

——［一九九五］「遊行経（四）」、末木文美士・他六名訳『現代語訳「阿含経典」長阿含経』第一巻、東京：平河出版。

——［一九九九］「日本における中国法華経疏の研究について」、中外日報（一九九九年十二月九日付）。

——［二〇〇〇］「智顗と吉蔵の法華経観の比較——智顗は果たして法華至上主義者か？——」、『平井俊栄博士古稀記念論文集　三論教学と仏教思想』、東京：春秋社。※菅野［二〇一二］に再録。

——［二〇〇五］「『法華文句』における四種釈について」、『印度学仏教学研究』五四—一。※菅野［二〇一二］に再録。

橘川智昭［二〇〇二］「慈恩教学における法華経観」、『仏教学』四四。

——［二〇〇五］「唐初期唯識思想における〈大乗〉の把捉——種姓説との関わりから——」、『東洋文化研究』七。

呉　鴻燕［二〇〇三］「『法華五百問論』を介して見た湛然教学の研究」、『駒澤大学大学院仏教研究会年報』三六。

古愚学人・渋谷亮泰［一九三七］「十不二門註疏考」、『大崎学報』九一。

小寺文穎［一九七四］「凝然大徳にみられる利渉戒疏」、『印度学仏教学研究』二三—二。

小林順彦［二〇〇九］「中国唐代における法華道場について」、『印度学仏教学研究』五八—一。

——［二〇一〇］「唐代法華道場考」、『天台学報』五二。

斉藤光純［一九七三］「『釈苑詞林』」、『櫛田博士頌寿記念　高僧伝の研究』、東京：山喜房佛書林。

坂本広博［一九八七］「化法四教と二蔵教判」、『印度学仏教学研究』三六—一。

坂本幸男［一九五一］「華厳教学に於ける天台教判」、『望月歓厚先生古稀記念論文集』、東京：望月歓厚先生古稀記念会。

塩入法道［一九八四］「隋末唐初における天台法門の流伝」、『天台学報』二六。

塩入亮忠［一九三二］「法華経二十八品由来各品開題」、『仏書解説大辞典』第十巻、東京：大東出版社。

塩入良道［一九六八］「『空』の中国的理解と天台の空観——中国偈の取り扱いをめぐって——」、『東洋文化研究所紀要』四六。

末光愛正［一九八二］「『大乗義章』「衆経教迹義」に於ける浄影寺慧遠撰の問題――吉蔵著書との対比――」、『曹洞宗研究員研究生研究紀要』一三。

――［一九八六］「「法華玄賛」と「法華義疏」」、『曹洞宗研究員研究生研究紀要』一七。

――［一九九〇］「天台五時教判と三論教学」、平井俊栄編『三論教学の研究』、東京：春秋社。

田島徳音［一九三三］「十不二門」、小野玄妙編『仏書解説大辞典』、東京：大東出版社。

多田孝文［一九七二］「妙経文句私志記に関する一考察」、『印度学仏教学研究』二〇―二。

――［一九七七］「天台の教判に扱われた南三北七――『法華玄義』を中心として――」、『大正大学研究紀要』六三。

池　麗梅［二〇〇五］「『法華玄義釈籤』の成立過程に関する一考察」、『印度学仏教学研究』五四―一。

――［二〇〇六］「『止観輔行伝弘決』の成立過程に関する再考察」、『東アジア仏教研究』四。

崔　箕杓［二〇一〇］「天台の地論学受容と批判――『法華玄義』を中心として――」、金剛大学校佛教文化研究所編『地論思想の形成と変容』、東京：国書刊行会。

張堂興志［二〇〇六］「天台智顗の「秘密不定教」創唱の意図」、『印度学仏教学研究』五四―二。

長倉信祐［二〇〇七］「湛然教学の思想史的研究序説――対破思想を視点として――」（博士論文）、東京：大正大学。

中里貞隆［一九三二］「法華経大意」、『仏書解説大辞典』第十巻、東京：大東出版社。

――［一九三四］「荊渓湛然の門下と其著書」、『新山家学報』九。

平　了照［一九六一］「指要抄に見える旧本十不二門について」、『印度学仏教学研究』九―一。

藤井教公［一九八八］「天台と三論の交流」、『鎌田茂雄博士還暦記念論集　中国の仏教と文化』、東京：大蔵出版。

藤枝　晃［一九七五］「勝鬘経義疏」、『日本思想大系二　聖徳太子集』、東京：岩波書店。

堀内伸二［一九八七］「天台三大部の文献的位置に関する一考察」、『印度学仏教学研究』三五―二。

――［一九八八］「『法華玄義』に於ける天台教判論――特にその枠組みをめぐって――」、『南都佛教』六〇。

――［一九九一］「『法華玄義』における私記の研究――文献的位置をめぐって――」、『塩入良道先生追悼論文集　天台思想と東アジア文化の研究』、東京：山喜房佛書林。

牧田諦亮［一九六二］「唐長安大安国寺利渉について」、『東方学報』三二。

松本知己［二〇〇六］「証真教学における『法華玄論』」、『早稲田大学大学院文学研究科紀要』第一分冊五二。

松森秀幸［二〇〇六ａ］「湛然における章安灌頂の位置づけ――『法華玄義釈籤』「私録異同」に対する注釈を中心に――」、『東アジア仏教研究』四。

――――［二〇〇六ｂ］「湛然『法華玄義釈籤』の引用文献」、『東洋哲学研究所紀要』二二。

――――［二〇一〇］「智度とその著作『天台法華疏義纘』について」、『印度学仏教学研究』五八―二。

村上明也［二〇一五］「円珍『辟支仏義集』における『円愔』の引用について――法宝以後に活躍した辯空法師とその学系――」、『仏教学研究』七一
村中祐生［一九六七］「法華玄論について」、『印度学仏教学研究』一五―二。

――――［一九六八］「吉蔵著作の編年の考察」、『印度学仏教学研究』一六―二。

吉村　誠［二〇〇四］「中国唯識学派の称呼について」、『東アジア仏教研究』二。

――――［二〇一〇］「唯識の思想史的意義」、沖本克己編『新アジア仏教史〇七（中国Ⅱ隋唐）興隆・発展する仏教』、東京：佼成出版社。

林　鳴宇［二〇一〇ａ］「略説中国天台宗　陳隋篇」、『言語　文化　社会』八。

――――［二〇一〇ｂ］「略説中国天台宗　唐宋篇」、『駒澤大学仏教学部研究紀要』六八。

外国語文献

【単行本（中国語）】

沈　海燕［二〇一〇］《法华玄义的哲学》、上海：上海古籍出版社。
陈　公余、任林豪［一九九一］《天台宗与国清寺》、北京：中国建筑工业出版社。
陈　坚［二〇〇七］《心悟转法华：智顗『法华诠释学』研究》、北京：宗教文化出版社。
陳　英善［一九九七］《天台性具思想論》、台北：東大圖書公司。

程　群［二〇〇九］《〈摩诃止观〉修道次第解读》、上海：上海古籍出版社。
董　平［二〇〇二］《天台宗研究》、上海：上海古籍出版社。
方立天［二〇〇三］《中国佛教哲学要义》、北京：中国人民大学出版社。
賴永海［一九九三］《湛然》、台北：東大圖書公司。
李四龙［二〇〇三］《天台智者研究》、北京：北京大学出版社。
李世傑［一九九七］《妙法蓮華經玄義研究》、台北：中華佛教文獻編撰社出版。
刘朝霞［二〇〇七］《早期天台学对唯识古学的吸收与抉择》、成都：巴蜀书社。
吕　澂［一九七九］《中国佛学源流略讲》、北京：中华书局。
潘桂明［一九九六］《智顗评传》、南京：南京大学出版社。
潘桂明、吴忠伟［二〇〇一］《中国天台宗通史》、南京：江苏古籍出版社。
汤用彤［一九八二］《隋唐佛教史稿》、北京：中华书局。
严耀中［二〇〇〇］《江南佛教史》、上海：上海人民出版社。
徐文明［二〇〇四］《中土前期禅学思想史》、北京：北京师范大学出版社。
张风雷［二〇〇一］《智顗佛教哲学述评》、《中国仏教学术论典》第五卷、台灣高雄縣：佛光山文教基金会出版。
张风雷［一九九五］《智顗评传》、北京：京华出版社。
杨曾文［一九九九］《唐五代禅宗史》、北京：中国社会科学出版社。
俞学明［二〇〇六］《湛然研究：以唐代天台宗中兴问题为线索》、北京：中国科学出版社。
朱封鳌［一九九六］《中国佛学天台宗发展史》、上海：汉语大词典出版社。
———、韦彦锋［二〇〇一］《中华天台宗通史》、北京：宗教文化出版社。
———［二〇〇二］《天台宗史迹考察与典籍研究》、上海：上海辞书出版社。

【論文（中国語）】

蒋　　寅［二〇〇七］《梁肃年谱》、《大历诗人研究》、北京：北京大学出版社。
秦　丙坤［二〇〇六］《法华宗与隋唐文学》（博士论文）、成都：四川大学。
李　志夫［一九九七］《附論《法華玄義》引用典籍的相關問題》、李世傑：《妙法蓮華經経玄義研究》、台北：中華佛教文獻編撰社出版。
松森秀幸［二〇一二］《湛然法华经思想的展开——以《法华玄义释签》为中心》（博士论文）、北京：中国人民大学。
王　书庆、杨　富学［二〇〇六］《敦煌写本《天台五以分门图》校录研究》、《敦煌佛教与禅宗研究论集》、香港：香港天馬出版有限公司。
徐　文明［一九九九］《此湛然非彼湛然》、《世界宗教研究》一九九九年第二期。
――――［一九九八］《天台宗玉泉一派的传承》、《佛学研究》。

【単行本（欧米語）】

Chen, Jinhua［1999］. *Making and Remaking History: A Study of Tiantai Sectarian Historiography*: Studia Philologica Monograph Series XIV. Tokyo: International Institute for Buddhist Studies.
Ziporyn, Brook［2000］. *Evil and/or/as The Good: Omnicentrism, Intersubjectivity, and Lalue Paradox in Tiantai Buddhist Thought*. Cambridge: Harvard University Asia Center.

【論文（欧米語）】

Faure, Bernard［1998］. "Voices of Dissent: Women in Early Chan and Tiantai." *Annual Report of THE INSTITUE FOR ZEN STUDIES* 24.
Kyodo, Jiko［1974］. "A Propos du 'Tiantai Fenmentu' 天台分門図 Decouvert a Dunhuang." *Memoris of Taisho University*（大正大学研究紀要〈文学部・仏教学部〉）, no. 59.
Penkower, Linda［1993］. T'ien-t'ai during the T'ang Dynasty: Chan-jan and the Sinification of Buddhism, Ph.D disserta-

tion. New York : Columbia University.

Ra, Lang Eun [1988]. The T'ien-t'ai philosophy of non-duality : A stady in Chan-jan and Chi-li, Ph.D dissertation. Philadelphia : Temple University.

Vita, Silvio [1988]. "Lihua and Buddhism.", *Tang China and Beyond : Studies on East Asia from the Seventh to the Tenth Century*, edited by Antonio Forte. Boston : Cheng & Tsui.

初出一覧

本書は、二〇一三年三月に創価大学大学院文学研究科より学位を授与された博士論文「荊渓湛然における天台法華経疏の注釈に関する研究」に加筆と修正を加え、後に発表した論文数点を合わせて公刊するものである。本書の下敷きとなった既発表論文は次の通りである。なお、一冊として整合性を保つために、いずれも大幅に加除修正を施していることをお断りしておく。

第一章：「『法華玄義』巻第八「顕体」段「出旧解」の成立について――『法華玄義』の成立に関する平井学説の検証――」『創価大学人文論集』第二六号、創価大学人文学会、二〇一四年三月、三三―六一頁。「『法華文句』の『法華経』科文に関する平井説の妥当性について」多田孝文名誉教授古稀記念論文集『東洋の慈悲と智慧』、山喜房佛書林、二〇一三年三月、A五九―A八五頁。

第二章：「湛然における章安灌頂の位置づけ――『法華玄義釈籤』「私録異同」に対する注釈を中心に――」『東アジア仏教研究』第四号、東アジア仏教研究会、二〇〇六年五月三一日、六五―七七頁。「『法華玄義』灌頂私記部分に対する湛然の注釈について」『印度学仏教学研究』五五―二、日本印度学仏教学会、二〇〇七年三月二〇日、六〇八―六一三頁。

第三章：「湛然述『法華経大意』の研究」『創価大学大学院紀要』第二七集、創価大学大学院、二〇〇六年一月、二五三―二七五頁。「湛然述『法華経大意』の真偽問題」『印度学仏教学研究』五四―一、日本印度学仏教学会、二〇〇五年一二月、一一五―一一九頁。

第四章：「『法華文句記』所引の「十不二門」について」『印度学仏教学研究』五七―一、日本印度学仏教学会、二〇〇八年一二月、三九―四二頁。

第五章：「湛然『法華文句記』における「超八」の概念」『東洋哲学研究所紀要』第二九号、東洋哲学研究所、二〇一四年二月、二二〇―一九七頁。「唐代の『法華経』受容をめぐる湛然の問題意識」東洋哲学研究所創立五〇周年記念論文集『地球文明と宗教』、二〇一三年三月、三七八―三五四頁。「湛然の「超八」の概念と〝華厳教学〟」『印度学仏教学研究』六二―一、日本印度学仏教学会、二〇一三年一二月、四八六―四八一頁。「唐代天台宗における頓漸をめぐる論争」『東アジア仏教学術論集（日・韓・中国際仏教学術大会論文集）』第三号、二〇一五年二月、一二三―一四九頁。

あとがき

本書は、二〇一二年九月に創価大学大学院文学研究科に提出した博士論文「荊渓湛然における天台法華経疏の注釈に関する研究」をもとに、その後に学術雑誌等で発表した論文を加えて、一冊にまとめたものである。私は、一九九七年に創価大学文学部人文学科に進学し、学部生の時に仏教研究の道に進むことを決意した。学部を卒業後、同大学大学院博士前期・後期課程、中国人民大学哲学院博士課程を経て、二〇一二年六月には博士論文「湛然法华经思想的展开——以《法华玄义释签》为中心」によって中国人民大学より「哲学博士」の学位を授与され、さらに二〇一三年三月には本書のもととなる博士論文によって創価大学より「博士（人文学）」の学位を授与された。私がこれまで研究を継続し、学位を取得することができたのは、ひとえにこれまで私を励まし、応援してくださった方々のおかげである。本来は、それら恩のある方々全員のお名前を挙げて感謝の意を示すべきところであるが、ここでは論文の執筆に際して直接ご指導いただいた方々にとどめたい。

博士論文の審査は、三名の先生にご担当いただいた。主査の菅野博史先生は、私の学部時代からの恩師であり、論文執筆に際しても論文全体の構成から文章表現に至るまで、細やかにご指導をいただいた。副査の岩松浅夫先生は、大乗経典の引用箇所に関する翻訳の妥当性を丁寧に検討してくださった。副査の池田魯参先生は、ご多忙な中、学外審査員をご快諾くださり、拙稿に対して中国天台研究の専門家のお立場から多くの貴重なご指摘をしてくださった。以上の三名の先生方にここで改めて感謝の意を表したい。

また、本書のもとになった博士論文は、中国人民大学に提出した博士論文の研究テーマをさらに発展させたものである（本書の第二章と第三章は、この中国での学位論文の後半部分を構成する内容と同様のものである）。中国人民大学への五年間の留学期間中は、中国人民大学の仏教と宗教理論研究所執行所長で、中国天台研究を専門とされる張風雷先生に指導教授をお引き受けいただいた。同時に中国人民大学の仏教と宗教理論研究所の先生方にも多くの学恩を賜った。特に張文良先生には、公私にわたり暖かく激励していただいた。中国での博士論文執筆においては、胡建明氏・史経鵬君・王征君・喩長海君らをはじめとする先輩・学友に私の拙い中国語を修正していただいた。ここに深く感謝申し上げる。

また、中国華厳研究の専門家である故・吉津宜英先生には、生前に折に触れてご指導いただいた。楊曾文先生からは、私の中国留学時にはすでに中国社会科学院世界宗教研究所をご退職なされていたが、ご自宅での勉強会にお招きいただき格別のご指導を受けた。また蓑輪顕量先生には、本書出版にあたり種々ご高配にあずかった。こうしてお名前を挙げ出すときりがないが、そのほかにも学恩にあずかった先生方は数知れない。深く感謝申し上げたい。あわせて、日頃お世話になっている創価大学文学部、公益財団法人東洋哲学研究所の関係者の方々に感謝申し上げたい。

最後に、本書の刊行に際しては、創価大学の「創価大学創立四五周年出版助成」を受けた。学術図書の出版状況が厳しい中にあって、このような機会に恵まれたことに、厚く御礼申し上げる。また、編集、校正などの事務全般にわたって、法藏館編集部の田中夕子氏、担当編集者の光成三生氏に大変にお世話になった。深く感謝の意を表したい。

二〇一六年一月

松森秀幸

や行

ら行

た行

な行

は行

事項索引

あ行

か行

さ行

な行

は行

ま行

や行

文献名

あ行

か行

さ行

た行

な行

は行

ま行

ら行

索　引

人名

あ行

か行

さ行

た行

【著者略歴】

松森秀幸（まつもり　ひでゆき）

1978年、長野県生まれ。2001年、創価大学文学部卒。2012年、中国人民大学哲学院宗教学系博士課程修了、哲学博士。2013年、創価大学大学院文学研究科博士後期課程修了、博士（人文学）。現在、創価大学文学部助教、東洋哲学研究所研究員。

唐代天台法華思想の研究
―荊渓湛然における天台法華経疏の注釈をめぐる諸問題―

二〇一六年　三月一〇日　初版第一刷発行

著　者　松森秀幸

発行者　西村明高

発行所　株式会社　法藏館
京都市下京区正面通烏丸東入
郵便番号　六〇〇―八一五三
電話　〇七五―三四三―〇〇三〇（編集）
〇七五―三四三―五六五六（営業）

装幀者　山崎　登

印刷・製本　亜細亜印刷株式会社

ISBN 978-4-8318-7397-2　C3015